New International
A MAGAZINE OF MARXIST POLITICS AND THEORY

NUMÉRO 5   1995

Sommaire

Présentation
Steve Clark   *3*

Défendre Cuba, défendre la révolution socialiste à Cuba
Mary-Alice Waters   *29*

Ce que le krach de 1987 a annoncé
Résolution adoptée par le congrès de 1988 du Parti socialiste des travailleurs   *137*

La courbe du développement capitaliste
Léon Trotsky   *279*

La marche de l'impérialisme vers le fascisme et la guerre
Jack Barnes   *295*

Index   *455*

DIRECTEUR Michel Prairie
DIRECTEUR ADJOINT Michel Dugré
DIRECTRICE DE LA PRODUCTION Carole Caron

COLLABORATEURS À LA RÉDACTION Jack Barnes, Sigurlaug Gunnlaugsdóttir, Carl-Erik Isacsson, Steve Penner, Ron Poulsen, Jean-Louis Salfati, Samad Sharif, Jonathan Silberman, Mike Tucker, James Mac Warren

Nouvelle Internationale est publiée en collaboration avec *New International*, dont la directrice est Mary-Alice Waters et le directeur adjoint Steve Clark ; *Nueva Internacional*, dont le directeur est Martín Koppel ; et *Ny International*, dont le directeur est Carl-Erik Isacsson.

© 1995, *New International*

Tous droits réservés / All rights reserved
Sixième tirage : 2023

ISSN 0827-0929
ISBN 978-0-87348-803-7
Imprimé aux États-Unis
Manufactured in the United States of America

Plusieurs des articles publiés en français sont aussi disponibles en anglais, en espagnol et en suédois.

Conception graphique de la couverture : Toni Gorton et Phil Duzinski

Photo de la première de couverture : chômeurs dans une ligne d'attente à New York en décembre 1991.
Robert Fox/Impact Visuals

PRÉSENTATION

C E NUMÉRO DE *Nouvelle Internationale* jette un regard sur les conséquences qu'ont eues depuis sept ans le ralentissement de croissance, la volatilité accrue et l'instabilité grandissante qui caractérisent de plus en plus le capitalisme international et qu'a signalés en octobre 1987 le quasi-effondrement des marchés boursiers — de New York à Tokyo, de Londres à Hong Kong. La vulnérabilité grandissante du système de marché, l'intensification des conflits interimpérialistes et l'insécurité croissante qui afflige la vie de centaines de millions d'êtres humains marquent l'ensemble de la politique mondiale.

Il y a quelques années à peine, les représentants les plus en vue des classes dirigeantes bourgeoises de la terre saluaient la venue d'un nouvel ordre mondial, construit sur ce qu'ils présentaient comme le triomphe historique du capitalisme démocratique sur le communisme. Ils promettaient un avenir d'abondance économique, d'expansion des droits démocratiques et de développement de la paix mondiale.

Les articles contenus dans ces pages offrent un point de vue différent. À l'orée du vingt et unième siècle, ce que le capital financier international a à offrir à l'humanité est un avenir de dépression économique croissante et de marche conséquente vers le fascisme et la guerre. Les conclusions politiques qui correspondent le mieux à cette réalité, et qui constituent de ce fait le meilleur guide pour l'action, sont les conclusions communistes. La catastrophe que constituerait une victoire de mouvements fascistes et une guerre d'une ampleur et d'une intensité encore jamais vues n'est pas décidée d'avance. Avant que le fascisme triomphe et qu'une autre guerre interimpérialiste devienne inévitable, les travailleurs vont être poussés à résister aux attaques croissantes des capitalistes contre nos conditions de vie et de travail, nos droits démocratiques et les conditions mêmes qui rendent la solidarité humaine possible. Avec une direction révolutionnaire forgée avec le temps au sein du mouvement ouvrier, le peuple travailleur peut arracher le pouvoir aux gouvernements des familles dirigeantes aux États-Unis et dans les autres pays capitalistes. Il peut freiner la marche inexorable vers une troisième guerre mondiale et ouvrir la voie à un avenir socialiste fondé sur le travail humain coopératif, des gouvernements véritablement démocratiques et l'avancement de la culture.

Étant donné le rôle de la révolution cubaine dans cette lutte de classes historique, ce numéro débute avec un rapport présenté par la directrice de la revue *New International,* Mary-Alice Waters, sur la lutte pour le socialisme à Cuba aujourd'hui. Tout comme elle l'a été au cours des 35 dernières années, la révolution cubaine demeure au centre de la lutte internationale entre le capitalisme et le socialisme, une lutte qui a marqué la politique mondiale depuis la victoire de la révolution bolchevique en Russie en octobre 1917.

Aujourd'hui, le front décisif dans cette bataille oppose l'impérialisme U.S. — à la fois le plus puissant et l'ultime empire dans le monde — au petit mais inflexible gouvernement des travailleurs et des agriculteurs à Cuba. Depuis le début de la révolution cubaine, comme Mary-Alice Waters l'explique dans ce rapport présenté en août 1994 lors d'un congrès du Parti socialiste des travailleurs (SWP) aux États-Unis, Washington et Wall Street ont appliqué une politique visant à écraser les travailleurs à Cuba et à les séparer de leur direction communiste. L'hostilité des dirigeants U.S. à l'endroit de la révolution cubaine n'a rien de sorcier. En 1959-1960, les travailleurs cubains ont fait ce que l'impérialisme essaie d'empêcher avec le plus d'acharnement : ils ont répété ce que les travailleurs russes avaient fait quelque quatre décennies plus tôt en renversant le monopole de la bourgeoisie sur le pouvoir d'État, en établissant une république des travailleurs et des agriculteurs, en expropriant la propriété capitaliste sur la terre et les principaux moyens de production et en commençant, en parole et en action, à appuyer à travers le monde ceux qui luttent pour se libérer de l'oppression impérialiste ou de l'exploitation capitaliste.

Depuis l'effondrement des appareils staliniens dans les pays d'Europe de l'Est et en Union soviétique entre 1989 et 1991, la plupart des commentateurs de la révolution cubaine — non seulement ses ennemis avoués, mais aussi beaucoup de ses « amis » libéraux et soi-disant socialistes — l'approchent comme le dernier survivant d'une espèce en voie d'extinction. Ils la voient comme un problème tenace à surmonter à l'heure où tous les autres régimes qui se sont déjà déclarés communistes déploient la bannière du capitalisme et du marché, de Moscou à Hanoi et de Varsovie à Beijing.

Le texte de Mary-Alice Waters, « Défendre Cuba, défendre la révolution socialiste à Cuba », offre une perspective différente. L'expérience des 35 dernières années atteste de façon convaincante que ce qu'il y a de plus important à propos de Cuba, ce n'est pas ce que ce pays a en commun avec les autres États où les relations de propriété capitalistes ont été abolies, mais ce qui le distingue fondamentalement d'eux. Le Mouvement du 26 juillet, l'organisation révolutionnaire qu'une équipe dirigée par Fidel Castro a forgée dans les années 50, s'est développé en contournant le Parti socialiste populaire, le parti stalinien à Cuba. C'est ainsi qu'il a pu diriger avec succès une révolution des travailleurs et des agriculteurs qui a renversé la dictature de Fulgencio Batista appuyée par Washington. À mesure que s'est approfondi le caractère anticapitaliste de la révolution, cette direction a construit le premier parti communiste de masse depuis la contre-révolution stalinienne des années 20 et 30.

Aujourd'hui, le gouvernement révolutionnaire à Cuba possède deux caractéristiques, complètement liées, qui continuent de le distinguer de tous les autres régimes qui se sont réclamés du communisme. D'abord, de larges secteurs de la classe ouvrière à Cuba et de son avant-garde communiste maintiennent une capacité et une volonté inébranlables de lutter en défense du caractère socialiste de la révolution. Ensuite, le gouvernement des travailleurs et des agriculteurs à Cuba continue de répondre aux pressions de la classe ouvrière et d'utiliser son pouvoir pour diriger le peuple travailleur dans la lutte pour faire avancer ses aspirations de classe et ses engagements internationalistes.

Mary-Alice Waters examine les défis et les ouvertures qui se posent à la révolution cubaine aujourd'hui à la lumière des défaites subies par les révolutions au Nicaragua et à Grenade dans les années 80 et des conditions économiques les plus difficiles de l'histoire de Cuba socialiste. Pour avancer, il faut à la fois défendre le pouvoir d'État de la classe ouvrière à Cuba même et maintenir ses perspectives internationalistes prolétariennes. Cela a été le cas à tous les points tournants de la révolution, mais c'est encore plus vrai aujourd'hui.

COMME LE SOULIGNE Mary-Alice Waters, les coups subis dans les Amériques et la rupture soudaine des relations commerciales fortement subventionnées avec l'ancienne Union soviétique ont forcé la classe ouvrière et sa direction à effectuer une retraite à Cuba. Mais dans les usines, les champs, les mobilisations et les rassemblements de masse, les travailleurs et les jeunes ayant un esprit révolutionnaire continuent de démontrer leur volonté de défendre la révolution socialiste malgré ces difficultés. Le gouvernement demeure leur gouvernement. Et ils cherchent toujours à se lier aux travailleurs, aux agriculteurs et aux jeunes partout où ces derniers sont engagés dans des luttes sans compromis contre l'impérialisme ou le capitalisme.

C'est pourquoi Washington maintient envers La Havane une politique qu'il n'applique à aucun autre gouvernement dans le monde. Les relations entre ces deux gouvernements reflètent les conflits de classe les plus irréconciliables de la politique mondiale aujourd'hui. Et c'est aussi pour cette raison que défendre Cuba et défendre la révolution socialiste à Cuba va demeurer une tâche pour les travailleurs conscients et les jeunes à l'esprit révolutionnaire, là et dans le reste du monde, jusqu'à ce que l'un des deux côtés subisse la défaite dans cette bataille historique.

Dans son discours de clôture à la Rencontre mondiale de solidarité avec Cuba qui a eu lieu à La Havane en novembre 1994, le président Fidel Castro a fait référence aux « milliers de millions d'êtres humains qui ont faim, qui sont privés d'écoles, d'hôpitaux, de travail, de toit, qui n'ont même pas de quoi satisfaire leurs besoins les plus élémentaires. » Il a passé en revue l'histoire des interventions militaires sanglantes de Washington, de Londres, de Paris et d'autres puissances capitalistes contre les peuples souverains d'Amérique latine, d'Asie et d'Afrique.

« Et quelle est l'origine historique de cette situation ? a-t-il demandé. Peut-on nier que c'est le colonialisme, le néocolonialisme et l'impérialisme ? Peut-on nier que c'est le capitalisme ? » Il a dit aux 3 500 participants à la conférence : « [À Cuba,] nous ne retournerons pas au capitalisme. Nous préférons mourir plutôt que renoncer à notre souveraineté. » Il a rejeté toutes les demandes faites aux Cubains pour que « nous renoncions à nos principes politiques, [que] nous renoncions au socialisme. »

Si l'avenir de l'ordre capitaliste mondial était ce qu'en disent ses promoteurs aujourd'hui, une telle déclaration ne serait qu'une bravade à la Don Quichotte devant un obstacle insurmontable. En fait, si l'avenir du capitalisme était si brillant, les communistes ne seraient au mieux qu'une minorité anormale vouée à l'échec, non seulement à Cuba mais dans le reste du monde.

Les articles contenus dans ce numéro de *Nouvelle Internationale* expliquent que c'est le contraire qui est vrai. C'est pourquoi examiner ce qui se passe à Cuba aujourd'hui constitue une bonne entrée en matière aux autres textes, qui décrivent les conditions internationales qui vont déterminer le progrès ou l'échec de la révolution cubaine. Cuba fait partie intégrale de la vie politique et économique du monde des années 90 et c'est ainsi que nous devons le comprendre.

Le Parti socialiste des travailleurs aux États-Unis a discuté et adopté la résolution intitulée « Ce que le krach de 1987 a annoncé » à la suite du plus grand effondrement boursier international depuis 1929. Cette résolution a été présentée en 1988 à un congrès du SWP et à une conférence internationale des ligues communistes de plusieurs pays, où elle a été adoptée par les délégués. Elle décrit l'évolution de la politique mondiale avant l'éclatement des appareils staliniens en URSS et en Europe de l'Est.

Le texte « La marche de l'impérialisme vers le fascisme et la guerre » s'appuie sur une série de présentations faites au début de 1994 par le secrétaire national du SWP, Jack Barnes. Les membres du Parti socialiste des travailleurs l'ont discuté durant les mois qui ont conduit au congrès du parti en août 1994, où les délégués l'ont adopté.

À la clôture des congrès de 1988 et de 1994, les délégués ont mandaté des commissions de rédaction pour préparer à la lumière de la discussion les résolutions et les rapports adoptés dans le but de les publier. Les trois articles présentés dans ces pages paraissent ici tels que rédigés au lendemain de ces congrès. Les rédacteurs de *Nouvelle Internationale* ont ajouté des notes et des références pour aider le lecteur à comprendre certains développements importants qui se sont produits par la suite.

Comme ces articles l'expliquent, les conséquences potentiellement désastreuses d'événements comme le krach mondial de 1987 et de la prolifération de titres de papier hautement spéculatifs comme les « produits dérivés » ne se limitent pas à Wall Street. Aujourd'hui, la flambée de l'avidité financière et des échanges bancaires et monétaires qui l'accompagnent — ces échanges ont atteint plusieurs fois la valeur en dollars du commerce mondial au cours de la dernière décennie — constitue l'envers des conditions de dépression déflationnistes dans lesquelles le capitalisme mondial a sombré pour la première fois en 50 ans.

Les capitalistes ne réinvestissent pas les profits considérables qu'ils empochent en exploitant le travail effectué par les travailleurs dans une expansion de la capacité productive des équipements et des usines et dans l'accroissement parallèle des emplois industriels qui produisent les richesses. Au contraire, partout dans le monde aujourd'hui, ce qui est à l'ordre du jour d'un capital financier qui déborde de liquidité, c'est de réduire les coûts de production, de comprimer la main-d'oeuvre, d'augmenter les cadences par le biais de l'automatisation, d'intensifier et d'atomiser le travail et même de racheter des actions. Malgré le « boom des investissements » dont parlent les pages d'affaires aux États-Unis depuis 1991, les plus grandes dépenses vont à l'achat d'ordinateurs et d'équipements de télécommunication qui visent à extraire une plus grande marge de profits d'un plus petit nombre d'employés, concentrés dans moins d'usines, travaillant plus d'heures, à des cadences accélérées, à des salaires inférieurs et avec des avantages sociaux réduits.

Un article à la une de l'édition du 14 novembre 1994 du *Financial Times* de Londres a souligné à sa façon cette combinaison de semaines de travail plus longues, de salaires réels inférieurs, de mises à pied et de licenciements continus, d'insécurité d'emploi et d'augmentation conjoncturelle des profits : « Voici la productivité, il n'y a aucun doute là-dessus. Si c'est à ça que ressemble le sommet de la reprise économique, que Dieu vienne en aide aux travailleurs lors de la prochaine récession. » Ce journal d'affaires est un chef de file dans son domaine et est peu connu pour défendre les droits et les conditions de vie des travailleurs. L'article avait pour titre : « Travaillez plus fort ou pas du tout. »

L**A CHUTE À PLUS LONG TERME** du taux de profit industriel et du taux d'accumulation du capital décrite dans l'article « Ce que le krach de 1987 a annoncé » et le ralentissement de la croissance économique mondiale qui en a résulté ont débuté il y a un quart de siècle, à la fin des années 60 et au début des années 70. Le développement du capitalisme international depuis 1987 a cependant rendu clair que des couches croissantes de la classe ouvrière aux États-Unis, en Europe et dans d'autres pays impérialistes font face à une augmentation du chômage et du nombre des emplois temporaires ou à temps partiel, à des salaires réels qui stagnent ou déclinent et à une érosion d'éléments du salaire social gagnés dans la lutte, comme les pensions de vieillesse, les indemnités d'accident de travail, les soins de santé, l'assurance-chômage et l'éducation publique.

La polarisation entre la richesse et la pauvreté s'accroît à l'échelle internationale en même temps qu'augmente l'insécurité économique. Sous couvert de restaurer la discipline sociale et les « valeurs familiales », des porte-parole « respectables » de la bourgeoisie se font les champions d'horreurs du capitalisme que des décennies de luttes du mouvement ouvrier et de ses alliés ont permis de repousser, comme le travail à la maison, l'exploitation du travail des enfants, les orphelinats et les camps de travail.

Dans le tiers monde, des centaines de millions de personnes font face à des conditions de vie et de travail misérables ou qui se détériorent rapidement. Ce n'est pas seulement le cas des masses travailleuses de l'Afrique subsaharienne ou des pays d'Asie et des Amériques les moins développés économiquement. La différenciation de classe appauvrit aussi des secteurs entiers du peuple travailleur dans la poignée de pays d'Asie et dans ceux, encore moins nombreux, d'Amérique latine qui connaissent une industrialisation capitaliste rapide et dont les marchés boursiers et obligataires « en émergence » sont inondés de capitaux impérialistes depuis 1990.

Aucune « correction automatique » ou action cyclique du marché capitaliste ne viendra renverser les conditions de dépression qui marquent la dernière décennie du vingtième siècle. Au contraire, les pressions déflationnistes actuelles accentuent la volatilité des actifs de papier du capitalisme, aujourd'hui en pleine prolifération, et augmentent le danger qu'une crise partielle inattendue — politique, militaire ou financière — ne précipite l'effondrement en cascade du système bancaire et financier et celui de la production industrielle et du commerce mondiaux.

Avant que le vent ne tourne de manière durable en faveur du capitalisme international, les impérialistes devront affronter les travailleurs et leurs alliés et remporter de sanglantes batailles de classe. Avec l'augmentation du désordre capitaliste, de plus en plus de secteurs de la classe des employeurs, de ses gouvernements et de ses partis politiques vont finir par reconnaître que de tels conflits sont inévitables. Un nombre croissant d'exploiteurs se tourneront vers les mouvements fascistes pour écraser les syndicats et les autres organisations ouvrières et maintenir l'ordre bourgeois.

Au cours des cinq années qui ont suivi la révolution d'octobre en Russie, le mouvement communiste international a discuté quelles implications pratiques avait pour les travailleurs dotés d'une conscience de classe la différence entre un creux économique temporaire du cycle économique, c'est-à-dire une récession, et une baisse à long terme de la courbe du développement capitaliste. Compte tenu de la pertinence de cette question pour les questions politiques stratégiques abordées dans ce numéro, nous reproduisons un article de 1923 du dirigeant bolchevique Léon Trotsky, depuis longtemps introuvable en français et qui tire des conclusions encore valables aujourd'hui.

Le capitalisme a peu à offrir à la majorité exploitée en termes de certitude économique, de stabilité et d'abondance. Mais qu'en est-il de la démocratie ? Est-il vrai, comme le prétendent beaucoup de porte-parole de l'impérialisme mondial, que l'expansion du capitalisme favorise l'extension des droits démocratiques ? En particulier, après l'éclatement des appareils et des régimes staliniens en Europe de l'Est et en Europe centrale entre 1989 et 1991 et en supposant que le capitalisme puisse s'épanouir partout, peut-on dire que le monde se dirige maintenant vers des États et des gouvernements plus tolérants et plus démocratiques que jamais dans le passé ?

Historiquement, la naissance et le développement de la production et de l'échange marchands se sont accompagnés d'une plus grande liberté pour les producteurs. L'esclavage, le péonage [1], le servage féodal et d'autres formes de travail non libre ont été repoussés à mesure que les petits agriculteurs indépendants et les artisans

---

1. Forme d'asservissement des producteurs agricoles par le biais de l'endettement. Pour une brève description de cette forme d'exploitation, voir Karl Marx, *Le Capital*, éditions du Progrès, Moscou, livre 1, p. 169, note.

des villes ont acquis le contrôle de leurs outils et du produit de leur travail. En même temps, le capital foncier, marchand et, plus tard, industriel et financier n'a jamais cessé d'essayer de tenir en échec les masses laborieuses dans le but de monopoliser le fruit de notre travail.

Contrairement à ce que prétend leur idéologie justificative, le mot d'ordre de la classe capitaliste aux États-Unis, en Europe et ailleurs n'est pas « Vie, liberté et recherche du bonheur » ni « Liberté, égalité, fraternité ». Leurs vraies valeurs se résument à « Propriété, marchés et recherche de profits » au nom du « Je, me, moi » de l'individualisme du plus fort. Les rebellions menées par les petits agriculteurs, les artisans des villes et d'autres forces plébéiennes pour obtenir une Charte des droits au lendemain de la révolution qui a conduit à l'indépendance des colonies britanniques en Amérique du Nord ne sont qu'un exemple des nombreux conflits irrépressibles qui ont opposé les exploités des campagnes et des villes d'un côté aux couches successives d'exploiteurs capitalistes et à leurs riches alliés de classe de l'autre. Ces conflits ont marqué la montée et la consolidation des États bourgeois durant plusieurs centaines d'années.

CETTE DYNAMIQUE CONFLICTUELLE caractérise avec autant de vérité les périodes de plus forte expansion économique et de plus grande stabilité relative du capitalisme, où la classe dominante peut se permettre d'utiliser les formes de la démocratie bourgeoise pour exercer son pouvoir et faire des concessions à des couches du peuple travailleur sous la pression des luttes pour les droits politiques et syndicaux. Mais depuis la consolidation du pouvoir des capitalistes industriels au milieu du dix-neuvième siècle, en périodes de crise politique et sociale, la classe dirigeante a jeté de façon répétée par-dessus bord l'entrave que représentent pour elle les institutions démocratiques bourgeoises et les droits politiques qui leur sont associés en recourant aux bandes extralégales, aux escouades de la mort et à la terreur de masse contre les exploités.

Comme l'expliquent les articles « Ce que le krach de 1987 a annoncé » et « La marche de l'impérialisme vers le fascisme et la guerre », le développement de conditions de dépression crée à nouveau aujourd'hui, pour la première fois depuis les années qui ont immédiatement suivi la deuxième guerre mondiale, les conditions où des politiciens de droite et des mouvements fascistes embryonnaires peuvent se gagner du terrain au sein de la politique bourgeoise. Les politiques sociales des Partis démocrate et républicain et des autres partis bourgeois traditionnels à travers le monde impérialiste continuent d'évoluer vers la droite, pendant que leurs appels répétés au nationalisme en réponse aux conflits croissants alimentent toutes les variantes de démagogie anti-ouvrière, anti-femme, anti-immigrante, raciste et xénophobe véhiculées par les courants d'extrême droite.

Depuis le début des années 90, cette tendance s'est manifestée dans la politique présidentielle aux États-Unis par la « guerre culturelle » de Patrick Buchanan et la démagogie de Ross Perot. On a assisté en Europe à l'émergence d'importants partis bourgeois ultra-nationalistes et de droite en Autriche, en Belgique, en Allemagne, en France et ailleurs, y compris en Italie où les héritiers politiques de Mussolini font partie du gouvernement. La violence organisée contre les Noirs et les immigrants s'est répandue à travers toute l'Europe, de Berlin à Stockholm et à Londres.

De plus, même une connaissance relativement superficielle des régions du tiers monde où la bourgeoisie arrive à augmenter son taux de profit (comme Taiwan, la Corée du Sud, Singapour, la Malaisie, l'Indonésie, le Chili, le Mexique et quelques autres pays) suffit à démentir l'idée qu'une extension des droits démocratiques accompagne le développement et l'enrichissement d'une classe capitaliste.

Il est tout aussi faux de dire, comme le fait un numéro récent de la revue *Business Week* de Wall Street, que depuis 1989 l'« Ouest » a « prudemment surveillé les anciens satellites de l'Union soviétique pour voir s'ils allaient s'engager dans la voie de la démocratie de libre marché. » Au lieu de les surveiller prudemment, les puissances impérialistes font des pressions énormes pour que ces régimes s'engagent dans la voie d'une exploitation capitaliste accrue, ce qui faciliterait la pénétration des capitaux étrangers.

La tendance vers la restauration du capitalisme dans l'ancienne Union soviétique et en Europe de l'Est (tout comme en Chine et au Viêt-nam) est parfaitement claire. En soi, ce n'est pas quelque chose de nouveau. Cette tendance a existé en URSS depuis le triomphe et la consolidation de la contre-révolution politique menée par une caste petite-bourgeoise privilégiée au cours des années 30. Cette trajectoire n'a pas changé avec l'établissement après la deuxième guerre mondiale d'autres États ouvriers en Europe de l'Est et en Asie, tous dominés par des organisations staliniennes.

La pénétration du capital dans ces pays s'est accélérée depuis l'effondrement des régimes détestés de l'ancienne Union soviétique et d'Europe de l'Est. Comme le soulignent « Ce que le krach de 1987 a annoncé », écrit en 1988, et « La marche de l'impérialisme vers le fascisme et la guerre », écrit six ans plus tard, les obstacles à la réimposition des relations sociales capitalistes et les limites à l'investissement de capitaux étrangers demeurent l'axe de la lutte de classe dans ces pays. En même temps, la résistance nationaliste croissante aux tentatives orchestrées par Washington d'accroître la domination impérialiste sur la région se déplace de plus en plus vers le centre de la politique mondiale.

Le plus grand obstacle auquel se heurtent aussi bien l'impérialisme que les aspirants capitalistes locaux qu'on retrouve dans ces États ouvriers grossièrement déformés, c'est la classe ouvrière elle-même. Chaque mesure visant à rétablir comme quelque chose de normal les congédiements, les mises à pied, les licenciements et le chômage ou à démanteler le système des prix subventionnés et des avantages sociaux se heurte à la résistance ouvrière, même si celle-ci demeure encore dispersée, politiquement confuse et sans direction de classe consciente. Tout nouveau pas dans cette direction pousse ces sociétés vers des manifestations explosives, voire des rebellions sociales par les travailleurs et les autres exploités des villes et des campagnes.

Qui plus est, les membres rivaux des castes sociales dominantes, les hauts fonctionnaires dans les bureaux gouvernementaux, les directeurs des anciennes entreprises d'État (la « nomenklatura ») et les couches petites-bourgeoises des nouveaux riches jouent tous des coudes pour devenir les héritiers des milliards de dollars que constituent les usines d'État, les biens de production et le droit d'exploiter le travail salarié sur une grande échelle. Les membres de ces couches sociales rivalisent en même temps pour attirer le capital impérialiste sans se laisser engloutir par lui.

En pratique, la preuve est faite que tout cela approfondit et multiplie les contradictions plutôt que les résoudre.

L'avenir dans ces États ouvriers déformés va se décider dans la lutte, dont l'évolution va dépendre en grande partie des progrès du mouvement ouvrier en Europe capitaliste, dans le reste du monde impérialiste et dans les pays semi-coloniaux. Entre-temps, la crise économique et sociale dans l'ancienne Union soviétique et en Europe de l'Est demeure aiguë et les tensions sociales et les conflits de classe se développent en Chine et au Viêt-nam.

Devant cette instabilité, les couches dirigeantes de tous ces pays renforcent les institutions et la législation répressives de leurs États. Elles sont loin d'étendre la démocratie ou de renforcer la « société civile ». Tant qu'elles continuent d'« ouvrir leurs marchés », elles reçoivent l'appui des classes dirigeantes aux États-Unis et dans les autres « démocraties » impérialistes, indépendamment des protestations rituelles sur les « droits humains » exprimées par ces dernières.

La victoire du fascisme en Allemagne, en Espagne et ailleurs en Europe dans les années 30 n'était pas inévitable ; pas plus que ne l'était le deuxième massacre impérialiste mondial de 1939-1945. Cette guerre *est devenue* inévitable en 1937-1938, mais seulement après les trahisons politiques des staliniens et des sociaux-démocrates, dont la politique de collaboration de classe a empêché l'extension de la révolution socialiste dans une Europe alors en pleine crise, d'abord et avant tout en France et en Espagne. De façon répétée, les travailleurs se sont engagés dans des luttes pour le pouvoir. De façon répétée, ils ont été trahis.

En Allemagne, les organisations de masse dirigées par les sociaux-démocrates et les staliniens ont fait passer leurs intérêts factionnels avant le besoin d'unifier la lutte pour empêcher les fascistes de détruire le mouvement ouvrier et d'écraser les droits démocratiques de tous. Bientôt pris de panique face au développement rapide des forces armées d'Hitler, Moscou s'est mis à chercher désespérément au milieu des années 30 à prévenir un assaut contre l'URSS. À l'échelle internationale, les forces staliniennes ont reçu l'ordre de faire tout en leur pouvoir pour se gagner la confiance des gouvernements « impérialistes démocratiques » de Paris, de Londres et de Washington. L'Internationale communiste dégénérée et ses partis ont dévoyé les luttes des travailleurs et des paysans vers un appui au libéralisme capitaliste du style *New Deal* et n'ont pas hésité à assassiner les révolutionnaires et les véritables communistes qui cherchaient à maintenir une perspective anticapitaliste.

Cette série de défaites pour le mouvement ouvrier a culminé à la fin des années 30 dans la deuxième guerre mondiale. Le tumulte de ce conflit sanglant a approfondi la lutte de classe et fait progresser la révolution mondiale contre l'oppression impérialiste et l'exploitation capitaliste.

Comme le décrivent les articles contenus dans ces pages, Washington et Wall Street ont émergé de cette guerre comme la puissance impérialiste mondiale apparemment incontestable sur les plans économique et militaire. Pour consolider leur « siècle américain », ils ont entre autre chose entrepris des préparatifs immédiats en vue d'une troisième guerre mondiale — ce qui a été rendu clair par la décision de l'administration Truman de lancer la bombe atomique sur Hiroshima et Nagasaki en août 1945, au moment où le Japon avait déjà commencé à rechercher la paix.

Comme l'a expliqué le prédécesseur de *Nouvelle Internationale* dans son éditorial principal d'août 1946, « à tous les niveaux du gouvernement, dans tous les secteurs d'activités, de plus en plus de faits amènent inévitablement à conclure que l'impérialisme américain, loin d'organiser la paix, se prépare à une nouvelle guerre encore plus horrible [2]. » Les dirigeants U.S. voulaient consolider leur position dominante non seulement dans leur arrière-cour d'Amérique latine, mais aussi dans les régions d'Asie où leurs adversaires japonais avaient subi la défaite et que leurs « alliés » en Grande-Bretagne, en France et en Hollande se voyaient forcés d'abandonner sous la pression de la lutte des colonies pour leur indépendance.

Avec l'effondrement de l'énorme production militaire aux États-Unis vers la fin de la deuxième guerre mondiale, plusieurs au sein de la classe ouvrière et de la bourgeoisie s'attendaient à voir resurgir les conditions de dépression économique d'avant-guerre. La combinaison d'une croissance ralentie et d'une inflation galopante durant les années qui ont immédiatement suivi la guerre a au début semblé confirmer ce pronostic. De plus, à la suite des luttes ouvrières de 1945-1946, du renversement de la domination capitaliste en Europe de l'Est et de la révolution chinoise de 1949, les deux partis de la classe dirigeante aux États-Unis ont lancé une chasse aux sorcières anticommuniste et encouragé le développement d'un mouvement fasciste

---

2. « Review of the Month: 'Hemisphere Defense' and U.S. Preparations for World War III », *Fourth International,* août 1946.

dont le protagoniste le mieux connu est le sénateur du Wisconsin, Joseph McCarthy.

SI LE CAPITAL U.S. n'avait rencontré aucun obstacle majeur, il aurait cherché à terminer ce que l'impérialisme allemand n'avait pas réussi à faire, c'est-à-dire détruire l'État ouvrier soviétique. Mais les plans de guerre U.S. ont échoué sur le double écueil de la révolution chinoise de 1949 et de l'incapacité de Washington d'atteindre ses fins dans l'impopulaire guerre de Corée entre 1950 et 1953. L'effort des dirigeants U.S. pour imposer la domination capitaliste à toute la péninsule coréenne s'est heurté à une impasse. Et les forces armées U.S. déployées en Corée n'ont pas été capables non plus de traverser la rivière Yalu et de repousser la révolution chinoise — une révolution que Tokyo n'avait pas réussi à stopper en envahissant et en occupant de larges régions de la Chine entre 1931 et 1945, non plus que Washington au cours des quatre années suivantes.

En 1953, le gouvernement soviétique avait réussi à briser le monopole de Washington sur l'armement nucléaire. Le capitalisme international s'était quelque peu restabilisé. Et la crise sociale alimentée par des conditions de dépression qui aurait pu pousser Washington vers des solutions d'extrême droite et une troisième guerre mondiale ne s'est pas concrétisée. À la fin de 1953 et au début de 1954, quand McCarthy a tenté d'étendre sa chasse aux sorcières au corps des officiers, les deux partis de la classe dirigeante l'ont sèchement remis à sa place. Le maccarthysme avait connu son apogée.

Ce sont les développements d'après-guerre qui ont stoppé la marche de l'impérialisme U.S. vers la relance d'une guerre ouverte contre l'Union soviétique et qui ont forcé Washington à se rabattre sur la seule option qui lui restait : la « guerre froide ». Ce n'était pas là la stratégie choisie par le capital financier U.S. En fait, ce n'était pas du tout une stratégie. C'était la codification d'un rapport de force international où, malgré leur puissance économique et militaire, les dirigeants U.S. se sont heurtés aux limites du « siècle américain » avant même que ce dernier n'ait vraiment commencé.

Les articles qui suivent expliquent le changement survenu dans l'évolution de la politique mondiale depuis la fin des années 80, un changement qui pousse une fois de plus les dirigeants impérialistes sur la voie du fascisme et de la guerre. Ces textes font suite à ceux contenus dans le quatrième numéro de *Nouvelle Internationale* publié à l'automne de 1991, quelques mois après que les dirigeants U.S. aient mis fin à des semaines de bombardement de l'Irak en massacrant des soldats et des civils sur la route de Bassora. « Quoi qu'en disent les capitalistes U.S., la guerre de Washington dans le Golfe n'est pas le signe avant-coureur d'un nouvel ordre mondial basé sur une solution pacifique aux conflits entre les États, » a dit Jack Barnes dans le principal article de ce numéro. « Bien au contraire, dans un monde de crises et d'effondrements économiques croissants, d'instabilité sociale, de conflits politiques et de revendications pour la libération nationale non satisfaites, la guerre du Golfe pourrait beaucoup plus précisément être décrite comme les premières salves de la troisième guerre mondiale. »

Si c'était encore nécessaire dans un siècle défiguré par les guerres et les holocaustes les plus sanglants de l'histoire, les événements des dernières années réfutent très clairement l'idée que le capitalisme offre à l'humanité un avenir de paix croissante. En octobre 1994, le gouvernement des États-Unis s'est à nouveau livré à une escalade militaire dans le golfe Persique et a réitéré ses menaces de bombarder l'Irak, dont la population meurt de faim à cause d'un embargo économique impérialiste qui dure depuis quatre ans. Washington a une fois de plus mis en place une armée d'occupation chez un de ses voisins en Amérique, cette fois-ci la nation antillaise d'Haïti. Dans un geste de provocation contre la révolution socialiste et son gouvernement révolutionnaire à Cuba, Washington détient 22 000 Cubains dans un véritable camp de concentration établi à l'intérieur de la base navale de Guantánamo en territoire cubain occupé et il a renforcé son embargo économique monstrueux contre Cuba.

L<small>E MASSACRE</small> organisé par le régime serbe et ses bandes rivales de bureaucrates et d'aspirants capitalistes dans l'ancienne Yougoslavie se poursuit maintenant depuis près de quatre ans. Les soldats britanniques et français sont sur le terrain en Bosnie pour protéger leurs intérêts opposés dans les Balkans. Les armées des puissances impérialistes U.S., française, belge et autres ont assumé leur « responsabilité d'hommes blancs » en Afrique en dépêchant des forces d'occupation en Somalie, au Rwanda et au Zaïre pour y défendre l'ordre capitaliste. Des guerres civiles font rage entre des forces staliniennes rivales dans plusieurs républiques de l'ancienne URSS. Et Moscou réaffirme les visées de la Russie impériale de la mer Noire à l'Asie centrale en déployant des troupes pour appuyer tantôt l'une, tantôt l'autre des forces en conflit.

Toutes ces guerres et interventions intensifient à leur tour les conflits entre les diverses puissances impérialistes et entre ces dernières et Moscou.

L'ordre mondial capitaliste décadent décrit dans ce numéro de *Nouvelle Internationale* prouve de manière convaincante que la voie révolutionnaire où se sont engagés les travailleurs et agriculteurs de Cuba il y a 35 ans constitue la seule solution pour l'humanité. La tâche qui se pose aux travailleurs conscients et aux jeunes ayant une perspective révolutionnaire dans le monde est d'établir des gouvernements des travailleurs et des agriculteurs, d'exproprier les exploiteurs capitalistes dont la soif de profits nous entraîne vers une autre guerre mondiale dévastatrice et de commencer à construire un nouvel ordre socialiste à l'échelle internationale.

Il n'est pas possible de réaliser ces tâches historiques sans construire dans chaque pays des partis ouvriers révolutionnaires qui fassent eux-mêmes partie d'un mouvement communiste international renouvelé. L'effondrement des appareils staliniens en Europe de l'Est et en Union soviétique a éliminé le principal obstacle empêchant ce combat de progresser. À la suite de la contre-révolution politique en Union soviétique à la fin des années 20, les staliniens se sont emparés de la bannière du mouvement révolutionnaire des travailleurs que Marx et Engels avaient aidé à mettre sur pied au milieu du dix-neuvième siècle. Dans les années qui ont suivi la révolution d'octobre 1917, la direction bolchevique a commencé à transformer ce mouvement en une véritable organisation de masse internationale, l'Internationale communiste.

La caste parasitaire qui a arraché le pouvoir politique à la classe ouvrière en Union soviétique n'avait aucune fonction dans la production sociale et de ce fait aucune viabilité historique. Mais le stalinisme a vu sa survie brièvement prolongée en s'arrogeant le crédit de la victoire remportée par les travailleurs et les agriculteurs soviétiques dans la deuxième guerre mondiale ; celui des révolutions en Yougoslavie, en Chine, en Corée et au Viêt-nam ; et celui du renversement des relations de propriété capitalistes en Europe de l'Est.

Mais aujourd'hui, pour la première fois en sept décennies, il n'est plus inévitable que la vaste majorité des travailleurs, des agriculteurs et des jeunes révolutionnaires qui sont attirés par la perspective socialiste se tournent plutôt vers des organisations contre-révolutionnaires qui se prétendent à tort communistes. C'est d'abord aux travailleurs et aux jeunes qui sont et vont devenir les cadres d'un mouvement communiste renouvelé que la perspective mise de l'avant dans ce numéro de *Nouvelle Internationale* offre un guide inestimable pour agir politiquement au cours des mois et des années à venir.

Steve Clark
10 décembre 1994

Note de la direction : La publication de ce numéro de *Nouvelle Internationale* a été rendue possible grâce au travail d'une équipe internationale de travailleurs et d'étudiants à Miami, Montréal, Paris et Toronto. Ces volontaires ont traduit, revu et corrigé les textes ; fait des recherches en bibliothèque et ailleurs ; et assuré la mise en place et l'entretien de l'équipement de traitement de texte et de télécommunication requis par un tel projet. Il s'agit de : Peter Anestos, Al Cappe, Sylvie Charbin, Marc-André Éthier, Janet Fisher, Rollande Girard, Brigitte Grouix, Grant Hargrave, Derek Jeffers, Gary Kettner, Nat London, Christiane Malet, Margaret Manwaring, Linda Meissenheimer, Jacques Salfati, Jean-Louis Salfati, Guy Tremblay, Gary Watson et Arthur Young.

Tous les dollars mentionnés dans les articles de ce numéro de *Nouvelle Internationale* sont des dollars US, à moins qu'il n'en soit indiqué autrement.

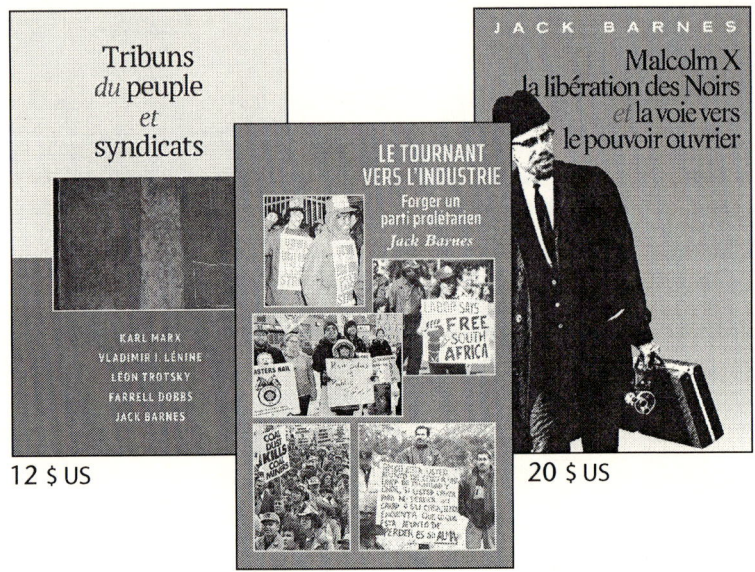

12 $ US   20 $ US

15 $ US

Trois livres qui n'en font qu'un,

sur comment construire un parti qui est ouvrier par son programme, sa composition et ses actions. Un parti qui, dans ce qu'il fait et dit, reconnaît le fait le plus révolutionnaire de notre époque :

que nous, les travailleurs, pouvons créer un monde différent en agissant ensemble pour défendre nos intérêts de classe, pas ceux des classes privilégiées qui nous exploitent, pas ceux qui nous craignent parce qu'ils nous voient comme des « déplorables » ou de simples « déchets ». En suivant une voie révolutionnaire vers le pouvoir des travailleurs, nous nous transformerons et découvrirons notre propre valeur. Aussi en anglais et en espagnol.

Offre spéciale
Les trois livres pour 30 $ US

Le tournant vers l'industrie et *Tribuns du peuple et syndicats*   20 $ US

Un de ces livres et *Malcolm X, la libération des Noirs et la voie vers le pouvoir ouvrier*   25 $ US

CONSTRUIRE UN PARTI PROLÉTARIEN

Le creux de la résistance ouvrière est derrière nous
Le Parti socialiste des travailleurs regarde vers l'avant

JACK BARNES, MARY-ALICE WATERS
STEVE CLARK

L'ordre mondial imposé par les vainqueurs du carnage interimpérialiste de la deuxième guerre mondiale est en train de voler en éclats, avec des ramifications explosives pour les travailleurs et les agriculteurs du monde entier. Une longue période de retraite de la classe ouvrière et des syndicats a pris fin. De plus en plus de travailleurs de tous les âges, de toutes les couleurs de peau et des deux sexes disent : « Trop, c'est trop ». Ce livre attire l'attention sur les opportunités à venir pour les travailleurs ayant une conscience de classe de forger un parti de travailleurs basé sur les syndicats. Et une avant-garde prolétarienne de masse capable de mener la lutte pour mettre fin à la domination capitaliste, offrant un avenir à l'humanité. 10 $ US. Aussi en anglais et en espagnol.

Le travail, la nature et l'évolution de l'humanité
Une vision longue de l'histoire

FRIEDRICH ENGELS, KARL MARX
GEORGE NOVACK, MARY-ALICE WATERS

Sans comprendre qu'en transformant la nature, le travail social est le moteur de l'évolution de l'humanité depuis des millions d'années, les travailleurs ne peuvent pas voir au-delà de l'époque capitaliste d'exploitation de classe qui déforme toutes les relations, idées et valeurs humaines. Seule la conquête révolutionnaire du pouvoir d'État par la classe ouvrière peut ouvrir la porte à un monde libéré de l'exploitation capitaliste, de la dégradation de la nature, de l'assujettissement des femmes, du racisme et de la guerre. Un monde construit sur la solidarité humaine. Un monde socialiste. 12 $ US. Aussi en anglais et en espagnol.

WWW.PATHFINDERPRESS.COM

DÉFENDRE CUBA, DÉFENDRE LA RÉVOLUTION SOCIALISTE À CUBA

Mary-Alice Waters

LES DÉLÉGUÉS À CE CONGRÈS du Parti socialiste des travailleurs (SWP) doivent poser et répondre à trois questions aujourd'hui dans la discussion sur la défense de Cuba et de sa révolution socialiste. Les réponses que nous allons collectivement y apporter auront des conséquences importantes sur ce que nous faisons

---

Présenté au nom du comité national du Parti socialiste des travailleurs (SWP), ce rapport a été discuté et adopté le 3 août 1994 par les délégués au trente-septième congrès statutaire du SWP, tenu à Oberlin dans l'État de l'Ohio aux États-Unis.

Mary-Alice Waters est membre du comité national du SWP, directrice de la revue marxiste New International *et l'auteure de plusieurs articles sur la révolution cubaine. Elle a dirigé la publication d'une nouvelle édition en anglais du Journal de Bolivie de Che Guevara,* The Bolivian Diary of Ernesto Che Guevara *; de* U.S. Hands Off the Mideast! Cuba Speaks Out at the United Nations, *un recueil de discours de dirigeants cubains contre la guerre initiée par Washington contre l'Irak ; et de* To Speak the Truth: Why Washington's 'Cold War' against Cuba Doesn't End, *un recueil de discours prononcés devant l'Organisation des nations unies par deux des représentants les plus respectés de la révolution cubaine, Fidel Castro et Che Guevara.*

La version rédigée de son rapport n'incorpore pas les événements survenus après le 3 août 1994. Certains d'entre eux sont cependant mentionnés dans les notes.

comme composante d'un mouvement communiste intenational et aussi comme composante des forces beaucoup plus larges qui travaillent ensemble en solidarité avec Cuba. Elles vont aussi nous dire beaucoup sur les perspectives auxquelles font face les travailleurs communistes à travers le monde.

Les questions que nous devons nous poser ne découlent pas en premier lieu de nos propres discussions et débats internes. Elles sont enracinées dans les grands changements qui ont eu lieu dans la politique mondiale au cours des dernières années et dans l'impact que ces changements ont eu sur l'avant-garde des travailleurs en lutte à Cuba. D'une manière ou d'une autre, ces questions sont discutées et débattues par chaque courant politique sérieux au sein des classes qui s'affrontent dans la politique mondiale.

Nous devons pour un moment regarder au-delà des batailles les plus immédiates menées par ceux qui sont sur la ligne de front de notre classe à Cuba. Nous devons prendre un recul par rapport aux pressions du travail au jour le jour que nous menons tous en défense de la révolution cubaine dans nos lieux de travail, dans les syndicats, à l'école et dans les villes où nous sommes. Nous avons besoin d'une perspective à plus long terme sur les développements politiques qui ont lieu à Cuba et sur leurs implications pour la classe ouvrière mondiale.

Commençons par énoncer brièvement ces trois questions décisives et par y répondre. Nous pourrons ensuite utiliser le reste du rapport pour développer davantage nos réponses et expliquer pourquoi les faits dont nous disposons en démontrent la justesse.

Trois questions

Voici la première question. Est-ce que le gouvernement cubain continue d'être révolutionnaire dans le sens le plus fondamental du terme ? Malgré les énormes difficultés et défis auxquels il est confronté et indépendamment de ses erreurs politiques, de ses déformations bureaucratiques et de ses oscillations bonapartistes, est-ce que, sur les questions décisives, le gouvernement cubain continue à suivre un cours qui répond aux pressions de la classe ouvrière plutôt que de s'y opposer ? Est-ce un gouvernement qui prend des initiatives audacieuses pour défendre les aspirations sociales et politiques de la classe ouvrière et préserver ses conquêtes socialistes ? Ou bien, ainsi que certains l'espèrent, dirige-t-il lui-même une course précipitée pour saborder la révolution socialiste à Cuba ?

La réponse à cette première question est sans équivoque. Le gouvernement de Cuba demeure toujours un gouvernement révolutionnaire du peuple travailleur. En fait, la direction communiste de Cuba continue à diriger le seul gouvernement dans le monde qui utilise consciemment le pouvoir d'État pour défendre, promouvoir et répondre aux intérêts de la classe ouvrière. C'est le seul pouvoir d'État qui cherche à organiser les travailleurs et les paysans pour faire avancer la lutte contre l'impérialisme et pour le socialisme. Et c'est le seul qui accepte d'aider ceux qui, ailleurs dans le monde, luttent les armes à la main pour faire la même chose.

À l'exception des bolcheviks dirigés par Lénine au cours des premières années de la révolution russe, tous les autres partis au pouvoir qui ont prétendu à un moment ou à un autre agir dans l'intérêt de la classe ouvrière et au nom du socialisme ont en fait suivi un cours contraire aux intérêts historiques des travailleurs, que ce soit en Union soviétique, en Europe de l'Est, en Chine ou ailleurs en Asie. Au cours d'une longue période de temps, ces directions ont appliqué des politiques qui ont détruit l'initiative et la capacité de lutte de la classe ouvrière et renforcé les inégalités et les stratifications sociales — qui rappellent quelques-unes des pires caractéristiques des relations sociales capitalistes, mais avec très peu des points forts du capitalisme.

La réponse que nous donnons à cette question sur le gouvernement cubain et sa direction a des implications très importantes aujourd'hui pour la classe ouvrière mondiale. C'est pourquoi ce rapport et la discussion qui l'accompagne figurent au premier point de l'ordre du jour de ce congrès du Parti socialiste des travailleurs.

La deuxième question est étroitement liée à la première. Est-ce que la révolution prolétarienne est toujours vivante à Cuba ? Ou, pour être plus concret, est-ce qu'une proportion décisive de la classe ouvrière à Cuba lutte toujours pour défendre son cours historique ? Est-elle toujours déterminée à défendre les nouvelles relations sociales établies sur la base des conquêtes anti-impérialistes et socialistes qu'elle a commencé à faire il y a près de 35 ans, lorsque les travailleurs des villes et des campagnes se sont mobilisés par millions pour exproprier les plantations, les manufactures, les entrepôts et les hôtels possédés par les capitalistes *yankees* et cubains[1] ?

---

1. Plusieurs livres publiés ou distribués par les éditions Pathfinder décrivent de première main et de manière précise comment les travailleurs et leurs alliés se sont organisés pour mener à bien la révolution cubaine et initier la révolution socialiste dans les Amériques. On lira en particulier *Dynamics of the Cuban Revolution: A Marxist Appreciation* de Joseph Hansen ; *To Speak the Truth: Why Washington's 'Cold War' against Cuba Doesn't End,* un recueil de quatre discours de Fidel Castro et d'Ernesto Che Guevara ; *Selected Speeches of Fidel Castro,* un recueil de discours de Fidel Castro ; « La réforme agraire et les coopératives à Cuba », deux discours de Fidel Castro dans le deuxième numéro de *Nouvelle*

Ou bien tout n'est-il pas fini à Cuba, comme plusieurs le croient aujourd'hui, aussi bien parmi les ennemis de classe historiques de la révolution cubaine que parmi ceux, qu'ils le disent ouvertement ou non, qui l'ont appuyée ? Pour être plus précis, est-ce que tout est fini pour une avant-garde ouvrière de masse à Cuba ? Avons-nous déjà franchi les points tournants décisifs de la lutte de classe ? Vivons-nous ce qui n'est rien d'autre que l'agonie prolongée de la révolution socialiste et de sa direction prolétarienne ?

EN RÉSUMÉ, LA CLASSE OUVRIÈRE à Cuba a-t-elle été vaincue ? Est-ce que les conditions économiques qui se détériorent et les tensions sociales qui s'intensifient se sont traduites par l'influence dominante de courants petits-bourgeois et de collaboration de classe ? A-t-on atteint le point où l'avant-garde politique de masse de la classe ouvrière dans les manufactures et les fermes a été démoralisée, atomisée et chassée de la politique ? Y a-t-il toujours une avant-garde prolétarienne capable de diriger les forces révolutionnaires à Cuba ? Est-ce que le rapport de force parmi la direction active et quotidienne de la classe ouvrière s'est tellement modifié qu'il n'est plus possible de maintenir le cours révolutionnaire poursuivi par des millions de travailleurs et de paysans cubains pendant plus de trois décennies ?

Internationale, réimprimé en 1991 ; *Che Guevara and the Cuban Revolution: Writings and Speeches of Ernesto Che Guevara*, le recueil le plus complet de discours et d'écrits d'Ernesto Che Guevara en anglais. On peut retrouver certains des textes et discours contenus dans ce dernier livre dans Che Guevara, *Écrits d'un révolutionnaire*, Paris, La Brèche.

Est-ce que la révolution prolétarienne vit toujours à Cuba ? Notre réponse à cette question est elle aussi sans équivoque : oui. La conscience, la capacité et la volonté de composantes décisives de la classe ouvrière de diriger la retraite qui est nécessaire aujourd'hui et de continuer, en le faisant, à lutter pour les intérêts de classe historiques des travailleurs demeurent au centre de la politique à Cuba.

La réponse à cette question est aussi au centre de la lutte de classe internationale et de la politique mondiale. L'écroulement des appareils brutaux et riches qui ont entretenu le stalinisme a brusquement accéléré son affaiblissement au niveau mondial, ce qui a élargi — et non pas restreint — l'espace politique à Cuba aujourd'hui pour que la classe ouvrière et son avant-garde communiste puissent lutter pour faire valoir leurs intérêts de classe internationalistes.

Mais affirmer que la classe ouvrière à Cuba demeure forte et possède plus d'espace politique aujourd'hui pour défendre son cours socialiste historique n'est pas une prédiction. Ce n'est pas une garantie que la classe ouvrière ne sera pas défaite. Nous et nos frères et soeurs à Cuba, nous entrons dans l'arène comme les boxeurs que les parieurs donnent perdants. Mais cela ne nous dérange pas. Les travailleurs cubains connaissent la boxe. Nous faisons face à des forces de classe puissantes, aussi bien à l'intérieur qu'à l'extérieur de Cuba. Les reculs de la lutte de classe dans les Amériques au cours de la dernière décennie et les conditions économiques difficiles qui prévalent à Cuba aujourd'hui renforcent aussi les adversaires petits-bourgeois et pro-capitalistes du cours socialiste de la révolution. De plus, les travailleurs communistes à Cuba continuent de payer un prix pour l'héritage du stalinisme mondial et les illusions politiques, les erreurs, la démoralisation et les déformations que celui-ci a engendrées à Cuba. Nous avons discuté ces facteurs et écrit sur eux à plusieurs reprises [2].

Le plus important, c'est qu'indépendamment du niveau de détermination et de clarté de l'avant-garde communiste, le futur de la classe ouvrière et de la révolution socialiste à Cuba ne sera pas déterminé seulement à Cuba, mais dans le cadre des progrès et des reculs de la lutte de classe internationale. L'instabilité économique, les crises, les conflits sociaux et les grandes batailles de classe sont à l'ordre du jour au niveau mondial et joueront un rôle considérable dans l'issue des luttes de classe à Cuba même. Mais les forces impliquées échappent au contrôle immédiat des communistes à Cuba, aux États-Unis et ailleurs.

Ce qui est important pour nous et pour notre classe aujourd'hui, c'est de savoir si, oui ou non, nous faisons toujours partie de la lutte. Et nous répondons : oui. Les batailles décisives restent à venir à Cuba. La classe ouvrière n'a pas perdu sa capacité de lutte et elle n'est pas prête à céder plus de terrain que ne l'exigent les nécessités économiques du jour.

Cela nous amène à la troisième question à laquelle ce congrès doit répondre. Qu'est-ce que les réponses aux deux questions précédentes signifient pour les perspectives et les responsabilités des communistes à travers le

---

2. Voir Mary-Alice Waters, *Che Guevara et la lutte pour le socialisme aujourd'hui : Cuba fait face à la crise mondiale des années 90,* New York, Pathfinder, 1992 ; et Steve Clark et Jack Barnes, « The Politics of Economics: Che Guevara and Marxist Continuity », ainsi que Mary-Alice Waters « Che's Proletarian Legacy and Cuba's Rectification Process », dans le huitième numéro de *New International,* 1991.

monde ? Qu'est-ce que cela signifie pour le SWP en tant que parti de travailleurs communistes internationalistes ici aux États-Unis, dans le bastion impérialiste où la lutte de classe et son dénouement pèseront beaucoup plus lourd que n'importe où ailleurs dans le monde sur le sort non seulement de la révolution cubaine, mais de l'humanité ?

Bien sûr, nous devons répondre aux deux premières questions avant de prendre cette dernière en considération. Si notre conclusion était que les batailles décisives ont déjà été livrées, que le gouvernement n'est plus révolutionnaire et que la classe ouvrière a été vaincue à Cuba, nous devrions alors nous préparer durant ce congrès à une situation mondiale très différente. Nous aurions la responsabilité de dire la vérité, même si elle est amère. Les batailles ne se gagnent pas toutes. Les grèves ne se terminent pas toujours en victoire. Les révolutions ne vont pas toujours de l'avant. Par exemple, sous l'impact d'une guerre civile dévastatrice, d'une intervention impérialiste et des défaites subies par les luttes révolutionnaires en Europe, la révolution dirigée par les bolcheviks en Russie a succombé à la fin des années 20 à la contre-révolution politique dirigée par Joseph Staline. Lorsque de telles défaites ou de tels reculs ont lieu, l'avant-garde communiste du mouvement ouvrier doit dire la vérité et se préparer à faire face aux conséquences et aux nouvelles tâches qui en découlent. C'est la seule base qui permette de poursuivre un travail révolutionnaire.

Mais notre jugement, c'est que la révolution socialiste à Cuba n'a pas été vaincue. Au contraire, la lutte continue et cette évaluation détermine nos responsabilités. Les communistes aux États-Unis et dans le reste du monde ne restent pas assis sur la véranda à regarder nos camarades à Cuba se battre pour défendre la révolution socialiste. *Nous faisons partie de cette lutte.* Et nous y apportons quelque chose d'important, parce que nous sommes des travailleurs communistes impliqués dans les luttes de notre classe partout où nous vivons et travaillons et à cause de la place que nous occupons dans la continuité politique révolutionnaire de notre classe au niveau mondial.

Notre contribution resterait toujours importante même si notre jugement sur ce qui arrive à Cuba était différent. Ce serait toujours important de nous lier aux combattants à Cuba qui s'intéressent politiquement et s'identifient aux luttes menées par les travailleurs et les agriculteurs aux États-Unis. Ce serait toujours important de rencontrer les travailleurs et les étudiants révolutionnaires à Cuba qui sont politiquement intéressés à lire *Habla Nelson Mandela* ou à étudier *La révolution trahie* ou *L'histoire de la révolution russe* pour comprendre les vraies leçons des luttes ouvrières au vingtième siècle et ce qui est arrivé en Union soviétique et en Europe de l'Est. Nous chercherions toujours à rencontrer les Cubains intéressés par *Notebook of an Agitator* ou *Socialism on Trial* de James P. Cannon ou par *The Changing Face of U.S. Politics: Working-Class Politics and the Trade Unions,* parce que nous savons qu'ils essaient de mieux comprendre la lutte des classes aux États-Unis [3].

---

3. *Habla Nelson Mandela* est un recueil de discours de Nelson Mandela, le dirigeant de la lutte révolutionnaire contre le système et le régime d'apartheid en Afrique du Sud, publié en espagnol par les éditions Pathfinder. *La révolution trahie* et *L'histoire de la révolution russe* sont deux livres de Léon Trotsky, un dirigeant central de la révolution d'octobre 1917 en Russie et de la lutte

Nous chercherions toujours des occasions permettant aux travailleurs et aux jeunes aux États-Unis et à Cuba de se rencontrer, d'échanger leurs expériences et de parler de politique. Nous continuerions à apprendre de ces discussions et à être transformés par ce processus d'échange mutuel.

Mais nos priorités politiques et l'emploi de notre temps et de nos ressources seraient néanmoins différents si la direction communiste avait été défaite à Cuba, si la classe ouvrière avait été politiquement démobilisée et si nous ne pouvions parler qu'à quelques individus cherchant à préserver la continuité révolutionnaire dans ces nouvelles conditions. Mais les réponses que nous avons données aux deux premières questions nous indiquent que ce n'est pas le cas et que, de plus, ce que nous faisons aujourd'hui pèse dans la lutte.

C'est pourquoi nous accordons tellement d'importance aux opportunités croissantes qu'ont les travailleurs et les jeunes de se rencontrer, que ce soit à Cuba, aux États-Unis ou ailleurs, de se voir comme des combattants et de se renforcer mutuellement à même leurs luttes respectives. Nous cherchons à les mettre en contact pour qu'ils puissent lutter en tant que communistes et dans une perspective internationaliste.

---

internationale contre la contre-révolution bureaucratique qui a finalement triomphé dans ce pays au cours des années 20 et 30. *Notebook of an Agitator* et *Socialism on Trial* ont été écrits par James P. Cannon, un des fondateurs du mouvement communiste aux États-Unis et un dirigeant central du SWP jusqu'à sa mort en 1974. *The Changing Face of U.S. Politics: Working-Class Politics and the Trade Unions* de Jack Barnes explique la perspective du SWP de construire un parti communiste enraciné dans la classe ouvrière industrielle.

C'est pourquoi il est si important que les barrières érigées par les bourreaux staliniens de la révolution s'écroulent. Elles constituent moins un obstacle que jamais auparavant dans ce processus de collaboration, de discussion et de lutte commune qui se développe à Cuba, aux États-Unis et dans d'autres pays parmi les communistes, les travailleurs révolutionnaires et la jeunesse.

Le pouvoir d'État

Revenons maintenant pour les examiner de plus près aux trois questions que nous avons posées et aux réponses que nous y avons apportées.

Nous devons commencer par la question du pouvoir d'État. C'est l'instrument le plus puissant que possède la classe ouvrière pour se défendre et défendre ses alliés dans sa marche historique. C'est là qu'il faut commencer, parce que sans un gouvernement des travailleurs et des agriculteurs qui dirige dans une perspective ouvrière, la situation à laquelle notre classe ferait face à Cuba et dans le reste du monde serait complètement différente.

La révolution cubaine traverse la pire crise économique de son histoire. Il n'est pas nécessaire d'entrer dans les détails ici : les délégués à ce congrès suivent de près la situation à Cuba. Nous avons discuté du sérieux des conditions économiques à l'occasion de rassemblements nationaux et régionaux organisés par le SWP et les Jeunes socialistes au cours des deux dernières années. Et nous avons écrit de nombreux articles dans les pages du *Militant* et de *Perspectiva Mundial*. En fait, quelques-uns des exemples que nous allons discuter ici aujourd'hui ont été décrits plus amplement dans une série d'articles publiés dans le *Militant* et *Perspectiva Mundial* le printemps et l'été passés. Ces articles s'appuient sur les reportages effectués à Cuba par trois équipes internationales au cours d'une période de six semaines, entre la fin janvier et le début de mars cette année [4].

En général, les conditions économiques et les problèmes quotidiens sont plus difficiles aujourd'hui à Cuba qu'ils ne l'étaient il y a même un an. Il y a encore des pénuries sévères de nourriture. Même si personne ne meurt de faim ou ne souffre de malnutrition sérieuse comme c'est le cas pour des centaines de millions de personnes en Amérique latine, en Asie et en Afrique, la consommation moyenne de calories à Cuba a diminué significativement au cours des dernières années. L'huile de cuisson, le savon et bien d'autres produits essentiels ne sont pas accessibles en général à moins de posséder des dollars U.S. Les pannes d'électricité qui durent des heures font maintenant partie du quotidien. Elles n'affectent pas seulement les quartiers résidentiels. Elles affectent aussi la production déjà diminuée par la capacité réduite d'acheter les matériaux de base et les pièces de rechange. Parce que les produits pétroliers sont particulièrement rares, les bicyclettes ont progressivement remplacé les autobus comme moyen de transport pour les travailleurs et les étudiants dans les villes ; et les boeufs ont progressivement commencé à suppléer aux tracteurs à la campagne, quand ils ne les ont pas remplacés. Par-

---

4. Voir la série de trois articles écrits par Argiris Malapanis et Aaron Ruby : « Cuba : l'assemblée nationale discute des mesures à prendre pour répondre à une crise économique considérable », « Les travailleurs discutent comment faire avancer la révolution cubaine » et « Le gouvernement cubain réorganise les fermes d'État en coopératives, dans un effort pour augmenter la production». Ces articles sont parus en anglais dans les éditions des 4, 11 et 18 avril 1994 de l'hebdomadaire socialiste *The Militant* et en espagnol dans les numéros d'avril, mai et juin 1994 du mensuel *Perspectiva Mundial*.

ce que le système de distribution et de rationnement de l'État s'est avéré incapable d'offrir les produits essentiels en quantité suffisante, la majorité des gens n'ont d'autre choix que d'acheter la plupart de leur nourriture et de leurs vêtements sur ce qu'il est convenu d'appeler le marché noir. Le marché noir fonctionne de plus en plus en dollars et ceux qui ont accès à la devise forte vivent nettement mieux que les autres. Les inégalités sociales augmentent dramatiquement. Les systèmes d'éducation et de santé, qui étaient la plus grande fierté de la révolution cubaine, se détériorent considérablement.

Il n'y a pas de raison de croire que le pire est passé. Ça reste à voir. Depuis 1991, chaque fois que je suis allée à Cuba, je me suis fait dire — et généralement par plus d'une personne : « Le pire est maintenant passé. Nous avons commencé à remonter la pente. » Malheureusement, ce n'est pas ce qui s'est produit jusqu'à maintenant.

À un certain point, ce sera vrai. Mais il vaut mieux se préparer à voir les conditions empirer, afin d'organiser la lutte politique nécessaire et de prendre les mesures économiques qui s'imposent.

LA RAISON POUR LAQUELLE la crise économique affecte tellement la politique à Cuba aujourd'hui, c'est l'isolement de la révolution cubaine, qui découle de la défaite de la révolution nicaraguayenne à la fin des années 80 et de la retraite politique continue de la classe ouvrière et des mouvements révolutionnaires en Amérique latine et dans les Antilles. Ces facteurs ne sont pas les plus fréquemment mentionnés, ni à Cuba, ni par les autres courants politiques présents dans le mouvement ouvrier, ni par les différents groupes de solidarité avec Cuba aux États-Unis et ailleurs dans le monde. Tous voient dans l'écroulement du soi-disant bloc socialiste et son impact économique sur Cuba, amplifié par l'embargo U.S., la source de presque tous les problèmes.

À partir de 1989, la fin précipitée des échanges commerciaux à prix préférentiels avec l'Union soviétique et l'Europe de l'Est et de l'aide substantielle venant de ces pays a déclenché le déclin dramatique de la production agricole et industrielle à Cuba. On évalue à 30 pour cent la chute du produit national brut entre 1989 et 1993. Les approvisionnements vitaux de pétrole ont baissé de plus de 50 pour cent durant la même période. Avant 1990, Cuba était capable d'acheter et de vendre en se prévalant de termes commerciaux largement subventionnés, qui lui étaient beaucoup plus favorables que n'importe quelle autre entente sur le marché capitaliste mondial. Les communistes et les autres partisans de la révolution cubaine dans le monde avaient salué cette aide depuis qu'elle avait commencé en 1960, face aux attaques économiques et aux menaces militaires croissantes de Washington et de Wall Street.

Mais la direction cubaine a agi comme si les régimes soviétique et d'Europe de l'Est, ainsi que leur aide, allaient toujours exister. Quand ils se sont écroulés, a dit Fidel Castro aux délégués au congrès de l'Union nationale des écrivains et des artistes de Cuba (UNEAC) en novembre 1993, ce fut comme « s'ils disaient un jour que le soleil ne se lèvera pas. Tout le monde s'attend à voir le soleil se lever tous les jours, de la même façon que tout le monde, révolutionnaire ou pas, s'attendait à voir le camp socialiste continuer d'exister et l'URSS continuer d'exister. Mais ce qui nous est arrivé, c'est comme si un jour le soleil ne s'était pas levé à 6 heures du matin, ni à 7 heures, ni à 10 heures, ni à midi. Et au milieu de la noirceur, nous devons chercher des solutions. »

À cause de ce jugement politique erroné, la direction cubaine ne s'est pas préparée à l'inévitable et n'était pas prête quand la crise a frappé entre 1989 et 1991, au moment où les régimes staliniens sont tombés l'un après l'autre. Le gouvernement des travailleurs et des agriculteurs de Cuba n'avait pas su utiliser le temps que lui avait permis d'acheter l'aide qu'il avait pu obtenir grâce à la révolution d'octobre 1917 et à ses héritiers parmi les travailleurs. Entre le début des années 70 et la fin des années 80, très peu a été fait pour diminuer la dépendance économique de la révolution envers Moscou et atteindre une certaine autosuffisance dans la production de nourriture et d'autres produits de base. En fait, le contraire s'est produit.

Les problèmes d'aujourd'hui sont amplifiés par les mesures criminelles, comme l'embargo, prises depuis près de 35 ans contre Cuba par la force impérialiste la plus puissante de la terre, le gouvernement des États-Unis. Les familles capitalistes dirigeantes de ce pays n'ont jamais abandonné leur objectif d'affaiblir et d'écraser la révolution. Elles demeurent déterminées à punir le peuple travailleur de Cuba pour avoir eu le courage, la ténacité et la capacité de déclarer son indépendance et de faire une révolution socialiste, pratiquement sur les côtes des États-Unis.

Ces difficultés pèsent lourdement sur la révolution cubaine. Mais aucune d'entre elles n'est le véritable problème. Si vous en doutez, arrêtez-vous un moment et imaginez l'impact qu'aurait sur le moral du peuple travailleur de Cuba une vague de grèves, d'occupations de terre par des paysans ou de manifestations étudiantes en Argentine, au Brésil, au Venezuela, en Haïti ou dans n'importe quelle autre région de l'Amérique ! Ou l'impact qu'aurait une remontée qualitative de la lutte des classes ici aux États-Unis.

L'isolement de la révolution cubaine dans les Amériques est la principale source des difficultés auxquelles elle est confrontée : le fait qu'il n'y a pas un seul autre gouvernement des travailleurs et des agriculteurs, pas une seule autre révolution socialiste dans tout l'hémisphère aujourd'hui. La révolution nicaraguayenne a été défaite à la fin des années 80, quand la direction sandiniste a rejeté de manière décisive le cours anticapitaliste qu'elle avait suivi auparavant. Cinq ans plus tôt, le gouvernement des travailleurs et des agriculteurs à Grenade avait été détruit de l'intérieur par une contre-révolution stalinienne[5].

E<small>N PLUS DE CES DÉFAITES</small> et en partie à cause d'elles, l'impérialisme U.S. a conservé l'avantage en Amérique latine depuis la crise de la dette des années 80. Nulle part dans le continent n'a-t-on vu un seul gouvernement, une seule direction syndicale officielle, une seule organisation populaire de masse répondre à l'appel lancé par le gouvernement cubain dans le but de former un front de résistance uni et de lutter pour faire annuler la dette extérieure et adopter des mesures radicales visant à redresser

---

5. Voir « The Rise and Fall of the Nicaraguan Revolution » dans le neuvième numéro de *New International*, 1994. Les documents contenus dans ce numéro spécial ont aussi été publiés en espagnol dans « El ascenso y el ocaso de la revolución nicaragüense » dans le troisième numéro de *Nueva Internacional*, 1994. On trouvera un bilan de la révolution et de la contre-révolution à Grenade dans l'article de Steve Clark, « Le deuxième assassinat de Maurice Bishop », dans le troisième numéro de *Nouvelle Internationale,* réimprimé en 1994.

les termes inégaux des échanges commerciaux sur le marché capitaliste mondial[6]. Le résultat ? Dans un pays après l'autre en Amérique latine depuis le milieu des années 80, Wall Street et Washington ont réussi à « restructurer la dette », pour reprendre leur terme délicat, à l'avantage des banques impérialistes contre les bourgeoisies nationales et les couches plus aisées de la classe moyenne et à l'avantage de l'ensemble de ces forces sociales contre les travailleurs de la région.

Dans la plupart des pays de l'Amérique latine, les dirigeants capitalistes locaux vendent pour une bouchée de pain, à eux-mêmes et aux intérêts impérialistes, de grandes

---

6. On trouvera une description des efforts politiques déployés au milieu des années 80 par le gouvernement cubain pour initier une campagne continentale et internationale visant à annuler la dette du tiers monde dans les discours et entrevues de Fidel Castro contenus dans *War and Crisis in the Americas: Fidel Castro Speeches, 1984-1985*, ainsi que dans *Nothing Can Stop the March of History*, une entrevue avec Fidel Castro réalisée en 1985 par Jeffrey Elliot et Mervyn Dymally. Les deux livres ont été publiés par les éditions Pathfinder. Une version française de l'entrevue avec Elliot et Dymally a été publiée en 1985 par les éditions Editora política de La Havane, sous le nom de *Rien ne pourra freiner la marche de l'histoire*. Ce livre est aujourd'hui épuisé. « Nous avons organisé à cette époque de grandes conférences sur la dette extérieure — en 1985 — quand nous avons sonné l'alarme au sujet de plusieurs des choses qu'on voit aujourd'hui se produire, » a souligné Fidel Castro à la conférence de solidarité avec l'Amérique latine et les Caraïbes à La Havane en janvier 1994. « Notre continent a alors perdu le meilleur moment pour une grande bataille [contre le paiement de la dette], à un moment où nous aurions pu éviter plusieurs des calamités auxquelles nous faisons face aujourd'hui. » Le discours a été publié en entier dans le numéro du 16 février 1994 de *Granma International*, dans le numéro du 7 mars 1994 du *Militant* et en espagnol dans le numéro de mars 1994 de *Perspectiva Mundial*.

portions des terres, des ressources naturelles, des industries et des autres entreprises appartenant à l'État. Ils attaquent les syndicats. Ils compriment et « privatisent » de plus en plus les régimes de retraite et les autres programmes de sécurité sociale déjà inadéquats gérés par l'État. Et ils éliminent les subventions versées pour la nourriture, le gaz et d'autres produits essentiels. On peut voir partout le coût humain croissant de ces politiques dans les épidémies de maladies curables et dans les millions d'enfants qui vivent abandonnés dans les rues. Les capitalistes ont été littéralement capables de faire tout cela sans rencontrer la moindre résistance organisée par les représentants du mouvement ouvrier où que ce soit en Amérique latine.

La résistance paysanne qui a fait éruption dans la province de Chiapas au Mexique et les explosions ouvrières qui ont eu lieu à Santiago del Estero et d'autres villes argentines à la fin de 1993 et au début de 1994 sont un signe avant-coureur des tensions sociales croissantes créées par les « succès » du capitalisme et des explosions à venir. Pour l'instant cependant, elles demeurent l'exception.

La révolution cubaine a aussi été affectée par la passivité, les défaites et les reculs dans la lutte des classes au cours des dernières années aux États-Unis.

Pris dans son ensemble, ce portrait de la situation internationale diffère de manière frappante de la vague révolutionnaire et de la lutte des classes montante qui ont donné une impulsion à la révolution cubaine au cours des périodes précédentes.

Dans les années 60, les travailleurs et les jeunes révolutionnaires à Cuba s'identifiaient à la lutte prolétarienne de masse pour les droits des Noirs aux États-Unis, à la révolution vietnamienne et au mouvement grandissant aux États-Unis et dans le reste du monde contre la guerre meurtrière de Washington en Indochine et au développement en Amérique latine d'organisations révolutionnaires qui cherchaient à suivre l'exemple de la victoire cubaine. En retour, ils étaient aussi galvanisés par ces développements.

Durant les années 70, nous avons vu le triomphe du peuple vietnamien contre l'impérialisme U.S. et la chute de l'empire portugais, ainsi que les progrès de la lutte révolutionnaire contre le colonialisme et contre l'apartheid en Afrique australe. En 1979, un soulèvement de masse a renversé le régime du shah en Iran et des révolutions anticapitalistes ont porté au pouvoir des gouvernements des travailleurs et des agriculteurs à Grenade et au Nicaragua. Ces victoires ont donné un élan, qui s'est poursuivi pendant les années 80, aux perspectives révolutionnaires dans toutes les Amériques — et à des couches de jeunes ailleurs.

Ces progrès dans la lutte mondiale pour la libération nationale et le socialisme ont aidé les révolutionnaires cubains à faire face à leurs difficultés économiques et à gagner du temps pour corriger des erreurs et s'en remettre. Ils ont créé de l'espace pour consolider la révolution socialiste et lui permettre d'avancer. Aujourd'hui cependant, l'absence de telles luttes pèse lourdement dans la vie politique et sociale de Cuba.

LES DIRIGEANTS U.S. espèrent que les jours sont finis où les révolutionnaires cubains se servaient des avantages que leur donnait le pouvoir d'État pour venir en aide à ceux qui luttaient contre le pillage et l'exploitation capitalistes partout dans le monde. Mais ce qui arrive au sein de la classe ouvrière cubaine en dépit de la situation intérieure et internationale actuelle difficile démontre le contraire. Les travailleurs de Cuba répondraient politiquement à de nouvelles luttes révolutionnaires, en particulier dans les Amériques, et chercheraient à établir des liens avec elles, de la même façon que plus de 300 000 volontaires cubains ont accompli des missions internationalistes en Angola dans les années 70 et 80 et que des milliers d'autres se sont portés volontaires en tant que professeurs, médecins, travailleurs de la construction et conseillers militaires au Nicaragua et à Grenade [7]. De nouveaux développements favorables au niveau international se traduiraient par de nouveaux progrès de la révolution cubaine.

C'est un fait dont Washington se rappelle chaque fois que le gouvernement cubain dénonce, pratiquement seul, les agressions impérialistes militaires à l'étranger, comme le massacre orchestré par les États-Unis dans le golfe Persique, l'invasion de la Somalie et les menaces d'invasion U.S. d'Haïti [8].

---

7. Les troupes du régime d'apartheid sud-africain ont envahi l'Angola en 1975 avec l'appui de Washington, juste après que ce pays se soit libéré de la domination coloniale portugaise. L'assistance des troupes de volontaires cubains a permis de stopper la tentative des forces impérialistes et de leurs alliés de droite en Angola de renverser le gouvernement du nouvel État indépendant. Le gouvernement de l'Afrique du Sud a poursuivi sa guerre contre l'Angola pendant 13 ans, jusqu'à ce que les forces cubaines, angolaises et namibiennes infligent une défaite décisive à son armée en 1988 à Cuito Cuanavale.

Des travailleurs et des jeunes cubains ont aussi participé en tant que volontaires à diverses missions internationalistes au Nicaragua et à Grenade à la suite des révolutions de 1979 dans ces pays, tout comme ils l'avaient déjà fait en Algérie, au Viêt-nam, au Congo et dans plusieurs autres pays.

8. Voir par exemple « Cuba s'oppose à la guerre de Washington contre l'Irak », deux discours prononcés à l'Organisation des nations unies par Ricardo Alarcón et Isidoro Malmierca, alors respectivement ambassadeur de Cuba à l'ONU et ministre des

Les communistes à Cuba, comme pratiquement toute la population de Cuba, subissent le même genre de pressions *politiques* corrosives que subissent les communistes aux États-Unis. Comme nous, ils ont parfois besoin de prendre du recul et de jauger la situation à l'échelle internationale et à plus long terme pour être capables d'évaluer correctement où aller. C'est pourquoi nous trouvons si important que le président cubain Fidel Castro explique dans ses discours, comme il le fait souvent, qu'aussi longtemps que le capitalisme demeure le système économique et social prédominant dans le monde, nous faisons face à une perspective d'intensification des luttes sociales et politiques. C'est par exemple le point central de ce qu'il a dit dans le discours de clôture qu'il a présenté aux 1 200 délégués qui ont participé à la « Quatrième rencontre latino-américaine et de la Caraïbe pour la solidarité, la souveraineté et l'autodétermination de nos peuples » qui a eu lieu à La Havane en janvier dernier.

« Le jour du nouvel an de l'an 2000, a expliqué Fidel Castro, on ne pourra souhaiter à personne, ni en

---

relations extérieures de Cuba, dans le quatrième numéro de *Nouvelle Internationale,* 1991. On peut trouver un recueil plus complet de discours sur cette question donnés par des représentants du gouvernement cubain à l'ONU dans *U.S. Hands Off the Mideast! Cuba Speaks at the United Nations.* Ce livre et une édition en espagnol ont été publiés par Pathfinder.

En septembre 1994, le gouvernement cubain a été pratiquement la seule voix aux Nations unies à condamner l'occupation U.S. d'Haïti. Le discours prononcé à cette occasion devant l'assemblée générale des Nations unies par le ministre cubain des relations extérieures, Roberto Robaina, a été reproduit dans l'édition du 19 octobre 1994 de *Granma International,* dans celle du 24 octobre 1994 du *Militant* et dans le numéro de novembre 1994 de *Perspectiva Mundial.*

Amérique latine ni dans beaucoup d'autres endroits du monde, un heureux nouveau siècle, car le siècle qui s'annonce — on en voit déjà les prémisses — sera vraiment un siècle de combat et d'efforts. » Le capitalisme « n'a rien à offrir à l'humanité. » C'est le régime « de l'injustice, de la distribution inégale, de l'exploitation de l'homme par l'homme ». Même si les conséquences économiques et sociales de la crise capitaliste sont plus aiguës dans le tiers monde, a-t-il souligné, les conditions se détériorent aussi aux États-Unis, en Europe et au Japon.

« Beaucoup de personnes ont été envahies par le découragement et le désespoir, » a-t-il ajouté, devant l'écroulement des régimes en Europe de l'Est et en Union soviétique. « Cependant aujourd'hui, nous voyons déjà et partout des signes d'espoir, de lutte. »

Aussi bien à Cuba qu'aux États-Unis ou ailleurs, les travailleurs et les jeunes révolutionnaires vont répondre à cette perspective réaliste et combative sur la politique mondiale. C'est la vérité de classe qui doit être dite. Le capitalisme est en crise aujourd'hui, pas le socialisme. Le temps est de *notre* côté, pas de celui des exploiteurs capitalistes.

Une retraite nécessaire

Voilà donc le contexte politique où s'organise une retraite à Cuba aujourd'hui. Une retraite est nécessaire. Il n'y a aucune ambiguïté là-dessus. C'est difficilement discutable. La classe ouvrière et son gouvernement révolutionnaire doivent diriger une retraite afin de gagner du temps pour relancer la production de denrées alimentaires, d'autres produits agricoles et de biens industriels. Cuba doit réorganiser son commerce à l'intérieur du marché capitaliste mondial dans le but d'augmenter l'importation de pétrole et d'autres produits indispensables et de trouver des acheteurs pour ses exportations. Afin d'acquérir la technologie, d'exploiter les ressources minières, de développer les marchés et d'obtenir les capitaux requis pour le développement économique, le pays doit faire des concessions suffisamment importantes pour convaincre les capitalistes étrangers d'investir comme partenaires dans des entreprises conjointes.

Sans une telle retraite, la révolution socialiste à Cuba ne pourra pas surmonter la crise actuelle. L'alliance entre les travailleurs et les agriculteurs sur laquelle repose le gouvernement révolutionnaire va s'effondrer et le gouvernement des travailleurs sera remplacé par un gouvernement représentant les intérêts de classe d'aspirants exploiteurs. Les réserves alimentaires doivent augmenter et la production industrielle doit commencer à reprendre. C'est la seule façon de jeter des bases solides pour faire de nouveaux progrès dans la construction du socialisme lorsque des conditions plus favorables le rendront possible — à Cuba, mais surtout dans la lutte de classe en Amérique et dans le reste du monde.

« Nous avons dû faire des concessions, c'est indéniable, » a expliqué Fidel Castro en novembre 1993 lors du congrès des artistes et des écrivains :

> Ces changements étaient inévitables. Et nous sommes obligés d'en faire d'autres, qui encouragent l'individualisme et l'égoïsme, qui donnent plus d'importance à la valeur de l'argent dans la société et qui ont des effets aliénants. Tout cela est un fait. Ce n'est pas ce que nous avons voulu faire pour notre pays. Nous voulions faire ce que nous étions en train de faire et avions commencé à faire au milieu

du processus de rectification [9], quand se sont produits la catastrophe et l'effondrement [de l'Union soviétique]. [...] Maintenant, nous devons apprendre à vivre, à lutter et à vaincre au milieu des problèmes dont nous avons parlé ici.

Toute direction ouvrière doit savoir quand et comment initier une retraite, sinon ses forces seront mises en déroute. Une direction doit pouvoir juger correctement le

---

9. Le processus de rectification a été initié en 1986 par le Parti communiste de Cuba pour mettre un frein aux conséquences politiques de plus en plus négatives de la politique de planification économique et de gestion que la direction cubaine avait adoptée au début des années 70 en suivant le modèle du régime soviétique stalinien. Ce cours politique avait conduit au début des années 80, à la démobilisation et à la démoralisation politique de plus en plus rapide de couches de travailleurs à Cuba. Devant cette désorientation politique grandissante, les communistes cubains ont commencé à revenir à l'orientation défendue par Ernesto Che Guevara au début des années 60, une orientation qui n'avait été que partiellement mise en oeuvre à l'époque. Parmi les mesures adoptées pendant la rectification, on peut mentionner des initiatives visant à réduire les inégalités sociales croissantes et les conditions de vie privilégiées des couches supérieures de la bureaucratie du gouvernement, du parti et de l'armée ; la réduction du personnel administratif et de gestion ; des attaques radicales contre la corruption ; un recours important aux brigades de travail volontaire pour construire les hôpitaux, les crèches (garderies) et les écoles dont le besoin était durement ressenti ; et la mise sur pied de contingents de travail volontaire à temps plein pour s'attaquer à des projets de construction plus importants et à des travaux de génie civil tels que routes, usines et ponts. Les pénuries et la dislocation économique des dernières années ont obligé le gouvernement cubain et le Parti communiste à suspendre plusieurs des programmes et objectifs mis en oeuvre pendant la deuxième moitié des années 80.

rapport de force entre les classes. Elle doit savoir quelles sont les lignes de défense qu'elle peut défendre et conserver et celles qu'elle ne peut pas. « Dans la vie, la guerre et la révolution, il y a des moments où l'on doit reculer et des moments où l'on peut avancer, » a expliqué Fidel Castro lors de la session de décembre 1993 de l'Assemblée nationale de Cuba [10].

Mais les replis sont aussi plus difficiles que les avancées. Ils sont plus complexes et plus dangereux à organiser et à diriger. Lorsque vous avancez, votre élan peut vous permettre de surmonter et de compenser certaines erreurs ou faiblesses. Lorsqu'il bat en retraite, le mouvement ouvrier paie un prix politique beaucoup plus élevé pour chaque faux pas.

Mais la survie de la révolution à Cuba n'exige pas seulement de diriger une retraite. De façon aussi importante, elle requiert de créer les conditions qui vont permettre

---

Voir « Le processus de rectification à Cuba », deux discours de Fidel Castro présentés par Mary-Alice Waters dans le troisième numéro de *Nouvelle Internationale,* réimprimé en 1994 ; Fidel Castro, *In Defense of Socialism: Four Speeches on the Thirtieth Anniversary of the Cuban Revolution,* New York, Pathfinder, 1989 (trois des discours contenus dans ce recueil ont été publiés en français dans un livre aujourd'hui épuisé : Fidel Castro, *Fidélité aux principes,* Editora política, La Havane, 1989) ; et plusieurs des livres et brochures déjà cités.

10. Dans cet article, toutes les citations des débats de la session de décembre 1993 de l'Assemblée nationale du pouvoir populaire ont été traduites de l'anglais, à partir de la traduction de transcriptions provenant d'émissions de la télévision et de la radio cubaines publiées dans *Foreign Broadcast Information Service Daily Report,* une publication du gouvernement des États-Unis. À moins d'avis contraire, toutes les autres citations ont été traduites de l'original.

de *limiter* la retraite : pas un seul pas en arrière de plus que nécessaire pour préserver le pouvoir d'État des travailleurs. Ceci veut dire de continuer à poursuivre un cours prolétarien. Ceci veut dire de renforcer en même temps la conscience, la combativité de classe et la confiance des travailleurs. Ceci veut dire d'organiser la classe ouvrière afin de lui permettre d'utiliser son pouvoir d'État pour limiter autant que possible le fonctionnement accru du système de marché capitaliste et de la loi de la valeur. Ceci veut dire de préparer la classe ouvrière pour les batailles qui vont éclater quand la lutte des classes s'intensifiera — ce qui va se produire dans les conditions qui prévalent aujourd'hui.

L'influence plus grande de la loi de la valeur va saper de plus en plus les rapports sociaux prolétariens que les travailleurs cubains ont conquis dans la lutte au cours des 35 dernières années. Elle va accroître la différentiation et les inégalités de classe et miner la solidarité sociale. À leur tour, ces développements renforceront le poids politique des couches professionnelles et administratives petites-bourgeoises et de tous ceux dont le sort est directement lié à l'importance croissante du capital étranger et aux forces du marché en expansion. Ils renforceront les pressions pour chercher des alliés ailleurs dans le monde — non parmi les travailleurs, mais parmi des ailes de la bourgeoisie. Les communistes doivent mener une bataille politique pour ralentir ces tendances sociales inévitables et, surtout, leurs effets politiques.

En examinant comment ce défi se pose à Cuba, la réponse à la première question que nous avons posée — le gouvernement de Cuba reste-t-il un gouvernement révolutionnaire ? — devient encore plus claire. Le gouvernement communiste organise une retraite nécessaire, qui renforce inévitablement les couches sociales prêtes à capituler et qu'on trouve partout dans les classes administratives et professionnelles à Cuba. Tout en essayant de contenir ces dernières, il continue de prendre des mesures qui renforcent le poids des travailleurs.

DES SECTEURS DES CLASSES moyennes désirent de plus en plus une seule chose : le feu vert pour s'engager en courant dans la voie qui leur offrira, espèrent-ils, la possibilité d'échapper personnellement aux difficultés qui affligent Cuba et d'améliorer leur situation économique personnelle et familiale. Ils estiment que c'est leur prérogative, à la mesure de leurs diplômes et du statut socio-économique qu'ils anticipent à Cuba. Ils se fichent complètement de savoir si leur confort individuel est assuré aux dépens de la solidarité sociale — et de l'avenir de l'humanité. Nous ne devons avoir aucune illusion sur la taille et le poids social de cette couche à Cuba aujourd'hui : ils sont considérables.

Deux ou trois fois par an, les rédacteurs du *Wall Street Journal* publient un long article sur Cuba. C'est toujours le même, avec de nouvelles citations et anecdotes. Ils trouvent le directeur d'une entreprise à Cuba ou bien un haut fonctionnaire dans un ministère gouvernemental et le citent (sans le nommer, bien sûr) sur les bienfaits du système de marché. « La restauration du capitalisme à Cuba est inévitable » déclare un économiste d'une entreprise d'État cité dans un article typique du *Wall Street Journal* de février 1993. « Nous cherchons simplement les moyens de le faire tout en limitant le coût social à payer. »

Un an plus tard, en février 1994, un reporter du *Wall Street Journal*, José de Cordoba, a pondu sa version de la même histoire en utilisant les rapports sur l'économie cubaine préparés par Jacques de Groote, le directeur du

Fonds monétaire international, et par Carlos Solchaga, l'ancien ministre des Finances d'Espagne. S'il faut en croire le *Wall Street Journal,* le rapport du FMI a prévenu que « le temps va manquer pour introduire de manière ordonnée une masse critique de réformes axées sur le marché. »

Mais ces articles se terminent toujours de la même façon : ils se plaignent tous que les mesures favorisant le capitalisme ne semblent pas progresser bien vite. « Des communistes endurcis » et « des bureaucrates incompétents » sont généralement cités comme le problème. Le plus récent article par exemple met tout le blâme sur le compte de « M. Castro », qui « a attaqué le capitalisme avec véhémence » lors de la réunion de l'Assemblée nationale de décembre 1993. Il aurait dominé les débats et convaincu les délégués de ne pas adopter un ensemble de mesures proposées par le ministère des finances. « Certains analystes, » gémit l'article du *Wall Street Journal,* « se demandent si la grande peur et la haine de M. Castro envers le capitalisme ne finiront pas par étouffer les réformes. »

Le journaliste laisse entendre que Fidel a un problème psychologique, une phobie, et non pas une vision scientifique du monde. Voici en fait ce que Fidel a dit lors de la réunion de l'Assemblée nationale de décembre : « Je crois dans le socialisme et je déteste le capitalisme. Ce que je ressens pour le capitalisme, c'est du dégoût, pas des préjugés. Je n'ai pas de préjugés, mais du dégoût. […] Par sa nature même, le capitalisme nourrit l'hypocrisie, la guerre et la concurrence. Je crois absolument en tout ce que nous avons dit sur le capitalisme. »

La couche de gestionnaires et de bureaucrates à la mentalité de capitalistes que le *Wall Street Journal* adore citer est très réelle et se renforce. Mais ce n'est qu'un côté de la médaille. La classe ouvrière est elle aussi plus forte qu'il y a cinq ans. Il y a une polarisation qui s'accentue. Mais c'est la classe ouvrière qui détient le pouvoir et fait consciemment des concessions, pas l'inverse.

Lors d'une réunion spéciale de l'Assemblée nationale en mai de cette année (la session régulière a lieu en ce moment, en août), Fidel l'a très clairement expliqué : « Nous nous sommes réunis ici précisément pour adopter toutes les mesures qui aideront à sauver la révolution de la classe ouvrière. Nous avons été contraints de faire des concessions inévitables afin de survivre et de pouvoir nous développer. Mais c'est nous qui posons les conditions. »

Voilà l'essentiel : le pouvoir d'État reste aux mains du gouvernement des travailleurs et des agriculteurs de Cuba et c'est un gouvernement dirigé par des communistes.

B<small>EAUCOUP DE GENS</small> à travers le monde, y compris parmi ceux qui se considèrent à un degré ou à un autre « des amis de Cuba », se félicitent de voir le gouvernement révolutionnaire obligé de faire des concessions afin de favoriser les investissements capitalistes. Ils y voient quelque chose de positif. Ils sont continuellement à la recherche de ceux qui, parmi les dirigeants cubains, sont prêts à aller plus loin, plus vite et à être plus « raisonnables » et « pragmatiques ».

Certains d'entre vous ont probablement vu un article récent dans l'hebdomadaire cubain *Granma International* intitulé : « Un maire des États-Unis en visite à La Havane. » Il s'agissait du maire de Mobile en Alabama, qui a un projet de jumelage avec La Havane. Selon *Granma International,* le maire « a exprimé à la presse son espoir que Cuba et les États-Unis pourront dans l'avenir établir des échanges commerciaux, comme les États-Unis le font actuellement avec le Viêt-nam. »

Cette déclaration résume un point de vue largement répandu : l'espoir que le rapport de force entre les classes à Cuba se déplacera dans un avenir pas trop lointain et que le gouvernement commencera à faire au capital le même genre de concessions politiques et économiques que les régimes staliniens en Chine et au Viêt-nam. La même voie a aussi été suivie pendant des décennies par les castes bureaucratiques au pouvoir en Europe de l'Est et en Union soviétique, ce qui a pavé le chemin aux régimes en place aujourd'hui. Dans de telles conditions, le gouvernement U.S. serait évidemment tout à fait prêt à lever l'embargo et à commercer avec Cuba. Par exemple, l'administration Clinton a levé son embargo économique contre le Viêt-nam plus tôt cette année — un embargo cruel et injuste, maintenu pendant des années — exactement comme les États-Unis ont rétabli leur commerce, leurs investissements et leurs relations diplomatiques avec Beijing dans les années 70.

Mais Wall Street et Washington maintiennent leur hostilité irréconciliable envers le gouvernement révolutionnaire à Cuba et s'en prennent particulièrement à Fidel Castro, précisément parce qu'ils savent que la voie suivie en Chine et au Viêt-nam n'est *pas* celle qui est suivie à Cuba. Malgré les concessions, lorsque Cuba affirme sa souveraineté, son indépendance et la voie socialiste qu'il a volontairement choisie, lorsque Cuba se solidarise publiquement avec les luttes contre la domination impérialiste à travers le monde, une division de classe s'établit. Les dirigeants U.S. n'ont pas de mal à reconnaître qu'à Cuba, la relation qui existe entre la classe ouvrière et son gouvernement n'est pas la même qu'au Viêt-nam ou qu'en Chine. Et c'est de cela qu'ils ont peur. (Leurs espoirs de faire des profits au Viêt-nam et en Chine sont aussi beaucoup trop optimistes. Mais ça, c'est leur problème, pas le nôtre.)

Il est utile à cet égard d'examiner quelles sont les questions de classe sous-jacentes et le véritable contenu de classe de deux ensembles de mesures récemment adoptés à Cuba et qui sont en voie d'application. Le premier concerne les impôts ; l'autre, la terre et la production agricole.

Un impôt fortement progressif

Aujourd'hui à Cuba, l'inflation est une des manifestations les plus dévastatrices de la crise économique. Elle résulte du fait qu'au moment où on a une énorme quantité de monnaie en circulation (parce que la plupart des travailleurs continuent de recevoir une grande partie de leur salaire, même s'ils ne travaillent pas à cause des pannes mécaniques et des pénuries de pétrole et de matières premières), la production, elle, a chuté depuis 1990 et il y a peu de produits que cet argent peut acheter. Tant que fonctionnait le système de rationnement, il amortissait l'impact de l'augmentation des prix sur les Cubains. Mais de moins en moins de nourriture est disponible avec la carte de rationnement et la plupart des Cubains doivent s'approvisionner au marché noir — ce qui a fait bondir les prix. C'est la forme la plus démoralisante d'impôt, l'impôt le plus fortement *régressif* pour les travailleurs.

Pour combattre l'inflation, certains membres du gouvernement ont proposé de réintroduire un impôt sur le revenu qui s'applique aussi aux salaires des travailleurs — pour la première fois depuis l'abolition des impôts sur le revenu dans les années 60. Les articles du *Militant* et de *Perspectiva Mundial* que j'ai déjà mentionnés ont rapporté le débat que l'Assemblée nationale de Cuba a eu sur cette question en décembre 1993, ainsi que la discussion organisée par la suite au sein de la classe ouvrière. Ces articles décrivent les débats qui se sont déroulés dans certains des 80 000 *parlamentos obreros,* ou parlements ouvriers, organisés dans les usines, les fermes et autres lieux de travail à Cuba au cours des premiers mois de 1994.

Le ministre des finances José Luis Rodríguez a dit devant l'Assemblée nationale : « Nous vous disons d'une manière responsable que nous proposons un système fiscal pour le pays. Nous avons déjà parlé du besoin de créer une conscience chez les gens, une conscience que nous avons perdue. » Le besoin d'établir une « culture fiscale » dans la classe ouvrière à Cuba est un thème soulevé par plusieurs économistes du gouvernement et d'autres qui cherchent à accélérer l'application de mesures axées sur le marché capitaliste. La nécessité urgente d'établir un système fiscal a fait partie des avertissements catastrophistes émis par divers « experts » économiques envoyés à Cuba par le monde capitaliste — dont le gouvernement d'Espagne et le Fonds monétaire international.

À LA RÉUNION de l'Assemblée nationale, Fidel a répondu avec une certaine brusquerie à ces conseillers et experts en disant, et avec raison, que la classe ouvrière n'a jamais eu de « conscience fiscale ». « Non, non, non, a-t-il dit. Nous n'avons jamais eu cette conscience. L'autre système fiscal était un système fiscal bourgeois. »

La révolution a mis un terme à ce système qui reflétait des relations sociales bourgeoises, a-t-il fait remarquer. Elle a établi une alternative prolétarienne : la carte de rationnement. Fidel a expliqué comment le système de rationnement a permis à la classe ouvrière de financer les gains sociaux et les programmes de développement économique de la révolution tout en assurant une distribution équitable de la nourriture, des vêtements et des produits de première nécessité. « Nous avons bâti des milliers d'écoles, des centaines et des centaines d'hôpitaux, beaucoup de choses et le prix d'un litre de lait n'a jamais augmenté d'un seul cent ou centime. » Fidel a ajouté :

> Les économistes me font peur. Il n'y a qu'une seule chose que je connaisse un peu et c'est la politique. Ça a été mon métier, le métier le plus important que je n'ai jamais eu. Je crois qu'il faut regarder les choses d'un point de vue politique. L'idée que les spécialistes présentent doit être analysée d'un point de vue politique. […] Une approche technocratique ne pourra jamais résoudre ces problèmes.

Les travailleurs à Cuba, a dit Fidel Castro, n'ont pas eu l'opportunité de discuter une seule des mesures économiques présentées à l'Assemblée nationale par les spécialistes des finances. Alors, malgré les avertissements de désastre imminent lancés par les « conseillers » économiques, l'Assemblée de décembre 1993 a finalement mis de côté toutes les propositions visant à établir un nouveau système fiscal. À la place, les délégués ont appelé à l'organisation d'une période de discussion nationale dans la classe ouvrière. Les 80 000 *parlamentos obreros* ont permis à la classe ouvrière de faire sentir son poids dans ce débat avec les technocrates, les économistes et les forces capitalistes du monde entier. Tous ces gens, chacun à leur façon, cherchaient à forcer le gouvernement révolutionnaire à adopter un ensemble de mesures qui aurait pour effet de réduire le salaire social conquis par la classe ouvrière au cours de ses luttes révolutionnaires et de promouvoir des normes capitalistes de distribution, c'est-à-dire des relations sociales capitalistes et non pas des relations sociales prolétariennes.

Le 1ᴇʀ ᴍᴀɪ 1994, jour de la fête internationale de la classe ouvrière, l'Assemblée nationale a convoqué une session spéciale pour rediscuter ces mesures. Le résultat de cette discussion et du processus décisionnel qui y a conduit a codifié précisément les deux choses sur lesquelles la classe ouvrière s'est prononcée sans équivoque, en déclarant dans une assemblée après l'autre : « Ça, nous ne l'accepterons pas. »

D'abord, ainsi que l'a reconnu le ministre des finances José Luis Rodríguez dans son rapport : « Dans les assemblées ouvrières, les travailleurs se sont clairement prononcés contre l'imposition d'un impôt sur les salaires. » C'est ce que le dirigeant syndical Pedro Ross a appelé « un consensus unanime » dans son intervention à l'Assemblée nationale.

Si vous avez vu l'un ou l'autre des rares reportages parus dans la presse capitaliste des États-Unis sur la réunion de mai, vous aurez lu que l'Assemblée nationale de Cuba a adopté un impôt sur le revenu. Évidemment, tout travailleur moyen aux États-Unis va associer cela avec les lourds impôts qui sont déduits chaque semaine de son chèque de paye. Mais contrairement à ce qu'ont rapporté les médias ici, ce que l'Assemblée a adopté, c'est une résolution appelant à une étude plus approfondie de « l'introduction sélective d'un impôt sur le revenu personnel, *à l'exception des salaires* » !

Autrement dit, l'Assemblée a rejeté toute proposition d'impôt sur le salaire des travailleurs. Elle a décidé que tout nouvel impôt sur les revenus à Cuba serait prélevé sur les revenus de ceux qui travaillent à leur compte ou sur les autres revenus ne provenant pas de salaires.

En septembre 1993, le gouvernement a légalisé le travail autonome dans quelque 140 types d'emploi pour lesquels il avait déjà émis 167 000 permis en juillet 1994. Un problème dont se sont plaints de manière répétée les travailleurs dans les parlements ouvriers, c'est le fait qu'en raison des pénuries et de l'excès d'argent en circulation, certains de ces travailleurs autonomes empochent maintenant, mois après mois, d'énormes revenus personnels et se servent souvent de matériaux volés dans les entrepôts d'usine. Bien que ce ne soit pas la norme pour l'ensemble des travailleurs autonomes, le *Militant* a rapporté que certains d'entre eux peuvent gagner jusqu'à 1 000 pesos par jour. La plupart des ouvriers d'usine gagnent moins de 150 pesos par mois à Cuba. Alors, beaucoup de travailleurs ont dit : « Oui, il faut imposer ces revenus exceptionnels, mais pas les salaires. »

L'idée d'un impôt fortement progressif n'est pas nouvelle pour le mouvement ouvrier. En fait, elle remonte au document programmatique fondateur du mouvement ouvrier communiste moderne, *Le manifeste du Parti communiste,* publié en 1848. Rédigé par Karl Marx et Friedrich Engels, le manifeste dit qu'une des premières mesures prises par un gouvernement établi par « la révolution ouvrière », ce sera d'instaurer « un impôt fortement progressif[11] ». Cette mesure reste le programme fiscal — le *seul* programme fiscal — du mouvement communiste aujourd'hui.

La deuxième mesure vigoureusement défendue par les travailleurs dans leurs assemblées — et le premier décret

---

11. Karl Marx et Friedrich Engels, *Manifeste du Parti communiste,* Paris, Le livre de poche, 1973, p. 34.

adopté par le Conseil d'État après l'Assemblée nationale du mois de mai — visait à mettre fin à la corruption largement répandue et à l'accumulation illégale de richesse. Cette dernière s'effectue en grande partie par le biais de vols commis dans les lieux de travail, les entrepôts et les fermes, et dans lesquels le personnel administratif et ses collaborateurs jouent un rôle central. Des quantités importantes de biens agricoles et industriels, des machines mêmes, sont couramment volées et vendues sur le marché noir ou utilisées par ceux qui les ont « détournées » (c'est le terme qu'utilisent les Cubains) pour produire d'autres biens à vendre.

Lors des assemblées d'usines, des travailleurs ont parlé avec passion de ces problèmes, en disant : « Nous savons ce qui se passe. Nous savons qui est responsable. D'un jour à l'autre, nous voyons les choses disparaître sous notre nez. »

L'équipe du *Militant* a décrit une assemblée ouvrière qui a eu lieu en février dans une manufacture de cigares, où les travailleurs ont exigé des comptes des administrateurs sur la disparition sans explication de presque 20 pour cent des cigares produits l'année précédente. Le vol de machines et d'autres matériaux était aussi au coeur des discussions qui ont eu lieu à l'assemblée à laquelle j'ai assisté dans une laiterie à l'extérieur de La Havane. « Le gouvernement ne fait rien, le parti ne fait rien, le syndicat ne fait rien, a dit une travailleuse. Nous savons qui sont ces gens et où ils habitent. » Il faut mettre fin aux vols, a-t-elle ajouté. Si le gouvernement n'agit pas, alors il faut que les travailleurs de l'usine aillent récupérer les biens volés.

Le décret-loi 149 émis par le gouvernement révolutionnaire la première semaine de mai et autorisant la confiscation des biens mal acquis a reflété le fait que la classe ouvrière exigeait que des gestes concrets soient posés.

Dans le débat qui a alors eu lieu à l'Assemblée nationale, Fidel a dit que ce décret lui rappelait les premières années de la révolution, quand une loi a été adoptée pour confisquer les biens mal acquis de ceux qui s'étaient enrichis sous la dictature de Batista.

Depuis mai, on a rapporté plus de 200 arrestations pour infraction à la nouvelle loi. Des poursuites judiciaires ont été intentées pour confisquer les biens saisis au cours des descentes de police.

Dans le cas de la résolution établissant des impôts sur le revenu et du décret sur les biens volés, on a affaire à deux mesures qui renforcent la classe ouvrière au lieu de l'affaiblir et qui l'aident à défendre les relations de propriété établies il y a plus de 30 ans par les conquêtes révolutionnaires des travailleurs et des agriculteurs. Ce n'est pas le genre de mesures qui font sauter de joie le FMI et les autres conseillers capitalistes. C'est pourquoi nous disons que le gouvernement continue d'agir de façon à retenir ceux qui veulent se précipiter vers l'établissement de relations sociales capitalistes.

Les assemblées ouvrières ont discuté plusieurs mesures visant à absorber le surplus d'argent en circulation et à réduire l'inflation. Certaines de ces mesures ont été mises en pratique dans le cadre des décisions adoptées par l'Assemblée nationale de mai. On a augmenté le prix de certains articles non essentiels, ce qui comprend des augmentations importantes sur le prix des cigarettes et du rhum. Bien sûr, les travailleurs n'aiment pas ces augmentations. Mais la plupart disent que ces prix sont quand même moins élevés, si on peut les maintenir à ce niveau, que ceux du marché noir et qu'il vaut mieux subventionner les articles dont on a le plus désespérément besoin.

Les tarifs d'électricité ont été augmentés, mais selon une échelle fortement progressive qui laisse inchangé le coût des 100 premiers kilowattheures mensuels. Le prix de l'avion, de l'autobus interurbain et du train a augmenté. Néanmoins, les travailleurs et les étudiants qui voyagent régulièrement par train pour se rendre au travail ou aux études ont droit à une réduction de 30 pour cent. On a imposé une contribution relativement petite pour le service d'aqueduc et d'égouts. Les tarifs postaux et de téléphone ont été augmentés.

Les événements culturels et sportifs ne sont plus gratuits. Il faudra dorénavant payer pour les repas à l'école, mais aucun étudiant n'ira le ventre vide faute d'argent. Les étudiants inscrits dans les cours d'éducation supérieure recevront des prêts remboursables à la fin de leurs études, et non pas des bourses. Les diplômés ayant les meilleures notes n'auront pas à rembourser.

Ces mesures et d'autres à venir auront pour effet cumulatif d'augmenter le coût de la vie, de réduire le déficit gouvernemental et de commencer à réduire l'inflation avant même que n'augmente la production. Bien sûr, les familles qui se trouvent au bas de l'échelle des revenus seront touchées de façon disproportionnée. Mais ce sont aussi elles qui en bénéficieront le plus lorsque le peso commencera à récupérer son pouvoir d'achat. Le gouvernement prend ces mesures tout en essayant dans la mesure du possible de préserver les programmes sociaux essentiels de la révolution et d'en assurer l'accessibilité à tous.

Ce qu'il y a d'important dans ces mesures c'est, en premier lieu, l'appui relativement important dont elles disposent dans la classe ouvrière à Cuba à la suite du vaste débat des derniers mois. Deuxièmement, elles continuent fondamentalement à protéger le haut degré d'égalité sociale qui existe à Cuba et qui n'existerait pas sans la propriété collective des moyens de production — autrement dit, qui n'existerait pas sans une révolution socialiste.

La semaine dernière, le 26 juillet naturellement, le *Wall Street Journal* a publié le plus récent de ses articles semi-annuels [12]. Encore une fois le correspondant — cette fois le responsable de la section sur les Amériques — a interviewé un fonctionnaire pro-capitaliste qu'il ne nomme pas. « On a besoin de l'entreprise privée, » dit ce dernier. Et nous devons évaluer le point où nous devons cesser de protéger « les gains révolutionnaires qui entrent en conflit avec la propriété privée. »

Le correspondant du *Wall Street Journal* explique ensuite que « ces « gains » sont représentés par les services sociaux, d'éducation et de santé. » Selon un autre fonctionnaire cubain, ces programmes représentent « seulement 30 pour cent du déficit budgétaire » gouvernemental à Cuba. La différence, dit le journaliste, vient des subventions versées aux entreprises d'État inefficaces. « Dans ces conditions, pourquoi ne pas éliminer les subventions et laisser l'entreprise privée financer les acquis révolutionnaires ? »

Voilà la réponse ironique du *Wall Street Journal*. Bien entendu, elle fait écho à des commentaires qu'on entend aussi à Cuba. Mais nous qui connaissons le capitalisme de

---

12. Le 26 juillet est une fête nationale à Cuba. C'est l'anniversaire de l'attaque de la garnison militaire de la Moncada à Santiago de Cuba par les jeunes forces révolutionnaires dirigées par Fidel Castro en 1953. Ce soulèvement a marqué le début de la lutte révolutionnaire qui a conduit au renversement de la dictature de Fulgencio Batista.

l'intérieur, nous pourrions aussi écrire nos propres commentaires sur le financement généreux par l'entreprise privée de l'éducation, des soins de santé et des autres services sociaux vitaux pour la classe ouvrière !

La remarque du fonctionnaire anonyme et le commentaire du *Wall Street Journal* font ressortir un des problèmes politiques qui existent aujourd'hui à Cuba. Au cours de nos récents reportages à Cuba, nous avons découvert que les Cubains mettent très souvent un signe d'égalité entre « les gains de la révolution » et les services de santé et d'éducation. Puis ils nous disent : « Regardez ce qui arrive à ces gains sociaux. Nous n'avons plus de livres scolaires pour les enfants. Nous n'avons plus d'ampoules électriques, de cahiers et de crayons dans les écoles. »

Ils soulignent que le système de santé se détériore dans les conditions actuelles, faute de médicaments, d'équipements et d'autres ressources. Ils soulignent que le moral des travailleurs dans les hôpitaux et les cliniques décline (effectivement, le moral d'une couche substantielle de ces travailleurs décline, faute de direction politique). Et ces Cubains demandent ensuite : « Alors, que défendons-nous ? Qu'est-ce que le socialisme peut encore nous offrir ? »

De nombreux partisans de longue date de la révolution cubaine aux États-Unis et dans le monde se posent la même question, certains ouvertement, d'autres pas. Si depuis de nombreuses années, vous avez essayé de convaincre les gens de défendre Cuba contre la politique du gouvernement U.S. en mettant l'accent sur les gains faits dans la santé et l'éducation, vos arguments sont plus faibles aujourd'hui.

Mais on ne peut réduire les gains de la révolution à la santé et à l'éducation — aussi importants soient-ils et aussi fort et inspirant l'exemple qu'ils donnent aux travailleurs du monde entier. Le fait que les travailleurs et les agriculteurs ont établi leur propre gouvernement, renversé les relations de propriété capitalistes et commencé à construire une société sur de nouvelles bases économiques est infiniment plus important que les gains réalisés dans la santé et l'éducation.

C'EST POURQUOI LE COURS communiste associé à Ernesto Che Guevara est si essentiel. En accomplissant, en défendant et en assurant le progrès de la révolution socialiste à Cuba pendant les 35 dernières années, des millions de travailleurs se sont transformés et ont transformé leur propre conscience. Ils ont développé un sens profond de la solidarité sociale et de l'internationalisme, de nouvelles attitudes envers le travail, un respect de soi et une confiance en soi face aux pressions capitalistes. Ils se sont engagés dans quelque chose de plus grand que leur avancement personnel ou que celui de leur famille et de leurs amis. En bref, de nouvelles relations sociales basées sur de nouvelles relations de propriété ont commencé à se développer et l'entrelacement des différentes générations à Cuba le long d'une ligne de marche prolétarienne constitue le gain le plus solide et le plus important de la révolution socialiste.

Nous ne devrions nous faire aucune illusion : les révolutionnaires cubains vont devoir encore reculer. Mais quelles que soient les difficultés à venir, aussi longtemps que la classe ouvrière est capable de conserver son pouvoir politique, elle pourra lutter dans une perspective prolétarienne pour les résoudre et être en meilleure position pour reprendre sa marche lorsque des victoires dans la lutte de classe mondiale lui donneront un peu d'espace pour avancer. Là — et là seulement — se trouve l'enjeu de la lutte. Les communistes à Cuba ne l'expliquent pas toujours comme nous le faisons ni aussi clairement que Lénine dans les premières années de la révolution russe. Mais la majorité de la classe ouvrière à Cuba n'est pas confuse aujourd'hui sur cette question fondamentale. L'impérialisme non plus. Les deux côtés connaissent les enjeux.

Les travailleurs et les jeunes politiquement les plus conscients reconnaissent que la lutte de classe va continuer de cette façon pendant encore un certain temps. Mais ils ont aussi puisé une certaine confiance, tout comme nous d'ailleurs, dans le fait que la classe ouvrière s'est bien défendue jusqu'à maintenant dans les premières manches qu'elle a livrées.

La terre, les fermes d'État et les coopératives

L'autre mesure appliquée au cours de la dernière année et que nous devrions examiner, c'est la réorganisation du travail et de la production agricoles à Cuba. Ce changement a été proposé en septembre 1993 par les ministères concernés et il a été ratifié lors de la réunion de l'Assemblée nationale de décembre 1993. Avant la réforme, les fermes d'État comprenaient quelque 80 pour cent des terres cultivées dans le pays. La vaste majorité d'entre elles ont été subdivisées en plus petites fermes et transformées en coopératives : les unités de base de production coopérative ou UBPC comme on les appelle là-bas.

Ce processus a été amorcé avec la transformation rapide en UBPC de la plupart des grandes entreprises de canne à sucre avant le début de 1994. Les fermes d'État productrices d'agrumes, de tabac, de légumes et d'autres produits alimentaires, ainsi que certaines fermes laitières et d'élevage de bétail sont en train d'être réorganisées en coopératives. Au milieu de 1994, environ 2 600 coopératives avaient déjà été mises sur pied, dont 1 600 dans le secteur de la canne à sucre. La force de travail de chaque coopérative compte en moyenne une centaine de travailleurs. Un des articles du *Militant* décrit ce développement en détail et retrace l'histoire de la réforme agraire et des débats sur l'organisation du travail agricole depuis les premières années de la révolution.

Contrairement aux fermes d'État, les coopératives sont propriétaires de leurs récoltes et les vendent à l'État aux prix fixés par le gouvernement. Chaque coopérative possède sa machinerie, achetée aux anciennes fermes d'État grâce à des prêts à long terme faits à des taux d'intérêt modérés. Et elle utilise ses revenus, qui dépendent de son rendement global, pour acheter le matériel et les provisions dont elle a besoin. Le revenu des membres de la coopérative, c'est-à-dire des travailleurs qui en font partie, est lié à leurs tâches individuelles et à leur productivité collective. En plus de produire des récoltes destinées à la consommation nationale et à l'exportation, les UBPC doivent être en principe largement autosuffisantes au niveau alimentaire et construire des logements pour les familles qui en sont membres.

La terre demeure nationalisée et ne peut être vendue, louée, héritée, hypothéquée ou utilisée pour garantir d'autres obligations.

La plupart des membres des nouvelles coopératives travaillaient dans les fermes d'État avant de se joindre volontairement aux coopératives. Mais d'autres travailleurs se joignent aussi à eux en raison de l'urgence d'augmenter la production alimentaire et du déclin des emplois productifs dans l'industrie et les autres lieux de travail urbains. C'est le cas en particulier des travailleurs qui ont participé aux contingents volontaires de travail agricole. Ces derniers ont joué un rôle d'avant-garde dans la production alimentaire au cours des deux dernières années.

Il s'agit là sans aucun doute du plus grand changement dans l'organisation du travail et de la production agricoles depuis la deuxième réforme agraire en 1963. L'évolution et les motifs de la politique agraire du gouvernement des travailleurs et des agriculteurs sont un sujet qui mérite d'être étudié pour lui-même. Peu importe les erreurs et les fautes commises, et il y en a eu plusieurs, la réforme agraire à Cuba et les mesures subséquentes ont été un modèle de politique communiste qui a toujours visé à forger, à maintenir et à consolider l'alliance des travailleurs et des agriculteurs. On trouvera une explication des principaux éléments de cette politique et de son évolution dans plusieurs documents du Parti communiste de Cuba et dans certains discours de Fidel Castro publiés et distribués par les éditions Pathfinder [13].

Dans un de ces discours, prononcé à un congrès des délégués de coopératives de canne à sucre, Fidel Castro a expliqué la proposition mise de l'avant par les dirigeants du gouvernement révolutionnaire de transformer en

---

13. Voir « La réforme agraire et les coopératives agricoles à Cuba » dans le deuxième numéro de *Nouvelle Internationale*, réimprimé en 1991. Ce dossier comprend deux discours prononcés par Fidel Castro en 1982 et en 1984 et une présentation de Mary-Alice Waters. On lira aussi *Marxism and the Working Farmer*, New York, Pathfinder, 1979, qui comprend aussi deux discours prononcés par Fidel Castro en 1962 et en 1967 ; et les « Theses on the Agrarian Question and Relations with the Peasantry » adoptées par le Parti communiste de Cuba en 1975 dans le quatrième numéro de *New International*, 1985.

fermes d'État les coopératives qui avaient été mises sur pied lors de la première réforme agraire en 1959. Étant donné la façon dont les propriétaires fonciers capitalistes ont organisé la production pendant des décennies, a-t-il expliqué, la vaste majorité des producteurs ruraux à Cuba étaient salariés. C'était le contraire de la situation prévalant dans la plupart des pays ayant atteint un niveau de développement économique comparable en Amérique latine et dans le reste du tiers monde, où la majorité de la population rurale était formée de paysans exploités travaillant et vivant souvent dans des conditions semi-féodales.

Les travailleurs agricoles, a affirmé Fidel, constituaient un des piliers de la révolution cubaine. « Traditionnellement, le groupe à l'esprit le plus combatif, le plus révolutionnaire du prolétariat agricole, c'étaient les travailleurs de la canne à sucre, les travailleurs des latifundia de la canne, » c'est-à-dire des plantations de canne.

Mais « au moment où le prolétariat a commencé à guider le destin du pays » avec la victoire de la révolution et son cours de plus en plus socialiste, a dit Fidel, « ce grand groupe de prolétaires et d'exploités d'hier a cessé d'être prolétaire. » On a établi des coopératives sur les fermes expropriées aux propriétaires fonciers capitalistes. Et dans les faits, on a transformé plusieurs travailleurs en petits propriétaires et, parfois, en exploiteurs d'autres travailleurs embauchés pour répondre aux besoins du travail saisonnier. Les coopératives sont un progrès par rapport à la propriété capitaliste, a-t-il dit. Mais du point de vue de la classe ouvrière, la coopérative « représentait un pas en arrière. »

En vérité, c'était moins un pas en arrière qu'un pas contradictoire, qui reflétait les progrès rapides accomplis par la classe ouvrière et en même temps les limites de ce qu'elle était prête et capable d'accomplir au cours des premières années de la révolution.

Avec la réorganisation des coopératives en fermes d'État, a dit Fidel Castro dans son discours de 1962, « le prolétariat agricole commence à grandir, devient le secteur de plus important de la classe ouvrière de notre pays […] une grande et formidable force de la révolution. »

À LA LUMIÈRE DE CES CONSIDÉRATIONS, une question se pose : la décision de démanteler les fermes d'État et de les réorganiser en coopératives constitue-t-elle un repli pour lequel le gouvernement cubain a payé un prix politique trop élevé ? Mine-t-elle la nationalisation de la terre ? Porte-t-elle un coup fatal à l'organisation de la production agricole selon le principe socialiste du travail coopératif ?

La réponse est non. Étant donné que le poids des couches bureaucratiques non productives associées à l'agriculture a augmenté au cours des années à Cuba et que la conscience politique, la confiance et la combativité des travailleurs dans les fermes d'État ont décliné proportionnellement, cette réorganisation donne au prolétariat agricole plus de latitude pour acquérir un plus grand contrôle sur la production de la nourriture et des récoltes destinées à l'exportation. C'est une *ouverture* qui permet aux travailleurs agricoles de jouer un rôle d'avant-garde plus important, plus conscient. Reste à voir si le prolétariat se montrera suffisamment fort pour prendre avantage de cette ouverture et s'en servir. Comme dans le cas de tout ce qu'on discute ici, c'est la lutte qui va trancher. Il n'y a aucune garantie de succès.

La brusque baisse de la récolte sucrière et de la production alimentaire au cours des dernières années n'est pas simplement le résultat des problèmes réels provoqués par les pénuries chroniques d'engrais, de pesticides, de carburant et d'autres produits essentiels ou des problèmes causés par plusieurs désastres météorologiques. Ce n'est pas non plus simplement le produit de l'effondrement du commerce préférentiel entre Cuba et l'Union soviétique et l'Europe de l'Est ou des effets persistants de l'embargo des États-Unis.

La nécessité d'un recul dans l'organisation de la production agricole découle avant tout des conséquences sociales et politiques qu'a entraînées l'adoption de la politique de planification et de gestion économique copiée sur le modèle de la caste bureaucratique stalinienne en Union soviétique. Cette politique a favorisé la croissance à Cuba d'une énorme bureaucratie administrative non productive dans l'agriculture et ailleurs. Plusieurs personnes nous ont dit, et des rapports publiés dans le journal syndical *Trabajadores* le confirment, que dans certaines fermes d'État le personnel administratif, qui ne fait aucune contribution directe à la production, constitue plus de 50 pour cent des employés.

Au lieu d'organiser et de diriger la classe ouvrière agricole pour qu'elle ait un contrôle croissant sur ses conditions de travail et de production, ce que Che cherchait à faire, la section « la plus révolutionnaire du prolétariat agricole, » comme disait Fidel, jouait un rôle de moins en moins actif. Le fait que le travail agricole soit en général le moins rémunéré à Cuba en dit long sur la structure sociale et politique.

La démoralisation politique d'un nombre de plus en plus grand de travailleurs agricoles s'est exprimée par des taux de productivité extrêmement bas (des journées de travail de quatre ou cinq heures étaient apparemment courantes), ce qui a d'abord mené à l'effondrement de la production alimentaire et ensuite à celle de la récolte sucrière. L'absence d'engrais, de carburants et de pesticides ainsi que les dommages causés par les intempéries ont amplifié ces problèmes.

« La même chose s'est passée dans les fermes d'État que […] dans plusieurs usines et plusieurs industries, » a dit Fidel Castro dans un discours prononcé le 7 novembre 1993 devant l'assemblée du Parti communiste de la province de La Havane. « La même chose s'est passée partout : le personnel gonflé, les tendances à l'excès de personnel, le paternalisme, le laxisme […] et tous les vices créés par la révolution, disons-le franchement. »

Bien sûr, Fidel a raison de dire que ce qui s'est passé à la campagne reflétait aussi des lacunes plus larges de direction communiste dans la gestion des usines à la ville. Dans le monde moderne, ce qui se passe à la campagne est déterminé d'abord et avant tout par ce qui se passe à la ville, et non le contraire. En dépit des progrès qui avaient commencé à se faire au cours du processus de rectification à la fin des années 80 — quand on a augmenté le salaire du travail agricole de façon significative et qu'on a adopté des plans pour augmenter la production agricole de façon dramatique et améliorer les conditions de vie à la campagne — les communistes cubains avaient à peine commencé à renverser le cours désastreux qui les avait conduits à organiser les fermes d'État et les usines selon le modèle politique et économique imposé en URSS et en Europe de l'Est. Dans ces pays, ces politiques avaient consciemment été conçues pour *empêcher* les travailleurs de prendre des initiatives et d'avoir une plus grande maîtrise des tâches administratives et de gestion, au lieu de les encourager et de les organiser pour le faire.

La réorganisation actuelle *peut* permettre aux travailleurs agricoles de faire des progrès en se libérant du poids mort de la bureaucratie. Ce qui est requis ici, c'est une véritable lutte politique et une orientation de classe. Certains de ceux qui sont menacés d'être déplacés de leur poste administratif vont résister et même saboter les réformes. La dernière chose que plusieurs d'entre eux, probablement la plupart, sont prêts à faire, c'est de travailler dans les champs comme membres d'une coopérative. Ils ont été entraînés dans la plus pure tradition stalinienne à se voir non pas comme des travailleurs, mais plutôt comme des agronomes, des ingénieurs ou des techniciens qui méritent un statut social plus haut, reflété dans des salaires nettement plus élevés. Mais ces unités coopératives plus petites, qui élisent leurs gérants et leurs comités de direction, qui adoptent en les votant leurs normes de travail et qui partagent le fruit de leur labeur — ces unités sont au moins dans une meilleure position pour commencer à s'attaquer aux problèmes qui se sont accumulés depuis longtemps.

Tout progrès en ce sens par les travailleurs de la campagne donnera un élan aux travailleurs dans les usines et les autres lieux de travail pour commencer à s'attaquer au même genre d'obstacles qui affectent l'organisation de la production à la ville. Une des choses dont les travailleurs ont parlé sur un ton positif dans un certain nombre d'entreprises, c'est le fait que les gérants des nouvelles coopératives sont élus et qu'ils doivent recevoir 70 pour cent des voix.

La décision d'effectuer une retraite en établissant les UBPC reflète aussi l'échec des efforts déployés par les révolutionnaires cubains entre 1991 et 1993 pour pallier aux pénuries croissantes de nourriture en mobilisant dans les villes des brigades volontaires de travail agricole. Tous les ans, des centaines de milliers de travailleurs, d'étudiants et de professionnels se sont mobilisés pour travailler dans les fermes d'État, en général pendant deux semaines, à la culture et à la récolte de produits agricoles destinés à l'alimentation. Au début, ces mobilisations se sont appuyées sur l'élan donné par les minibrigades volontaires qui ont construit, pendant le processus de rectification entre 1986 et 1991, des milliers de logements, d'écoles, de cliniques, de garderies et d'autres projets.

Au début, cette réponse révolutionnaire à la crise de nourriture a réussi à accroître quelque peu la production de fruits et de légumes. Mais dès 1993, l'appui de la population à ces mobilisations s'était en général dissipé parce qu'elles n'avaient pas été dirigées efficacement, ni sur le plan politique, ni sur le plan organisationnel.

Les brigades de travail volontaire pour lesquelles Che a lutté — de véritables écoles pour former la conscience et une direction communistes — sont un sujet de controverse à Cuba. Lorsqu'elles sont dirigées politiquement et utilisées pour compléter et renforcer d'autres mesures prolétariennes, elles peuvent servir à élever la confiance et la cohésion des producteurs et à développer une conscience ouvrière. Elles commencent à restreindre le fonctionnement de la loi de la valeur et à transformer la force de travail, qui de marchandise devient une activité consciente où nous réalisons notre humanité. Comme Che l'explique dans ses magnifiques notes sur *Le socialisme et l'homme à Cuba* : « L'homme atteint réellement sa pleine condition humaine lorsqu'il produit sans la contrainte de la nécessité physique de se vendre comme marchandise [14]. »

---

14. Ernesto Che Guevara, Fidel Castro, *Le socialisme et l'homme à Cuba,* New York, Pathfinder, 1989, 2009, p. 25 [Tirage 2023].

Mais ainsi que Fidel l'a souligné à maintes reprises aux cours des dernières années, les économistes, les technocrates et les administrateurs formés dans la tradition de Moscou craignent et détestent les brigades de travail volontaire. Ces gestionnaires, ces manipulateurs sociaux qui ne pensent pas que la classe ouvrière est ou devrait être la classe dominante, font tout ce qu'ils peuvent pour détruire les brigades, étouffer l'esprit d'initiative et écarter la classe ouvrière de la vie politique.

L'ORGANISATION DU TRAVAIL volontaire sur les fermes d'État par des administrateurs qui n'aimaient pas les brigades et qui n'en voulaient pas de toute façon était souvent mal faite et menait au gaspillage ; la distribution des denrées cultivées et récoltées par les brigades était un désastre. Par conséquent, ce qui a commencé comme un mouvement social révolutionnaire visant à répondre à la crise alimentaire est rapidement devenu le contraire. La désorganisation et le manque de direction prolétarienne ont eu des conséquences démoralisantes.

J'ai parlé à plusieurs amis et camarades de Cuba, des États-Unis et d'autres pays qui ont participé au cours de la dernière année ou deux aux brigades de travail volontaire à la campagne. Ils racontent tous le même genre d'histoire : comment ils sont restés assis presque toute une journée près d'un champ en attendant l'arrivée d'une charrette pour transporter les choux qu'ils avaient récoltés ; aucun moyen de transport n'est jamais apparu ; et pendant qu'ils attendaient, personne ne les a organisés pour faire autre chose de productif.

Ces exemples de « Grouille-toi et attends » et de mépris bureaucratique pour l'importance du temps et de l'énergie des autres êtres humains se sont répétés souvent et à grande échelle, avec des conséquences démoralisantes inévitables. Les brigades volontaires ont donc décliné, ce qui était inévitable à moins d'avoir fait partie d'un mouvement révolutionnaire plus large pour transformer la direction des fermes d'État et permettre aux travailleurs eux-mêmes de commencer à prendre en main la production.

Cuba n'est pas le premier gouvernement des travailleurs et des agriculteurs dont la direction révolutionnaire s'est tournée vers l'organisation de coopératives pour relancer la production agricole et consolider l'alliance entre les travailleurs de la ville et ceux de la campagne. C'était une composante importante de la perspective prônée par Lénine il y a plus de 70 ans pendant la période de la Nouvelle politique économique (NEP) dans la république soviétique des travailleurs et des paysans. À l'époque, l'Union soviétique sortait de plusieurs années de guerre civile et d'intervention militaire impérialiste, qui avaient décimé et épuisé la classe ouvrière urbaine et avaient ravagé la production industrielle et agricole. La très grande majorité des travailleurs ruraux étaient des paysans qui cultivaient de petits lopins de terre familiaux, ce qui n'est bien sûr pas le cas à Cuba aujourd'hui. Dans cette situation, a soutenu Lénine, encourager les paysans à former des coopératives constituait la meilleure façon de les aider à s'organiser sous la direction de la classe ouvrière et de faire avancer la construction du socialisme.

C'est utile de revenir sur ce que Lénine avait à dire dans « De la coopération [15] ». Rédigés en janvier 1923, moins de deux mois avant l'accident cérébral qui l'a

---

15. V. I. Lénine, *Oeuvres*, vol. 33, Moscou, éditions du Progrès, 1977, p. 480 à 484.

finalement abattu, ces articles faisaient partie de la lutte politique menée par Lénine contre la montée d'une caste petite-bourgeoise au sein de la bureaucratie de l'État, du Parti communiste et de diverses entreprises économiques. Il y écrit :

> Il me semble que nous ne prêtons pas une attention suffisante à la coopération. [...] Par la NEP, nous avons fait une concession au paysan considéré comme marchand, au principe du commerce privé ; de là précisément (à l'encontre de ce que certains s'imaginent), la portée immense de la coopération. En somme, tout ce qu'il nous faut, sous le régime de la NEP, c'est grouper dans des coopératives des couches suffisamment larges et profondes de la population russe ; car nous avons trouvé aujourd'hui le moyen de combiner l'intérêt privé, l'intérêt commercial privé, d'une part, et son contrôle par l'État, d'autre part, le moyen de subordonner l'intérêt privé à l'intérêt général, ce qui autrefois était la pierre d'achoppement pour un grand nombre de socialistes.
>
> En effet, le pouvoir d'État sur les principaux moyens de production, le pouvoir d'État aux mains du prolétariat, l'alliance de ce prolétariat avec les millions de petits et tout petits paysans, la direction de la paysannerie assurée à ce prolétariat, etc. — n'est-ce pas tout ce qu'il faut pour construire à partir de la coopération, de la coopération à elle seule, [...] tout ce qui est nécessaire pour édifier une société socialiste intégrale ? Ce n'est pas encore la construction de la société socialiste, mais c'est tout ce qui est nécessaire et suffisant à cet effet.

Le démantèlement des fermes d'État et leur morcellement en coopératives est un recul. Mais quand les conditions économiques se détériorent au point où il n'est plus possible de planifier la production à la campagne, la classe ouvrière est obligée de reculer. Les travailleurs ne peuvent prétendre avoir atteint les conditions pour faire progresser la collectivisation et la mécanisation de l'agriculture sur d'immenses fermes d'État lorsqu'ils sont obligés d'utiliser des boeufs au lieu de tracteurs et d'autres machines. Il n'est simplement plus possible de cultiver de vastes étendues de terre dans ces conditions. Et la structure et la gestion hautement bureaucratisées des anciennes fermes d'État constituaient un obstacle supplémentaire qui empêchait les travailleurs de confronter cette situation et d'y apporter une solution.

Il est trop tôt pour faire un bilan des UBPC. Tout indique que la récolte sucrière de cette année pourrait même être inférieure aux 4,2 millions de tonnes récoltées en 1993 [16]. Il n'y a pas eu d'amélioration significative dans l'approvisionnement des villes en fruits, en légumes ou en tubercules. Par contre, il y a certains signes de progrès sur plusieurs fronts. La consommation alimentaire des familles membres des UBPC a augmenté. On a rapporté que la construction de logements destinés aux travailleurs agricoles, organisée en grande partie sur une base volontaire, a elle aussi augmenté au cours de la dernière année. Plusieurs de ces nouvelles maisons sont

---

16. En 1994, la récolte est tombée à quatre millions de tonnes, en partie à cause des précipitations abondantes et des inondations qui ont empêché la récolte dans certains champs et à cause des pénuries de toutes sortes, allant du carburant aux bottes.

ce que les Cubains appellent aujourd'hui des maisons à « *bajo consumo,* » ou à consommation réduite, qu'ils ont appris à construire avec des substituts pour le ciment et pour les autres matériaux difficiles à se procurer. Mais d'autres reculs seront nécessaires avant que la production et la distribution de nourriture et d'autres denrées commencent à se stabiliser, puis à augmenter de façon significative.

Comme dans le cas des autres mesures aujourd'hui mises en branle à Cuba, la dynamique et l'impact des UBPC seront déterminés par le résultat de luttes politiques beaucoup plus grandes opposant des forces de classe ennemies, aussi bien à Cuba qu'à l'échelle internationale. Il y a eu très peu de discussion à Cuba sur la formation des UBPC, en dépit du caractère assez radical de cette mesure. À plusieurs égards, c'est un des aspects les plus négatifs que nous pouvons souligner. La mesure a simplement été annoncée en septembre dernier et immédiatement mise en pratique. Il n'y a rien eu de comparable aux *parlamentos obreros* pour impliquer l'ensemble de la classe ouvrière dans une discussion des problèmes et de leur solution. Il est cependant évident qu'il existe diverses opinions sur la formation des coopératives.

Osvaldo Martínez, le président de la Commission sur la réforme économique de l'Assemblée nationale, a récemment déclaré dans une entrevue à la revue *Cuba Business,* publiée en Grande-Bretagne : « Un des problèmes qui existent en ce moment, c'est que les membres des coopératives [c'est-à-dire les travailleurs qui viennent des anciennes fermes d'État] ont encore à prendre conscience que ce sont eux les propriétaires. » Le problème autrement dit, c'est que les travailleurs pensent toujours comme des travailleurs et Martínez considère cela négatif. « Ce n'est pas facile de changer un style de travail, une façon de penser qui s'est développée pendant plus de 30 ans, » a-t-il ajouté, avec raison. L'obstacle cependant ne vient pas des travailleurs, mais du poids de la bureaucratie qui n'a pas encore été déplacée.

Prenons un autre exemple, cette fois des États-Unis. Le professeur Jorge Domínguez de Harvard, un Cubain-américain qui n'appuie pas la révolution, a déclaré au *Miami Herald* qu'il espère que les UBPC représentent « le premier pas vers la privatisation de l'agriculture d'État » à Cuba. « Si vous ne pouvez posséder la terre, si vous ne pouvez la subdiviser, si vous devez vendre à l'État, les changements ne seront pas vraiment radicaux. »

Les commentaires de Martínez et de Domínguez vont droit au coeur de la lutte des classes à Cuba aujourd'hui. Les membres des UBPC *ne possèdent pas* la terre. Ils possèdent le produit de leur travail. La terre demeure nationalisée à Cuba. Et les membres des coopératives n'ont pas tout d'un coup cessé d'être des travailleurs pour devenir une classe de « propriétaires ».

Même si la formation des UBPC représente une retraite, elle n'est pas en contradiction avec le cours socialiste de la révolution à Cuba. En fait, dans les circonstances actuelles, les UBPC offrent à la classe ouvrière rurale la possibilité de commencer à avoir un plus grand contrôle sur la production agricole et de se joindre à la classe ouvrière urbaine pour s'attaquer au problème de la distribution. Les entrevues réalisées par le *Militant* avec les membres de certaines des nouvelles UBPC ont confirmé le bien fondé des récriminations formulées par des gens comme Martínez : les membres des UBPC ont en effet agi, parlé et réagi comme des travailleurs. Ils aimaient le changement parce qu'ils pensaient pouvoir organiser leurs ressources et leur travail de manière plus productive. Ils voulaient cesser de porter le poids mort d'un si grand nombre d'administrateurs et de « conseillers ». Ils souhaitaient faire de leurs coopératives des instruments de production plus démocratiques et plus efficaces que les anciennes fermes d'État bureaucratisées.

La classe ouvrière à Cuba

Examinons maintenant la deuxième question. La révolution prolétarienne est-elle toujours vivante à Cuba ? Est-ce qu'une couche décisive de la classe ouvrière possède toujours la conscience, la détermination et la capacité de lutter pour défendre son cours historique ? Bien sûr, nous avons déjà abordé certains aspects de cette question en répondant à la première. Les deux sont inséparables.

Si notre seule source d'information sur ce qui se passe à Cuba était l'hebdomadaire *Granma International,* que plusieurs d'entre nous lisent, je ne pense pas que nous pourrions répondre oui à cette question. Au cours des deux dernières années, *Granma* a publié de plus en plus d'articles sur le dernier hôtel espagnol ouvert à Varadero, le dernier échange de dettes contre des obligations mexicaines, la visite d'une délégation commerciale britannique ou d'autres possibilités d'investissement à Cuba. Dans la mesure où il y a quelque chose sur la classe ouvrière, il s'agit en général d'articles qui s'adressent vraisemblablement à des investisseurs capitalistes potentiels et qui vantent les extraordinaires mérites de « nos travailleurs » : combien ils sont bien éduqués, fiables et disciplinés.

Si par contre vous lisez *Trabajadores,* le journal de la Centrale des travailleurs de Cuba (CTC), vous commencez à avoir une vision plus précise de la classe ouvrière à Cuba. Et vous pouvez lire une différente perspective de classe dans les commentaires et les éditoriaux.

Vous ne pouvez pas non plus comprendre ce qui se passe dans la classe ouvrière à Cuba en suivant les principaux médias bourgeois, aussi bien aux États-Unis qu'ailleurs. Et ce n'est pas seulement parce que les journalistes, les lecteurs de nouvelles et les éditeurs déforment consciemment la vérité, ce qu'ils font souvent. Ils commencent avec une ligne éditoriale, rapportent ce qui semble confirmer leur analyse et ignorent le reste. Mais il y a quelque chose de plus fondamental encore : ils sont aveuglés par leurs préjugés de classe. Leurs propres conditions de vie les empêchent souvent de même savoir quelles questions poser. C'est comme s'ils étaient constamment hors d'équilibre, parce qu'ils ne comprennent pas ce qui est important pour les travailleurs à Cuba et ce qui ne l'est pas.

Fondamentalement, on fait face au même problème aux États-Unis. Parmi tous les articles que nous lisons, combien y en a-t-il qui nous apprennent quoi que ce soit sur ce qui se passe dans la classe ouvrière aux États-Unis, en Suède ou en Nouvelle-Zélande ? À de rares exceptions près, les journalistes n'en ont pas la moindre idée.

MALGRÉ SON HOSTILITÉ envers la révolution, un journal comme le *Miami Herald* par exemple couvre Cuba de façon consistante et rapporte des faits utiles sur certains développements politiques particuliers. Mais ce journal est absolument inutile quand il s'agit d'essayer de comprendre la dynamique sociale et de classe à Cuba.

C'est seulement de l'*intérieur* des usines et des syndicats industriels, les principales organisations de défense de notre classe, qu'il est possible d'avoir une vue plus exacte de ce qui se passe politiquement dans la classe ouvrière. Cela ne veut pas dire que nos réponses seront justes. Mais sans être là, nous n'avons même pas un point de départ. C'est pour cette raison que le mouvement communiste a un avantage. Lorsque des travailleurs ayant une conscience de classe vont à Cuba, nous allons dans les usines et dans les fermes, en plus des hôpitaux, des garderies et des universités. Nous parlons aux travailleurs en tant que travailleurs et aux combattants en tant que combattants. Et nous parlons le même langage politique.

La classe ouvrière à Cuba a-t-elle été vaincue ? La conscience et la volonté de lutter pour un cours socialiste ont-elles été brisées ? Plus que toute autre chose, la confiance avec laquelle nous répondons à ces questions est basée sur nos propres expériences dans les usines et dans les champs. L'équipe internationale d'une douzaine de correspondants ouvriers du *Militant* et de *Perspectiva Mundial* qui a passé quelque six semaines à Cuba au début de cette année a cherché avant tout à répondre de façon satisfaisante à ces questions. Nous savions que nous ne pouvions compter sur personne d'autre pour le faire. Et nous avons essayé de rapporter de manière précise les conclusions auxquelles nous sommes arrivés dans les articles que nous avons écrits.

Nous avons assisté à plusieurs des assemblées ouvrières. Nous avons visité plusieurs UBPC nouvellement mises sur pied. Nous avons interviewé des dizaines de travailleurs. Mais plus que toute autre chose, nous avons écouté.

Nous avons vu des travailleurs se lever dans les parlements ouvriers et confronter la direction sur le vol de tabac, le vol de viande, le vol de poisson, le vol de sucre dans les usines. Nous les avons entendus dire : « Vous êtes responsables. Le problème est là, là où vous êtes assis. »

Nous les avons entendus exiger de leur gouvernement qu'il confisque et rapporte les biens volés dans les lieux de travail. Nous les avons entendus dire : « Ou vous le faites, ou c'est nous qui le faisons. »

Nous les avons entendus rejeter de façon véhémente tout projet d'impôt sur les salaires. Nous les avons entendus exiger que toute augmentation de prix ou de tarif qui pourrait être nécessaire — comme l'augmentation du prix des repas dans les cafétérias d'usine ou l'obligation de payer les uniformes scolaires — s'applique de façon à protéger les ouvriers les moins rémunérés.

Le *Militant* a décrit avec quelle confiance les travailleurs d'une laiterie de La Havane ont répondu aux critiques des contremaîtres qui leur reprochaient de casser trop de bouteilles. Ils ont répliqué que les convoyeurs étaient mal installés et que les propositions qu'ils avaient faites pour pallier à ce problème avaient été ignorées. Ils ont insisté qu'on leur permette de régler immédiatement le problème.

À DE NOMBREUSES REPRISES, les travailleurs ont exigé qu'on leur permette de réorganiser la force de travail dans les usines pour que chacun puisse travailler de façon productive. Le *Militant* a décrit l'exemple d'un travailleur de la même laiterie de La Havane, qui s'inquiétait du surplus croissant de main-d'oeuvre dans l'usine à cause de la baisse abrupte de la production laitière nationale et du manque de lait en poudre qui dans le passé provenait avant tout de l'Allemagne de l'Est.

Ce qui était particulièrement intéressant, c'est sa manière d'expliquer la proposition qu'il a faite. « Je ne veux pas être au chômage. Je déteste penser à ce que je ferais si je n'avais pas de travail et ne pouvais acheter de nourriture pour ma famille. » Mais, a-t-il noté, c'est aussi démoralisant de venir tous les jours à l'usine quand il n'y a pas de travail. « Prenons une partie des terres en friche autour de l'usine et travaillons ensemble pour cultiver et produire les aliments dont nous avons besoin. Pourquoi ne pas le faire immédiatement ? »

Nous avons écouté. Nous avons posé des questions. Nous avons parlé à ces travailleurs des problèmes auxquels font face les travailleurs aux États-Unis et dans d'autres pays capitalistes. Nous avons partagé nos expériences. Et nous savions que nous ne parlions pas à des travailleurs démoralisés. Usine après usine, l'attitude des travailleurs qui donnaient le ton était la même : « Nous pouvons le faire. » Nous étions à l'aise parmi des travailleurs prêts à lutter, à changer les choses, à produire, à diriger. Après avoir participé à quelques-uns des parlements ouvriers, vous comprenez pourquoi les financiers de Wall Street ne pensent pas que les perspectives d'investissement sont particulièrement radieuses à Cuba aujourd'hui. Il ne sera pas facile de rétablir des relations de production capitalistes dans ce pays. En fait, ce sera impossible de le faire à Cuba sans infliger une défaite écrasante à un prolétariat fort, uni et confiant, à une classe ouvrière qui pense socialement et agit politiquement. Et ce n'est pas dans cette direction que l'histoire évolue.

C'est pour cette raison que le *Granma International* et d'autres publications cubaines ne sont pas très convaincants lorsqu'ils soulignent à quel point la classe ouvrière est bien éduquée et disciplinée pour persuader les capitalistes d'investir à Cuba. Nous le savons par expérience : les capitalistes ne sont pas exactement à la recherche d'une classe ouvrière bien éduquée, organisée et confiante. Ils recherchent plutôt des travailleurs qui se considèrent chanceux d'être embauchés pour travailler de longues heures, à bas salaire et à un rythme brutal ; des travailleurs qui en tant que classe n'ont aucune mémoire historique, aucune organisation efficace et aucune direction éprouvée dans la lutte. Les capitalistes ne recherchent pas des jeunes travailleurs plus internationalistes que tout groupe de travailleurs n'importe où ailleurs dans le monde ; moins divisés par le racisme que tout autre classe ouvrière ; et qui considèrent comme un droit le fait que les femmes ont fait à Cuba plus de progrès en 35 ans que n'importe où ailleurs dans le monde pendant une période de temps comparable. Dans le monde entier, le patronat n'est pas vraiment convaincu que l'exploitation capitaliste a une perspective de développement favorable avec une telle classe ouvrière.

Malgré des erreurs, des reculs et de réelles faiblesses, 35 ans de lutte pour le socialisme à Cuba ont produit une classe ouvrière beaucoup plus cultivée au sens humain le plus large, constituée de travailleurs qui sont davantage des citoyens du monde, des citoyens de l'histoire.

Dans tout ce que la direction du Parti socialiste des travailleurs a écrit ou dit publiquement au cours des dernières années, nous avons souligné le fait que la classe ouvrière à Cuba est plus forte aujourd'hui, malgré les énormes difficultés et défis auxquels elle est confrontée. C'est une classe ouvrière que le processus de rectification a renforcée politiquement, même si ce renouvellement prolétarien a été brutalement interrompu par la crise économique qui se déroule depuis 1990. Sans le processus de rectification, qui a véritablement commencé en 1986, il est fort probable qu'en même temps que se désintégraient les régimes bureaucratiques en Europe de l'Est et en Union soviétique, de grandes secousses sociales auraient également eu lieu à Cuba.

En fait, la désintégration des régimes staliniens a renforcé les perspectives de la classe ouvrière à Cuba plutôt que de les affaiblir. Aujourd'hui, la classe ouvrière y souffre moins de l'influence néfaste de la formation politique stalinienne. Les travailleurs sont moins entravés par l'imposture contre-révolutionnaire qui s'est fait passer pour le communisme pendant des années. Ils sont moins isolés de la lutte des classes mondiale. C'est particulièrement vrai de la nouvelle génération qui prend de plus en plus de responsabilités de direction à Cuba aujourd'hui. Les communistes de cette génération sont moins portés à défendre les politiques du passé lorsqu'ils deviennent convaincus qu'elles étaient erronées. Ils sont à la recherche d'une continuité ouvrière et d'une voie en avant. Au cours des dernières années, la direction communiste à Cuba a pris des mesures pour donner à un plus grand nombre de cadres de cette génération des responsabilités politiques dans le gouvernement et le parti.

ÉVIDEMMENT, POUR TROUVER cette continuité et la voie en avant, il faut aussi retourner dans le passé. Pour de nombreux camarades à Cuba, cela signifie relire et réétudier les oeuvres de base du marxisme à la lumière des événements des cinq dernières années et réévaluer ce qu'on leur a enseigné. Cela veut dire retrouver la véritable histoire et les vraies leçons politiques qui découlent des expériences du mouvement ouvrier moderne — de Marx et Engels, à Lénine et au gouvernement ouvrier et paysan dirigé par les bolcheviks en Union soviétique, aux conséquences politiques pratiques de la dégénérescence stalinienne après la mort de Lénine. Cela veut dire apprendre la véritable histoire de la révolution espagnole des années 30 et les raisons de sa défaite, le véritable bilan du parti communiste allemand et de la montée du fascisme sous le troisième Reich — le prix que la classe ouvrière a payé à l'échelle internationale pour les trahisons du stalinisme. Cela signifie retourner à Che Guevara et au cours politique et économique qu'il a défendu à Cuba. Cela veut dire combiner étude et action, apprendre par la pratique. Cela veut dire mériter le droit d'être appelés communistes, d'être les dirigeants d'hommes et de femmes qui luttent pour diriger une classe dans sa marche historique.

On n'a pas vu une telle ouverture d'esprit et une telle discussion sur des questions de ce genre parmi les jeunes depuis la génération qui a mené les travailleurs et les paysans au pouvoir au début des années 60.

Il y a aussi plus de jeunes qui proclament ouvertement qu'ils en ont assez d'entendre des mots comme socialisme et communisme et qui ne veulent plus entendre un seul autre discours politique de leur vie. Ils se sentent impuissants et sans espoir. C'est une partie du véritable défi de direction qui se pose.

Ce qui rend possible les changements qui ont lieu aujourd'hui à Cuba, le ferment politique, c'est que la continuité communiste, contrairement à ce qui a fini par arriver en Union soviétique, n'a jamais été brisée à Cuba. Ceci reste vrai malgré les déformations politiques dont nous avons parlé et qui résultent de l'influence du stalinisme véhiculé par le biais de Moscou pendant tant d'années.

UNE GRANDE AVANT-GARDE communiste de la classe ouvrière, couvrant plusieurs générations, vit et lutte à Cuba : dans les champs, les usines, les universités et jusqu'aux plus hauts niveaux du gouvernement et du parti communiste. L'héritage marxiste de Che fait toujours partie de la révolution. C'est une chose pour laquelle la nouvelle génération peut lutter, qu'elle peut retrouver et reconquérir, à mesure qu'elle défend les assises socialistes de la révolution dans les conditions difficiles d'aujourd'hui.

En même temps, les divisions de classe sont plus profondes que jamais depuis les premières années de la révolution.

Le monde des professionnels, des techniciens, des intellectuels et du personnel administratif se trouve à des années-lumière de celui des champs et des lignes d'assemblage dans les usines. Je ne fais pas particulièrement référence aux couches de la classe moyenne, et elles sont substantielles, qui ne pensent qu'à elles-mêmes et ne s'en cachent pas. Je ne parle pas des gérants d'hôtels de Varadero avec leurs chaînes en or et leurs montres coûteuses. Je parle de quelque chose de bien plus important. Il existe une ligne de démarcation entre les communistes qui sont ouvriers et les communistes qui ont des emplois qui ne sont pas liés à la production.

C'est très frappant. Ce n'est évidemment pas une ligne de partage catégorique ou schématique. Mais tous ceux parmi nous qui ont passé un certain temps à Cuba ont eu des expériences similaires. Vous parlez à des membres du parti et à des défenseurs de la révolution exerçant des professions de toutes sortes. Et au bout de cinq à dix minutes, vous vous rendez compte que vous parlez à quelqu'un de politiquement démoralisé. Les difficultés de la vie quotidienne — la nourriture, le transport, l'électricité, l'eau, les vêtements, l'hygiène, peu importe — tout cela broie les gens. Et ceux-ci projettent un sentiment de désespoir, parfois proche de l'hystérie, face à l'avenir.

Je ne pense pas que c'est difficile à comprendre. À cause de leur position sociale, de leur position de classe, ces camarades n'ont souvent aucune confiance qu'ils peuvent changer les choses, que ce qu'ils font est important. Ils ne possèdent pas la confiance tranquille exprimée par des couches de la classe ouvrière qui disent : « *Nous* sommes les producteurs, *nous* pouvons créer les moyens nécessaires pour sortir de la crise parce que nous sommes capables de travailler. » Un travailleur l'a formulé directement : « Ce n'est pas le temps de pleurer et de gémir. Nous avons la capacité et le courage nécessaires pour nous sortir du trou. »

Des camarades cubains affirment en plaisantant qu'en fait la composition de classe du pays s'améliore chaque jour sous les pressions qui s'exercent. Une proportion plus grande de ceux qui quittent le pays à la recherche de conditions plus confortables aux États-Unis ou en Europe provient bien sûr de couches relativement plus aisées. Plusieurs de ces Cubains des classes moyennes ont la possibilité de voyager à l'extérieur du pays pour une raison ou une autre et ne reviennent simplement pas. C'est ainsi que le directeur du célèbre festival du film de Cuba a récemment surgi à Miami en se plaignant des difficultés d'organiser un festival du film dans un pays qui connaît des pannes d'électricité tous les jours !

Mais à vrai dire, la classe ouvrière n'a pas besoin de ce genre d'individus pour trouver la façon d'avancer. Elle n'a pas besoin non plus de ces amis et voisins découragés qui enfourchent des chambres à air liées les unes aux autres en espérant survivre à la traversée du détroit de Floride et faire fortune à Miami. Le nombre de Cubains quittant l'île de cette façon a déjà atteint un niveau record cette année et va continuer à augmenter, en particulier en ce moment de l'été où la mer est relativement plus calme. Plusieurs petits-bourgeois, en particulier des jeunes, partent ainsi en radeau. La plupart des Cubains leur souhaitent bonne chance et retournent au travail, convaincus qu'en luttant ensemble, ils vont non seulement assurer la survie, mais le renforcement de la société qu'ils ont construite avec leur sueur et leur sang au cours des 30 dernières années. En fait, les difficultés des cinq dernières années ont renforcé la confiance politique d'une avant-garde importante de travailleurs à

Cuba. En dépit des prédictions sinistres faites aussi bien par les classes ennemies que par les pleutres, elles leur ont démontré qu'il était possible de survivre en déployant un effort collectif et sans l'aide économique de l'ancien bloc soviétique.

Il y a une image que j'aime et qui capture l'esprit du prolétariat à Cuba aujourd'hui, la vitalité de la révolution et la volonté d'opposer plus largement une justice ouvrière à la résistance, à la corruption et au sabotage petit-bourgeois. C'est l'image des *amarillos*. Ce sont des inspecteurs spéciaux de la circulation, surnommés « les jaunes » à cause de la couleur de leur uniforme. Ils sont chargés d'arrêter les voitures portant une plaque d'immatriculation de l'État et d'y faire monter les passagers qui vont dans la même direction que le conducteur. Les *amarillos* font partie des héros de la classe ouvrière aujourd'hui à Cuba.

Ce sont ces expériences et de nombreuses autres du même genre qui nous amènent à affirmer avec confiance que la classe ouvrière continue de lutter pour maintenir son cours historique à Cuba et que la lutte pour défendre l'esprit et le coeur de la révolution cubaine se poursuit. Rien n'est joué.

Défendre la révolution socialiste à Cuba

Les réponses que nous avons données aux deux premières questions sont le point de départ pour répondre à la troisième. Pour défendre la révolution cubaine, quelles sont les tâches et les responsabilités d'un parti communiste ouvrier ?

Dans ce travail, nous n'avons pas d'approche spéciale. En défendant Cuba, nous ne faisons rien de différent de ce que nous faisons dans toute autre activité politique. Au contraire, nous faisons le même genre de travail et nous

nous tournons vers les mêmes forces de classe — que nous soyons ici aux États-Unis ou à Cuba, en Nouvelle-Zélande ou en Afrique du Sud, en France ou n'importe où ailleurs dans le monde.

Nous vendons des livres, des journaux et des magazines qui aident à forger la continuité révolutionnaire de notre classe et augmentent ses chances de forger dans la lutte une direction capable de relever les défis auxquels nous faisons face. Nous parlons de socialisme et des leçons d'un siècle et demi de luttes de classe. Nous mettons en contact des travailleurs, des agriculteurs et des jeunes en lutte pour leur permettre d'échanger leurs expériences, d'apprendre les uns des autres, de s'identifier les uns aux autres et de se renforcer mutuellement tout en cherchant une voie communiste pour notre classe et l'ensemble de l'humanité.

Nous travaillons avec tous ceux avec qui nous pouvons le faire pour organiser des actions publiques centrées sur des revendications concrètes en défense de la révolution cubaine. Et dans ce processus, nous gagnons de nouvelles forces à la classe ouvrière et à sa marche historique.

Au cours des dernières années, notre travail politique nous a amenés à conclure encore et encore que les tables de littérature que nous établissons pendant un ralliement de solidarité avec la grève contre Caterpillar à Peoria aux États-Unis sont les mêmes que nous érigeons à l'université de Matanzas à Cuba ou à un congrès de l'ANC en Afrique du Sud. Nous avons les mêmes discussions. Les travailleurs et les jeunes veulent discuter des mêmes questions.

Là se trouve l'essentiel : la réponse de travailleurs et de combattants à d'autres travailleurs et combattants. Les frontières, les différences de langues n'ont aucune importance. Ils n'ont aucune difficulté à reconnaître et à répondre à l'intégrité et à la combativité d'autres travailleurs et combattants comme eux.

C'EST POUR CETTE RAISON que Mark Curtis reçoit une telle réponse à Cuba par exemple [17]. Lorsque vous montrez le vidéo sur le coup monté contre lui à un groupe de travailleurs à Cuba, ils s'identifient immédiatement à sa lutte pour obtenir justice. Ils comprennent ce pour quoi Mark lutte. Ils n'ont pas besoin qu'on leur explique pourquoi les flics et les autres fonctionnaires du gouvernement sont prêts à fabriquer des preuves contre un travailleur révolutionnaire comme Mark Curtis et consacrent autant de temps et d'énergie pour le garder en prison. Ils regardent le vidéo, lisent une partie du matériel de défense, étudient les faits et disent : « Oui, Mark est notre genre de personne. »

C'est aussi pour cette raison que les travailleurs mis en lock-out par la compagnie A. E. Staley ont ovationné le jeune dirigeant cubain Pável Díaz au cours de sa tournée aux

---

17. Travailleur d'abattoir, socialiste et syndicaliste, Mark Curtis a été victime d'un coup monté et condamné à 25 ans de prison en 1988, sous de fausses accusations de viol et de cambriolage. Mark Curtis est un dirigeant du Parti socialiste des travailleurs aux États-Unis. Les autorités pénitencières de l'État d'Iowa ont refusé de manière répétée de lui accorder la mise en liberté conditionnelle à laquelle il a droit, malgré une campagne de défense internationale exigeant sa libération. Le comité de défense de Mark Curtis à Des Moines dans l'Iowa diffuse de l'information sur son cas, un vidéo et des documents en anglais, en espagnol et en français. Voir la brochure de Margaret Jayko, *The Frame-up of Mark Curtis: A Packinghouse Worker's Fight for Justice*, New York, Pathfinder.

États-Unis cette année [18]. A. E. Staley possède une usine de transformation du maïs à Decatur dans l'Illinois. Lorsque Pável a décrit la lutte qui se mène à Cuba, de nombreux travailleurs de Staley ont reconnu en lui un compagnon de lutte confrontant plusieurs des mêmes forces puissantes qu'eux.

Lorsqu'on raconte l'histoire de Mark Curtis à Cuba, lorsque Pável Díaz parle à des travailleurs en lutte aux États-Unis, nous nous rendons compte que nous parlons le même langage.

Lorsque des travailleurs qui connaissent cette réalité de l'intérieur expliquent concrètement ce qui se passe dans la lutte des classes aux États-Unis, ça a un véritable impact à Cuba. Nous en avons souvent fait l'expérience au cours des dernières années. L'exemple le plus récent remonte à environ un mois. En juin, deux travailleurs communistes des États-Unis, Laura Garza et Aaron Ruby, ont participé à la Sixième conférence cubano-U.S. de philosophie et de sciences sociales à l'Université de La Havane. Leur reportage sur cette réunion a paru dans le *Militant* et *Perspectiva Mundial*. Les commentaires de Laura ont eu un impact et elle a été citée dans l'article du journal *Juventud Rebelde* sur la conférence.

---

18. En mars et en avril 1994, Pável Díaz a fait une tournée de huit semaines dans 40 villes et 15 États aux États-Unis. À Decatur dans l'Illinois, il s'est adressé à quelque 250 travailleurs syndiqués mis en lock-out par la compagnie A. E. Staley. Dans la même ville, il a également rencontré des dirigeants de la section locale des Travailleurs unis de l'automobile à l'usine de la compagnie Caterpillar. Ailleurs aux États-Unis, il a rencontré des travailleurs de compagnies aériennes, des camionneurs et des métallos en grève, des ouvriers de l'industrie des viandes, des travailleurs agricoles et des agriculteurs. Il a pris la parole dans 53 universités et 3 écoles secondaires.

Le journal de l'Union des jeunes communistes présente Laura comme « une ouvrière dans une usine de portes et fenêtres en aluminium à Miami. » L'augmentation des attaques patronales contre les travailleurs aux États-Unis, explique Laura dans l'article, y compris contre les immigrants d'Amérique latine dont le nombre continue d'augmenter, offre maintenant « une bonne occasion de travailler avec ces forces pour essayer de leur faire comprendre le besoin d'éliminer les mesures coercitives contre Cuba » imposées par le gouvernement des États-Unis. Laura a dit au journal avoir trouvé un « espoir et une immense dignité » parmi les travailleurs à Cuba, qui ont renforcé sa conviction qu'ils seront capables de résoudre les problèmes que confronte la révolution.

Ce n'est qu'en plaçant notre travail de défense de la révolution cubaine dans le contexte politique plus large discuté à ce congrès que nous pouvons apprécier l'impact réel de ce que nous faisons ici aux États-Unis sur le résultat de la lutte à Cuba — pas dans le sens matériel où nous pouvons soulager de manière substantielle les pénuries actuelles, mais dans un sens politique. Parce que la lutte pour le futur de la révolution socialiste à Cuba est avant tout la lutte menée par les travailleurs communistes pour se lier à d'autres communistes dans le monde, pour renforcer mutuellement nos luttes et pour renouer notre héritage politique commun. Notre mouvement apporte une contribution nécessaire et irremplaçable à cette bataille, parce que la lutte que nous avons menée pendant quelque 70 ans pour maintenir la continuité communiste et construire un parti prolétarien sur cette base est unique.

C'est armés de cette perspective de classe pour défendre la révolution cubaine et en partant des priorités et objectifs à long terme qui découlent de ce travail que nous collaborons avec d'autres pour construire et aider à diriger des activités visant à toucher et à impliquer le plus grand nombre de forces nouvelles. Ce cadre permet de mettre en proportion la place, le poids et l'importance non seulement des problèmes politiques et tactiques que nous pouvons rencontrer à tout moment, mais aussi des perspectives libérales et staliniennes véhiculées par les différents courants politiques qui participent aux groupes de solidarité avec Cuba et parfois les dominent.

NOTRE ORIENTATION COMMUNISTE et conséquente en défense de la révolution cubaine va de la visite faite en 1960 par le candidat à la présidence du Parti socialiste des travailleurs Farrell Dobbs et le directeur du *Militant* Joseph Hansen, au voyage fait en 1992 par le candidat à la présidence du SWP James Warren et la journaliste du *Militant* Selva Nebbia. Elle s'étend de la participation active des membres du SWP et de l'Alliance des jeunes socialistes au premier congrès de la jeunesse latino-américaine pendant l'été de 1960 aux brigades de travail et aux tournées que les jeunes socialistes vont organiser aux États-Unis et à Cuba en sortant de ce congrès, en passant par le lancement de la brigade Venceremos en 1969. Toutes ces activités s'inscrivent dans la même perspective communiste.

Ce cadre politique nous permet de répondre rapidement à chaque ouverture réelle qui se présente pour travailler avec d'autres forces et organiser des activités éducatives pour faire connaître la vérité sur la révolution socialiste à Cuba et des initiatives dans la rue contre le blocus économique, l'interdiction de voyager, l'occupation de la baie de Guantánamo et les autres efforts incessants de Washington pour affaiblir et détruire le gouvernement révolutionnaire. Cette approche de classe nous prépare à lutter de façon efficace pour empêcher que ne se répandent dans les forces de solidarité avec Cuba et plus généralement dans le mouvement ouvrier des méthodes de fonctionnement qui consistent à porter des accusations sans fondement ou malintentionnées — anticommunisme, insinuations que vos opposants politiques sont des agents de la police ou agissent pour des motifs racistes, etc. — pour discréditer les individus ou les groupes avec qui vous avez des désaccords politiques [19]. Ce genre de poison politique propagé par les courants staliniens, de collaboration de classe ou gauchistes dans le mouvement ouvrier ne fait qu'affaiblir la capacité de lutte de la classe ouvrière.

Comme dans tout le travail politique que nous menons, nous avons le défi en tant que travailleurs communistes de nous tourner vers toutes les opportunités d'action unitaire qui se présentent, sans nous abstenir ou nous adapter politiquement aux forces libérales favorables au capitalisme qui y sont souvent prédominantes. Nous recherchons toujours la même chose : des opportunités et des initiatives pour impliquer dans la lutte et dans le cadre de cette perspective prolétarienne un nombre de plus en plus grand de travailleurs, de petits agriculteurs et de jeunes combattants.

---

19. En anglais, ces méthodes de fonctionnement anti-prolétariennes sont respectivement connues sous le nom de *red-baiting*, *agent-baiting* et *race-baiting*.

Voilà les questions que nous devons poser, discuter et trancher aujourd'hui en tant que délégués à ce congrès.

[Les délégués ont discuté du rapport pendant plus de trois heures. Mary-Alice Waters a ensuite présenté la conclusion qui suit avant le vote.]

CONCLUSION

Tout d'abord, un petit point avant de commencer. Après le rapport de ce matin, une participante à la conférence m'a remis la copie d'une offre promotionnelle qui lui est récemment passée entre les mains. Il semble que V. C. Acquisition Limited Partnership, une entreprise située dans les îles Caïmans, aimerait acheter les actions de la compagnie sucrière Vertientes-Camagüey qui sont toujours en circulation. De toute évidence, cette entreprise pense qu'elle peut les acheter à bon prix à ceux qui possédaient des parts avant la révolution, pour ensuite les revendre plus cher aux gens qui se laissent avoir par tous les discours sur la chute imminente du gouvernement révolutionnaire à Cuba.

Le président de la Vertientes-Camagüey a lui-même informé ceux qui ont reçu cet envoi promotionnel que la « compagnie est tenue d'aviser ses actionnaires de ce qu'elle pense de cette offre. Étant donné l'histoire de la compagnie, les réclamations qu'elle a adressées au gouvernement cubain pour paiement ou retour des biens expropriés et la situation politique à Cuba, votre conseil d'administration pense ne pas être en mesure d'exprimer une opinion sur cette offre et doit par conséquent rester neutre. »

Les capitalistes ne perdent jamais espoir de récupérer d'une manière ou d'une autre leurs anciennes possessions !

Les jeunes et la perspective ouvrière

Laissez-moi commencer par un point important soulevé au début de la discussion et que deux délégués ont abordé. Il s'agit des jeunes à Cuba et des questions de direction qui y sont associées.

Il est important de reconnaître que les jeunes à Cuba n'ont pas une perspective politique sur la révolution différente de celle des autres Cubains. Il y a des pressions et des réponses de classe conflictuelles parmi les jeunes à Cuba, comme il y en a parmi toutes les générations et comme il y en a parmi les jeunes aux États-Unis ou n'importe où ailleurs.

Ce que vous trouvez, bien sûr, parmi les jeunes à Cuba comme parmi les jeunes du reste du monde, c'est une plus grande impatience à trouver des solutions, une plus grande ouverture à de nouvelles propositions et une réponse plus rapide aux idées qui peuvent être encore taboues pour plusieurs de leurs aînés. Ils ont moins d'enjeux à défendre les politiques erronées du passé. Et ils ont souvent une plus grande énergie et une plus grande volonté de s'aventurer dans de nouveaux sentiers.

Comme un délégué l'a souligné, le vrai défi pour la direction communiste à Cuba, ce n'est pas de gagner les jeunes à l'Union des jeunes communistes, l'UJC — cela doit être fait bien sûr — mais c'est surtout de les gagner à la classe ouvrière. Ceux qui sont désespérés face à l'avenir, ceux qui pensent que le socialisme a échoué, ceux qui ne veulent même plus entendre prononcer le mot devant eux : ceux-là vont être gagnés, ou regagnés, à la révolution seulement si la classe ouvrière semble avoir une alternative claire que ses dirigeants sont capables d'expliquer et de défendre. La nouvelle génération deviendra révolutionnaire, communiste, seulement si elle voit une force de classe puissante qui montre la voie en avant et y intègre les jeunes.

N'est-ce pas comme ça que vous êtes devenus communistes ? Comment pourrait-il en être autrement à Cuba ?

Le problème n'est pas que pour pouvoir avancer, il faille d'abord prendre un recul. Tout combattant est prêt à manoeuvrer. Mais il faut savoir où vous allez et avoir confiance en vous-mêmes, dans vos compagnons d'armes et dans vos commandants. Le plus grand problème à Cuba aujourd'hui, c'est que cette perspective de classe à long terme n'est pas clairement présentée.

Comme l'a expliqué le rapport en essayant de le concrétiser, les divisions de classe s'approfondissent à Cuba. Des secteurs décisifs de la classe ouvrière et des forces importantes de la jeunesse ne sont ni brisés, ni démoralisés. Ils luttent pour limiter la retraite, pour ne pas céder plus de terrain que nécessaire. Mais c'est là quelque chose de difficile à voir si on ne fait pas partie de la classe ouvrière et même là, les expériences et la conscience ne sont pas généralisées. Un délégué récemment revenu d'un voyage à Cuba a correctement remarqué dans la discussion aujourd'hui que ce qui pèse le plus lourd sur les gens à Cuba, y compris sur les cadres révolutionnaires et communistes, c'est l'absence d'une perspective politique claire. « Où est-ce que tout cela nous mène ? Je peux être d'accord ou pas avec telle ou telle mesure, mais où allons-nous ? Il n'y a pas de plan de bataille clair. »

Ainsi que nous l'avons discuté, la désorientation politique est plus grande à l'extérieur de la classe ouvrière. Les professionnels, les intellectuels, le personnel administratif, les fonctionnaires du gouvernement, leurs familles et ceux qu'ils influencent forment une grande couche sociale petite-bourgeoise non prolétarienne. Et loin de diminuer, les distinctions sociales parmi eux et entre eux et la classe ouvrière se sont approfondies sous l'influence du système d'éducation hautement stratifié adopté du stalinisme. Sur 11 millions de Cubains, on parle ici d'au moins un million de personnes — pas de quelques centaines de milliers et encore moins de quelques milliers. On parle aussi d'un nombre significatif des membres et de la direction du Parti communiste et de l'Union des jeunes communistes.

L E PARTI COMMUNISTE de Cuba est un parti de masse de 700 000 membres et l'UJC en a plus de 600 000. Leurs membres viennent de tous les secteurs de la société et la majorité ne sont pas aujourd'hui des travailleurs industriels ou agricoles. La désorientation, la confusion et la lutte pour une perspective se produisent aussi bien parmi les membres du parti et de la jeunesse qu'autour d'eux.

Ceci étant dit, nous devons avant tout réitérer deux points.

Premièrement, malgré toutes les pressions et les difficultés, malgré les erreurs politiques diverses et les déformations sociales, une composante décisive du Parti communiste — ce qui ne veut certainement pas dire chacun de ses membres — continue de projeter un cours visant à défendre les conquêtes socialistes de la classe ouvrière. Elle continue d'organiser et de diriger les masses travailleuses pour qu'elles puissent mettre leur sceau sur les politiques adoptées. Et en même temps, elle fait les concessions nécessaires au marché capitaliste afin d'essayer d'obtenir des investissements et des échanges commerciaux.

Deuxièmement, la conscience de classe et la capacité de la classe ouvrière à Cuba de lutter pour ses intérêts historiques n'ont pas été brisées. Les forces sociales qui favorisent la restauration capitaliste gagnent du terrain à Cuba aujourd'hui. Mais la classe ouvrière aussi est forte, plus forte que la plupart des observateurs n'arrivent à réaliser.

Cependant, nous devons être conscients que ces questions, si importantes pour défendre la révolution socialiste à Cuba et que nous essayons nous-mêmes de clarifier, sont rarement posées en termes de classe clairs à Cuba.

La Nouvelle politique économique

Sous cet angle, il est politiquement trompeur de dresser une analogie entre la retraite qui se déroule actuellement à Cuba et la Nouvelle politique économique que la direction bolchevique de la république soviétique des travailleurs et des paysans a adoptée au début des années 20, sous l'impact des effets désastreux de plusieurs années de guerre civile et d'intervention impérialiste. Plusieurs délégués ont fait référence à la NEP dans la discussion. La principale différence, c'est au niveau de la direction et de la clarté politique. Lénine et d'autres dirigeants bolcheviques ont expliqué de façon répétée à la classe ouvrière pourquoi la retraite était nécessaire ; quels étaient les fondements prolétariens de la révolution qui la rendaient possible ; et quelles limites il fallait lui imposer pour limiter le renforcement inévitable de couches capitalistes ou à l'esprit capitaliste. Dans un rapport présenté en octobre 1921, Lénine a dit par exemple :

> Et ce qui fait l'essence de notre Nouvelle politique économique, c'est justement que nous avons subi une grave défaite [sur le plan économique] et que nous avons entrepris un repli stratégique : « Avant qu'on ne nous écrase définitivement, replions-nous donc et rebâtissons

> tout à neuf, mais plus solidement. » Que nous ayons subi une très lourde défaite sur le front économique, cela ne peut faire de doute pour les communistes, puisqu'ils posent délibérément la question de la Nouvelle politique économique. Et il est inévitable, bien sûr, que certains sombrent maintenant dans une humeur morose, presque panique ; à l'occasion du repli, ces gens vont se laisser aller à la panique. [...]
>
> Et la question fondamentale, du point de vue de la stratégie, c'est de savoir qui tirera profit le plus vite de cette situation nouvelle. Toute la question est de savoir qui la paysannerie suivra : le prolétariat qui cherche à bâtir la société socialiste ? ou bien le capitaliste qui déclare : « Faisons marche arrière, c'est moins dangereux que ce socialisme qu'on a imaginé [20] » ?

Quelques mois plus tard, au onzième congrès du Parti communiste en mars 1922, Lénine est revenu sur la nécessité de la NEP. Mais il a insisté sur la nécessité de « mettre un terme » à certains aspects de la retraite qui n'étaient désormais plus nécessaires et mettaient en danger l'alliance des travailleurs et des paysans, fondement même du pouvoir d'État prolétarien :

> La retraite est chose difficile, surtout pour des révolutionnaires qui ont l'habitude de l'offensive ; surtout quand ils ont pris l'habitude d'avancer plusieurs années durant avec un succès prodigieux ; surtout quand ils sont environnés de

---

20. V. I. Lénine, *Oeuvres*, Moscou, éditions du Progrès, 1977, vol. 33, p. 56 et 58.

révolutionnaires d'autres pays qui ne rêvent que de déclencher l'offensive. Voyant que nous reculions, certains d'entre eux ont même scandaleusement fondu en larmes, comme des enfants ; il en fut ainsi au récent Comité exécutif élargi de l'Internationale communiste. [...]

Il m'est peut-être difficile maintenant de concevoir pleinement cette mentalité occidentale, bien que j'aie assez longtemps vécu dans ces beaux pays démocratiques en qualité d'émigré. Mais peut-être que de leur point de vue, la chose est très difficile à comprendre, difficile à en pleurer. Dans tous les cas, nous n'avons pas le temps de nous arrêter à ces sentimentalités. Il nous est apparu de toute évidence que, précisément parce que notre offensive s'était faite avec tant de succès pendant des années, et que nous avions remporté tant de victoires extraordinaires (tout cela dans un pays incroyablement ruiné, dépourvu de conditions matérielles nécessaires !) — il nous était absolument indispensable, du moment que nos conquêtes étaient si nombreuses, il nous était absolument indispensable de reculer pour consolider cette offensive. Nous ne pouvions garder toutes les positions dont nous nous étions emparés par un coup d'audace. [...]

[Q]uand une armée bat en retraite, il faut une discipline 100 fois plus grande que dans l'offensive, car dans l'offensive tous se précipitent en avant. Mais si, maintenant, tous commencent à se précipiter en arrière, ce sera la fin, inéluctable et immédiate. C'est à ce moment-là que le principal est de se replier en bon ordre, d'établir exactement la limite du recul et de ne pas céder à la panique.

Dans ce rapport de 1922, Lénine a pointé du doigt les couches pro-capitalistes croissantes au sein de l'appareil d'État et du parti, qui s'étaient auparavant opposées au gouvernement des travailleurs et des paysans et qui maintenant disaient : « Je suis pour le soutien du pouvoir des soviets, parce qu'il s'est engagé dans une voie où il roule vers le pouvoir bourgeois ordinaire. » Il a ajouté :

> [Ces individus] expriment l'état d'esprit de milliers et de dizaines de milliers de bourgeois de tout acabit ou d'employés soviétiques participant à notre Nouvelle politique économique. Là est le danger essentiel et réel. Et c'est pourquoi il faut réserver l'attention principale à cette question : qui, effectivement, l'emportera ? J'ai parlé de compétition. Il n'y a pas d'attaque directe contre nous, on ne nous prend pas à la gorge. Nous verrons ce qu'il en sera demain, mais, aujourd'hui, on ne nous attaque pas les armes à la main ; et néanmoins la lutte contre la société capitaliste est devenue 100 fois plus acharnée et périlleuse, car nous ne voyons pas toujours nettement où est l'ennemi qui nous combat, et qui est notre ami [21].

La lutte pour une perspective communiste

Malheureusement, il n'y a aucune explication claire et communiste à Cuba aujourd'hui dont nous pouvons citer des passages. Certains des discours de Fidel Castro présentent des éléments d'une telle perspective ouvrière, qui vont dans le sens des deux citations contenues ce matin dans mon rapport. Mais les explications sont partielles et

---

21. V. I. Lénine, *Oeuvres*, vol. 33, p. 285-286, 287 et 292-293.

rarement présentées par d'autres dans la direction centrale du parti. Lisez *Granma International* à toutes les semaines et imaginez-vous à quel point vous seriez confus et démoralisés si c'était là votre seule source d'information sur ce qui arrive à Cuba, sans parler du reste du monde. *Trabajadores* et *Juventud Rebelde* sont politiquement plus forts. Et le quotidien *Granma* distribué à Cuba est meileur que son édition hebdomadaire internationale. Mais *Granma International* n'est pas une aberration.

C'est là une autre raison qui explique l'importance de ce que nous écrivons et publions et du travail politique que nous accomplissons. Nous expliquons la politique à nos amis et à nos camarades à Cuba de la même façon que nous le faisons ici à notre congrès et de la même manière que dans les usines ou les écoles. Nous plaçons toujours ce qui se passe à Cuba dans le cadre de la lutte de classe internationale — en commençant par expliquer la crise profonde du capitalisme, les conflits croissants entre les puissances impérialistes, la polarisation et les pressions explosives qui s'accumulent. De manière concrète, nous expliquons ce qui arrive aux États-Unis, ce qui arrive en Afrique du Sud, ce qui arrive en Europe de l'Est et en Chine, ce qui arrive aux travailleurs comme nous dans les Amériques. Nous mettons de l'avant une perspective politique mondiale, une perspective communiste, une perspective que les travailleurs et les jeunes révolutionnaires à Cuba sont avides d'entendre et de discuter.

Mais malgré la confusion et l'absence d'une perspective politique claire et à long terme, ce qui frappe, c'est la force de la classe ouvrière à Cuba dans sa réponse aux défis qui la confrontent. « Nous savons que le capitalisme n'a pas d'avenir. Il représente le passé, même si c'est un passé que je n'ai pas connu personnellement. Il doit bien y avoir moyen de se sortir du trou et d'avancer. » C'est là la réponse donnée par la majorité des travailleurs à Cuba. Ils pensent que les relations sociales qu'ils ont commencées à établir sont supérieures à celles qui prévalent dans la jungle capitaliste. Ils voient le gouvernement révolutionnaire comme *le leur,* un pouvoir d'État qui lutte avec eux, pas contre eux, et qui en dernière instance leur est redevable.

La majorité des gens à Cuba aujourd'hui n'ont jamais vécu sous le capitalisme. Ce sont leurs grands-parents et parfois leurs parents, une minorité, qui leur racontent ce qu'était le capitalisme. En même temps, plusieurs parmi les générations plus jeunes ont une certaine connaissance du monde capitaliste. Des centaines de milliers d'entre eux sont allés en Angola en tant que volontaires internationalistes ou au Nicaragua, à Grenade, en Éthiopie ou ailleurs. Ils ont vu le capitalisme à l'oeuvre. Leurs connaissances ne viennent pas seulement des livres, pas seulement des histoires de leurs parents et de leurs grands-parents.

C'est pour cette raison que beaucoup de jeunes Cubains vont vous dire avec conviction : « Nous savons ce qu'est le capitalisme. Nous savons que notre passé demeure le présent de la plupart du monde et nous ne voulons pas que ce présent soit l'avenir. »

Mais pour empêcher cette volonté de lutte de se dissiper, les travailleurs et les jeunes révolutionnaires à Cuba ont besoin des mêmes outils politiques que vous, des mêmes outils dont tous les travailleurs communistes du monde ont besoin. Seriez-vous aussi confiants si vous n'aviez pas en main l'arsenal politique dont vous disposez aujourd'hui ? Sans votre continuité politique communiste ? Sans pouvoir utiliser les leçons accumulées au cours de 150 années de lutte de notre classe ?

Seule cette perspective historique et scientifique nous permet de dire avec confiance où va la lutte des classes, comme Marx et Engels l'ont fait. Il ne s'agit pas de prophétiser où et quand la prochaine explosion révolutionnaire va se produire et si elle sera victorieuse. Personne ne peut prédire cela. Mais nous savons que les contradictions économiques, politiques et sociales inhérentes aux relations sociales capitalistes vont se multiplier. Nous savons que la lutte de classe entre les classes exploiteuses d'un côté et les travailleurs et leurs alliés de l'autre va continuer d'exploser. Et nous savons que notre classe a la capacité et la volonté de forger une direction prolétarienne capable d'organiser les travailleurs pour faire une révolution et la gagner.

Nous savons que l'occasion va se présenter à notre classe de sortir la société humaine de cet abîme. Nous savons que cette perspective n'est pas une notion utopique tirée du chapeau d'un rêveur idéaliste au dix-neuvième siècle. C'est une perspective internationale scientifique qui permet de comprendre les lois de la lutte de classe et de l'histoire. Sans cette continuité communiste ininterrompue qui remonte droit aux origines mêmes du mouvement ouvrier moderne, nous voguerions autant à la dérive que ceux qui considèrent faire partie de la « gauche » dans le monde. C'est avec cette perspective historique claire que les communistes à Cuba essaient aussi de renouer.

Les UBPC et les impôts

En l'absence d'explications claires, d'explications de classe venant de la direction, il règne beaucoup de confusion à Cuba quant à plusieurs des mesures adoptées par le gouvernement pour faire face à la crise économique.

Prenons l'exemple des coopératives agricoles, les UBPC. Sont-elles une retraite nécessaire, dont l'objectif est de mieux préparer les travailleurs des campagnes et des villes à atteindre l'autosuffisance alimentaire, à augmenter leur contrôle sur la production et à réduire la taille et le poids de la couche administrative distincte ? Ou ces coopératives représentent-elles un premier pas vers la restauration des relations sociales capitalistes sur la terre ? Peu de gens sont prêts à discuter ce qui est impliqué ici faute d'explication officielle.

Pratiquement tout ce qui est dit sur les UBPC, c'est qu'elles ont été mises sur pied pour tenter d'augmenter l'efficacité de la production de la nourriture et des récoltes d'exportation comme le sucre. La plupart des Cubains n'expriment aucune opinion sur le sujet. Ils espèrent simplement que cette mesure va fonctionner. Ils savent que le système des fermes d'État est en crise totale et que la situation est désespérée. Pourquoi la crise est-elle si profonde et quelles leçons peut-on en tirer ? Ce sont des questions rarement discutées.

Dans les deux provinces autour de La Havane, près de 50 pour cent de toutes les cultures maraîchères et vivrières pour nourrir environ trois millions de personnes sont maintenant effectuées par des unités spéciales des Forces armées révolutionnaires, appelées l'Armée juvénile du travail, l'EJT. Les membres de l'EJT font leur service militaire. Mais comme l'a expliqué un article récent de *Granma*, « les soldats et les officiers laissent leur statut militaire à l'entrée des fermes. » Ces unités « travaillent aux côtés de civils et contribuent la plus grande part de la force de travail. » Ces fermes dirigées par l'armée ne sont qu'au nombre d'une centaine, soit moins de 4 pour cent des terres cultivées à Cuba. Mais celles de la région de La Havane — qui constitue potentiellement la plus grande région agricole du pays — sont pour l'instant devenues vitales pour nourrir la population de la ville.

Personne à Cuba ne conteste le fait qu'il fallait faire quelque chose pour revitaliser la production alimentaire et restaurer celle du sucre. Mais pourquoi ne donne-t-on aucune perspective politique à propos des UBPC ? Je pense qu'une partie de la réponse vient du fait qu'il n'y a pas de consensus sur le sujet.

Plusieurs membres de la direction du Parti communiste à Cuba approchent la décision de former les UBPC de la même façon que nous l'avons discutée ici : comme une retraite nécessaire. Ils maintiennent les positions des premières années de la révolution que j'ai citées dans mon rapport. Ils sont déterminés à défendre la nationalisation de la terre et à organiser la production dans les UBPC sur la base du travail coopératif entre les travailleurs ruraux, plutôt que sur celle de la concurrence au sein d'une couche de propriétaires en formation. Ils sont convaincus que cette manière d'organiser le travail jettera les bases pour de nouveaux progrès de la révolution lorsque les conditions le permettront.

Mais il y en a d'autres, y compris dans la direction du Parti communiste de Cuba, qui ont un point de vue complètement différent. Ils ne voient d'aucune manière l'établissement des nouvelles fermes coopératives comme une retraite. Ils voient les UBPC comme la première de plusieurs étapes menant le plus rapidement possible à la privatisation de la terre et à l'expansion des relations de production capitalistes dans l'agriculture. Pour eux, il s'agit d'un pas en avant qui s'est trop fait attendre, pas d'une retraite.

Mais ces approches conflictuelles ne sont ni expliquées ni débattues ouvertement, ce qui provoque inévitablement confusion et démoralisation. Les nouvelles mesures vont-elles s'avérer être un premier pas vers le rétablissement des relations de propriété capitaliste sur la terre ?

Ou vont-elles ouvrir un espace à utiliser pour renforcer la classe ouvrière ? Il n'y a ni bonne ni mauvaise réponse dans l'abstrait : c'est la lutte qui va trancher. L'issue dépendra de plusieurs facteurs : comment les coopératives sont dirigées ; si la classe ouvrière impose son empreinte sur l'organisation et la gestion du travail et de la production ; si les travailleurs eux-mêmes assument de plus en plus de tâches administratives, réduisant ainsi la taille et le poids d'une caste administrative distincte — ce que plusieurs des contingents de travail volontaire avaient commencé à faire au sommet du processus de rectification.

IL EST IMPORTANT de comprendre que les anciennes fermes d'État ne constituent pas un cas spécial. Des questions semblables se posent ailleurs et la même lutte va émerger à la surface de plus en plus dans chaque usine à Cuba. La production s'est aussi effondrée dans plusieurs d'entre elles. Devant la résistance de couches administratives gonflées, des travailleurs tentent d'exercer un plus grand contrôle sur la production et la gestion, et de combattre les vols qui se multiplient et la revente sur le marché noir des outils et des produits de leur travail. Nous l'avons vu et entendu clairement dans les *parlamentos obreros,* où les travailleurs ont dit aux administrateurs : « Rentrez dans le rang ou fichez le camp. Si vous ne pouvez pas faire votre travail, disparaissez parce que nous pouvons le faire. »

La classe ouvrière est-elle assez forte, assez confiante pour prendre de plus en plus la direction ? Nous ne le savons pas. La lutte de classe n'offre aucune garantie. Tout ce que nous pouvons offrir, c'est la certitude de la lutte et la chance d'en faire partie.

La question des impôts est, elle aussi, une question de classe. Les différences salariales à Cuba aujourd'hui varient d'un peu plus de 100 pesos par mois pour les plus bas salariés à environ 450 pesos par mois pour les mieux rémunérés, comme les médecins et les ingénieurs. À quelques exceptions près, cet écart s'est à peu près maintenu depuis le début des années 70. Aucun autre pays dans le monde n'a jamais autant réduit les inégalités salariales.

Mais avec la différenciation de classe qui s'accélère sous les pressions actuelles à Cuba, les écarts de *revenus*, par opposition aux écarts de salaires, grandissent aussi. C'est pourquoi les travailleurs sont plus que prêts à considérer la possibilité d'introduire une sorte d'impôt sur le revenu. Comme nous l'avons discuté dans le rapport, l'inflation et l'effondrement du système de rationnement imposent déjà une des taxes les plus régressives que l'on puisse imaginer, particulièrement pour les bas salariés. La classe ouvrière voit son pouvoir d'achat grugé d'une semaine à l'autre. Mais la situation est différente pour les couches croissantes qui ont accès au dollar, qui traficotent des marchandises volées sur le marché noir, qui travaillent à leur propre compte, qui ont un revenu supplémentaire ou qui ont un accès privilégié à certains produits. Dans ces conditions, un gouvernement qui défend les intérêts des travailleurs doit instituer un impôt sur le revenu. Et l'Assemblée nationale a adopté les grandes lignes d'une telle politique en mai dernier.

Mais la discussion se poursuit toujours. Comment exactement un tel impôt sera-t-il appliqué ? Qui va payer et combien ? Comme le rapport l'a expliqué, la classe ouvrière a gagné la première manche de la bataille. Dans une usine après l'autre, dans un lieu de travail après l'autre, les travailleurs ont rendu clair qu'ils ne voulaient aucun impôt sur leurs salaires et l'Assemblée nationale leur a donné raison.

Un bureaucrate ou un technocrate peut toujours essayer d'expliquer qu'une politique fiscale n'a aucun « préjugé de classe ». Les travailleurs paient peut-être une portion disproportionnée de leur revenu en impôt, se font-ils dire, mais ils reçoivent en revanche une portion disproportionnée des services et subventions du gouvernement. Mais peu de travailleurs se laissent prendre à cette démagogie. Qui paie les impôts ? À quoi servent-ils ? Les travailleurs savent que ces questions sont politiques, que ce sont des questions de classe à 100 pour cent. Tout ceci pose les conflits de classes de façon nette et précise.

À CUBA, ON ENTEND souvent dire que le gouvernement a une attitude « paternaliste », autrement dit que les travailleurs reçoivent toutes sortes de services et d'avantages sociaux qu'ils ne paient pas directement. Mais bien sûr, les travailleurs paient indirectement pour tout. C'est leur travail qui rend possibles les écoles, les hôpitaux, les usines et tout le reste, *tout le reste*. Comme l'a souligné Fidel, le livret de rationnement a été l'alternative opposée par la révolution au système bourgeois de taxation : un système prolétarien de distribution par opposition à un système capitaliste.

Un impôt progressif radical sur les revenus et qui épargnerait les travailleurs salariés se heurterait à une résistance farouche de la part des couches pro-capitalistes en expansion à Cuba. Les « conseillers » capitalistes internationaux du type FMI ou espagnol vont exiger l'imposition d'une structure fiscale et d'un mode de distribution capitalistes comme condition à tout investissement. La classe ouvrière va se battre contre toute mesure fiscale qui érode les normes prolétariennes qu'elle a conquises. Elle va exiger l'imposition d'un impôt progressif radical sur tout revenu ne provenant pas d'un salaire. Les travailleurs ont une haine de classe très profonde — et qui s'approfondit — des *macetas*, les « pots de fleurs », qui croissent au soleil à ne rien faire et s'enrichissent en traficotant ce qu'ils ont volé à la classe ouvrière.

Mais encore une fois, une politique fiscale élaborée dans l'intérêt de la majorité travailleuse exige qu'on en explique les enjeux en termes de classe clairs.

L'Assemblée nationale se réunit actuellement et discute comment concrétiser diverses propositions de politique fiscale. Nous verrons ce qui sera décidé [22].

---

22. À leur réunion d'août 1994, les membres de l'Assemblée nationale ont discuté, modifié et adopté une nouvelle loi fiscale. Malgré l'accord conclu lors de la réunion de mai, le projet de loi présenté en août contenait une clause autorisant un impôt sur tous les revenus personnels, y compris les salaires des travailleurs. Les délégués représentant le mouvement ouvrier ont dirigé l'opposition à cette clause. Après presque 12 heures de débat, un compromis proposé par le président Fidel Castro a été adopté, qui affirme : « En principe tous les revenus, ce qui comprend les salaires, sont susceptibles d'être imposés dans une proportion relative à leur grandeur. »

En même temps, avec l'appui ferme de la direction centrale, l'Assemblée a rejeté une proposition voulant imposer immédiatement les salaires. « Une fois le principe établi, a dit Fidel Castro, il n'y a aucun besoin d'établir un impôt [sur les salaires] — ni aujourd'hui, ni demain, ni espérons-le jamais. J'espère que les circonstances ne nous obligeront jamais à le faire. » [Traduit de l'anglais]

L'impôt adopté ne touche que les travailleurs autonomes. Un impôt de 5 pour cent sur le revenu des fermiers privés existe depuis quelques années déjà.

Les délégués se sont aussi entendus en principe sur une deuxième proposition portant sur les contributions des travailleurs à un fonds de sécurité sociale. L'adoption d'une loi spécifique à ce sujet a cependant été reportée. En 1962, l'impôt sur la sécurité sociale avait été éliminé. Depuis, les pensions de retraite et

Le déclin précipité de la production et le bourgeonnement du marché noir alimentaire à Cuba ont grandement intensifié les pressions vers la désintégration de l'alliance entre la classe ouvrière et les petits agriculteurs [23]. Plusieurs petits agriculteurs refusent de travailler leur terre et la laissent en jachère ou détournent leur production du réseau de distribution d'État vers le marché noir. Le phénomène est suffisamment important pour être devenu un sujet de discussion dans les médias à Cuba. Le ministère de l'agriculture a annoncé que des mesures sont à l'étude pour taxer les terres non utilisées et instituer des procédures légales pour confisquer les champs des fermiers qui détournent les récoltes.

---

les congés de maladie ont été financés par une contribution de chaque entreprise équivalant à 12 pour cent de sa masse salariale. L'État en couvre les déficits à même son budget.

Pour combler le déficit déjà considérable et croissant du fonds de la sécurité sociale, on va demander aux travailleurs d'y contribuer directement à même leurs salaires. La discussion se poursuit sur le pourcentage exact de cette levée et la façon de la percevoir.

23. En plus des travailleurs sur les fermes d'État et des membres des nouvelles UBPC, il existe deux autres groupes de producteurs à la campagne à Cuba aujourd'hui. Il y a quelque 1 200 coopératives d'agro-élevage (CPA) composées de petits agriculteurs qui ont volontairement mis leur terre en commun et la travaillent ensemble. La plupart fonctionne depuis la fin des années 70. De plus, il reste plus de 100 000 petits agriculteurs qui produisent individuellement tout en participant à des coopératives plus limitées de crédit et de services. Ces deux groupes travaillent environ 20 pour cent de la terre arable à Cuba et produisent un tiers de la production agricole. Ils produisent la majorité, et dans certains cas la vaste majorité, d'aliments de base comme l'ail, les tomates, les oignons, les patates sucrées, les carottes et quelques récoltes d'exportation comme le café, le tabac et le cacao.

Comment pourrait-il en être autrement ? Comme un délégué ici l'a souligné, si un paysan peut vendre un porc sur le marché noir pour 10, 20 ou même 100 fois le prix que lui offre l'agence de distribution de l'État, il va le faire à moins d'avoir une conscience ouvrière et une perspective communiste internationale. Oui, dans de telles conditions, l'alliance entre la classe ouvrière et la paysannerie va s'effriter rapidement.

C'EST PRÉCISÉMENT CE GENRE de rupture rapide dans la solidarité sociale qui a convaincu la direction communiste à Cuba de fermer après six ans les marchés paysans libres en 1986, au début du processus de rectification. La mauvaise administration bureaucratique du système étatique de production et de distribution alimentaires à Cuba avait ouvert la porte aux profiteurs qui ont fait grimper les prix et permis le développement d'une couche parasitaire d'intermédiaires qui ont fait des profits faramineux en escroquant les travailleurs. Les coopératives ont commencé à détourner leurs récoltes des agences d'État vers les étals de la rue. Des individus ont commencé à monter de petits commerces parallèles produisant des balais et d'autres produits de consommation difficiles à trouver. Le vol de matières premières, d'équipement et de récoltes sur les fermes d'État est devenu un problème croissant.

Mais dans les conditions économiques actuelles, nous ne devrions pas être surpris si le gouvernement cubain décide de rétablir une forme quelconque de marché agricole. Étant donné la désintégration avancée des mécanismes de distribution et du système de rationnement de l'État, il est impossible de concevoir que cette mesure ne va pas s'avérer nécessaire pour stimuler à nouveau la production à la campagne. Cette mesure va exercer des pressions corrosives sur l'alliance ouvrière et paysanne, comme l'a démontré la dernière expérience. Mais cela pourrait aider à limiter l'étendue de la rupture en cours, ralentir son développement et commencer à accroître l'approvisionnement alimentaire des villes, qui est une nécessité vitale. Il faudra que la production des aliments de base recommence à satisfaire la demande avant de pouvoir remettre sur pied un système de distribution prolétarien stable [24].

De grandes forces sociales se confrontent à Cuba aujourd'hui autour de la solution aux contradictions inhérentes à toutes ces questions : les UBPC, la question des impôts, le marché agricole et bien d'autres. Jusqu'à maintenant, ces conflits ont rarement pris une forme politique claire que tous puissent voir et juger. Mais cette situation ne peut

---

24. Le 1er octobre 1994, des marchés agricoles ont commencé à fonctionner dans toutes les provinces et villes du pays. Contrairement à ceux des années 80, ces marchés sont approvisionnés non seulement par les petits fermiers, mais aussi par les coopératives et les fermes d'État, y compris par celles qu'opèrent les forces armées. Après avoir rempli les commandes des agences de distribution d'État à des prix fixes, les fermes peuvent vendre leurs surplus à des prix non réglementés sur les nouveaux marchés. Les municipalités leur émettent un permis et les revenus des ventes sont taxés.

En décembre, un réseau analogue de marchés a été ouvert pour vendre des produits d'artisanat et d'industrie. Ces kiosques vendent au détail les articles produits par les travailleurs autonomes autorisés, les surplus d'inventaire des entreprises d'État ou des articles produits par ces dernières à partir de dérivés de leur activité productrice première. Les individus et coopératives accrédités peuvent louer leurs véhicules pour transporter des produits agricoles au marché. Les entreprises d'État peuvent aussi louer à cette fin leurs véhicules sous-utilisés.

perdurer. Nous ne devrions pas être surpris quand ces tensions vont éclater au grand jour et même dans la rue. En vérité, ce n'est qu'à mesure que la polarisation deviendra plus ouverte que les travailleurs, et les jeunes déterminés à défendre la révolution, pourront évaluer leur propre force et acquérir la confiance de diriger [25].

---

[25]. Le 5 août 1994, un groupe d'une vingtaine de Cubains a essayé de détourner un bateau dans le port de La Havane afin de quitter le pays pour la Floride. Le mois précédent, il y avait eu quatre autres détournements de bateaux, dont un la veille, au cours duquel les pirates avaient tué un jeune policier qui tentait de les stopper.

Les débardeurs et la police de La Havane ont empêché le détournement du 5 août. Plus tard dans la journée, une foule de plusieurs centaines de personnes se sont regroupées le long du Malecón, le boulevard de La Havane qui longe l'océan. Elles ont lancé des pierres et des bouteilles contre les policiers, les hôtels et d'autres cibles. Plusieurs milliers de travailleurs et de jeunes partisans de la révolution ont envahi les rues pour répondre à cette provocation, ce qui dans les faits a mis un terme à l'émeute. Deux jours plus tard, le 7 août, un demi-million de Cubains ont rendu un dernier hommage au policier tué et manifesté leur appui à la révolution dans les rues de La Havane.

Lors d'entrevues avec des correspondants du journal *The Militant*, de jeunes Cubains qui s'étaient mobilisés contre l'émeute antigouvernementale du 5 août ont déclaré avec fierté : « Ça a été notre Moncada, » une référence à l'attaque de 1953 contre la caserne militaire de la Moncada à Santiago de Cuba. Cette attaque a marqué le début de la lutte révolutionnaire qui a conduit au renversement de la dictature détestée de Fulgencio Batista le 1er janvier 1959. Ces jeunes ont dit que ça avait été leur première occasion de défendre la révolution dans la rue.

À la suite de ces événements, le gouvernement cubain a mis fin aux patrouilles côtières visant à empêcher les Cubains de quitter le pays en radeau pour la Floride. Durant les semaines qui ont suivi, des milliers de Cubains ont pris la mer. Cet exode de masse n'a pas seulement été provoqué par les conditions économiques

Les dirigeants impérialistes détestent la révolution cubaine

Les dirigeants U.S. voient aussi les pressions et la polarisation s'accroître et se développer. C'est pour cette raison qu'ils ne sont pas à la veille de reculer pour donner aux travailleurs et aux agriculteurs cubains un peu d'espace

---

très difficiles qui prévalent à Cuba, mais aussi par la politique du gouvernement des États-Unis. Washington a refusé de respecter un accord conclu en 1984 où il s'était engagé à accorder 20 000 visas par année pour permettre à des Cubains d'émigrer légalement aux États-Unis. Pendant ce temps, il a accueilli à bras ouverts les Cubains qui réussissaient à traverser le détroit de Floride, leur accordant immédiatement l'asile — y compris à ceux qui s'étaient rendu coupables de meurtre, de détournement ou d'autres crimes au cours de leur fuite.

Alors que l'exode se poursuivait au cours du mois d'août, Washington a accru ses gestes d'agression contre Cuba. Il a renversé la politique qu'il avait suivie depuis longtemps d'accorder la résidence à tout Cubain atteignant les côtes U.S. Des navires de la garde côtière et de la marine de guerre ont été dépêchés aux larges de l'île pour intercepter tout Cubain s'aventurant en mer. Ils en ont ainsi saisi plus de 30 000, qu'ils ont transférés dans de véritables camps de concentration érigés dans la base navale U.S. de Guantánamo, située en territoire cubain occupé. Les Cubains interceptés ont rejoint plus de 14 000 Haïtiens déjà internés dans ces camps. Washington a resserré l'embargo économique contre Cuba, déjà vieux de presque 35 ans. De nouveaux règlements ont interdit aux Cubains vivant aux États-Unis d'envoyer de l'argent à leurs parents et amis à Cuba et ont resserré davantage les restrictions limitant le droit des parents, des journalistes et des membres des milieux académiques de se rendre à Cuba.

Le nombre croissant de Cubains détenus à Guantánamo a posé de plus en plus de difficultés politiques à Washington. En septembre, des représentants U.S. ont signé un accord avec le gouvernement cubain pour accepter un minimum de 20 000 Cubains par année aux États-Unis.

pour respirer. Du point de vue de leurs intérêts de classe, ce n'est vraiment pas le moment d'atténuer l'embargo économique, l'interdiction de voyager ou les menaces d'agression. Bien au contraire. Ils vont continuer de faire monter la pression, dans l'espoir de renforcer à Cuba le poids de ceux qui sont les plus prêts à s'accommoder avec l'impérialisme. Les dirigeants U.S. ne vont faire des changements tactiques dans leur politique que s'ils font des progrès dans cette direction — ou s'avèrent incapables de le faire à cause d'une nouvelle montée dans la lutte révolutionnaire.

Je suis contente qu'un des délégués fraternels du Canada ait souligné que ce ne sont pas seulement les dirigeants capitalistes U.S. qui sont déterminés à affaiblir et finalement à détruire la révolution socialiste à Cuba. Tout comme ses pareilles en Grande-Bretagne, en Espagne et ailleurs, la bourgeoisie impérialiste au Canada ne ressent pas un plus grand amour pour la révolution cubaine que celle qui règne à Washington et sur Wall Street. Les classes dominantes capitalistes sont prêtes à faire tout ce qui est nécessaire et possible pour empêcher la classe ouvrière d'exercer le pouvoir d'État et d'exproprier la propriété capitaliste *où que ce soit* dans le monde. Et elles travaillent d'arrache-pied pour nous repousser là où nous avons réussi à le faire.

Mais aucune autre classe capitaliste n'a la même puissance militaire stratégique que l'impérialisme U.S. et donc les mêmes enjeux et les mêmes responsabilités à agir comme gendarme dans le monde capitaliste. Aucune autre classe dirigeante impérialiste n'a eu, même de loin, autant de propriétés expropriées par la classe ouvrière cubaine au cours de la révolution. Comme ces bonnes gens de la compagnie sucrière Vertientes-Camagüey, les impérialistes U.S. n'oublient jamais. Cuba « leur » appartenait, à seulement 150 kilomètres de Key West par traversier.

Le résultat, c'est que les bourgeoisies de certains pays impérialistes ont quelque peu le champ libre en matière d'échanges commerciaux et d'investissements à Cuba maintenant (les montants impliqués ici ne représentent toutefois qu'un infime pourcentage de l'ensemble de leurs échanges commerciaux). Les entreprises du Canada et de l'Espagne, de même que du Mexique et d'autres pays capitalistes semi-coloniaux, sont contentes de disposer d'une petite marge de manoeuvre contre leurs concurrents U.S. quand elles le peuvent. Elles n'ont rien à perdre.

Quant aux dirigeants U.S., ils ne sont pas vraiment préoccupés par la concurrence à Cuba. Ils sont persuadés que s'ils arrivent un jour à mettre à genoux les travailleurs et paysans cubains, ils n'auront aucun problème à rapidement dominer la situation et à balayer leurs rivaux du Canada, de la Grande-Bretagne, de l'Espagne, du Mexique et d'ailleurs. D'ici là, le prix à payer pour la perte de quelques marchés pour leurs marchandises et leurs capitaux est minime. Ils ont de plus grandes ambitions.

Le problème, ainsi que l'ont expliqué plusieurs délégués à partir de leurs propres expériences, c'est qu'il y a des gens à Cuba qui croient vraiment que les classes impérialistes ont un véritable intérêt à ce que Washington lève son embargo. C'est ce qu'ils expliquent aux groupes des États-Unis ou d'ailleurs qui visitent Cuba. En particulier depuis la fin de la guerre froide, disent-ils, la politique de Washington envers Cuba est dépassée : si les dirigeants U.S. agissaient rationnellement, ils l'abandonneraient immédiatement. Cette perspective remplie d'espoir reçoit un large écho dans les groupes de solidarité avec Cuba aux États-Unis et ailleurs.

Il y a un problème avec cette approche, que Fidel et Che expliquent dans le livre *To Speak the Truth* : la politique U.S. envers Cuba n'a *jamais* été enracinée dans l'impasse de la guerre froide avec Moscou. La révolution cubaine n'a jamais constitué une menace pour la « sécurité nationale » des dirigeants U.S. Le problème n'a jamais été Moscou. Il a toujours résidé dans l'exemple vivant donné par le peuple travailleur de Cuba et son gouvernement révolutionnaire, dans leur audace sans borne. Et c'est précisément ce qui n'a pas changé. Comme nous l'avons discuté dans le rapport, les dirigeants U.S. *lèveraient* l'embargo la semaine prochaine si le gouvernement cubain s'engageait dans un cours anti-ouvrier comme Hanoi et Beijing ou s'ils pensaient que la levée de l'embargo aiderait à faire définitivement pencher la balance de ce côté. Mais la tâche des partisans de la révolution socialiste à Cuba qui ont une conscience de classe n'est pas d'essayer de deviner comment les impérialistes pourraient le mieux atteindre leurs objectifs.

Nous sommes convaincus que plus la révolution cubaine est forte, plus la lutte des classes fait des progrès aux États-Unis et ailleurs dans le monde, plus il y aura de pressions sur une classe dirigeante U.S. affaiblie pour qu'elle lève son embargo et se réfrène de poser d'autres gestes hostiles contre Cuba. C'est dans les années 80 que nous nous sommes rapprochés le plus près de cet objectif depuis le triomphe de la révolution, quand la révolution était encore en marche dans les Antilles et en Amérique centrale et que les efforts initiaux de Washington pour intimider la direction cubaine et renverser le gouvernement des travailleurs et des paysans au Nicaragua avaient échoué.

Bien sûr, il y a des individus à Cuba qui *identifient* leurs intérêts à ceux des impérialistes. À des degrés de conscience variés — certains sont très conscients — ils partagent la conviction qu'il faut restaurer le capitalisme à Cuba. Dans la même veine, certains dans la direction des groupes de solidarité avec Cuba aux États-Unis et ailleurs pensent que Washington (ou Ottawa ou Londres), c'est « notre » gouvernement et ils cherchent à exercer des pressions sur lui pour corriger des politiques « erronées » qui nuisent à « notre » intérêt national. Ils sont vraiment sincères quand ils affirment que la politique suivie envers Cuba par chacune des différentes administrations U.S. depuis 1959 est allée à l'encontre des intérêts de « notre pays ». Mais pour la classe ouvrière, Washington n'est pas « notre » gouvernement.

Ce qui désoriente les travailleurs à Cuba et dans le reste du monde, ce ne sont pas les faux arguments mis de l'avant par différentes couches libérales et petites-bourgeoises aux États-Unis ou ailleurs. La désorientation politique se développe quand les mêmes arguments sur les politiques gouvernementales « dépassées » ou les « chances ratées d'investissements » par les capitalistes sont utilisés par des dirigeants du gouvernement et du Parti communiste à Cuba — des dirigeants qui ont à maintes reprises par le passé très bien expliqué pourquoi Washington, Ottawa, Londres et Madrid craignent le peuple travailleur de Cuba. À vouloir utiliser un argument diplomatique « rusé », on finit par devenir trop malin. On sous-estime les instincts de classe des diplomates et des politiciens capitalistes. Mais encore plus important, on désarme politiquement les travailleurs et les jeunes révolutionnaires à Cuba et ailleurs qui commencent réellement à se demander pourquoi la guerre économique contre Cuba se poursuit.

Nous ne devrions pas être surpris que parmi les forces de solidarité aux États-Unis il y ait tout un éventail de points de vue sur ce qui arrive à Cuba, et beaucoup de confusion. Nous ne devrions pas être surpris de voir que l'approche de classe que nous présentons dans ces comités et dans les actions unitaires est minoritaire. Quelques-uns de ceux avec qui nous travaillons pour construire diverses activités sont véritablement surpris de nous voir défendre la révolution socialiste à Cuba. Ils expliquent ouvertement qu'ils s'opposent à la politique du gouvernement des États-Unis parce que, d'après eux, celle-ci constitue un obstacle au désir du peuple cubain d'en finir avec le socialisme.

Rien de tout cela ne devrait surprendre les cadres d'un parti de travailleurs communistes. Nous ne devrions ni nous abstenir de participer à des activités unitaires qui font avancer la défense de la révolution cubaine, ni nous adapter politiquement à qui que ce soit en le faisant. L'état de santé et de bien-être politiques des forces de solidarité aux États-Unis ou dans n'importe quel autre pays ne sera jamais meilleur que celui de la direction politique du mouvement ouvrier plus large dont elles font partie. Quand la lutte des classes va commencer à s'accélérer, nous verrons alors un nouveau rapport de force entre les classes commencer à s'établir sur plusieurs terrains politiques connexes. Nous le saurons quand ce phénomène va commencer à se produire. Nous ne devrions pas nous en faire : on ne va pas le manquer.

Entre-temps, nous allons travailler avec tout le monde avec qui nous pouvons le faire à construire des actions de protestation concrètes, des conférences et d'autres activités en défense de la révolution cubaine.

La solidarité ouvrière
Étant donné la situation politique et le rapport de force entre les classes aujourd'hui, notre principal défi, c'est

d'être clairs et conséquents dans nos perspectives et propositions d'action et de lutter efficacement pour elles. Si nous sommes capables de faire cela, nous pourrons alors jouer un rôle important dans un large ensemble d'activités unitaires et gagner de nouvelles forces à une compréhension politique prolétarienne. Pour toutes les raisons déjà discutées aujourd'hui et que nous continuerons à débattre sous les autres points à l'ordre du jour du congrès, les plus ouverts à notre perspective vont venir d'abord et avant tout de la classe ouvrière et de couches de jeunes révolutionnaires.

À mesure que les travailleurs vont entrer en lutte et que vont s'approfondir leurs conflits avec le patronat et ses représentants politiques à Washington, les combattants les plus conscients politiquement vont de plus en plus s'identifier aux travailleurs en lutte dans les autres pays. Ils vont comprendre pourquoi il faut épauler la classe ouvrière à Cuba, qui lutte dans les mêmes tranchées contre un ennemi de classe commun : la classe exploiteuse la plus puissante et la plus sanguinaire de toute l'histoire de l'humanité.

Le peuple travailleur à Cuba lutte pour défendre quelque chose qui est dans l'intérêt des travailleurs du monde et de l'humanité tout entière. Les travailleurs révolutionnaires du reste du monde luttent pour le même objectif.

C'est pourquoi le mot d'ordre « Le socialisme ou la mort ! » que les communistes à Cuba ont ajouté à leurs bannières, en réponse aux conditions de crise des dernières années, n'est pas simplement un slogan, une idée romantique ou un pacte de suicide comme le disent en blague les adversaires réactionnaires de la révolution. C'est *la* seule perspective possible pour la révolution cubaine. Il n'y a aucun avenir pour la classe ouvrière à Cuba sans lutter pour un cours socialiste, le cours internationaliste prolétarien qu'elle a inauguré dans les Amériques il y a 35 ans et qu'elle a maintenu contre vents et marées.

Ou nous allons triompher dans cette lutte — *nous tous*, les travailleurs à Cuba et tous ceux qui dans le monde comprennent l'importance de défendre la révolution cubaine — ou notre classe va subir une défaite internationale terrible.

Mais la question de la victoire ou de la défaite n'est décidée d'aucune façon. Tout dépend de ce qui va se passer dans la lutte de classe internationale au cours des prochaines années et de ce que font les communistes à Cuba, aux États-Unis et ailleurs pour nous préparer à donner une direction efficace à notre classe lorsque vont éclater et se livrer les grandes batailles. Voilà la perspective : lutter dans cette voie, en comprenant que nos efforts pour construire un mouvement communiste ici même aux États-Unis est une composante essentielle de la bataille politique qui se déroule à Cuba.

Ce n'est pas une époque pour les pleutres, comme nos camarades à Cuba appellent ceux qui craquent sous la pression et la corruption du monde capitaliste. Il n'y aura pas de solution miracle. Les tensions ne vont pas disparaître. Elles vont continuer de s'intensifier en même temps que s'approfondit la crise mondiale de l'ordre capitaliste en désintégration. Voilà ce qui nous attend.

Mais si vous êtes un combattant, un communiste, cette perspective n'a rien d'effrayant. C'est un avenir que nous anticipons avec enthousiasme, un avenir de lutte. Parce que nous savons que dans ces batailles à venir, la majorité travailleuse de l'humanité aura l'occasion d'imiter les travailleurs et les agriculteurs de Cuba en renversant la domination politique des propriétaires fonciers et des capitalistes, en expropriant la terre et les usines qu'ils monopolisent à l'avantage d'une poignée et en ouvrant la voie à un monde socialiste qui va mettre un terme une fois pour toutes à l'exploitation et à l'oppression de classe.

LA RÉVOLUTION CUBAINE ET LA POLITIQUE MONDIALE

Cuba et la révolution américaine à venir
JACK BARNES

Un livre sur les luttes des travailleurs au centre de l'impérialisme, sur les jeunes que ces luttes attirent et sur le peuple cubain, qui a montré que la révolution est non seulement nécessaire, mais qu'elle est possible. Ce livre porte sur la lutte de classe aux États-Unis, où les puissances au pouvoir méprisent les capacités révolutionnaires des travailleurs et des agriculteurs aujourd'hui comme elles ont méprisé celles des travailleurs et paysans cubains. Et tout autant à tort. 10 $ US. Aussi en anglais, espagnol et farsi.

La Colombie : Fidel Castro sur le débat autour de la stratégie révolutionnaire et des leçons de la révolution cubaine
TIRÉ DES PAGES DU MILITANT

Des extraits du livre La paix en Colombie de Fidel Castro et des articles du Militant. Fidel Castro décrit dans son prologue, sa postface et d'autres déclarations les efforts de la direction cubaine pour mettre fin à des décennies de guerre entre le mouvement de guérilla FARC et le régime brutal de la Colombie. Il explique que les révolutionnaires cubains, contrairement aux dirigeants du FARC, ont refusé de prendre des otages et ont organisé les travailleurs et agriculteurs à conquérir le pouvoir d'État et non à poursuivre une « guerre prolongée du peuple ». 5 $ US. En anglais et en espagnol.

Octobre 1962
La crise des « missiles » vue de Cuba
TOMÁS DIEZ ACOSTA

17 $ US. En anglais.

Les Première et Deuxième Déclarations de La Havane

Manifestes de la lutte révolutionnaire dans les Amériques adoptés par le peuple de Cuba

Deux documents adoptés par des assemblées de millions de Cubains en 1960 et 1962. Ces mises en accusation sans compromis du pillage impérialiste et de « l'exploitation de l'homme par l'homme » continuent de servir de manifestes de la lutte révolutionnaire des travailleurs dans le monde entier. 10 $ US. Aussi en anglais, espagnol, farsi, arabe et grec.

Notre histoire s'écrit toujours

L'histoire de trois généraux cubains d'origine chinoise dans la révolution cubaine

ARMANDO CHOY, GUSTAVO CHUI
MOISÉS SÍO WONG, MARY-ALICE WATERS

« Quelle a été la principale mesure pour combattre la discrimination contre les Chinois et les Noirs à Cuba ? Ça a été la révolution socialiste elle-même. » À travers l'expérience des auteurs, nous voyons comment des millions d'hommes et de femmes ordinaires à Cuba ont changé le cours de l'histoire et se sont transformés en le faisant. 15 $ US. Aussi en anglais, espagnol, farsi, grec et chinois.

Cuba et Angola : La guerre pour la liberté

HARRY VILLEGAS (« POMBO »)

L'histoire de la contribution exceptionnelle de Cuba à la lutte pour libérer l'Afrique du fléau de l'apartheid. Et comment, en le faisant, la révolution socialiste s'est renforcée à Cuba. 10 $ US. En anglais, espagnol, farsi et grec.

WWW.PATHFINDERPRESS.COM

Le socialisme et l'homme à Cuba
ERNESTO CHE GUEVARA
FIDEL CASTRO

« L'homme atteint réellement sa pleine condition humaine lorsqu'il produit sans être contraint par la nécessité physique de se vendre comme marchandise », a écrit Che Guevara en 1965. 5 $ US. Aussi en anglais, espagnol, farsi et grec.

Che Guevara : l'économie et la politique dans la transition au socialisme
CARLOS TABLADA

Puisant abondamment dans les écrits et les discours de Che Guevara sur la construction du socialisme, ce livre examine les relations entre le marché, la planification économique, les stimulants matériels et le travail volontaire. Il explique pourquoi le profit et les autres catégories capitalistes ne peuvent servir à mesurer les progrès accomplis dans la transition au socialisme. 17 $ US. Aussi en anglais, espagnol et grec.

Zone rouge
L'expérience cubaine contre l'Ébola
ENRIQUE UBIETA GÓMEZ

Pour combattre l'Ébola en 2014-2015, Cuba a envoyé plus de 250 travailleurs de la santé, dont des médecins et infirmiers. Tous volontaires, c'étaient des êtres humains comme seule une révolution socialiste peut en produire. 17 $ US. Aussi en anglais et en espagnol.

The Militant

Un journal socialiste publié dans les intérêts du peuple travailleur

- Il couvre les luttes ouvrières pour l'emploi, la sécurité au travail et pour syndiquer les non-syndiqués à travers le monde.

- Il publie des reportages sur les luttes contre la brutalité policière et les coups montés, contre les attaques qui visent le droit des femmes de choisir l'avortement, et en appui à l'amnistie pour les travailleurs nés à l'étranger.

- Il explique les racines de la crise mondiale du système capitaliste et des interventions et guerres impérialistes sans fin au Moyen-Orient et ailleurs dans le monde.

- Il défend la révolution socialiste à Cuba et soutient la lutte pour mettre fin à l'embargo économique de Washington contre Cuba et à l'occupation US de Guantánamo. Il défend la lutte contre la domination coloniale de Porto Rico par les États-Unis.

- Il publie chaque semaine des comptes rendus de la campagne menée par les membres du Parti socialiste des travailleurs aux portes des travailleurs pour expliquer comment la classe ouvrière peut arracher le pouvoir politique des mains de la classe dirigeante capitaliste.

The Militant • 306 W. 37th St., 13th Floor • New York, NY 10018

Abonnez-vous aujourd'hui !

Nouveaux lecteurs : 5 $ US pour 12 semaines

6 mois : 20 $ 1 an 35 $ 2 ans 65 $

WWW.THEMILITANT.COM

CE QUE LE KRACH DE 1987 A ANNONCÉ

I.
LE KRACH DU 19 OCTOBRE 1987 ET CE QU'IL ANNONCE

Le krach du 19 octobre 1987 à la bourse de New York a constitué la plus grande chute du prix des valeurs mobilières du vingtième siècle, une chute plus importante et plus rapide que celle du krach de 1929 qui a annoncé l'arrivée de la grande dépression. Entre l'ouverture et la fermeture de Wall Street le 19 octobre, le prix des actions a baissé en moyenne de 23 pour cent, soit une perte d'environ 500 milliards de dollars. Le marché des actions à terme de Chicago a chuté encore plus, s'écroulant de 36 pour cent en 10 heures d'activité réparties sur 2 jours. Le krach a été le point culminant d'un glissement boursier amorcé à la fin d'août : le prix

---

La résolution qui suit a été discutée et adoptée par le congrès d'août 1988 du Parti socialiste des travailleurs (SWP) aux États-Unis. Les délégués ont confié à une commission le soin d'effectuer la rédaction finale de ce texte et du rapport présenté par le secrétaire national du SWP, Jack Barnes, à la lumière de la discussion au congrès. La résolution est publiée telle quelle ici, sans chercher à rendre compte des développements qui se sont produits depuis 1988. Nouvelle Internationale y a ajouté des notes pour en faciliter la lecture. Il s'agit de renvois à des documents complémentaires ou, dans certains cas, d'informations sur des développements plus récents.

des actions est tombé de plus du tiers au cours de cette période. À ça s'est ajouté l'effondrement du marché des obligations, alors que le prix des obligations du gouvernement des États-Unis a chuté de 26 pour cent entre la fin du mois de mars et le 19 octobre.

Contrairement au krach de 1929, le plongeon de Wall Street ne s'est pas arrêté à la frontière des États-Unis. Au cours des 24 heures suivantes, il a frappé toutes les bourses du monde avec la rapidité explosive des ordinateurs. Des centaines de milliards de dollars supplémentaires en valeurs de papier ont été détruits. Ce phénomène illustre l'interdépendance croissante, en particulier depuis la deuxième guerre mondiale, des relations capitalistes d'argent, de crédit, de production et de commerce au sein du système impérialiste international dominé par Washington. Au lieu d'absorber le choc du krach de New York, les marchés boursiers de Londres, de Hong Kong, de Tokyo, de Toronto, de Sydney et de Mexico se sont entraînés mutuellement dans la chute.

LA BAISSE LA PLUS DÉVASTATRICE s'est produite dans les bourses des pays semi-coloniaux. La bourse de Hong Kong a carrément suspendu ses opérations pendant toute une semaine. À la bourse de Mexico, les actions ont chuté de 75 pour cent en octobre, ce qui a fait perdre au peso près du tiers de sa valeur et provoqué une fuite de capitaux de plus de deux milliards de dollars hors du Mexique au cours des deux mois suivants.

Le krach du 19 octobre a failli provoquer ce que les journalistes des pages économiques des grands journaux ont appelé, par analogie aux catastrophes nucléaires, la « fonte du réacteur » des marchés boursiers du monde capitaliste. Mais ce n'est pas tout. Parce que les transactions qui s'effectuent sur le marché des actions, des obligations, des marchandises et des contrats à terme requièrent l'infusion massive et continue de fonds empruntés, cet effondrement a aussi menacé l'ensemble du réseau bancaire capitaliste international. À mesure que la journée avançait, d'importantes firmes en valeurs mobilières ont encaissé des pertes étourdissantes. Elles se sont mises à emprunter avec frénésie pour acheter massivement des actions, dans l'espoir de freiner la chute libre de leur prix et du même coup celle de la valeur en espèces de leurs propres actifs. Mais leurs efforts ont échoué. Les grands établissements de Wall Street se sont retrouvés avec d'énormes dettes et une montagne d'actions dévaluées. Soudainement confrontées à un nombre croissant de mauvaises dettes, les grandes banques ont commencé à refuser d'accorder de nouveaux crédits. Pour éviter le désastre, le gouvernement des États-Unis est intervenu directement. Le 20 octobre, la Réserve fédérale a inondé d'argent le système bancaire, ce qui a empêché la fermeture des lignes de crédit. On est passé à deux doigts de voir le système s'effondrer complètement.

Néanmoins, beaucoup de petits actionnaires ont été lavés. Même les plus grands négociateurs ont été secoués, ce qui s'est traduit par de grandes pertes pour la plupart d'entre eux. Certains se sont retrouvés au bord de la faillite, comme les sociétés E. F. Hutton et L. F. Rothschild. Quelques firmes de Wall Street ont fait un beau coup en octobre. Mais dans l'ensemble, les pertes des courtiers en valeurs mobilières durant le dernier quart de 1987 ont été 22 fois plus élevées que le record antérieur. De 1986 à 1987, leurs profits ont chuté de 80 pour cent. Le volume quotidien moyen des transactions à la bourse de New York continue à décliner, ce qui indique

que les capitalistes n'ont toujours pas repris confiance dans la stabilité du marché boursier. Depuis octobre, des chutes brusques et imprévisibles d'une journée se produisent de façon répétée. Elles rappellent aux maîtres du capital financier qu'ils n'ont pas le pouvoir d'empêcher que ne se produise un autre krach soudain, un krach qui pourrait bien être encore plus dévastateur que le dernier.

Mais en même temps, leur quête incessante de plus grands bénéfices va inévitablement pousser les exploiteurs à réinvestir leurs capitaux dans des actions, ce qui va en faire monter en flèche le volume et le prix. Sous le capitalisme, quand il s'agit de valeurs et de prix, les lois aveugles du marché sont en dernière analyse plus puissantes que le plus puissant des États. Et dans un monde où presque tout est une marchandise, il s'agit d'une puissance considérable.

D'autre part, le quasi-effondrement du 19 octobre a encore davantage mis à nu la vulnérabilité du monde capitaliste face à l'énorme endettement gouvernemental et privé qui a grossi au niveau international depuis le début des années 70. L'endettement des pays opprimés d'Amérique latine, d'Afrique, d'Asie et du Pacifique s'est accéléré à un rythme effarant au cours des années 80 sous l'effet combiné de l'explosion des taux d'intérêt au début des années 80, des récessions qui ont frappé les États-Unis et plusieurs autres pays capitalistes en 1981-1982, et de la chute brutale du prix de la plupart des matières premières et des autres marchandises vendues par les pays du tiers monde sur le marché mondial.

La dette totale des capitalistes et des gouvernements de ces pays envers les riches familles qui possèdent les grandes banques impérialistes a atteint le chiffre presque inimaginable de 1 200 milliards de dollars à la fin de

1987, soit plus de 12 fois ce qu'elle était en 1973. Au cours des années 70, les banquiers aux États-Unis ont poussé les agriculteurs à s'endetter de plus en plus. Un peu de la même façon, parce qu'il avait beaucoup à gagner du paiement des intérêts, le capital financier a initié, encouragé et soutenu les emprunts massifs qui ont conduit à l'endettement actuel des pays du tiers monde.

L'asservissement international croissant à la dette a fait plus que ruiner socialement et économiquement des centaines de millions de paysans et de travailleurs. Elle a aussi déstabilisé l'ensemble du système bancaire impérialiste. La soi-disant crise de la dette du tiers monde est une danse macabre entre les capitalistes des pays impérialistes et ceux du monde semi-colonial. Le peuple travailleur sera la principale victime d'une catastrophe monétaire internationale, aussi bien dans les pays opprimés que dans les pays dominants.

Capital fictif et économies impérialistes

Au cours du dernier siècle, le commerce des actions, des obligations et des autres titres commerciaux — les mécanismes que Karl Marx a appelés « capital fictif [1] » — a fini par devenir inhérent au fonctionnement même du système capitaliste mondial : de l'ensemble de ses opérations bancaires et monétaires, des finances gouvernementales, du commerce intérieur et extérieur, et de la production industrielle, minière et agricole. Le capitalisme ne fonctionne pas comme s'il y avait une « économie réelle », où

---

1. Le capital fictif apparaît sous forme d'actions, d'obligations et d'autres valeurs émises par les entreprises ou le gouvernement. C'est un titre de papier permettant de réclamer du capital-argent. Voir Karl Marx, *Le Capital*, Moscou, éditions du Progrès, 1982, livre 3, p. 486 à 495, 519 et 536.

les hauts et les bas de la production déterminent aussi bien les conditions des travailleurs que des banquiers, et une « économie de papier », dont les variations de prix n'affectent que les spéculateurs et les professionnels petits-bourgeois qui jouent à la bourse. Tout comme le crédit et la circulation monétaire qui leur sont liés, les échanges d'actions et d'obligations font partie intégrante du mode de production capitaliste. Ils sont inséparables de la production et de la circulation des marchandises, y compris de la vente et de l'achat de la force de travail humaine. Une dette et des valeurs de papier ne sont pas des *choses*. Tout comme la marchandise elle-même, elles font partie de la production et de la reproduction des relations *sociales* capitalistes.

L'INSTABILITÉ CROISSANTE des marchés boursiers sur Wall Street est un symptôme de la crise profonde d'accumulation capitaliste qui infecte le corps entier du système impérialiste mondial. On ne réussira pas à empêcher un autre krach de se produire en adoptant de nouveaux règlements visant à modifier les habitudes des négociants sur les marchés des valeurs mobilières, des obligations et des options — comme l'interdiction des transactions assistées par ordinateur, la mise en place de mécanismes pour fermer les marchés si les fluctuations deviennent trop orageuses, l'adoption de règlements plus sévères sur le crédit et l'introduction d'une myriade d'autres « réformes » qui ont été beaucoup discutées dans les grands journaux au lendemain du 19 octobre. On ne pourra pas non plus mettre le système bancaire à l'abri des coups qui viennent.

L'expansion, l'internationalisation et l'accélération explosives des transactions sur les marchés des valeurs mobilières sont devenues nécessaires à la circulation du capital-argent et à son interpénétration avec la production et le commerce industriels, miniers et agricoles. Pour que la plus-value créée par le labeur des travailleurs puisse se transformer en profits, les capitalistes doivent se faire concurrence pour vendre les marchandises produites dans les champs, les mines, les fabriques et les usines. Ils doivent se faire concurrence pour maximiser les nouveaux gains faits à partir de leurs profits accumulés, ce qu'ils font en réinvestissant ce capital-argent dans la production ou en trouvant de nouvelles sources d'investissement ou de spéculation dont ils espèrent obtenir des rendements supérieurs.

La circulation du capital-argent, a souligné Karl Marx, « est la forme la plus exclusive, et par cela même la plus frappante et la plus caractéristique du cycle que décrit le capital industriel, dont le but et le principe moteur : [...] faire de l'argent et l'accumuler, sont ainsi représentés d'une façon qui saute aux yeux (acheter pour vendre plus cher). » Sous le capitalisme, « le procès de production apparaît seulement comme un intermédiaire inévitable, un mal nécessaire pour faire de l'argent. » En préparant une deuxième édition du livre 2 du *Capital* une dizaine d'années après la mort de Karl Marx en 1883, Friedrich Engels a ajouté à la lumière de nouvelles expériences : « C'est pourquoi toutes les nations adonnées au mode de production capitaliste sont prises périodiquement par l'euphorie de vouloir faire de l'argent sans l'intermédiaire du procès de production[2]. » Aujourd'hui, le système capitaliste mondial a évolué au point qu'une telle crise de vertige est devenue inévitable. Sa durée et sa volatilité restent à voir.

---

2. *Le Capital,* livre 2, p. 65 et 63.

Les marchés boursiers, obligataires et autres où se négocient des valeurs mobilières de papier n'occupaient pas cette place centrale dans le procès de production, de circulation, et de reproduction élargie et d'accumulation du capital lors de l'émergence du capitalisme industriel vers la fin du dix-huitième siècle et la plus grande partie du dix-neuvième. Lorsqu'il a mis au point le livre 3 du *Capital* en vue de sa publication en 1895, Friedrich Engels a ajouté un court texte en annexe sur l'évolution de la bourse [3]. Quand Marx a rédigé son texte près de 30 ans plus tôt, a-t-il écrit, « la bourse était encore un élément *secondaire* dans le système capitaliste. Les papiers d'État représentaient la masse principale des valeurs boursières et encore était-elle relativement petite. [...] En ce temps, la bourse était donc encore un lieu où les capitalistes se prenaient mutuellement leurs capitaux accumulés ; elle n'intéressait directement les ouvriers que comme une nouvelle preuve de l'action démoralisatrice générale de l'économie capitaliste. »

Au cours des années suivantes cependant, l'accumulation du capital « s'est faite avec une rapidité toujours croissante et de telle façon que dans aucun pays industriel, et en Angleterre moins qu'ailleurs, l'extension de la production n'a pu suivre le rythme de l'accumulation et que l'accumulation réalisée par le capitaliste isolé n'a pu être pleinement employée à l'extension de sa propre affaire. » Les marchés des actions et des obligations avaient donc pris une importance croissante comme canaux permettant aux capitalistes de réinvestir leur capital-argent là où ils pouvaient en

---

3. Voir « La bourse, » *Le Capital,* livre 3, p. 941 à 943.

tirer les profits ou les intérêts les plus grands. Cela ne s'appliquait pas seulement à une couche petite ou dégénérée de spéculateurs. Pour maintenir leurs affaires et leurs revenus, peu de capitalistes pouvaient éviter de s'impliquer dans l'achat et la vente de papier. Les changements qui s'étaient produits au cours de la période précédente, a poursuivi Engels, avaient donc eu tendance « à concentrer entre les mains des boursiers toute la production industrielle et agricole, l'ensemble des communications, aussi bien des moyens de transport que des organes d'échange, de sorte que la bourse devient la représentante la plus éminente de la production capitaliste même. »

Avec la maturation du capitalisme, ces marchés de papier étaient devenus nécessaires pour « faciliter l'investissement de la masse flottante de capital-argent. » Friedrich Engels a écrit ces mots quand ce processus n'en était qu'à ses débuts, quand les sociétés à responsabilité limitée [appelées sociétés anonymes en France] et par actions ne faisaient elles-mêmes que commencer à devenir la principale forme d'entreprise capitaliste. Mais son évaluation initiale de cette tendance sous le capitalisme a été confirmée par la prolifération, qu'elle aide à comprendre, des formes de capital fictif au cours du siècle qui a suivi. Cette tendance s'est accélérée au cours des 15 dernières années. Aux actions, aux obligations privées et gouvernementales et aux contrats à terme de marchandises sont venus s'ajouter toute une gamme de titres financiers mis en vedette à tous les jours dans les sections financières de la presse : les options d'achat et de vente, les actions à terme, les obligations dites de « pacotille » ou à risque élevé émises par des entreprises et de nouveaux titres semi-gouvernementaux dont la motivation essentiellement lucrative et le potentiel perturbateur se cachent sous des noms aussi fantaisistes que « Farmer Macs », « Ginnie Maes » et « Fanny Maes [4] ».

Déjà en 1895, Friedrich Engels a souligné le rôle croissant de la bourse pour financer l'exploitation à l'extérieur

---

4. Les « Farmer Macs » sont des titres sur des prêts agricoles émis par la Société fédérale du crédit agricole aux États-Unis. Les « Ginnie Maes » sont des titres sur des prêts hypothécaires à l'habitation émis par l'Association gouvernementale nationale de l'hypothèque. Les « Fanny Maes » sont des titres hypothécaires qui sont émis par l'Association fédérale nationale de l'hypothèque. Ces trois institutions sont privées. Les titres qu'elles émettent sont cependant subventionnés indirectement par le gouvernement fédéral. L'impression qu'elles sont en quelque sorte « garanties » par le gouvernement n'est qu'une illusion.

L'expansion des formes de capital fictif aide à expliquer pourquoi toutes les grandes entreprises capitalistes engloutissent des milliards de dollars aujourd'hui dans ce qu'on appelle des « fonds de couverture » et des « produits dérivés », en dépit des grandes pertes qu'ont subies plusieurs d'entre elles en 1994 (par exemple, Procter & Gamble a perdu 150 millions de dollars ; Sears, 237 millions ; Kodak, 220 millions ; Gibson Greetings, 20 millions). Dans ce système dominé par la concurrence entre les capitaux et dans un marché mondial caractérisé par l'existence de nombreuses devises de classes capitalistes nationales rivales, les départements financiers des plus grandes entreprises chercheront inévitablement à protéger la valeur marchande de leurs capitaux contre l'érosion et les fluctuations inattendues. Cela entraîne de nouvelles — et plus complexes — formes de titres de papier visant à couvrir des mises sur la valeur anticipée des titres, à compenser pour des dévaluations de devises et à recueillir par surcroît d'énormes profits à bon compte. Tous ces nouveaux « produits financiers » alimentent cependant aussi une spéculation inégalée dans l'histoire, ce qui crée la possibilité de changements qui peuvent non seulement entraîner des capitalistes individuels à la ruine mais aussi, dans les conditions actuelles d'instabilité croissante, provoquer l'effondrement de tout le système bancaire et monétaire mondial.

des frontières et faciliter l'expansion et l'oppression coloniales. La politique coloniale « est aujourd'hui une véritable succursale de la bourse, pour les intérêts de laquelle les puissances européennes ont partagé l'Afrique il y a quelques années. »

AUJOURD'HUI, LA RÉGLEMENTATION sur le fonctionnement même de la bourse demeure la prérogative d'institutions gouvernementales *nationales*, tout comme l'émission de la monnaie. Mais le caractère *international* du commerce des actions, des obligations, des contrats à terme et des devises est plus important que jamais auparavant dans l'histoire. Le commerce international, le commerce national, la création de dettes internationales et domestiques, et conséquemment l'embauche de travailleurs et la production de biens par ceux-ci ne sont possibles que par l'échange incessant de capital-argent libellé en dollars pour des marks, en yens pour des dollars, en dollars d'aujourd'hui pour des lires de demain, en pesos d'aujourd'hui pour des dollars de demain.

Jour et nuit, d'énormes quantités de capital-argent sont transférées par électronique du marché des obligations de Londres ou de Tokyo vers une banque d'affaires sur Wall Street, dans des actions à la bourse de New York, dans des titres gouvernementaux détenus par une grande banque de Bonn ou de Stockholm, sur le marché boursier de Zurich, dans la spéculation sur les devises à Singapour, dans un prêt aux gouvernements du Brésil ou de la Zambie, dans les intérêts d'un ancien prêt qui se retrouvent dans une banque en France ou aux États-Unis, dans des hypothèques sur des terres agricoles au Canada ou en Nouvelle-Zélande, et ainsi de suite. Ce qui arrive sur le marché des contrats à terme comme celui de la Chambre de commerce de Chicago impose des fluctuations déstabilisatrices au prix du sucre, de l'étain, du coton, du cuivre et des autres matières premières dont dépendent les revenus d'exportation des pays opprimés ayant une économie semi-coloniale. Les usuriers du monde moderne à qui les capitalistes et gouvernements des pays du tiers monde doivent payer des intérêts composés exorbitants rachètent ces dettes sur le marché mondial des obligations à des prix équivalant à aussi peu que 5 cents pour 1 dollar (dans le cas du Pérou) ou 50 cents pour 1 dollar (dans celui du Brésil).

La crise sociale qui vient

Ce sont les pressions explosives croissantes engendrées par l'évolution de l'économie dominée par l'impérialisme mondial depuis le ralentissement de l'accumulation capitaliste à la fin des années 60 et au début des années 70 qui ont produit le krach international d'octobre 1987. Ces pressions sont devenues beaucoup plus volatiles après la dure récession de 1981-1982 aux États-Unis.

Le krach de la bourse a annoncé que la crise sociale rampante qui a marqué le « boom » des années 80 sous l'administration Reagan va devenir la réalité pour la vaste majorité des travailleurs et des agriculteurs autour du monde. Peu importe à quel rythme et comment les choses se dérouleront exactement. C'est une crise qui a déjà ruiné des couches de travailleurs et dévasté des régions entières aux États-Unis, ainsi que des centaines de millions de travailleurs et de paysans dans les pays semi-coloniaux. Au lieu d'être amorties et absorbées par une économie capitaliste vigoureuse et en pleine expansion au niveau mondial, les crises partielles à venir menaceront de plus en plus de déclencher un effondrement du système de crédit et une dépression mondiale au niveau de la production industrielle et de l'emploi. Il pourra s'agir aussi bien d'un brusque ralentissement du cycle industriel que d'une poussée inflationniste, d'un autre krach boursier, d'une mauvaise récolte ou d'un désastre bancaire ou de la dette. Cela entraînera une crise sociale mondiale, laquelle engendrera inévitablement des luttes politiques de masse et une polarisation qui lieront comme jamais auparavant dans l'histoire humaine les perspectives du peuple travailleur des villes et des campagnes à travers le monde.

Des centaines de millions de personnes perdront leur emploi dans le monde capitaliste. Le chômage massif augmentera non seulement dans le tiers monde, mais aussi dans les pays impérialistes où il atteindra un niveau inconnu depuis les années 30. Encore plus d'agriculteurs devront quitter leur terre. Les paysans dépossédés constituent déjà un élément important de la production accrue par le capitalisme de ce que Marx a appelé une « surpopulation relative [5] ». Des millions d'autres se joindront aux chômeurs et aux travailleurs sous-employés des quartiers misérables qu'on retrouve déjà dans les villes du monde semi-colonial et autour d'elles. Des vagues de faillites balayeront les petites entreprises.

L'absence de logement, la malnutrition et la famine absolue augmenteront. On verra les capitalistes détruire l'environnement de manière accélérée. Les routes, les ponts et le transport en commun utilisés par le peuple travailleur se dégraderont de plus en plus vite. Les employeurs chercheront à imposer des conditions de travail de plus en plus intolérables dans les usines, les

---

5. Voir « La production croissante d'une surpopulation relative ou d'une armée industrielle de réserve, » *Le Capital*, livre 1, p. 595 à 608.

mines et les manufactures. Les services de santé vont se détériorer, ce qui accroîtra les maladies et la mortalité infantile au sein de la population laborieuse. Les producteurs et leurs familles verront leurs chances de s'instruire diminuer. Chacun de ces problèmes économiques et sociaux frappera plus durement les couches de la population qui sont déjà les plus opprimées et exploitées à cause de la discrimination raciale et du chauvinisme national : les travailleurs qui ont la peau noire, brune ou jaune et ceux qui sont nés à l'étranger. Les femmes et les jeunes de la classe ouvrière seront touchés de manière disproportionnée.

Dans un système impérialiste en crise croissante, les guerres et les menaces de guerre se multiplieront. Les attaques contre les droits démocratiques augmenteront à mesure que le peuple travailleur s'organisera pour résister à l'assaut croissant contre ses conditions de vie et de travail. Les capitalistes appuieront le recours à des méthodes de plus en plus violentes, légales et extralégales, afin de maintenir leur domination. Des mouvements politiques réactionnaires vont commencer à se développer, qui chercheront à attaquer et à écraser les luttes croissantes du mouvement ouvrier et de ses alliés. Le caractère brutal de la domination capitaliste apparaîtra plus clairement. Des institutions anciennes et stables seront balayées à mesure que les partis et les syndicats voleront en éclats et que la montée de la lutte de classe transformera la politique traditionnelle.

La crise sociale et politique dans les États ouvriers de l'Union soviétique et de l'Europe de l'Est s'aiguisera sous l'impact croissant des convulsions politiques et économiques qui secoueront le monde capitaliste. Les conséquences d'une dépression mondiale frapperont particulièrement les États ouvriers qui ont hérité d'une structure économique semi-coloniale imposée par des décennies de domination et d'agressions impérialistes.

Tel est l'avenir dont le krach d'octobre 1987 a annoncé l'arrivée imminente.

Un pressentiment croissant de la dépression et de la crise sociale

Durant toute l'histoire du capitalisme, chaque grande crise économique et sociale a été signalée au point le plus volatil et le plus vulnérable de l'économie capitaliste : le secteur du crédit et des relations monétaires. Depuis que la bourse a commencé à jouer un rôle centralisateur dans les finances, la production et les échanges capitalistes, Wall Street a enregistré les premières secousses de tous les brusques ralentissements économiques. L'exemple le plus connu est celui du krach d'octobre 1929, annonçant la grande dépression qui a commencé avant la fin de l'année suivante.

L'incapacité des directions ouvrières de l'époque de répondre aux coups foudroyants et brutaux de la crise sociale capitaliste des années 30 et de profiter ensuite des ouvertures révolutionnaires créées par la riposte croissante des travailleurs et des agriculteurs a conduit à la victoire de la réaction dans un pays après l'autre. Cette défaite historique a culminé à la fin de la décennie dans le massacre global qu'a constitué la deuxième guerre impérialiste mondiale.

Le krach d'octobre 1987 a affecté la pensée et les attentes du peuple travailleur du monde entier, en particulier aux États-Unis et dans les autres pays impérialistes. Pour la première fois depuis la fin des années 20, des millions de travailleurs et d'agriculteurs soupçonnent de plus en plus que la question n'est plus de savoir « si » il y aura une dépression et une crise sociale, mais « quand ». Ce qui renforce ce pressentiment, c'est la reconnaissance par un nombre croissant de travailleurs et d'agriculteurs que la crise de la dette qui déchire aujourd'hui le tiers monde fait partie d'un système de dette international, qui est en train d'exploser et qui menace de provoquer une catastrophe capable de briser leur vie et celle des populations d'Asie, du Pacifique, d'Afrique et des Amériques.

Cette appréhension n'empêchera pas la classe ouvrière d'être abasourdie par le début de la dépression et de la crise sociale mondiales. La grande masse du peuple travailleur n'a aucune façon de se préparer à ce qui vient. Mais la compréhension croissante que la dépression est inévitable devient un facteur plus important dont tiennent compte un nombre toujours plus élevé de travailleurs et d'agriculteurs lorsqu'ils évaluent les propositions qui leur sont faites pour organiser la défense de leurs conditions de vie et de leur droit au travail. Une avant-garde parmi eux est aujourd'hui plus encline à suivre l'exemple de ceux qui prennent des initiatives déterminées et bien pensées. Sur la base de nouvelles expériences, cette avant-garde est plus encline aussi à écouter objectivement et avec de moins en moins de préjugés des réponses politiques qu'elle avait jusqu'à maintenant rejetées. Il est plus facile aujourd'hui de comprendre que la crise du logement, le chômage à long terme et la détérioration des conditions de santé, qui ont déjà frappé certaines couches de travailleurs et d'agriculteurs ainsi que le peuple travailleur de certaines industries ou régions, ne sont qu'un avant-goût de ce que l'avenir réserve à chaque travailleur. Ces questions sont devenues pour tous des sujets d'intérêt plus pressants et sur lesquels il faut agir de manière plus immédiate.

La crise sociale généralisée n'aplanira pas la terre comme un gigantesque rouleau compresseur réduisant les conditions de tous les travailleurs à celles des plus exploités et celles du peuple travailleur des pays impérialistes à celles des masses du monde semi-colonial. Tout en ravageant la vie de l'ensemble du peuple travailleur du monde, elle frappera avec une force particulière ceux qui vivent déjà dans les pires conditions et elle intensifiera la concurrence entre les travailleurs. Mais en même temps, la crise sociale mondiale rapprochera aussi l'ensemble des travailleurs, tant au niveau de leurs conditions de vie que de leur conscience. Les travailleurs eux-mêmes vont commencer à voir le monde différemment. Des centaines de millions de travailleurs aux États-Unis et dans les autres pays impérialistes vont faire face à des conditions qui vont en conduire un nombre croissant à commencer à voir les chômeurs, les sans-abri, les agriculteurs et paysans dépossédés, ainsi que les masses du tiers monde non plus comme des parias — non plus comme la « classe inférieure », les « marginaux », les « pauvres », les « illégaux », les « ivrognes et les débauchés » — mais comme d'autres travailleurs ayant les mêmes intérêts, les mêmes buts et le même ennemi de classe.

Les travailleurs du monde entier découvriront en eux-mêmes une valeur qu'ils ne pourront réaliser que dans des actions de lutte de classe communes. Des millions d'entre eux seront gagnés au cours de ce processus à la construction d'une direction communiste internationale capable de conduire ces luttes à la victoire.

Reconstruire une direction communiste internationale

Bien que la classe ouvrière dans son ensemble ne puisse se préparer à la crise qui vient, son avant-garde politique *doit* le faire si elle veut pouvoir faire face au défi. La dépression et la crise sociale qui viennent ont aujourd'hui des conséquences politiques, organisationnelles et stratégiques concrètes pour les communistes, précisément parce que nous pouvons prévoir ce qui se prépare.

Les syndicats et les partis au sein du mouvement ouvrier vont être ébranlés jusque dans leurs fondations. Les officiers syndicaux et les organisations staliniennes vont être précipités dans une crise encore plus profonde. Faute d'une orientation et d'une composition prolétariennes, le « mouvement radical » s'atomisera : certaines couches se décourageront, d'autres évolueront rapidement très loin vers la gauche ou très loin vers la droite. De plus en plus de combattants à l'esprit révolutionnaire comprendront à quel point Fidel Castro a raison de dire que, dans le monde d'aujourd'hui, « être révolutionnaire veut dire et va vouloir dire de plus en plus être communiste [6]. » Les travailleurs d'avant-garde auront des possibilités et des responsabilités accrues pour reconstruire la direction communiste internationale de la classe ouvrière.

Les communistes ne peuvent se contenter de prévoir ce qui vient. Ils doivent le comprendre, l'expliquer et s'y préparer, ce qui exige d'approfondir le tournant vers les syndicats industriels et la prolétarisation des organisations communistes [7]. Cette situation change ce que les communistes peuvent et doivent expliquer et proposer aux autres travailleurs d'avant-garde. Elle définit les

---

6. Fidel Castro, discours au cinquième congrès de l'Union des jeunes communistes, reproduit dans le *Résumé hebdomadaire Granma* du 19 avril 1987.

7. Pour plus d'informations sur l'orientation politique du Parti socialiste des travailleurs dans les syndicats industriels, voir Jack Barnes, *The Changing Face of U.S. Politics: Working-Class Politics and the Trade Unions*, New York, Pathfinder, 1994.

questions auxquelles ils doivent s'adresser en priorité dans leurs journaux, leurs livres, leurs brochures et leurs campagnes politiques, tout en luttant côte à côte avec d'autres travailleurs qui sont à la recherche d'une perspective capable de faire avancer les combats syndicaux et les luttes sociales et politiques.

SEULS L'INTENSIFICATION des batailles de classe et l'accroissement de la polarisation politique de classe qui accompagneront inévitablement la dépression qui vient pourront créer les conditions qui permettront de construire de véritables partis communistes ouvriers de masse dans les pays impérialistes. Les illusions dans le capitalisme qu'entretient l'aristocratie ouvrière paraîtront de plus en plus vaines, ce qui aura pour effet de miner les assises de la direction bureaucratique du mouvement ouvrier. L'idée que le capitalisme et la démocratie vont de pair sera ébranlée. La vie de centaines de millions de personnes changera. Seules ces conditions peuvent mener à des situations révolutionnaires qui mettront à l'ordre du jour la lutte pour le pouvoir par les travailleurs et les agriculteurs des pays impérialistes.

L'affaiblissement du système impérialiste d'oppression et d'exploitation va accélérer la désintégration de l'emprise politique des castes bureaucratiques consolidées dans les États ouvriers soviétique et de l'Europe de l'Est. Cette situation offrira au mouvement communiste international des conditions plus favorables pour construire des organisations communistes dans ces pays aussi.

La prise de conscience croissante qu'une crise sociale mondiale est maintenant à l'ordre du jour rend encore plus important de comprendre qu'une direction communiste ne peut être reconstruite que si elle est vraiment internationale. Ce qui est déterminant, c'est de construire dans chaque pays des noyaux communistes organisés et éprouvés qui font partie intégrante d'un mouvement international d'organisations communistes de plus en plus homogènes. L'existence préalable d'organisations prolétariennes indépendantes et constituées de tels cadres aguerris sera essentielle pour saisir les ouvertures qui permettront de construire, dans le feu même de batailles titanesques, des partis communistes de masse capables de diriger les travailleurs et les agriculteurs à l'établissement de leur propre gouvernement.

II.
LA BAISSE DU TAUX MOYEN DE PROFIT ET LA DÉPRESSION MONDIALE QUI VIENT

LA BAISSE DU TAUX MOYEN de profit industriel des familles capitalistes au pouvoir dans les pays impérialistes est à l'origine de l'évolution des facteurs économiques qui rendent inévitable le déclenchement d'une dépression mondiale dans les années à venir. Cette baisse a commencé dès le milieu des années 60 en Grande-Bretagne et aussi tardivement que le milieu des années 70 au Japon. Elle a provoqué une crise d'accumulation décroissante du capital qui s'approfondit dans toutes les principales économies capitalistes du monde.

Le taux de profit moyen des capitalistes industriels a atteint son apogée moins de cinq ans après la fin de la deuxième guerre mondiale. À l'époque, le patronat U.S. se laissait toujours porter par la vague de l'accumulation croissante de capital issue de la guerre. Cette accumulation avait d'abord été alimentée par l'énorme production militaire et la capacité de la classe dirigeante d'accroître sensiblement l'exploitation du travail à cause de la collaboration chauvine des officiers syndicaux.

La production industrielle aux États-Unis a doublé de 1940 à 1943, avant l'entrée des États-Unis dans la guerre. Au cours de la même période, l'empressement de la bureaucratie syndicale à appliquer les contrôles de salaire imposés par le gouvernement, les reculs imposés à la législation du travail et son propre engagement à éviter la grève a fait bondir la durée moyenne de la semaine de travail d'un peu plus de 38 heures en 1940 à 45 heures en 1943-1944 et a limité à 20 pour cent l'augmentation des salaires réels dans l'industrie pendant toute la durée de la guerre. Les profits des compagnies après impôt aux États-Unis ont par ailleurs triplé de 1940 à 1948 et le taux de profit moyen des capitalistes a presque doublé.

Évolution des économies du monde capitaliste depuis la deuxième guerre mondiale

Le taux de profit moyen dans l'industrie aux États-Unis a atteint son apogée en 1950. Au cours des deux décennies suivantes, l'énorme augmentation de la masse des profits réalisés par les propriétaires de capital industriel a plus que compensé le lent déclin de leur taux de profit. Stimulés par cette disponibilité de liquidités et par les perspectives de profits nouveaux qui en découlaient, les employeurs ont investi des capitaux pour remplacer des usines et des équipements vétustes, datant de la guerre et de l'avant-guerre, par des usines, de l'équipement lourd et du matériel roulant neufs. Cela a considérablement accru les capacités de production industrielle et de transport. Les capitalistes ont investi dans la mécanisation et l'automatisation de nouveaux secteurs de production. On a assisté à une croissance massive de l'industrie automobile, de l'industrie des biens durables (réfrigérateurs, laveuses, sécheuses, téléviseurs, etc.) et des industries connexes.

Les investissements et les crédits consacrés à la réparation des dommages énormes causés par la guerre en Europe de l'Ouest et au Japon, l'augmentation ultérieure du commerce mondial et la surexploitation accrue de régions du monde semi-colonial d'où la guerre avait chassé les concurrents impérialistes de Washington ont aussi stimulé un quart de siècle d'expansion globale du capitalisme U.S. Toutes les classes dirigeantes impérialistes ont largement profité de l'énorme accumulation de capital de l'après-guerre, que celle-ci ait débuté en 1941, comme dans le cas des États-Unis, du Canada, de l'Australie et de la Nouvelle-Zélande, ou à la fin des années 40 dans le cas de l'Europe de l'Ouest et du Japon.

Cette expansion prolongée a couvert quatre cycles économiques de hauts et de bas de la production et du commerce capitalistes. Vers la fin des années 60, elle a commencé à céder le terrain à une crise d'accumulation décroissante du capital. La chute du taux de profit moyen a commencé à s'accélérer pendant que la croissance de la masse des profits empochés par les capitalistes commençait aussi à stagner. Aux États-Unis, le taux de profit après impôt sur les investissements en usine et en équipement est passé de 8 pour cent en moyenne au milieu des années 60 à un peu plus de 4 pour cent aujourd'hui.

Une croissance hésitante, une escalade de la concurrence des prix entre les impérialistes, une inflation grandissante et une plus grande instabilité ont marqué cette nouvelle étape de l'évolution des principales économies capitalistes du monde. La stabilité des taux de change entre le dollar et les devises des autres puissances impérialistes avait constitué l'assise du système monétaire capitaliste international et des relations commerciales depuis la fin de 1944. Cet arrangement s'appuyait sur le monopole industriel des États-Unis au sortir de la guerre.

Mais ce monopole s'est brisé avant la fin des années 60. Washington s'est retrouvé avec des déficits budgétaires de plus en plus élevés pour financer la guerre du Viêt-nam. Ces derniers sont venus s'ajouter aux mesures économiques adoptées par le gouvernement pour contrer le début de ralentissement de l'accumulation de capital et la concurrence accrue des prix. Cette situation a stimulé des pressions inflationnistes sur toutes les économies capitalistes du monde. Un nombre croissant de concurrents des dirigeants U.S. ont cherché à échanger leurs réserves de dollars, en train de se déprécier, pour de l'or provenant du Trésor U.S. L'administration Nixon a interrompu en août 1971 la convertibilité du dollar en or. Cette décision a mis fin au taux de change fixe du dollar sur les marchés monétaires internationaux établi un quart de siècle plus tôt, à la suite de la victoire U.S. dans la deuxième guerre mondiale.

En 1973, des pénuries de pétrole et de viande ont affecté les États-Unis où le taux d'inflation a dépassé 10 pour cent. En 1974-1975, la première récession mondiale depuis 1937-1938 a frappé en même temps toutes les grandes économies capitalistes. Cette combinaison de prix explosifs, de pénuries et d'une récession internationale a commencé à saper la confiance de millions de travailleurs et de petits agriculteurs dans les prétentions de la classe dominante depuis la deuxième guerre mondiale, selon qui le système capitaliste était entré dans une nouvelle période de croissance économique irréversible, de stabilité et de bien-être croissant pour l'ensemble de la population.

La reprise du cycle économique capitaliste de 1976 à 1980 a été à la fois faible et marquée par l'inflation. Le taux de croissance est tombé à un peu plus de 3 pour cent dans les pays impérialistes, alors qu'il avait été de 5 pour cent en moyenne au cours des années 60 et au début des années 70. Le chômage officiel s'est maintenu à des taux bien supérieurs à ceux du quart de siècle précédent aux États-Unis et dans les autres pays impérialistes. Le taux d'inflation a initialement fléchi sous l'impact de la récession de 1974-1975. Mais comme le taux de chômage, il s'est maintenu à des niveaux plus élevés que la moyenne des années d'après-guerre.

En 1979-1980, le dollar U.S. a reculé pour une cinquième année consécutive par rapport aux devises de ses principaux concurrents impérialistes. L'augmentation des prix a de nouveau dépassé 10 pour cent aux États-Unis. Le taux moyen d'inflation a été de plus de 11 pour cent en 1979 et de 13 pour cent en 1980. Face à cette brusque montée inflationniste, les dirigeants U.S. sont intervenus au cours des deux dernières années de l'administration Carter pour soutenir le dollar et freiner l'augmentation des prix. La Réserve fédérale a considérablement resserré la masse monétaire en doublant presque les taux d'intérêt en deux ans. En 1981, les taux d'intérêt ont atteint près de 20 pour cent aux États-Unis, le niveau le plus élevé depuis la guerre civile de 1861-1865. Les conséquences ont été désastreuses pour les petits agriculteurs criblés de dettes, les pays du tiers monde et les travailleurs cherchant à rembourser un emprunt pour l'achat d'une voiture ou d'une maison. Les capitalistes du Japon, de l'Allemagne, de la Grande-Bretagne et des autres pays impérialistes ont investi énormément de capitaux aux États-Unis afin de profiter de cette flambée des taux d'intérêt. Les marchés monétaires internationaux ont connu une surenchère sur le prix du dollar, qui a monté en flèche par rapport au yen, au mark et à la livre sterling.

LES MESURES RADICALES prises par les dirigeants U.S. pour arrêter l'érosion inflationniste de leurs profits ont sapé la faible reprise du cycle économique capitaliste qui avait commencé en 1976. Aux États-Unis, un bref recul en 1980 a précédé la profonde récession de 1981-1982. Des taux d'intérêt très élevés avaient provoqué l'effondrement des investissements, déjà en déclin, dans de nouvelles usines et de nouveaux équipements. Il s'en est rapidement suivi une vague de fermetures d'usines, de licenciements et de mises à pied. Le prix de la terre s'est effondré juste au moment où l'endettement des petits agriculteurs augmentait à une vitesse record, ce qui a conduit à la plus grande vague de saisies depuis les années 30.

La dette croissante des pays du tiers monde s'est accélérée au point d'être aujourd'hui impayable, insoutenable et intolérable. La croissance du commerce mondial s'est ralentie et la concurrence interimpérialiste s'est intensifiée. Le chômage a bondi à plus de 10 pour cent aux États-Unis pour la première fois depuis la fin des années 30. La chute des salaires réels des travailleurs aux États-Unis, qui avait commencé à la fin des années 70, s'est accélérée. L'écart a commencé à s'élargir entre le niveau de vie moyen de la classe ouvrière et celui des travailleurs victimes de discrimination à cause de la couleur de leur peau ou de leur origine nationale.

Cette récession brutale aurait eu un impact beaucoup plus important si le ralentissement avait frappé en même temps tous les principaux pays impérialistes comme en 1974-1975. Mais le Japon et plusieurs pays d'Europe de l'Ouest ne sont pas entrés en récession, ce qui a amorti dans une certaine mesure le recul aux États-Unis, au Canada, en Grande-Bretagne et en Allemagne de l'Ouest. Mais les conséquences de la récession de 1981-1982 et ce qu'elles ont révélé sur la crise croissante de l'accumulation de capital ont néanmoins marqué de leur empreinte le reste de la décennie.

La croissance économique annuelle moyenne dans les pays impérialistes est tombée à 2,5 pour cent environ dans les années 80 ; elle avait été de plus de 3 pour cent dans les années 70 et de 5 pour cent dans les années 60. La croissance annuelle de la production industrielle a considérablement chuté, parallèlement au taux d'expansion du commerce mondial.

Aux États-Unis, la forte récession de 1981-1982 a coïncidé avec une accélération brutale des attaques patronales contre les syndicats, annoncée par l'écrasement du syndicat des contrôleurs aériens (PATCO) en 1981. L'effondrement total de la hiérarchie syndicale devant une telle attaque des patrons et de leur gouvernement a précipité une déroute de la classe ouvrière industrielle et des syndicats industriels au cours des cinq années suivantes.

Les conséquences ont été bien pires dans les pays semi-coloniaux. Beaucoup d'entre eux ne sont jamais sortis de la récession de 1981-1982. Ils n'ont connu pendant la présente décennie qu'une croissance économique faible ou nulle. Pour l'ensemble de l'Amérique latine, le produit national brut réel par habitant en 1987 était inférieur de 5,5 pour cent à celui de 1980. Dans le cas de neuf pays (Argentine, Bolivie, Guatemala, Haïti, Honduras, Mexique, Nicaragua, Salvador et Venezuela), la diminution a varié de 10 à 27 pour cent. Cette faible croissance a amplifié la crise de la dette partout dans le tiers monde.

Les conséquences cumulatives de la chute du taux moyen de profit

La crise d'accumulation du capital qui frappe les impérialistes entrera bientôt dans sa troisième décennie. Tout comme la période antérieure d'expansion capitaliste, cette crise s'est étendue sur plusieurs cycles économiques de récessions et de reprises. Elle a eu et continue d'avoir des conséquences d'une très grande portée, qu'on peut résumer comme suit.

1. La concurrence interimpérialiste s'intensifie

La pression vers le bas qui s'exerce sur le taux de profit a intensifié la concurrence des prix entre capitalistes, y compris à l'échelle internationale. Cette situation a entraîné l'effondrement du monopole industriel dont jouissaient de fait les capitalistes U.S. au sortir de la deuxième guerre mondiale.

Quand les capitalistes U.S. ont fait leur entrée dans la guerre, ils produisaient environ le tiers des produits manufacturés à l'échelle mondiale. Ils en produisaient environ la moitié, moins de quatre ans plus tard. Cet accroissement de leur part du marché mondial a encouragé les capitalistes U.S. après la guerre à reporter à plus tard d'importants et coûteux investissements de modernisation des usines et des machines dans des industries comme l'automobile et l'acier. Il leur a permis de maintenir sur le marché mondial des niveaux de prix bien supérieurs au coût réel de production et d'empocher ainsi des rentes de monopole sous forme de surprofits.

Le monopole des capitalistes U.S. s'est cependant vu contesté avant même la fin des années 60 dans une série d'industries, dont l'acier, l'automobile, la machinerie agricole, l'électronique, l'aéronautique, la technologie informatique, la confection de vêtements et le textile. Au début, l'accroissement de la concurrence sur le marché mondial est venu principalement du Japon, de l'Allemagne de l'Ouest et des autres alliés impérialistes de la classe dominante U.S. Au cours des années 70, la concurrence des prix s'est même intensifiée avec une couche de capitalistes industriels dans une poignée de pays semi-coloniaux comme le Brésil, la Corée du Sud, Hong Kong, Singapour et Taiwan. La concurrence sur le marché des céréales et des autres produits agricoles est venue non seulement de rivaux impérialistes, mais aussi de capitalistes de quelques pays semi-coloniaux — résultat de la « révolution verte » et d'une réorientation de l'agriculture vers le marché mondial. Une concurrence plus tenace a forcé les capitalistes des États-Unis et d'ailleurs à abaisser le prix de leurs produits manufacturés et agricoles, ce qui a renforcé la pression sur le taux de profit.

Les événements des 25 dernières années ont encore une fois confirmé l'observation de Marx selon laquelle « c'est la baisse du taux de profit qui suscite la concurrence entre les capitaux et non l'inverse [8]. »

2. Surproduction et excédent de capacité productive

Cette concurrence interimpérialiste va en s'accentuant sur un marché capitaliste mondial souffrant d'une surproduction de marchandises et d'un excédent de capacité industrielle.

---

8. *Le Capital*, livre 3, p. 272. Pour une description de l'évolution de ces tendances depuis 1988, voir l'article « La marche de l'impérialisme vers le fascisme et la guerre » dans ce numéro de *Nouvelle Internationale*.

Les médias capitalistes ont souligné que la production manufacturière aux États-Unis fonctionnait en moyenne à 83 pour cent de sa pleine capacité en mai 1988, après être tombée à un taux d'utilisation des usines et des équipements d'à peine 68 pour cent durant la récession de 1982. On reconnaît toutefois rarement que ce pourcentage « élevé » représente en réalité le plus bas niveau d'utilisation des moyens de production à l'apogée d'une reprise économique aux États-Unis depuis le milieu des années 60. Par contraste, le degré d'utilisation de la capacité productive s'élevait à plus de 91 pour cent en 1966, à presque 88 pour cent en 1973 et à 85 pour cent en 1979 [9].

---

9. En octobre 1994, le taux d'utilisation a atteint 84,9 pour cent selon le gouvernement des États-Unis. Bien que l'augmentation de l'indice officiel des prix à la consommation ait été l'une des moins élevées depuis le début des années 60, les membres du conseil de direction de la Banque de la réserve fédérale ont invoqué le taux d'utilisation des capacités productives comme un des facteurs justifiant leur décision à la mi-novembre de hausser les taux d'intérêt interbancaires pour la sixième fois au cours de l'année. Ils ont évoqué le spectre de lignes de production incapables de faire face à la demande, de pénuries soudaines et de brusques hausses des prix.

La vérité cependant, c'est que ces chiffres sur le taux d'utilisation reflètent de moins en moins (et non de plus en plus) le fonctionnement réel de la production capitaliste. Tout d'abord, parce que ces chiffres n'englobent pas les usines, les mines et l'outillage fermés ou arrêtés temporairement par les capitalistes, mais qui peuvent être réinsérés dans la production selon les besoins des profits. De plus, ces chiffres officiels ne tiennent pas compte de l'augmentation de production obtenue en accroissant les heures de travail (plus-value absolue) et en augmentant la productivité (plus-value relative), tel que décrit dans cette section. Finalement, ces chiffres se limitent aux mines, aux manufactures et aux usines situés aux États-Unis. Ils ne tiennent pas

Les capitalistes disposent toujours d'une trop grande capacité industrielle. Ils font face à une surproduction de marchandises, c'est-à-dire au fait que leur capacité de production surpasse ce qu'ils peuvent vendre avec un profit assez élevé pour justifier une augmentation de la capacité productive de leurs usines et de leurs équipements. Les patrons ont fait payer la note au peuple travailleur en réorganisant la production, en augmentant les cadences et en multipliant les fermetures d'usines et les mises à pied. C'est là la seule voie qui s'ouvre à eux : autant que le leur permettra le rapport de force entre les classes, ils doivent augmenter la plus-value absolue (en prolongeant la journée de travail) et la plus-value relative (en intensifiant le travail par une augmentation des cadences et par l'ajout de machines qui soi-disant économisent la main-d'oeuvre).

Dans la seule industrie automobile, la compagnie Ford a fermé 15 usines depuis 1979 et éliminé 30 pour cent de ses employés. General Motors a annoncé de son côté son intention de réduire la capacité productive de ses usines d'au moins 15 pour cent et d'éliminer quelque 100 000 travailleurs dans les toutes prochaines années. Soixante-quinze usines de transformation des viandes ont fermé leurs portes entre 1980 et 1985. À cause de l'accélération des cadences et l'introduction de nouvelles machines, celles qui restent ont augmenté leur production en faisant appel à un quart de million de travailleurs de moins. Dans les aciéries, la force de travail a diminué de moitié avec la fermeture d'usines à Pittsburgh, Birmingham, Baltimore, Gary, Chicago et ailleurs.

---

compte de la part croissante des pièces et matériaux utilisés dans la production nationale qui proviennent d'usines appartenant à des intérêts U.S. à l'étranger.

La surproduction et l'excédent de capacité productive qui affectent les classes dirigeantes des pays impérialistes ne se reflètent pas seulement dans le nombre croissant de fermetures d'usines, de licenciements et de mises à pied, mais aussi dans la stagnation du commerce sur le marché mondial. Entre 1963 et 1973, le taux de croissance du commerce mondial s'est élevé à près de 9 pour cent, pour tomber de moitié au cours des 15 années qui ont suivi.

Mais la surproduction, l'excédent de capacité productive, les fermetures d'usine, le chômage, l'intensification du travail et le ralentissement du commerce mondial n'ont rien en commun avec ce dont ont besoin et ce que peuvent utiliser des milliards de travailleurs, de petits agriculteurs et de paysans dans le monde. Les masses travailleuses ont besoin de nourriture, de vêtements, de logements, de moyens de transport, de livres, de médicaments et de nombreux autres produits. Il faut de moins en moins de temps pour fabriquer tous ces produits grâce aux progrès de la productivité du travail. Mais les producteurs eux-mêmes sont de moins en moins en mesure de les acheter.

Comme l'a noté Marx au sujet de l'histoire du capitalisme : « La fin du capital étant la production de profit et non la satisfaction des besoins, […] il doit nécessairement y avoir sans cesse discordance entre les dimensions restreintes de la consommation sur la base capitaliste et une production qui sans cesse tend à franchir cette barrière qui lui est immanente. Du reste, on sait que le capital se compose de marchandises et par suite la surproduction de capital inclut celle des marchandises.

« […] On ne produit pas trop de subsistances proportionnellement à la population existante. Au contraire.

On en produit trop peu pour satisfaire décemment et humainement la masse de la population. On ne produit pas trop de moyens de production pour occuper la fraction de la population apte au travail. Au contraire. [...] Mais on produit périodiquement trop de moyens de travail et de subsistance pour pouvoir les faire fonctionner comme moyens d'exploitation des ouvriers à un certain taux de profit [10]. »

3. Déclin des investissements productifs en usines et équipements

Au cours de la dernière décennie, le rythme des nouveaux investissements productifs en usines et équipements par les capitalistes U.S. a chuté brusquement. Les fermetures d'usines et les mises à pied ont reflété la pression de la concurrence qui pousse la classe dirigeante à se départir des équipements les moins productifs. Des quantités importantes de valeurs ont été ainsi détruites. Mais parce que les profits continuent à stagner, les capitalistes trouvent moins profitables les investissements dans la construction de nouvelles usines et dans l'achat de nouvelles technologies industrielles importantes qui auraient pour effet d'accroître la capacité productive. Le capital financier n'a effectué aucune préparation d'envergure visant à incorporer en grand nombre une nouvelle force de travail dans des secteurs agrandis et modernisés de production industrielle.

Au début de la récession de 1974-1975, les investissements dans la construction de nouvelles usines étaient 172 pour cent plus élevés que 13 ans auparavant aux États-Unis. Mais au cours des 13 années suivantes, le taux de construction de nouvelles usines a diminué de plus de

---

10. *Le Capital*, livre 3, p. 272 et 273.

moitié. Depuis la récession brutale de 1981-1982, les investissements annuels dans la construction de nouvelles usines ont diminué de près de 25 pour cent, passant d'environ 17 milliards de dollars en 1981 à 13 milliards en 1987. Si l'on tient compte du taux d'inflation durant ces six années, la régression en termes réels a été beaucoup plus forte.

Durant le redressement du cycle économique qui a suivi 1982, les investissements dans le secteur manufacturier ont visé avant tout à moderniser et à renouveler une partie des usines et des équipements déjà existants, et non pas à augmenter la capacité productive [11]. Les capitalistes ont obtenu ce qu'ils cherchaient : de l'industrie des viandes à celle du papier, les investissements dans la technologie « qui économise de la main-d'oeuvre » ont conduit à une réorganisation de la production qui a entraîné une intensification brutale du travail. L'augmentation des cadences affecte gravement la sécurité et la santé des travailleurs. Elle se traduit par des heures plus longues pour ceux qui ont un emploi. Et elle conduit au licenciement permanent

---

11. En 1993, les dépenses sur ce que le département du Commerce des États-Unis appelle lui-même « expansion » — nouvelles usines et édifices qui nécessitent plus de travailleurs — se sont effectuées à un rythme équivalant à un peu plus de la moitié de celui qui prévalait durant les périodes d'expansion capitalistes des années 60. Lorsque l'on soustrait des dépenses totales les dépenses ayant servi à l'achat d'ordinateurs permettant de réduire les coûts et celui d'équipements servant à traiter l'information (pour la période allant de la reprise de l'économie capitaliste U.S. en mars 1991 jusqu'en juin 1994), les investissements en équipements nouveaux permettant d'accroître la capacité de production ont en fait chuté au cours de cette période de 5 pour cent et les dépenses pour la construction ou l'agrandissement d'immeubles industriels ont baissé de plus de 25 pour cent.

de nombreux autres travailleurs. Washington se vante que l'économie U.S. a créé 15 millions de nouveaux emplois depuis la reprise économique de la fin de 1982. En réalité, on a assisté durant cette période à un déclin de près de 1,5 million d'emplois dans les industries minière et manufacturière. Et la durée moyenne de la semaine de travail dans l'industrie a augmenté de 39 à 41 heures. De nombreux ouvriers travaillent de 50 à 60 heures chaque semaine, si ce n'est pas plus.

Le fait le plus important révélé par le krach de 1987 n'est pas l'état des marchés financiers et obligataires du monde, mais bien l'effet déstabilisateur à l'échelle internationale de l'*absence* d'expansion des investissements productifs en usines et équipements industriels.

4. Une orgie de spéculation et d'endettement

L'énorme expansion du capital fictif a alimenté la reprise économique qui a suivi la récession de 1982. Les propriétaires des sociétés U.S. ont émis des obligations à risque élevé, ou de pacotille, pour financer une débauche de fusions et d'acquisitions d'entreprises. Et ils ont investi leur capital dans une variété croissante de titres et de valeurs de papier.

L'endettement des entreprises a triplé au cours de la dernière décennie, atteignant 3 000 milliards de dollars. De nombreuses compagnies dépensent 50 pour cent de leurs revenus à payer des intérêts aux banques et à leurs actionnaires. En 1986, les banques commerciales ont fait un quart de leurs profits sous forme de gains de capitaux, c'est-à-dire d'augmentation des prix sur le marché des titres. Pourtant, contrairement aux banques d'investissement, les banques commerciales sont censées faire leur argent à même les intérêts qu'elles perçoivent de prêts garantis par des biens de production réels, comme des terres et des usines. En six ans, la dette du gouvernement des États-Unis est passée de 1 000 à 2 500 milliards : environ 20 pour cent du budget fédéral sert directement aujourd'hui à gonfler les revenus des riches détenteurs d'obligations. (Si l'on tient compte de ces paiements d'intérêt, plus de la moitié du budget sert à payer les guerres impérialistes présentes et passées, et à préparer celles de l'avenir.) Des emprunts massifs de capitaux ont eu lieu sur le marché international des valeurs mobilières : on a vu se multiplier par 13 les achats d'actions et d'obligations U.S. à l'étranger, qui sont passés de 7 milliards de dollars en 1980 à près de 90 milliards au milieu de 1987. Les banques ont perçu des milliards en intérêts payés à même la sueur et le sang des travailleurs et des paysans du tiers monde. L'endettement à la consommation et sur hypothèque est 12 fois plus grand qu'en 1980. Il atteint 2 900 milliards aujourd'hui.

Entre la fin de 1982 et septembre 1987, le nombre d'emplois a augmenté de 15 pour cent dans l'ensemble de la population. Pendant la même période, il a bondi de 60 pour cent dans les maisons de courtage et les banques d'investissement, de plus de 50 pour cent dans les agences de crédit, de plus de 30 pour cent dans les emplois liés à l'immobilier et de presque 20 pour cent dans les compagnies d'assurance.

Chaque fois que ces moyens permettent de reporter d'un nouveau semestre le ralentissement du cycle économique, ils ne font qu'amplifier le choc de la récession suivante. Bien plus, à cette étape avancée de la chute du taux de profit et de la stagnation de la masse des profits, toute crise partielle — qu'il s'agisse d'une récession, d'un nouveau krach sur Wall Street, de récoltes désastreuses, d'une débâcle de la dette du tiers monde ou d'une faillite bancaire — peut enclencher une chaîne d'événements qui pourrait détruire du jour au lendemain la montagne des valeurs de papier existantes et provoquer l'effondrement des marchés où celles-ci s'échangent. Aucun abaissement des taux d'intérêt par la Réserve fédérale ni aucune inondation du marché par des dollars provenant du Trésor des États-Unis ne pourraient arrêter une telle dégringolade. Peu importe avec quelle facilité l'argent vient aux capitalistes, ils ne s'en servent que s'ils peuvent le convertir en capital et l'investir à un taux de profit suffisant.

La chute du taux moyen de profit industriel a poussé les capitalistes à rechercher des rendements plus élevés sur leur capital. C'est ce qui a provoqué l'augmentation rapide du prix des actions qui a précédé le krach de la fin de 1987. Mais le « marché à la hausse » d'avant octobre sur Wall Street a masqué un fait important. La stagnation sous-jacente des profits depuis la fin des années 60 s'est aussi accompagnée d'une baisse marquée du prix réel des actions, une fois ajusté à l'inflation. Karl Marx a expliqué que le prix des titres (actions et obligations) n'a, jusqu'à un certain point, « pas de rapport avec le mouvement de la valeur du capital réel qu'ils représentent. » Cependant, a-t-il ajouté, il « oscille avec le montant des sommes auxquelles ils donnent droit et les garanties qu'ils offrent [12] » — c'est-à-dire avec les profits anticipés par les capitalistes qui émettent ces morceaux de papier. Une crise prolongée de l'accumulation de capital doit à long terme se terminer par une chute de la bourse. Aujourd'hui, la valeur exprimée par l'indice Dow Jones du prix des actions industrielles fluctue autour de 2 100 points. Il était à plus de 2 700 points en août 1987. Il devrait bondir à près de 3 500 points (en termes

---

12. *Le Capital*, livre 3, p. 492 et 493.

d'aujourd'hui si l'on tient compte de l'inflation) pour revenir aux valeurs enregistrées à l'apogée de l'indice boursier en 1966 [13].

5. Une vague de faillites bancaires et commerciales aux États-Unis

Le déclin du taux de profit des capitalistes aux États-Unis s'est aussi manifesté dans la plus grande vague de faillites bancaires et commerciales depuis la grande dépression des années 30.

De 1947 à 1978, 3 banques en moyenne ont fait faillite chaque année aux États-Unis. Entre 1979 et 1981, ce nombre est brusquement passé à près de 10. Pendant la récession de 1982 et l'année qui l'a suivie, il a bondi à près de 50. Le nombre des faillites bancaires a atteint 80 en 1984 et 120 en 1986. L'an dernier, près de 200 banques ont fermé leurs portes, soit environ 1,5 pour cent des banques U.S. Pendant le premier trimestre de 1988, 25 banques ont fait faillite dans le seul État du Texas. Près de 1 600 établissements sont maintenant sur la « liste des banques à problème » de Washington, une augmentation de presque 800 pour cent depuis 1980. Cette situation

---

13. Six ans plus tard, en novembre 1994, une fois ajusté pour tenir compte de l'inflation, l'indice Dow Jones du prix des actions industrielles est encore inférieur à son niveau de 1966. Les marchés boursiers de Wall Street ont chuté brusquement dans les premiers mois de 1994, comme le décrit le dernier article de ce numéro de *Nouvelle Internationale*. Bien que l'indice Dow Jones ait connu une remontée de plusieurs mois à partir de juin, la volatilité du marché est encore visible au moment d'écrire cette note. À la suite d'un déclin de près de 150 points depuis la fin octobre, l'indice a brusquement perdu 140 points dans les trois jours précédant le congé de l'Action de grâce, à la fin novembre aux États-Unis.

reflète à quel point l'endettement croissant des gouvernements, des entreprises, des consommateurs et du tiers monde déstabilise le système financier mondial.

De plus, environ le tiers des 3 120 institutions de crédit immobilier U.S. ont accumulé des pertes totalisant 13,4 milliards de dollars en 1987. À ce chiffre s'ajoutent des pertes additionnelles de quatre milliards survenues pendant les trois premiers mois de 1988. Plus de 500 de ces institutions ont fait faillite au cours de la dernière année et 500 autres sont pratiquement insolvables. Les données rendues publiques ne décrivent cependant qu'en partie l'état pitoyable de ces institutions. Leurs propriétaires et administrateurs manipulent en effet les méthodes comptables en continuant d'inscrire comme des actifs des prêts en souffrance et leurs intérêts échus longtemps après que ces créances sont visiblement devenues irrécouvrables.

Les soi-disant plans du gouvernement pour sauver les banques et les institutions de crédit immobilier en difficulté ne visent pas à protéger les petits comptes d'épargne ou comptes-chèques du peuple travailleur et des propriétaires de petites entreprises. Ils ne visent pas non plus à empêcher la saisie des terres, des fermes, du bétail et du matériel agricole des petits agriculteurs endettés auprès de ces requins. Ils visent à protéger les riches actionnaires et détenteurs d'obligations qui risquent de perdre des milliards de dollars en capital-argent lorsque ces institutions financières s'effondrent.

L'actuelle multiplication des faillites de banques et d'institutions de crédit immobilier met à nu le mythe propagé par les capitalistes que le gouvernement « garantit » à jamais les revenus déposés dans ces institutions par le peuple travailleur. On estime aujourd'hui à 1 600 milliards de dollars l'ensemble des dépôts « assurés » dans les banques et les caisses de crédit immobilier. Cependant, la Société fédérale d'assurance-dépôts (FDIC), qui se « porte garante » des dépôts bancaires, n'a aujourd'hui dans ses coffres que 18 milliards de dollars. Jusqu'à un sixième de cette somme, estime-t-on, servira d'ici la fin de 1988 à sauver une des principales banques du Texas. Après avoir obtenu du Congrès un prêt de 10,8 milliards de dollars en 1987, la Société fédérale d'assurance sur le crédit immobilier (FSLIC) avait toujours un découvert de 13,7 milliards de dollars en mars de l'année suivante. La FSLIC a annoncé en juin 1988 qu'elle allait utiliser plus de 40 pour cent du comptant à sa disposition pour liquider deux petites institutions de crédit immobilier en Californie. Ces faits nous donnent un avant-goût de ce que l'avenir réserve à des millions de travailleurs et d'agriculteurs dans l'éventualité de plus en plus réelle d'un effondrement bancaire majeur aux États-Unis [14].

Les faillites commerciales frappent particulièrement les petits propriétaires. Elles ont atteint en 1985 leur

---

14. D'ici la fin des années 90, le gouvernement des États-Unis aura dépensé environ 250 milliards de dollars pour renflouer les propriétaires des sociétés de prêt et d'épargne en faillite. Le dernier article de ce numéro de *Nouvelle Internationale* décrit comment les banques U.S. ont eu moins tendance à prêter — ce qui constitue pourtant depuis longtemps leur fonction dans la société capitaliste — et ont plutôt cherché à enjoliver leurs bilans financiers en achetant et vendant à profit différentes formes de papier. La montée des taux d'intérêt à court et long termes en 1994 et le rétrécissement des écarts entre ces deux taux réduisent pour la première fois depuis la fin des années 80 la capacité des banques de faire un profit rapide en empruntant de l'argent à des taux faibles pour acheter des obligations gouvernementales qui paient des taux élevés.

niveau le plus élevé depuis le début de la grande dépression. Le taux de faillite a continué d'augmenter en 1986 avant de se stabiliser à ce niveau élevé en 1987.

6. Les pays semi-coloniaux sont dévastés

Au cours de la dernière décennie, l'intensification de la crise d'accumulation des impérialistes a le plus durement frappé les travailleurs et les paysans des pays opprimés d'Afrique, d'Asie, du Pacifique et des Amériques. Héritiers d'économies déformées par des siècles de domination coloniale et semi-coloniale, ces pays sont maintenant dévastés par le transfert accéléré des valeurs qu'ils produisent dans les poches des classes dirigeantes impérialistes.

Karl Marx a fait remarquer que « d'une façon générale, le capital porteur d'intérêt est la source de toutes sortes de formes absurdes, au point que, par exemple, dans la représentation que s'en fait le banquier, des dettes peuvent apparaître comme des marchandises [15]. »

C'est ce qui est arrivé avec l'offensive de la dette que les impérialistes ont menée contre le tiers monde. Privés de débouchés suffisamment rentables où investir productivement leur capital-argent, les dirigeants capitalistes de New York, de Tokyo, de Londres et de Sydney ont imposé des prêts gigantesques aux gouvernements et aux groupes de capitalistes des pays semi-coloniaux. Dans leurs bilans, les banquiers impérialistes inscrivent ces dettes grandissantes comme des actifs énormes : comme un « droit » d'empocher chaque année, à titre de paiement d'intérêt, des milliards de dollars provenant de la richesse produite par le labeur des travailleurs, des paysans et des artisans du monde entier.

---

15. *Le Capital,* livre 3, p. 490.

Ces dettes, qui prennent la forme de morceaux de papier, reflètent en fait les rapports de force sociaux qui existent entre, d'une part, les familles exploiteuses du capital financier et leurs États et, de l'autre, les capitalistes et gouvernements des pays opprimés. Les intérêts composés dépassent rapidement le capital et la spirale de l'endettement absorbe une part toujours plus grande de la richesse produite par les travailleurs et les paysans des pays semi-coloniaux. À mesure qu'augmentent les intérêts payables, les impérialistes font appel à leur énorme puissance pour forcer les gouvernements des pays semicoloniaux à prendre les mesures nécessaires pour effectuer leurs paiements et à imposer aux ouvriers et aux paysans des mesures d'austérité de plus en plus sévères : dévaluations monétaires, abolition des subventions au prix des aliments et d'autres produits de base, réduction des salaires, augmentation du temps de travail, accélération des cadences et coupures dans les budgets de la santé, de l'éducation et du logement.

En échange du rééchelonnement des paiements sur les intérêts et le capital, les gouvernements du tiers monde doivent céder aux intérêts impérialistes la propriété d'usines entières, de mines, d'étendues de terres arables et de forêts ou de leur remettre un pourcentage déterminé des revenus provenant de la vente de marchandises sur le marché mondial. Le gouvernement de l'Argentine a annoncé qu'il allait transférer au capital étranger 40 pour cent de la propriété des compagnies téléphonique et aérienne d'État, en échange de fonds lui permettant de payer une petite partie de sa dette. Au Brésil, un projet pour « repayer la dette » va détruire une superficie de forêt aussi grande que la Grande-Bretagne d'ici le milieu des années 90. Un autre projet met en danger une région équivalant à la superficie conjointe de la France et de la Grande-Bretagne réunies. Dans le cadre de ces « ententes renégociées », les banquiers impérialistes accordent de nouveaux prêts et en empochent là aussi les intérêts.

Mais la dette du tiers monde est devenue tellement énorme au cours des dernières années que des sections du capital financier ont commencé à craindre que de soudains défauts de paiement ne déclenchent la désintégration en cascade du système bancaire international. La dette totale que les pays semi-coloniaux doivent aux familles dirigeantes impérialistes s'élève maintenant à 1 200 milliards de dollars. Entre 1982 et 1987, ces pays se sont fait voler 140 milliards de dollars en intérêts payés aux banques.

La dette des pays africains s'élève à 228 milliards de dollars. C'est l'équivalent de la moitié du produit national brut (PNB) annuel de ce continent. Dans 17 pays situés au sud du Sahara, la dette s'élève à plus de 100 pour cent du PNB annuel. Dans cinq pays, elle s'élève à plus de 200 pour cent. Le paiement des intérêts de la dette de l'Afrique engloutit environ 40 pour cent des revenus d'exportation annuels de ce continent. La dette continue pourtant d'augmenter d'année en année.

En Amérique latine, les paiements versés aux banques impérialistes pour rembourser la dette de 410 milliards de dollars absorbent environ le tiers des revenus d'exportation des classes possédantes du continent. La dette totale a encore augmenté de 4,5 pour cent en 1987. Entre 1982 et 1987, le Mexique a perdu à lui seul 50 milliards de dollars en paiement des intérêts. Parmi les pays d'Amérique latine ayant la plus grande dette extérieure, l'Argentine a consacré l'an dernier plus de la moitié de ses revenus d'exportation à payer les intérêts ; le Mexique, 40 pour cent ; et le Brésil, 28 pour cent.

Dans les pays semi-coloniaux, la dette avait déjà atteint des dimensions de crise dans les années 70. Mais ce n'est qu'au début des années 80 qu'elle a explosé pour atteindre ses énormes proportions actuelles. En 1973, la dette de l'ensemble du tiers monde n'atteignait pas 100 milliards de dollars. Celle de l'Amérique latine s'élevait à 42 milliards. En 1979, l'endettement total des pays semi-coloniaux avait atteint 300 milliards. Ce n'était toujours que 75 pour cent de la seule dette actuelle des pays d'Amérique latine. En moins d'une décennie, la dette a quadruplé. Utilisée par les banques impérialistes pour piller le tiers monde, l'arme du crédit est elle-même devenue une source de crise, d'incertitude et d'instabilité croissantes dans tout le système capitaliste mondial.

L'EXPLOSION DES TAUX D'INTÉRÊT aux États-Unis et la brusque augmentation de la valeur du dollar en 1979 ont rapidement accru les dettes impayées. Les gouvernements des pays semi-coloniaux se sont précipités vers les banques dans une course pour effectuer de nouveaux emprunts afin de rencontrer leurs paiements. Par la suite, la récession de 1981-1982 a réduit l'accès aux marchés des pays impérialistes pour les produits agricoles et les matières premières en provenance des pays du tiers monde, ce qui a fait plonger leurs prix. À son tour, la chute des revenus d'exportation a privé ces pays des dollars, des yens, des livres sterling et des marks dont ils avaient besoin pour rembourser les intérêts croissants et acheter les produits manufacturés et les aliments qu'ils importent des pays impérialistes. La brusque chute du prix des matières premières a accéléré un déclin à plus long terme causé par des facteurs comme le développement de produits manufacturés de remplacement moins chers (caoutchouc, textile et sucre synthétiques, et nouveaux alliages métalliques). Selon un rapport de la Banque mondiale, le prix des matières premières sur le marché mondial en 1986 était à son plus bas niveau depuis la fin des années 30 si l'on tient compte de l'inflation et si l'on exclut le pétrole. La modeste remontée du prix de certaines de ces marchandises dans la première moitié de 1988 ne va pas renverser cette chute à long terme.

Entre-temps, des pays semi-coloniaux ont vu les prix des produits manufacturés qu'ils importent — prix qui ont grimpé en flèche de 1979 à 1982 — continuer de surpasser leurs revenus d'exportation en déclin. Sous l'impact de ce coup double, le pouvoir d'achat des revenus d'exportation de l'Afrique a chuté de plus de 30 pour cent depuis 1980, celui de l'Amérique latine, de 25 pour cent, et celui de l'Asie, de presque 10 pour cent, si on exclut le Japon. Cette évolution a amplifié l'inégalité des échanges commerciaux entre les familles impérialistes dirigeantes et les capitalistes des pays du tiers monde.

MÊME LORSQUE les meilleures conditions commerciales et monétaires sont réunies pour les familles dirigeantes des pays semi-coloniaux, des modalités d'échange inégales continuent de subsister. Celles-ci découlent de la plus grande productivité moyenne du travail qui prévaut dans les pays capitalistes industrialisés à cause de leur développement technologique et économique plus avancé. Une marchandise produite en une heure de travail dans un pays impérialiste s'échange généralement contre une marchandise produite en plusieurs heures de travail dans un pays semi-colonial. Le capital financier international empoche ainsi une partie de la plus-value créée par les ouvriers et les paysans du tiers monde.

Les capitalistes des pays impérialistes rivalisent aussi avec les producteurs semi-coloniaux pour trouver des acheteurs de nombreux produits agricoles et matières premières. Près de 70 pour cent des exportations de matières premières proviennent de l'Amérique du Nord, de l'Europe de l'Ouest, de l'Australie et des autres pays impérialistes. Au cours de la dernière décennie, les classes dirigeantes impérialistes ont accru leurs ventes et leurs profits au détriment des producteurs semi-coloniaux en imposant de plus en plus de quotas, de barrières tarifaires et de mesures restrictives aux importations du tiers monde. On estime que la moitié des exportations de ces pays d'Afrique, d'Asie et d'Amérique latine se heurtent à des restrictions commerciales de ce type.

Le gouvernement des États-Unis par exemple a cherché à protéger les familles capitalistes qui possèdent les grands monopoles de sucre en réduisant chaque année les quotas d'importation de sucre dans ce pays. Le quota de 1988 a été réduit de 25 pour cent, ce qui va se traduire par la plus petite quantité de sucre importé en 100 ans. En 1988 les États-Unis n'importeront que 685 000 tonnes de sucre, soit presque 14 fois moins que les 5 millions de tonnes importées en 1981. Les capitalistes U.S. et européens se livrent aussi de plus en plus sur le marché mondial au dumping de succédanés du sucre et à celui de sucre d'autre origine que la canne à sucre. Combinée à la réduction des quotas aux États-Unis, cette pratique a réduit de façon radicale les revenus d'exportation des Philippines et de nombreux autres pays producteurs de sucre des Caraïbes, d'Amérique latine et d'ailleurs. Depuis le début des années 80, les exportations vers les États-Unis de sucre et d'autres produits en provenance des Antilles ont chuté de plus de 30 pour cent.

Le capital financier empoche aussi d'énormes profits du seul fait de posséder et de contrôler les grands monopoles de distribution, les réseaux de transports et les compagnies d'assurance dont les capitalistes du monde semi-colonial dépendent pour accéder au marché mondial.

La chute du dollar par rapport aux autres grandes devises impérialistes entre la fin de 1985 et le début de 1988 n'a pas amélioré la situation du tiers monde au chapitre de la dette. Comme le prix de la plupart des marchandises vendues par les pays semi-coloniaux sur le marché mondial est fixé en dollars, les revenus d'exportation nets de ces pays ont donc chuté avec la devise U.S. D'un autre côté, le renforcement du yen, du mark et des autres devises impérialistes a augmenté le montant total de la dette extérieure du tiers monde parce qu'un tiers seulement de celle-ci est libellée en dollars. Finalement, les devises de la plupart des pays du tiers monde ont chuté par rapport au dollar, ce qui a accru le poids de la portion de leur dette libellée en dollars.

Au cours des dernières années, les banques impérialistes ont freiné l'octroi de nouveaux prêts devant la menace croissante d'un défaut de paiement de la dette du tiers monde. En même temps, elles ont exercé de plus grandes pressions pour percevoir autant d'intérêts non payés que possible et pour forcer les gouvernements du tiers monde à respecter les conditions onéreuses qu'ils doivent rencontrer pour obtenir le rééchelonnement des paiements ou l'octroi de nouveaux prêts.

Aussi bien en 1986 qu'en 1987, les pays du tiers monde ont remboursé environ 30 milliards de dollars de plus que ce qu'ils ont obtenu en nouveaux emprunts. Selon la Banque mondiale, les pays du tiers monde ont subi une saignée nette de 85 milliards depuis 1982 en paiement des intérêts et en sortie de capitaux effectuée par les exploiteurs locaux et étrangers. Le Fonds monétaire international et la Banque mondiale — cette dernière soi-disant créée pour fournir aux pays semi-coloniaux des « prêts de développement » à bon marché — ont eux-mêmes joué un rôle décisif dans ce transfert de capitaux des pays d'Asie, d'Afrique et d'Amérique latine vers les coffres des familles dirigeantes d'Amérique du Nord, d'Europe de l'Ouest, du Japon, d'Australie et de Nouvelle-Zélande.

Ce sont les bourgeoisies et les technocrates de la classe moyenne des pays semi-coloniaux qui renégocient un endettement toujours plus grand avec les représentants du capital financier impérialiste. Mais ce sont les ouvriers, les paysans et les petits producteurs de ces pays opprimés qui font les frais de ce pillage brutal. La Banque mondiale estime que depuis 1980 le fardeau de la dette a réduit de 25 pour cent les revenus réels des pays semi-coloniaux les plus pauvres, la plupart en Afrique, et de presque 15 pour cent ceux des pays relativement plus riches d'Amérique latine et de l'est de l'Asie.

7. *La crise agricole dans les pays impérialistes*

Un article à la une du *New York Times* en mai 1988 a affirmé de manière absurde que « les agriculteurs du monde produisent beaucoup plus de nourriture et de biens que ce que le monde peut consommer. » Dans un monde où quelque 10 millions de personnes risquent de mourir de faim, où des centaines de millions souffrent de malnutrition et où des centaines de millions d'autres sont mal logées et mal habillées, rien ne pourrait être plus loin de la vérité. Mais rien non plus ne pourrait faire ressortir plus clairement les conséquences pour les agriculteurs et l'humanité tout entière de la montée de la concurrence des prix qui oppose les uns aux autres les capitalistes des grandes puissances impérialistes dans les domaines de la transformation, de l'empaquetage, du transport et de la mise en marché des produits agricoles.

Le niveau de vie des agriculteurs exploités aux États-Unis a subi de grandes pressions au cours des années 70 quand les prix des machines, des semences, des engrais, du carburant et des autres produits nécessaires à la production agricole ont progressé plus vite que ceux de leurs produits. Dans un contexte où la valeur des fermes augmentait avec le prix des terres et où les exploiteurs cherchaient des moyens de freiner la chute de la rentabilité de leur capital, les banques privées et fédérales en quête d'intérêts à percevoir ont poussé les petits agriculteurs à s'endetter de plus en plus. Elles les ont poussés à acheter de nouveaux équipements et à accroître la superficie de leur ferme et le rendement de leurs récoltes et de leurs troupeaux.

Le revenu réel des petits agriculteurs avait déjà commencé à décroître à la fin des années 70. Mais le désastre est survenu avec une chute de six ans du prix des terres, déclenchée par la récession de 1981-1982. De 1980 à 1986, le prix moyen de la terre a diminué de 58 pour cent dans cinq des États du centre du pays et de 63 pour cent en Iowa. Pendant la même période, le prix des terres agricoles a diminué de 35 pour cent dans l'ensemble des États-Unis, ce qui représente une chute totale d'environ 300 milliards de dollars.

P<small>OUR LES AGRICULTEURS</small> qui avaient vu la hausse des taux d'intérêt faire bondir leurs dettes comme des geysers de 1972 à 1982, cet effondrement de la valeur des biens qu'ils pouvaient donner en garantie pour reconduire leurs emprunts et en obtenir de nouveaux a signifié la catastrophe. Le déclin continu du prix des produits agricoles au cours de cette période a exacerbé les difficultés des producteurs agricoles.

Les petits agriculteurs vivent déjà dans des conditions de dépression. Ils sont de plus en plus nombreux à avoir des revenus annuels insuffisants pour vivre décemment. Un nombre croissant d'entre eux ont dû se chercher un travail en usine ou un autre emploi à plein temps pour subvenir à leurs besoins et à ceux de leur famille. Des centaines de milliers d'agriculteurs ont carrément quitté leur terre.

Au milieu de 1981, il y avait 2,43 millions de fermes aux États-Unis. Au milieu de 1987, près de 260 000 d'entre elles (soit 11 pour cent) avaient cessé leurs opérations. À la fin de la même année, la superficie des terres saisies par les agences gouvernementales et par les propriétaires des grandes banques et des compagnies d'assurance équivalait au tiers de toutes les terres agricoles de l'État d'Iowa.

Au début des années 80, la dette agricole s'élevait à plus de 200 milliards de dollars aux États-Unis. Elle est descendue à moins de 150 milliards aujourd'hui avec la saisie des terres de dizaines de milliers d'agriculteurs endettés et la baisse des taux d'intérêt depuis 1982. Un économiste de la Réserve fédérale a bien résumé la situation en disant que l'état des fermes s'est « amélioré parce que les faibles ont fait faillite. »

Mais le fléau que représente la saisie de fermes est loin d'être fini. L'Administration nationale des agriculteurs (FmHA) est une agence semi-gouvernementale prétendument établie pour venir en aide aux agriculteurs les plus démunis. En mai 1988, elle a annoncé que près de 65 000 d'entre eux devraient liquider leurs biens ou voir saisir leurs fermes. Des milliers d'autres qui se sont endettés auprès des banques privées ou d'autres agences gouvernementales doivent aussi quitter leur terre. On évalue que plus de 15 pour cent des agriculteurs ont aujourd'hui tellement de dettes qu'ils risquent de perdre leur terre, leurs bâtiments, leurs troupeaux et leur équipement avant même la prochaine récession.

Avec la sécheresse désastreuse qui a sévi dans presque toute l'Amérique du Nord au cours du printemps et de l'été de 1988, des dizaines de milliers d'agriculteurs aux États-Unis ont été poussés encore plus vers la saisie de leur ferme. Au milieu de 1988, le Département de l'agriculture du gouvernement fédéral avait déclaré zone sinistrée près de 1 900 comtés situés dans 37 États, soit beaucoup plus de la moitié de tous les comtés aux États-Unis. Dans les États de la région dite des grandes prairies au nord, près de 60 pour cent de la récolte de céréale de cette année a déjà été perdue. Les récoltes de maïs, de soya, d'avoine, d'orge, de blé printanier et des autres céréales pourraient chuter de 50 pour cent ou plus à travers le pays au cours de l'été. À la fin du mois de juin, l'érosion du sol avait déjà gravement affecté plus de 5,2 millions d'hectares de terres arables et de pâturages. L'humidité du sol était inférieure de 32 pour cent à la normale, un niveau pire que le record enregistré en 1934 pendant la sécheresse du « bol de poussière » survenue durant la grande dépression.

La domination capitaliste sur la distribution et la vente des produits agricoles transforme les désastres naturels comme une sécheresse en catastrophes sociales qui ruinent de nombreux agriculteurs exploités et augmentent le prix de la nourriture pour le peuple travailleur. Pendant ce temps, la poignée de capitalistes qui possèdent les énormes monopoles de traitement et de mise en marché des aliments et qui spéculent sur les marchés à terme de marchandises empochent d'énormes profits.

Au cours des dernières années, on a beaucoup parlé des grandes subventions agricoles versées par le gouvernement et de ses grandes initiatives pour sauver les fermes endettées. Mais ces mesures visent à enrichir les riches propriétaires des monopoles alimentaires, les riches propriétaires d'actions bancaires et d'obligations, ainsi que les riches propriétaires des plus grandes fermes capitalistes. Prenons par exemple le « sauvetage » en 1987 du Système de crédit agricole du gouvernement fédéral, qui détient le tiers de toutes les dettes agricoles aux États-Unis. Le Congrès a autorisé l'émission d'obligations d'une valeur de quatre milliards de dollars comme garantie de paiement aux capitalistes qui détiennent les notes déjà émises par les banques et comme garantie de paiement des intérêts aux détenteurs d'obligations qui raflent les nouveaux titres. Totalement inutile sur le plan social, l'émission de ces obligations mal nommées « Farmer Macs » constitue une bénédiction pour le capital financier. Leur valeur en dollars dépasse celle des mesures de sauvetage qui ont permis au gouvernement fédéral de sauver de la faillite la ville de New York et les compagnies Chrysler et Lockheed.

Pendant qu'elles évitent ainsi à ces capitalistes de subir des pertes, les banques de crédit agricole continuent jour après jour de saisir les biens des agriculteurs. En mai 1988, Washington a fermé la banque fédérale de crédit agricole qui gérait les prêts en Louisiane, en Alabama et au Mississippi — la première faillite du genre au cours des 70 années d'histoire de ce système. Les porte-parole du gouvernement ont fait savoir que près de 40 pour cent des producteurs agricoles ayant des dettes impayées à l'institution verraient leurs biens saisis ou devraient les liquider eux-mêmes. Les 30 000 derniers agriculteurs qui sont noirs aux États-Unis se concentrent dans cette région du pays. Il est certain que cette vague d'expropriations va les frapper de manière disproportionnée.

En 1979, les subventions agricoles du gouvernement constituaient 11 pour cent du revenu moyen des agriculteurs découlant de la vente de leurs produits. Elles en représentent plus du tiers aujourd'hui. Mais les milliards de dollars dépensés dans le cadre de ces programmes aboutissent de manière disproportionnée dans les comptes de banque des capitalistes de l'agro-business et des agriculteurs les plus riches qui exploitent de la main-d'oeuvre. Si l'on considère l'ensemble de ceux qui dirigent une exploitation agricole aux États-Unis, on constate que les 4 pour cent les plus riches s'accaparent chaque année près de 60 pour cent de la totalité du revenu agricole et reçoivent presqu'un quart des subventions fédérales. Le 1 pour cent le plus riche obtient à lui seul 40 pour cent de la totalité du revenu agricole et presque 10 pour cent des subventions. De l'autre coté, les petits agriculteurs qui représentent près de 75 pour cent des fermes aux États-Unis reçoivent seulement 3 pour cent du revenu agricole total et moins de 20 pour cent des subventions gouvernementales[16].

---

16. Le déclin général des taux d'intérêt de la fin des années 80 jusqu'en 1994 n'a pas amélioré de façon notable la condition des producteurs agricoles décrite ici. Environ les deux tiers de tous les agriculteurs aux États-Unis reçoivent la plus grande part de leurs revenus en dehors de la ferme, dans des usines ou d'autres lieux de travail. Selon le dernier recensement agricole, le nombre de fermes aux États-Unis a chuté sous les deux millions pour la première fois depuis avant la guerre civile des années 60 du dix-neuvième siècle. Les agriculteurs et leurs familles représentent cependant 70 pour cent des emplois dans l'agriculture (comparativement à 60 pour

Les travailleurs et les petits agriculteurs des pays capitalistes économiquement développés sont tous les deux

---

cent en 1980), alors que les travailleurs agricoles comptent pour 30 pour cent des emplois.

Les fermes avec des revenus annuels de moins de 100 000 $ représentent 83 pour cent de toutes les fermes en 1992 mais seulement 17 pour cent des ventes totales. Par contre, les fermes ayant des ventes de 500 000 $ ou plus ne représentent que 2 pour cent des fermes, mais 46 pour cent du total des ventes. Bien que le prix des terres et des bâtiments agricoles ait augmenté au cours des dernières années par rapport à un creux au milieu des années 80, il demeure de 17 pour cent inférieur aux prix qui prévalaient au début de la décennie. La chute serait encore plus grande si on tenait compte de l'inflation.

Malgré une chute générale de l'endettement agricole depuis le milieu des années 80 en raison d'une baisse des taux d'intérêt, les agriculteurs ayant des ventes inférieures à 100 000 $ doivent 43 pour cent de la dette agricole totale tout en ne recevant également que 43 pour cent du total des subventions agricoles du fédéral. Environ 15 pour cent des subventions fédérales vont aux 2 pour cent des agriculteurs qui ont des ventes supérieures à 500 000 $. De plus les prix payés par les agriculteurs pour les différents matériaux et services qu'ils utilisent continuent de croître plus rapidement que les prix qu'ils reçoivent pour leurs produits.

Au début de 1994, l'administration Clinton a levé le moratoire temporaire de 11 mois sur les saisies imposé par la FmHA. Durant le moratoire, 1 800 agriculteurs qui faisaient face à une saisie n'ont pas fait appel à la FmHA. Par contre, celle-ci a tranché contre 692 des 1 090 agriculteurs qui l'ont fait. Au moment de la levée du moratoire, plus de 50 000 agriculteurs étaient considérés comme ayant une dette en souffrance.

Pour comprendre comment les monopoles capitalistes et le gouvernement poussent les producteurs agricoles à quitter leur ferme, voir « The Crisis Facing Working Farmers », de Doug Jenness dans le quatrième numéro de *New International* (1985) et la brochure du même auteur, *Farmers Face the Crisis of the 1990s*, New York, Pathfinder, 1992.

victimes de la concurrence accrue que se livrent les impérialistes pour les profits générés par la transformation des produits agricoles. Les capitalistes propriétaires des compagnies qui détiennent le monopole de la transformation, de l'empaquetage, du transport et de la mise en marché des aliments empochent la vaste majorité des revenus provenant de l'augmentation des prix. La hausse du prix de la nourriture n'augmente en rien le revenu des agriculteurs exploités. Elle constitue la taxe la plus régressive imposée au peuple travailleur des villes et des campagnes, aussi bien aux États-Unis que dans le reste du monde.

Au Japon par exemple, les restrictions imposées par le gouvernement capitaliste sur les importations agricoles forcent les consommateurs à payer le riz, le blé et la viande de boeuf de trois à six fois plus cher que la moyenne mondiale. Le patronat et la bureaucratie syndicale essaient de convaincre les travailleurs de ce pays que les petits agriculteurs sont responsables du prix élevé des aliments. Ils espèrent ainsi miner la compréhension qu'ont les travailleurs de la nécessité de forger une alliance avec les agriculteurs exploités.

En Europe de l'Ouest, les subventions gouvernementales correspondent maintenant à près de 50 pour cent de l'ensemble du revenu agricole annuel. Tout comme aux États-Unis, ces énormes subventions gouvernementales profitent au capital financier et à une poignée d'agriculteurs capitalistes. Pendant ce temps, la majorité exploitée trouve encore plus difficile de gagner sa vie en cultivant la terre. Les trois quarts de la population agricole de l'Europe et du Japon dépendent d'un revenu extérieur pour survivre.

Dans la plupart des pays impérialistes, des programmes gouvernementaux poussent aussi les agriculteurs à mettre des terres en jachère alors que des centaines de millions de personnes autour du monde ont désespérément besoin de nourriture. Aux États-Unis par exemple, la superficie des terres non cultivées à cause de ce genre de programmes gouvernementaux équivalait presque en 1987 à celle du Dakota du Nord et de la Floride combinés. Une superficie encore plus grande de terre sera mise en jachère en 1988. En cherchant comme ils le font à augmenter les profits des capitalistes agricoles et des monopoles géants de la distribution et de la transformation des aliments, les impérialistes développent la famine et la malnutrition dans le monde. Pourtant, en utilisant les terres disponibles et les méthodes de culture modernes, les agriculteurs pourraient déjà produire suffisamment de fibre et de nourriture pour offrir une diète abondante et des vêtements adéquats à chaque être humain.

8. *Déclin des salaires réels et accélération des cadences de travail*

Pour contrer la décélération de l'accumulation de capital, les dirigeants des États-Unis et des autres pays impérialistes ont cherché à augmenter leur taux de profit en intensifiant l'exploitation de la classe ouvrière. On a vu baisser la valeur de la force de travail pour la première fois aux États-Unis depuis la grande dépression des années 30. L'accélération des cadences de travail a arraché plus de profits aux travailleurs, au détriment des conditions de santé et de sécurité dans les lieux de travail et dans la société en général. Dans la production manufacturière, la durée de la semaine de travail a atteint son niveau le plus élevé depuis la deuxième guerre mondiale.

Aux États-Unis, les salaires réels ont régressé à leur niveau du début des années 60. L'essentiel de cette baisse a eu lieu depuis la fin des années 70, d'abord sous l'impact de l'inflation puis sous celui de la récession de 1981-1982. Durant la déroute des syndicats qui a eu lieu après 1981, l'augmentation annuelle moyenne des salaires nominaux dans les nouveaux contrats de travail est tombée à son niveau le plus bas depuis les années 30, de plus en plus en retard sur l'augmentation du coût de la vie. De nombreuses conventions collectives négociées après 1981 ont inclus un gel ou même une coupure des salaires.

Par exemple, 31 pour cent des travailleurs couverts par un contrat signé entre 1981 et la première moitié de 1986 ont vu leur salaire gelé durant la première année de l'entente ; 10 pour cent ont subi des réductions salariales la première année du contrat ; et près du tiers n'ont reçu aucune augmentation de salaire pour toute la durée du contrat.

De 1981 à 1984, les travailleurs syndiqués des usines de transformation des viandes ont subi des réductions qui ont fait passer leur salaire moyen de 10,69 $ à 8,24 $ de l'heure. Les conventions collectives signées à la fin de 1986 et au début de 1987 ont gelé les salaires à ces niveaux. Dans certains cas, elles sont allées jusqu'à instituer un système d'échelle de salaire qui a réduit le salaire des nouveaux employés à aussi peu que 6 $ de l'heure. Les salaires des travailleurs non syndiqués de cette industrie sont tombés à aussi peu que 5 $ de l'heure ou moins.

Dans la convention collective qu'ils ont signée en 1983 avec sept des principales compagnies de l'industrie sidérurgique, les Métallurgistes unis d'Amérique ont accordé une diminution immédiate de salaire de 1,25 $ de l'heure. En 1986-1987, les Métallos ont accordé de nouvelles concessions dans des ententes distinctes signées avec plusieurs compagnies. C'est ainsi que les salaires ont baissé de 3,15 $ l'heure chez LTV, de 1,96 $ l'heure chez Bethlehem Steel et de 0,99 $ l'heure chez USX et National Steel. Des coupures salariales ont été imposées aux travailleurs dans les mines de cuivre, les compagnies aériennes et dans plusieurs autres industries et lieux de travail.

Aujourd'hui le tiers des travailleurs salariés aux États-Unis reçoit moins de 5 $ de l'heure.

En 1987, pour la première fois depuis 1982, les conventions collectives signées par les syndicats ont compris des augmentations de salaire plus élevées en dollars que celles contenues dans le contrat précédent. Ces augmentations de salaires s'élevaient en moyenne à 2,1 pour cent pour la durée du contrat, un chiffre toujours inférieur à l'inflation. Ceci va se traduire par un nouveau déclin des salaires réels au cours des années à venir.

LES INÉGALITÉS DE CLASSE dans la distribution des revenus aux États-Unis se sont aussi accrues. Pour des millions de familles de la classe moyenne et des milieux professionnels, les dernières années ont été très prospères. Le dixième de la population ayant déjà les revenus les plus élevés les a vus augmenter de 16 pour cent depuis 1977. Le centième le plus riche a vu les siens bondir de 50 pour cent. Mais pendant la même période, le pouvoir d'achat réel des quatre cinquièmes les moins riches de la population a chuté. Et le cinquième le plus pauvre a vu sa part de la totalité du revenu réel passer de 6,8 pour cent en 1980 à 4,6 pour cent en 1986.

Au Japon, l'augmentation des salaires réels est passée de près de 6 pour cent par année dans les années 70 à un peu plus de 1 pour cent depuis 1979. Dans les manufactures de ce pays, il y a eu une augmentation constante du travail effectué en sous-traitance par des travailleurs temporaires recevant un salaire de 30 à 50 pour cent inférieur au reste de la force de travail. Environ 40 pour cent des travailleurs de l'industrie métallurgique et plus de 75 pour cent des travailleurs de l'automobile travaillent maintenant en sous-traitance.

De 1979 à 1985, les salaires réels ont diminué dans les pays impérialistes d'Europe de l'Ouest, malgré les petits gains que le ralentissement de l'inflation a permis d'effectuer dans plusieurs cas au cours des deux dernières années. Le nombre de personnes vivant sous le seuil officiel de la pauvreté en Grande-Bretagne a augmenté de 55 pour cent pendant la même période.

9. Montée du chômage et croissance d'une surpopulation relative

La baisse du taux moyen de profit des capitalistes se traduit non seulement par un « surplus » d'usines, un « surplus » de nourriture et d'autres « surplus » de capitaux et de marchandises, mais aussi par ce que Marx a décrit comme « une surpopulation relative ». Les licenciements ou mises à pied de travailleurs salariés et les dépossessions de producteurs agricoles se font à un rythme beaucoup plus rapide et dépassent la capacité du capitalisme d'absorber ce surplus de force de travail dans de nouveaux emplois. L'armée de réserve croissante des chômeurs devient un moyen de pression utilisé par les capitalistes pour intensifier le travail, diminuer les salaires des travailleurs qui ont un emploi et accroître la concurrence entre tous les travailleurs.

« L'excès de travail imposé à la fraction de la classe salariée qui se trouve en service actif, a expliqué Marx, grossit les rangs de la réserve et, en augmentant la pression que la concurrence de la dernière exerce sur la première, force celle-ci à subir plus docilement les ordres du capital. [...] La condamnation d'une partie de la classe salariée à l'oisiveté forcée [...] impose à l'autre un excès de travail qui enrichit des capitalistes individuels [17]. »

Ce processus s'est accéléré non seulement dans chaque pays impérialiste mais à travers le monde depuis le début de la crise d'accumulation capitaliste, à la fin des années 60 et au début des années 70. Aux États-Unis, Washington se vante d'avoir réduit le chômage à moins de 6 pour cent après le sommet de 10 pour cent atteint en 1982, qui était le niveau le plus élevé depuis 1938. Mais ce que les porte-parole du gouvernement évitent de mentionner, c'est que ce « bon » chiffre reste substantiellement plus élevé que la moyenne de 4,8 pour cent qui a prévalu pendant le quart de siècle s'étendant de 1948 à 1973. Depuis 1973, le taux de chômage a fluctué en moyenne autour de 7,3 pour cent. De 1948 à 1973, le taux annuel de chômage n'a franchi que deux fois la barre des 6 pour cent. Depuis 1973, soit en 15 ans, il n'est descendu que deux fois sous ce chiffre.

De plus, les statistiques « officielles » du gouvernement sur le chômage qui font la une des journaux ne tiennent pas compte du nombre croissant de travailleurs à temps partiel qui sont à la recherche d'un emploi à temps plein, ni des travailleurs découragés qui ont abandonné tout espoir de trouver un emploi. Mais le gouvernement rend public ce dernier type de données. Selon des sources gouvernementales, le taux de chômage ainsi calculé était de 8,8 pour cent en décembre 1987. Si l'on tient compte des travailleurs immigrés, des femmes et des jeunes qui chercheraient un emploi si les perspectives étaient meilleures

---

17. *Le Capital*, livre 1, p. 604 et 605.

et tous ceux qui sont laissés pour compte dans les estimations du gouvernement, le véritable tableau du chômage au plus haut de la « vague de prospérité » de l'administration Reagan est beaucoup plus sinistre que celui que décrivent les statistiques officielles.

Aujourd'hui, les travailleurs licenciés doivent aussi rester plus longtemps au chômage qu'avant. La durée moyenne de chaque période de chômage est passée de 11 semaines pendant les 27 années qui ont précédé 1974 à 13 semaines entre la récession mondiale de 1974-1975 et 1981, puis à 16,5 semaines depuis la récession de 1981-1982. Aujourd'hui, plus du quart des individus comptabilisés dans les estimations de chômage du gouvernement sont sans emploi depuis plus de 15 semaines. Ce chiffre s'élevait à 15 pour cent en 1967. Près de 15 pour cent des chômeurs sont sans emploi depuis plus de 6 mois, comparativement à seulement 6 pour cent en 1967. Mais ces estimations sur la durée moyenne de chaque *période* de chômage sous-estiment l'évolution de la situation. Depuis quelques années en effet, les travailleurs sont souvent au chômage plusieurs fois au cours de la même année. Sur les 10,8 millions de travailleurs mis à pied aux États-Unis entre janvier 1981 et janvier 1986, près du tiers était toujours sans emploi à la fin de cette période. Parmi les autres, 30 pour cent travaillaient pour un salaire égal ou inférieur à 80 pour cent de leur salaire antérieur.

Le taux de chômage officiel au Japon était de 2,6 pour cent en avril 1988, bien au-dessous de la plupart des autres puissances impérialistes. Mais lorsqu'on ajoute à ce chiffre les travailleurs à temps partiel à la recherche d'un emploi à temps plein et les soi-disant travailleurs découragés, ce taux grimpe à plus de 8 pour cent, la même situation qu'aux États-Unis. De plus au Japon, la semaine légale de travail est toujours de 48 heures.

Avant la récession mondiale de 1974-1975, le taux de chômage était inférieur à 5 pour cent en Espagne, à 4 pour cent en Italie et en Grande-Bretagne, à 3 pour cent en France et à 1 pour cent en Allemagne de l'Ouest. La situation a complètement changé depuis. Le taux de chômage en Europe s'est maintenu autour de 11 pour cent tout au long de la *reprise* qui a marqué le cycle économique capitaliste depuis 1982. En avril et mai 1988, le taux de chômage officiel se situait à 19,9 pour cent en Espagne ; à 15,6 pour cent en Italie ; à 13,9 pour cent aux Pays-Bas ; à 10,8 pour cent en Belgique ; à 10,3 pour cent en France ; et à 8,8 pour cent en Grande-Bretagne. Au Canada, en Nouvelle-Zélande et en Australie, le chômage dépasse 7 pour cent.

La production par le capitalisme d'une surpopulation relative a ses effets les plus catastrophiques dans le tiers monde. Déjà très élevés en eux-mêmes, les taux de chômage officiels dissimulent l'énorme quantité d'êtres humains qui vivent au bord de l'abîme, sans aucun moyen de gagner leur vie. Dans tous les pays semi-coloniaux, les grandes villes sont entourées de quartiers faits de maisons de fortune. Là s'entassent des familles paysannes chassées de leur terre et qui gagnent maigrement leur vie comme vendeurs ou en accomplissant n'importe quel genre de travail — quand elles en trouvent un. Ces dépossédés sont à la fois des paysans qui retourneraient par millions à la campagne s'ils disposaient de terres cultivables et de crédit à bon marché ainsi que des ouvriers sans emploi qui font partie des rangs de plus en plus larges de la surpopulation relative engendrée par le capitalisme.

En Inde par exemple, il y a 25 millions de travailleurs salariés qui ont un emploi. Des dizaines de millions d'autres sont officiellement enregistrés comme chômeurs. Mais on parle ici d'une population de 800 millions d'habitants ! Les statistiques officielles voilent complètement l'immensité du chômage et du sous-emploi en Inde, à la campagne comme à la ville, puisque les chiffres du gouvernement sur l'emploi ne tiennent même pas compte de la vaste majorité des travailleurs de ce pays.

En Amérique latine, le chômage officiel pour l'ensemble du continent a augmenté de près de 50 pour cent entre 1980 et 1987, passant de 47 à 70 millions de personnes sur une population de 400 millions d'habitants. Selon l'Organisation internationale du travail, le pourcentage de travailleurs latino-américains non recensés dans la liste des chômeurs et qui arrivent à peine à survivre en marge de la vie économique a bondi de 29 pour cent en 1980 à 39 pour cent en 1985.

Avec un niveau de chômage qui est déjà le plus élevé depuis les années 30 en pleine reprise du cycle économique, la prochaine récession internationale aura de graves répercussions économiques et sociales dans tout le monde capitaliste. Les rivalités interimpérialistes pour des marchés de plus en plus étroits vont s'approfondir. La concurrence des prix va s'intensifier. La surproduction capitaliste et l'excès de capacité productive vont s'exacerber, ce qui va conduire à une nouvelle vague de fermetures d'usine et de licenciements. Les investissements dans l'expansion des usines et des équipements vont chuter de manière encore plus brutale que pendant la dernière décennie. Avec l'endettement public et privé le plus élevé de tous les temps, les faillites bancaires et commerciales vont se multiplier, tout comme les défauts de paiement sur les dettes en expansion des sociétés privées et du tiers monde. Le capital financier sera contraint d'emprunter et de spéculer davantage pour tenter de se sortir du pétrin.

Le gouvernement va intervenir de plus en plus dans ce processus déstabilisateur. Mais les classes d'employeurs ou leurs États et leurs partis politiques ne disposent d'aucune politique économique alternative capable de prévenir les conséquences de la baisse du taux de profit industriel moyen. Si les capitalistes s'abstiennent d'effectuer de nouveaux investissements productifs majeurs, ce n'est pas parce qu'ils choisissent de détourner trop de capital vers les marchés des valeurs mobilières, dans la spéculation foncière et les prêts usuriers, ou pour accélérer la production dans des usines « désuètes ». Causes et effets sont ici inversés. Si les exploiteurs investissent leurs capitaux dans l'achat de nouveaux équipements leur permettant de faire des « économies de main-d'oeuvre » ou encore dans des titres de papier spéculatifs, c'est parce qu'ils peuvent y obtenir un meilleur rendement qu'en investissant dans la construction de nouvelles usines, dans l'utilisation de grands changements technologiques ou dans l'embauche d'une grande force de travail additionnelle.

La dépression mondiale qui vient

La baisse du taux de profit moyen et la stagnation du volume de profit des capitalistes ont sapé l'équilibre du capitalisme mondial. Le krach des marchés boursiers du monde entier en octobre 1987 a annoncé les conséquences de cette situation : les exploiteurs ne peuvent plus espérer que la force de la production, de l'investissement et du commerce de l'ensemble de l'économie capitaliste puisse amortir et absorber une banqueroute majeure, le non-remboursement d'un emprunt, une récolte désastreuse, un effondrement bancaire, une crise déflationniste, la chute en piqué des cours boursiers ou toute autre crise partielle. Aujourd'hui, à cette étape avancée de la stagnation de l'accumulation de capital, chacune de ces crises partielles porte en elle le potentiel croissant d'échapper à tout contrôle et de déclencher une dépression mondiale et une crise sociale généralisée.

III.
LA DYNAMIQUE ACTUELLE DE LA RÉVOLUTION MONDIALE

LA PÉRIODE POLITIQUE que nous vivons aujourd'hui a débuté avec l'entrée de Washington dans la deuxième guerre mondiale. Son caractère et sa trajectoire ont été déterminés par le rapport de force entre les classes à l'échelle internationale et par la structure du système impérialiste issue de cette guerre.

L'économie et la politique du développement capitaliste

Notre compréhension du lien entre le développement du marché mondial et la dynamique de la révolution mondiale s'enracine dans la continuité politique du mouvement ouvrier communiste moderne. Les premières leçons tirées de cette accumulation d'expériences de la lutte des classes sont généralisées dans les écrits de Karl Marx et de Friedrich Engels et dans les conquêtes programmatiques du Parti bolchevique et de l'Internationale communiste sous la direction de Vladimir Lénine.

Au début des années 20, la direction de l'Internationale communiste faisait face à une stabilisation temporaire des principaux États capitalistes européens après la crise sociale causée par la guerre et la montée révolutionnaire tumultueuse de 1917 à 1919. Il lui fallait convaincre les nouveaux partis communistes d'opérer un changement d'orientation tactique afin de répondre à la nouvelle situation.

Au troisième congrès de l'Internationale communiste en juin 1921, les dirigeants bolcheviques ont amorcé une discussion sur les raisons de ce changement. Cette discussion a aussi soulevé la question reliée mais plus large de savoir comment les communistes doivent reconnaître et répondre à l'ensemble des phénomènes économiques et des événements politiques qui déterminent les périodes politiques, exigent des ajustements tactiques conjoncturels et constituent des points tournants dans le développement à long terme du capitalisme mondial et de la lutte des classes.

Les délégués ont discuté et adopté un rapport et une résolution sur la crise économique mondiale et les tâches de l'Internationale communiste. Il s'agit du « Rapport sur la crise économique mondiale et les nouvelles tâches de l'Internationale communiste » et de la « Thèse sur la situation mondiale et la tâche de l'Internationale communiste », que Léon Trotsky a préparés et présentés au congrès au nom de la direction bolchevique. Il en a approfondi les principaux thèmes dans le « Rapport sur la Nouvelle politique économique soviétique et les perspectives de la révolution mondiale » qu'il a présenté 18 mois plus tard au quatrième congrès du Comintern, en décembre 1922. En avril 1923, il a résumé certains des principaux points théoriques contenus dans ces rapports et résolutions du Comintern dans une lettre courte et dense publiée plus tard la même année sous le titre : « La courbe du développement capitaliste [18] ».

Le rapport de 1921 au Comintern a expliqué que pour évaluer correctement la conjoncture politique et le sens du développement du monde capitaliste, les communistes ne peuvent pas se contenter de tracer la courbe des hauts et des bas du cycle économique, c'est-à-dire des cycles de récession et de reprise du commerce et des inventaires « inhérents au capitalisme depuis sa naissance » et qui « l'accompagneront jusque dans sa tombe [19]. » On ne peut pas non plus supposer l'existence d'un quelconque cycle à plus long terme se développant selon des lois précises, qui engloberait un certain nombre de cycles économiques plus courts et qui déterminerait les perspectives politiques et économiques des exploités et des exploiteurs.

Il n'y a pas de « cadence invariable » du développement à long terme du capitalisme mondial, a souligné Léon

---

18. Le texte « La courbe du développement capitaliste » est publié plus loin dans ce livre. Les thèses préparées par Léon Trotsky pour les troisième et quatrième congrès de l'Internationale communiste sont reproduites dans *Manifestes, thèses et résolutions des quatre premiers congrès mondiaux de l'Internationale communiste, 1919-1923,* Paris, Librairie du Travail, 1934 ; réimpression en fac-similé, Paris, La Brèche-Sélio, 1984. Les rapports de Léon Trotsky aux troisième et quatrième congrès de l'Internationale communiste ont été publiés en anglais dans *The First Five Years of the Communist International,* New York, Pathfinder, 1972, vol. 1, p. 227 à 337, et vol. 2, en particulier les pages 352 à 359. Les rapports de V. I. Lénine aux troisième et quatrième congrès de l'Internationale communiste peuvent être trouvés dans Lénine, *Oeuvres,* vol. 32 et 33, Moscou, éditions du Progrès, 1977.

19. Léon Trotsky, *The First Five Years of the Communist International,* vol. 1, Pathfinder, 1945, 1972, p. 335.

Trotsky dans son article de 1923. Peu importe leur durée ou leur amplitude, les cycles économiques capitalistes « ne sont pas des phénomènes économiques fondamentaux mais dérivés. Ils se déroulent sur la base du développement des forces productives par l'intermédiaire des relations de marché. » Le capitalisme « n'est pas caractérisé seulement par la répétition périodique des cycles — autrement, ce qui se passerait serait une répétition complexe et non un développement dynamique. »

Il est vrai, a fait remarquer Trotsky, que les grands changements qui se produisent dans les relations entre les classes et dans la politique mondiale prennent racine « dans les changements qui affectent les fondements économiques » de la société « et nulle part ailleurs. » Mais il a rappelé aux délégués l'observation faite par Friedrich Engels selon qui ces facteurs économiques sous-jacents « agissent en outre longtemps dans l'ombre avant de se manifester violemment au grand jour. »

TROTSKY A EXPLIQUÉ comment il est possible de dessiner une courbe qui retrace le développement économique du capitalisme mondial depuis la révolution industrielle, à la fin du dix-huitième siècle, jusqu'à nos jours en utilisant les statistiques sur la production des principaux biens agricoles et manufacturés, l'évolution du marché mondial et d'autres indices qui mesurent en gros les progrès de la productivité du travail humain à mesure que s'élargit le marché mondial. Mais l'observateur attentif notera que les revirements ainsi que la longueur et la pente des segments montants, descendants ou stagnants de la courbe ainsi tracée, qui correspondent à des phases ou à des périodes particulières de l'histoire du système capitaliste international, ne dépendent pas uniquement ni même essentiellement de phénomènes économiques capitalistes agissant comme des lois.

« En ce qui concerne les grands segments de la courbe de développement capitaliste, a dit Trotsky, […] leur caractère et leur durée ne sont pas déterminés par le jeu combiné interne des forces capitalistes, mais par les conditions extérieures à travers lesquelles le développement capitaliste s'effectue. L'acquisition par le capitalisme de nouveaux pays et continents, la découverte de nouvelles ressources naturelles et, dans le sillage de tels développements, des faits d'ordre « superstructurel » aussi importants que les guerres et les révolutions : voilà ce qui détermine le caractère et le remplacement de périodes ascendantes, stagnantes ou déclinantes du développement capitaliste. »

Le développement inégal et combiné qui reflète l'extension — et depuis 1917, aussi le recul, du mode capitaliste de production et d'échange a déterminé en dernière analyse la trajectoire changeante de l'histoire moderne de l'humanité. On ne peut abstraire l'évolution de ces relations capitalistes de la manière concrète dont le capitalisme absorbe et réagit aux diverses formes préexistantes d'organisation sociale, d'exploitation et d'oppression qu'il a entraînées dans l'expansion de sa domination mondiale au cours des siècles. Le mode de production capitaliste utilise comme matériel brut toutes les formes de relations sociales dont il hérite.

Le capitalisme agit de manière différente sur chacun de ces matériaux, par exemple sur diverses catégories de travail social : populations indigènes vivant selon des formes tribales d'organisation sociale ; anciens esclaves, serfs ou travailleurs asservis par contrat ; paysans et autres travailleurs ruraux ; nationalités opprimées à majorité ouvrières, vagues diverses d'immigrants, etc. Il entraîne par la force le labeur de ces travailleurs dans la production et la circulation mondiales de la plus-value, tout en maintenant et en reproduisant des aspects importants hérités des relations sociales pré-capitalistes qu'il utilise comme compléments à ses propres formes et méthodes d'exploitation et d'oppression. Le plus important, c'est qu'il crée de nouvelles combinaisons à partir de l'interaction de ces éléments.

Avec la victoire de la révolution bolchevique de 1917 en Russie, la perspective d'une révolution véritablement mondiale est devenue une réalité pour la première fois dans l'histoire. La première république ouvrière et paysanne a été un phare pour les producteurs exploités du monde, y compris dans les pays opprimés du monde colonial. Le triomphe en Russie a stimulé les mouvements révolutionnaires et l'établissement de gouvernements des exploités partout dans les régions d'Asie opprimées par le vieil empire tsariste. Des luttes de libération nationale contre l'oppression et la surexploitation impérialistes se sont développées partout en Asie et dans des parties grandissantes du monde colonial. Ces luttes sont devenues irréversiblement liées à la défense et à l'extension de la révolution socialiste.

Ainsi, depuis la révolution d'octobre 1917, le cours de l'histoire a été de plus en plus déterminé par la dynamique de la révolution mondiale : par l'interaction entre la lutte des classes et la mise à l'épreuve des directions politiques des ouvriers et des agriculteurs dans les pays impérialistes, dans le monde colonial et semi-colonial ainsi que dans les États ouvriers. Comme l'expliquent les documents de 1921 du Comintern, l'évolution de l'équilibre et du déséquilibre du monde capitaliste « n'a pas lieu dans un vide social et politique, » mais implique « la lutte entre des forces vives : les classes en lutte et leurs partis. »

L'histoire du système capitaliste mondial durant la plus grande partie du vingtième siècle a été façonnée par les vagues de luttes menées contre le capital et le système impérialiste de domination par le peuple travailleur des villes et des campagnes dans les centres impérialistes et les pays opprimés ; par le flux et le reflux de ces luttes ; par leurs défaites, leurs impasses et leurs victoires ; et par leur effet mutuel les unes sur les autres. Le renversement des relations capitalistes de propriété par les ouvriers et les paysans, qui a conduit à l'établissement d'un nombre grandissant d'États ouvriers en dehors du marché mondial du capital, a profondément modifié l'histoire du capitalisme.

Les caractéristiques fondamentales d'un segment particulier de la courbe du développement capitaliste ne répètent pas à grands traits ou sous de nouvelles formes celles de l'une ou l'autre des périodes historiques antérieures. Les caractéristiques de chaque période reflètent au contraire d'une manière nouvelle et concrète le rapport entre les forces politiques, économiques et sociales qui prévalent dans ces nouvelles conditions. La classe ouvrière doit résoudre de nouvelles questions.

Saisir cette dynamique permet à la section de la classe ouvrière qu'est le parti communiste non seulement de découvrir le caractère de la conjoncture que nous traversons, mais aussi d'anticiper les bonds soudains qui accélèrent le rythme de la politique nationale et mondiale et changent à la fois les règles et les conséquences des actions posées dans la lutte des classes. Cela nous permet surtout de nous organiser sur la base de cette compréhension et de nous préparer consciemment à changer le monde.

La chute du dernier empire dans le monde

La crise capitaliste internationale qui s'approfondit aujourd'hui fait partie d'un déclin plus large : la chute du dernier empire capitaliste du monde — celui du capital financier, dont la puissance dominante est l'impérialisme U.S.

Ce déclin survient après la chute successive de chacun des plus puissants empires coloniaux européens qui ont émergé tout au long de l'histoire du capitalisme mondial. Chacun d'eux a dominé pendant un certain temps les autres puissances impériales. Au cours des dernières décennies du dix-neuvième siècle et de la première décennie du vingtième siècle en Europe, la montée explosive d'empires concurrents basés sur le capital financier a conduit aux premières salves de la première guerre mondiale et à la boucherie qui a accompagné cette guerre interimpérialiste désespérée pour le partage des colonies et la domination des nations exploitées. L'issue de la guerre et la création d'une république ouvrière et paysanne soviétique en octobre 1917 ont créé les conditions qui ont affaibli et finalement mis fin au colonialisme au cours des décennies suivantes.

Dans le sillage de ces événements, les dirigeants U.S. ont profité de l'affaiblissement de leurs concurrents impérialistes. La force croissante de Wall Street et de Washington a ralenti pendant un certain temps le déclin du système impérialiste. Le capitalisme U.S., dont Lénine disait qu'il était seul « à avoir tout gagné à la guerre [20], » a surgi dans les années 20 non seulement

---

20. Lénine, « Rapport sur la situation internationale et les tâches fondamentales de l'Internationale communiste, 19 juillet 1920 », *Oeuvres*, t. 31, p. 224. Ce discours est aussi disponible en anglais dans John Riddell (réd.), *Workers of the World and Oppressed Peoples*,

comme le créancier du monde capitaliste mais aussi comme sa plus grande puissance industrielle. Les bases avaient été jetées pour que l'impérialisme U.S. remette en question la suprématie militaire et politique affaiblie de la Grande-Bretagne.

Pendant les deux décennies suivantes, les dirigeants U.S. ont attendu leur heure. Mais avec le déclenchement de la seconde guerre mondiale, ils ont agi de manière décisive aussi bien dans l'Atlantique que le Pacifique afin d'établir leur suprématie sur les autres puissances impérialistes. Ce bain de sang planétaire a été le terrible prix payé par l'humanité pour l'incapacité du mouvement ouvrier de résoudre la crise du capitalisme mondial et de son système impérialiste pendant les années 20 et 30. Il s'agit d'une crise profonde qui a été marquée par deux décennies de dépression agricole, une décennie de profonde dépression industrielle et de chômage massif à travers le monde, une guerre commerciale interimpérialiste, l'émergence de mouvements fascistes et l'intensification des agressions impérialistes.

Au début des années 20 et pendant les années 30, la classe ouvrière a mené des luttes titanesques qui ont transformé la dernière moitié des années 30 en une période prérévolutionnaire, créé de nouvelles ouvertures et posé de nouvelles tâches au mouvement communiste mondial. Mais les faux dirigeants sociaux-démocrates et staliniens ont démobilisé et désorganisé ces luttes. L'incapacité de remporter des victoires et de résoudre ainsi la crise capitaliste au profit de la grande majorité de l'humanité a ouvert la voie à une série de défaites des ouvriers et des agriculteurs aux mains de la réaction fasciste dans toute

---

Unite!: Proceedings and Documents of the Second Congress, New York, Pathfinder, 1991, p. 144 à 167 [Tirage 2022].

l'Europe. Ces défaites ont été les plus importantes de l'histoire de la classe ouvrière moderne [21].

La deuxième guerre mondiale a été le résultat catastrophique de ces défaites historiques. Contrairement à ce que prétendent les propagandistes de Washington, ce conflit interimpérialiste pour la domination du marché capitaliste et du système d'oppression et d'exploitation mondiaux n'a pas été une guerre pour libérer les peuples coloniaux. Il a servi à repartager les fruits de la domination qui les écrasait. De plus, des couches importantes des principales classes dirigeantes des pays alliés espéraient que la guerre lancée par l'impérialisme allemand contre l'Union soviétique affaiblirait suffisamment l'État ouvrier pour pouvoir le renverser et réimposer l'exploitation capitaliste sur sa grande population laborieuse et son immense territoire.

LA TRANSFORMATION DE LA FORCE DE TRAVAIL aux États-Unis pendant la deuxième guerre mondiale et la victoire subséquente de Washington à la tête des gouvernements capitalistes alliés en 1945 ont préparé le renforcement qualitatif de la prépondérance économique du capitalisme U.S. et établi sa suprématie militaire écrasante parmi les puissances impérialistes. Les propagandistes du capitalisme U.S. se sont mis à parler du « siècle américain [22] ».

---

21. Pour une description de ces luttes et de la trahison des directions staliniennes et sociales-démocrates, voir Léon Trotsky, *Comment vaincre le fascisme,* Paris, La Passion, 1993 ; *La révolution espagnole,* Paris, Minuit, 1975 ; et *Le mouvement communiste en France,* Paris, Minuit, 1967.

22. C'est le magnat U.S. de l'édition Henry Luce qui a forgé cette expression en 1941, à la veille de l'entrée en guerre des

La montée de mouvements d'indépendance nationale pendant la guerre a affaibli encore davantage les empires capitalistes européens (et l'empire japonais, plus récent), qui ont ainsi perdu rapidement la vaste majorité de leurs colonies pendant les années suivantes. L'impérialisme U.S. s'est engouffré dans cette brèche et a rapidement accru ses intérêts économiques et son influence militaire dans toutes les anciennes colonies. Au même moment, Washington a conservé et renforcé son contrôle direct sur sa colonie de Porto Rico et sur de nombreuses autres îles des Caraïbes et du Pacifique. Il a consolidé sa domination économique et militaire déjà ancienne sur une série de régimes néocoloniaux en Amérique centrale et en Amérique du Sud, ainsi que dans son ancienne colonie des Philippines. Et il a transformé les possessions coloniales d'Hawaii et d'Alaska en États fédéraux, formalisant ainsi l'expansion des États-Unis en un État du Pacifique et de l'Arctique.

Mais ce « siècle américain » a commencé à décliner avant même d'avoir pu se développer. Un renforcement historique soutenu de Washington dans le monde aurait exigé de mettre fin à la chute des empires coloniaux européens. Un « siècle américain » se devait nécessairement d'être un nouveau siècle *impérialiste,* un nouveau siècle de domination du capital financier international. Il devait reposer sur une expansion du système impérialiste mondial,

---

États-Unis. Dans un éditorial de sa revue *Life,* il a écrit que le temps était venu « d'accepter de tout coeur le devoir et l'opportunité qui s'offrent à nous en tant que nation la plus puissante et la plus importante dans le monde et, en conséquence, d'exercer pleinement notre influence sur le monde, pour les buts que nous jugeons appropriés et par les moyens que nous jugeons appropriés. […] Le temps est maintenant venu d'être le phare d'où jaillissent tous les idéaux du monde. »

pas sur de nouvelles retraites et défaites. C'est seulement ainsi que la nouvelle position de domination des dirigeants U.S. sur leurs concurrents capitalistes aurait pu signifier un renforcement global de l'impérialisme mondial, qu'ils dominaient enfin et auquel leur propre sort était étroitement lié. Mais les possibilités qu'un tel résultat se réalisent ont commencé à s'estomper dès le milieu de la seconde guerre mondiale.

• Au début de 1943, la victoire sur l'impérialisme allemand à Stalingrad a signifié que les travailleurs soviétiques, conscrits et civils, avaient assuré la survie du premier et à l'époque du seul État ouvrier du monde.

• En 1945, la guérilla des Partisans dirigée par le Parti communiste de Yougoslavie a balayé l'armée d'occupation allemande et pris le pouvoir, ce qui a empêché l'établissement d'un régime bourgeois et ouvert la voie à l'établissement d'un gouvernement ouvrier et paysan. En 1947, les rapports sociaux capitalistes avaient été renversés et remplacés par la nationalisation de l'industrie, le monopole d'État sur le commerce extérieur et la planification de l'économie [23].

• L'armée soviétique a occupé l'Europe de l'Est au cours de sa contre-offensive de 1944-1945 contre l'invasion impérialiste de l'Axe. En 1949, les rapports de propriété capitalistes avaient été abolis en Albanie, en Allemagne de l'Est, en Bulgarie, en Hongrie, en Pologne, en Roumanie et en Tchécoslovaquie [24].

---

23. Pour un compte-rendu de l'établissement d'un gouvernement ouvrier et paysan en Yougoslavie, voir Georges Fyson et autres, *The Truth about Yugoslavia: Why Working People Should Oppose Intervention*, New York, Pathfinder, 1993.

24. Pour plus d'information sur le renversement du capitalisme en Europe de l'Est, voir Joseph Hansen et autres, *Class, Party,*

- En 1945-1946, une vague de grèves a empêché la classe des employeurs aux États-Unis d'atteindre son objectif de reprendre les gains réalisés par la classe ouvrière dans la deuxième moitié des années 30 [25]. Le mouvement ouvrier U.S. a été incapable de poursuivre ces batailles. Mais il a suffisamment freiné la réaction capitaliste pour laisser la porte ouverte au milieu des années 50 à une nouvelle montée de la lutte pour les droits des Noirs qui avait débuté dans les dernières années de la guerre. C'est cette dernière force sociale qui, plus que toute autre, a façonné la trajectoire politique de la lutte des classes aux États-Unis au cours des décennies suivantes. De plus, le mouvement « Rapatriez les soldats », qui s'est développé parmi les soldats U.S. à la fin de la seconde guerre mondiale, a empêché Washington de redéployer les soldats U.S. en Chine pour venir en aide au régime des capitalistes et des propriétaires terriens dans la guerre civile qui se développait [26].

- En 1949, la révolution chinoise a arraché le cinquième de la population mondiale à la domination impérialiste. Le nouveau régime des ouvriers et des paysans a réussi au début des années 50 à contrer les efforts de Washington pour réimposer la domination impérialiste sur la Corée

---

and State and the Eastern European Revolution, New York, Pathfinder, 1969.

25. Pour un compte-rendu de la montée des grèves au lendemain de la deuxième guerre mondiale, voir Art Preis, *Labor's Giant Step: The First Twenty Years of the CIO: 1936–55*, Pathfinder, 1964, 1972, p. 365 à 515 [Tirage 2022].

26. Pour une description du mouvement « Rapatriez les soldats » dans les derniers mois de la deuxième guerre mondiale, voir Mary-Alice Waters, « 1945: When U.S. troops said 'No' », *New International*, no 7, 1991.

du Nord et s'en servir comme tremplin pour renverser la révolution chinoise. En 1953, la dynamique de la mobilisation suscitée par la guerre de Corée a aussi conduit à l'instauration d'un État ouvrier en Chine.

- En 1954, les combattants pour la libération du Viêt-nam ont vaincu l'armée française soutenue par les États-Unis. En moins de deux ans, la nouvelle République démocratique du Viêt-nam est devenue un État ouvrier.
- En 1956, les forces conjointes franco-britanniques ont été incapables de conserver le contrôle du canal de Suez en Égypte ou de susciter chez elles l'appui des travailleurs pour cette opération. Avec cet échec, les alliés les plus puissants des États-Unis ont cessé complètement de jouer le moindre rôle central dans le maintien de l'ordre du système impérialiste mondial. C'est Washington qui allait devoir porter sur ses épaules la responsabilité de cette tâche contre-révolutionnaire internationale en maintenant des centaines de milliers de soldats dans des bases U.S. autour du globe.
- Au cours des décennies suivantes, le système colonial et impérialiste dominé par les USA a subi d'autres défaites : en Indochine, en Algérie, à Cuba, en Palestine, en Éthiopie, dans les anciennes colonies portugaises d'Afrique, en Iran, à Grenade, au Nicaragua et ailleurs.

Nouvelle phase du système impérialiste

L'issue de la seconde guerre mondiale a marqué l'ouverture d'une nouvelle étape de l'histoire du système impérialiste. Les dirigeants des États-Unis en sont sortis vainqueurs et dominants parmi les puissances impérialistes. Mais l'Union soviétique a survécu. Et au moment précis où Washington se trouvait au sommet de sa puissance d'après-guerre, l'impérialisme a commencé à subir de nouveaux revers, en particulier de la part de la révolution coloniale en ascension. Ces revers se sont poursuivis et élargis au cours des 45 années suivantes.

Les luttes pour la libération nationale et le socialisme se sont imbriquées encore davantage au lendemain de la seconde guerre mondiale, ce qui a renforcé la dynamique déclenché par la révolution d'octobre 1917 et son impact en Asie et ailleurs dans le monde colonial. En Chine, en Corée, au Viêt-nam et à Cuba, des luttes révolutionnaires contre la domination impérialiste, contre la tyrannie et pour une réforme agraire ont pris un cours anticapitaliste. Elles ont conduit à l'établissement de gouvernements ouvriers et paysans et se sont transformées en révolutions socialistes contre les exploiteurs capitalistes étrangers et locaux.

Au commencement des années 60, la victoire de la révolution cubaine a inauguré la révolution socialiste dans les Amériques, directement aux portes de l'impérialisme U.S. Dès le début, les dirigeants du nouvel État ouvrier ont cherché à mettre leur prestige politique et le pouvoir du gouvernement révolutionnaire au service de la lutte internationale contre l'impérialisme. Ils ont reconnu l'interaction croissante des luttes menées à l'échelle mondiale par les ouvriers et les paysans contre la domination impérialiste et l'exploitation capitaliste. Ils ont assumé l'entière responsabilité politique du rôle de guide joué par Cuba socialiste parmi les peuples exploités et opprimés — non seulement des Amériques, mais aussi d'Afrique, d'Asie et du Pacifique. Sur cette base, ils ont intégré Cuba dans le Mouvement des pays non alignés et dans sa direction.

Pendant sa première décennie, la révolution cubaine a subi de nombreux coups de la part de l'impérialisme et d'autres forces réactionnaires, y compris l'assassinat d'Ernesto Che Guevara en 1967. Malgré tout, à la fin de la dernière moitié des années 60, les dirigeants de la révolution cubaine avaient commencé à construire un parti communiste de masse regroupant l'avant-garde des ouvriers et des agriculteurs de Cuba. De plus, ils avaient aussi commencé à utiliser leur position à la tête d'un État ouvrier pour promouvoir une orientation politique qui a fait progresser le renouvellement de la direction communiste à l'échelle mondiale pour la première fois depuis la destruction stalinienne de l'Internationale communiste [27].

Il n'existe pas de substitut à l'impérialisme U.S.
Le monopole industriel acquis par l'impérialisme U.S. à l'issue de la guerre a rapidement commencé à s'éroder. Dès le début des années 50, les capitalistes japonais et ouest-allemands ont modernisé et accru leur capacité manufacturière plus rapidement que leurs rivaux des États-Unis. Cette situation a conduit au milieu des années 60 à une reprise de la concurrence des prix et a modifié le rapport de force économique au sein du marché capitaliste mondial.

Mais le déclin relatif de l'impérialisme U.S. depuis la fin de la deuxième guerre mondiale n'a pas renforcé ses concurrents impérialistes de l'Europe de l'Ouest, du Japon ou des autres pays. Il n'a pas non plus aidé aucun d'entre eux à commencer à établir sa propre prédominance dans le monde capitaliste.

---

27. Joseph Hansen a tiré certaines leçons des dix premières années de la révolution cubaine dans *Dynamics of the Cuban Revolution*. Voir aussi l'introduction de Mary-Alice Waters à *To Speak the Truth: Why Washington's 'Cold War' Against Cuba Doesn't End* de Fidel Castro et Ernesto Che Guevara, ainsi que *Che Guevara : l'économie et la politique dans la transition au socialisme* de Carlos Tablada. Les trois livres ont été publiés par les éditions Pathfinder.

Même si la concurrence pour les profits s'est accrue sur le marché mondial, les classes dominantes nationales rivales restent enchaînées les unes aux autres dans leur déclin et gardent les dirigeants capitalistes U.S. à leur tête. Ce qui les unit, c'est le besoin d'arrêter le déplacement inégal mais continu du rapport de force entre les classes à l'avantage des travailleurs et des agriculteurs depuis la deuxième guerre mondiale et celui d'accroître le taux d'exploitation du peuple travailleur dans leurs pays respectifs et à l'échelle internationale. En défendant ces objectifs communs, elles ne trouvent à l'intérieur de l'alliance impérialiste aucun substitut à la puissance militaire de Washington, à son poids économique ou au dollar comme devise de réserve internationale. Évidemment, les classes dominantes du Japon, de l'Allemagne et des autres pays impérialistes cherchent à promouvoir leurs intérêts propres sur le marché mondial, les unes contre les autres et contre les dirigeants U.S. et les monopoles appartenant à des intérêts U.S. Mais les avantages ainsi obtenus ne sont que temporaires et partiels lorsqu'on les évalue politiquement par rapport à l'affaiblissement de l'ensemble du système impérialiste.

Il s'agit là d'une situation nouvelle dans l'histoire du capitalisme mondial. Le déclin de la domination économique, monétaire, politique et militaire de chacune des puissances impériales avait ouvert la voie à un successeur déjà bien préparé. Ces transitions s'étaient accompagnées d'alliances changeantes et de guerres entre les régimes en ascension et ceux en déclin. Le vainqueur devenait le centre de nouvelles alliances militaires et politiques. Ses produits d'exportation dominaient le marché mondial et sa monnaie, la finance mondiale.

Aux seizième et dix-septième siècles, grâce à une expansion coloniale brutale dans les Amériques et en Asie, les empires espagnol et hollandais ont réussi à accumuler une grande partie de la richesse qui a soutenu les premières poussées de croissance du capitalisme. Au dix-huitième siècle, la Grande-Bretagne et la France les ont remplacés. Le capital agricole, bancaire et manufacturier britannique avait créé avant la fin du siècle les conditions qui lui ont permis de dominer le capitalisme mondial (même si à des degrés qui ont varié) pendant près d'un siècle et demi avant de céder la voie à Wall Street et à Washington.

L'absence d'alternative à la prédominance des États-Unis aujourd'hui est une manifestation de la faiblesse sans issue du système de domination impérialiste du capital financier. Les décisions politiques prises par la classe dominante aux États-Unis n'émanent pas de la direction internationale d'une classe sociale en ascension. Ce sont les tactiques de survie pragmatiques d'une classe sociale riche et puissante, mais en déclin, à la tête d'un empire en décadence. Les familles capitalistes dominantes ne possèdent aucune vision historique ni aucune perspective leur permettant de diriger la société. Elles n'ont pas de stratégies à long terme. Elles prennent des décisions à court terme pour régler les problèmes immédiats, attendent de voir ce qui arrive et s'attaquent aux nouveaux problèmes — qui sont toujours inattendus — quand la défense de leurs profits et de leurs prérogatives l'exige.

Ces familles dominantes n'ont aucune « nouvelle idée » ni aucune « solution » à la crise qui affecte leur système social. Elles ne choisissent pas les dirigeants dont elles ont « besoin », mais les dirigeants qu'elles sont capables de produire. Elles se fient à leur poids économique national ; à la corruption et à la servilité que celle-ci leur permet d'acheter, y compris parmi de larges couches de la classe ouvrière ; à leur puissance militaire ; à leur monopole du pouvoir d'État ; et à la violence légale et extralégale qu'elles déchaînent contre ceux qui résistent à l'exploitation et à l'oppression. Dans ce contexte, les propagandistes, les universitaires et les porte-parole des dirigeants capitalistes ne produisent pas d'« idées », mais des rationalisations idéologiques épaulées par la force du fait existant.

La puissance militaire stratégique des États-Unis

Les forces armées U.S. sont la colonne vertébrale de l'Organisation du traité de l'Atlantique Nord (OTAN) et d'alliances militaires avec le Japon, l'Australie et la Nouvelle-Zélande impérialistes. Elles constituent aussi l'ultime rempart des régimes israélien et sud-africain, ces bastions de l'impérialisme au Moyen-Orient et en Afrique australe. Washington possède 63 pour cent du tonnage naval, 46 pour cent des chasseurs à réaction stationnés au sol, 91 pour cent de ceux qui sont en mer et 39 pour cent des troupes terrestres du monde impérialiste.

Mais la prédominance militaire internationale des dirigeants U.S. ne découle pas simplement du fait d'être la puissance stratégique la plus massivement armée au sein d'un système d'alliances militaires avec d'autres gouvernements impérialistes. Washington se distingue également de l'impérialisme britannique à son apogée par le fait qu'il ne compte pas d'abord sur sa position incontestée de puissance maritime dominante dans le monde. À la différence de tous ses prédécesseurs, l'impérialisme U.S. déploie sa force militaire *directement* dans toutes les parties du monde.

Le quart de toutes les forces U.S., soit quelque 550 000 soldats, se retrouve dans près de 400 installations militaires

U.S. en Europe de l'Ouest, au Moyen-Orient, en Afrique, dans l'océan Indien, au Japon, aux Philippines, en Corée du Sud, en Australie, dans les îles du Pacifique, au Panama, à Porto Rico et dans la baie de Guantánamo à Cuba. Sept à huit pour cent des forces U.S. — environ 180 000 soldats — sillonnent en bateau le golfe Persique et le reste du monde. On trouve 5 des 18 divisions militaires permanentes des États-Unis en Europe de l'Ouest, de même que 277 bases ou installations U.S. réparties de l'Islande à la Grande-Bretagne et à travers tout le continent jusqu'en Turquie[28].

Au début des années 50, l'État ouvrier soviétique avait commencé à construire un arsenal nucléaire afin de briser le monopole soigneusement bâti par Washington dans

---

28. Depuis la désintégration au début des années 90 du Pacte de Varsovie, l'alliance militaire dominée par Moscou, Washington a réduit la taille de ses forces armées à l'étranger, en particulier en Europe. Les capitalistes U.S. ont en même temps insisté davantage pour que leurs rivaux en Europe et au Japon prennent plus de responsabilités financières et de risques politiques pour défendre les intérêts impérialistes dans le monde. L'impérialisme U.S. demeure cependant bien déterminé à maintenir sa domination militaire globale, y compris en déployant des troupes et du matériel U.S. sur tous les continents, principaux océans et grandes mers.

Depuis 1987, les forces armées U.S. ont réduit le nombre de soldats actifs de plus de 20 pour cent. Le nombre de ceux qui sont basés à l'étranger a chuté de plus d'un demi-million à environ 306 000, ce qui représente une baisse de 25 à 18 pour cent du personnel militaire. Deux divisions de l'armée U.S. sont présentement situées en Europe, tandis que la sixième flotte opère en Méditerranée. En Asie, l'infanterie U.S. maintient des divisions dans le Pacifique et à la base d'Okinawa. La septième flotte se trouve dans l'océan Indien. L'armée U.S. a aussi des divisions en Corée du Sud et à Hawaii.

les années qui ont immédiatement suivi la deuxième guerre mondiale. À l'inverse, les concurrents les plus puissants de l'impérialisme U.S. sur le plan économique, le Japon et l'Allemagne de l'Ouest, ne peuvent acquérir d'arsenal nucléaire pour des raisons historiques et politiques. Toute tentative par l'Allemagne de se doter d'armes nucléaires mènerait à une confrontation avec l'Union soviétique et à un bouleversement social dans toute l'Europe de l'Ouest. Au Japon, dont la population a été la première victime de l'horreur des armes atomiques aux mains des dirigeants U.S., toute initiative pour acquérir un arsenal nucléaire créerait des divisions susceptibles de pousser le pays au bord de la guerre civile.

Les impérialistes britanniques et français possèdent leur propre arsenal nucléaire, de même que le régime israélien. Les dirigeants du régime d'apartheid en Afrique du Sud ont également quelques armes nucléaires. En dépit du danger tout à fait réel que ces arsenaux de moindre importance représentent pour le peuple travailleur du monde entier, ils n'atténuent pas le fait que l'ensemble du système impérialiste dépend des armes nucléaires stratégiques et des systèmes de lancement de Washington.

Même si les tensions économiques s'accroissent entre les classes dirigeantes rivales et leurs États nationaux, la suprématie militaire des États-Unis exclut que des conflits interimpérialistes comme les première et deuxième guerres mondiales se répètent [29]. De plus, les impérialistes

---

29. Sur le changement fondamental dans la situation politique mondiale d'après-guerre qui a remis sur la table la possibilité de guerres interimpérialistes, voir « La marche de l'impérialisme vers le fascisme et la guerre » plus loin dans ce numéro, ainsi que le principal article du quatrième numéro de *Nouvelle Internationale,* « Les premières salves de la troisième guerre mondiale ».

connaissent le prix payé par le capital financier international pour les deux précédents conflits mondiaux : la révolution russe ; la révolution chinoise ; le renversement des rapports de propriété capitalistes en Europe de l'Est, en Corée du Nord, en Chine et au Viêt-nam ; et les luttes de libération nationale qui ont explosé en Asie, dans le Pacifique, en Afrique, en Amérique du Sud, en Amérique centrale et dans les Caraïbes.

De plus, la parité nucléaire avec l'Union soviétique oblige aussi les impérialistes à renoncer pour toute la prochaine période à leur objectif historique de renverser les États ouvriers et d'y rétablir l'exploitation capitaliste de la population.

Au lieu de cela, pour contenir la révolution mondiale au cours des 40 dernières années, l'impérialisme a avant tout consacré ses efforts à imposer son ordre en Asie, dans le Pacifique, en Afrique, en Amérique Latine et dans les Caraïbes. C'est dans les pays coloniaux et semi-coloniaux que l'impérialisme a déployé la puissance militaire la plus massive et la plus brutale depuis la deuxième guerre mondiale : en Corée, en Algérie, au Kenya, en République dominicaine, au Viêt-nam, en Angola, en Palestine, en Irlande, au Nicaragua, au Congo, au canal de Suez, dans le golfe Persique, à Grenade et en Nouvelle-Calédonie.

Toutes les classes dirigeantes impérialistes dépendent de la présence massive de forces terrestres, aériennes ou navales U.S. sur chaque continent et dans chaque océan pour maintenir l'ordre capitaliste mondial contre les ouvriers et les paysans qui luttent pour la libération nationale et la justice sociale. Seuls quelques-uns des alliés impérialistes de Washington jouent encore un rôle militaire direct dans cet effort contre-révolutionnaire. Encore ne le font-ils que dans les régions proches de leurs propres frontières ou dans les régions encore récemment sous leur domination coloniale ou qui le sont toujours. C'est ainsi que la France opère brutalement au Tchad et dans quelques-unes de ses anciennes colonies africaines, en Nouvelle-Calédonie et dans ses colonies du Pacifique et des Caraïbes (Tahiti, Guadeloupe, Martinique et Guyane). La Grande-Bretagne agit de même aux Malouines et en Irlande ; Israël, dans les pays arabes qui entourent la niche qu'il occupe au Moyen-Orient ; et l'Afrique du Sud, en Namibie, en Angola, au Mozambique et ailleurs en Afrique australe.

Même dans ces cas, la puissance militaire U.S. joue un rôle décisif dès que les conflits prennent de l'ampleur. Sans l'engagement militaire direct de Washington au niveau du transport, de la logistique, des armes et du renseignement, l'impérialisme britannique n'aurait pu par exemple mener, et encore moins gagner, la guerre pour conserver les Malouines. C'est pour cette raison que la reine d'Angleterre a décoré en 1987 l'ancien secrétaire d'État à la Défense des États-Unis, Caspar Weinberger. Ce sont des obstacles politiques qui ont empêché les États-Unis d'envoyer une aide massive au régime d'apartheid sud-africain dans le sud de l'Angola, où Pretoria n'a pas pu résister militairement aux forces combinées des volontaires cubains, de l'armée angolaise, de l'Organisation du peuple du Sud-Ouest africain (SWAPO) et du Congrès national africain (ANC).

Après avoir perdu leurs dernières possessions coloniales au cours des années 60 et 70, un certain nombre de pays capitalistes européens en ont été réduits dans le tiers monde à un rôle militaire secondaire ou sans indépendance par rapport aux principales puissances impérialistes. C'est le cas par exemple des classes dominantes belge et portugaise. Ces pays participent maintenant à la défense des intérêts capitalistes dans le monde principalement en se faisant les complices politiques et militaires des opérations ouvertes ou voilées des États-Unis. D'autres pays impérialistes plus petits, dont certains n'ont jamais possédé leurs propres colonies, jouent le même rôle.

De plus, parmi les États néocoloniaux fantoches de l'impérialisme, même les plus fortement armés et les plus serviles politiquement ne sont pas et ne peuvent pas servir de substituts militaires fiables à Washington. On a assisté par exemple au cours de la dernière décennie au renversement du shah d'Iran, à la fin de la dictature Marcos aux Philippines, à l'instabilité croissante du régime en Corée du Sud, à la crise de la dette qui a secoué les gouvernements du Brésil et de l'Argentine, et à la crise politique et économique qui menace d'empêcher la classe dominante mexicaine de jouer un quelconque rôle stable.

SEULES LES FORCES MILITAIRES de l'impérialisme U.S. sont capables de patrouiller toutes les régions du monde. Washington peut et va continuer de faire pression sur ses alliés pour qu'ils assument une plus grande part des coûts de cet effort militaire croissant. Il doit et va se retirer des positions militaires avancées autour du globe qui sont financièrement et politiquement de moins en moins soutenables. Mais ceci ne changera pas fondamentalement l'équation militaire entre les puissances impérialistes. Tout en continuant d'être repoussées par les progrès de la révolution mondiale, les classes dominantes impérialistes n'abandonneront jamais leurs efforts pour maintenir la plus grande portion possible du globe dans le giron de l'exploitation capitaliste.

L'approfondissement de la crise économique va accroître les pressions impérialistes vers la guerre, à mesure que les travailleurs et les paysans organiseront des luttes pour se défendre face aux attaques croissantes contre leurs conditions sociales et leur souveraineté nationale. Depuis la deuxième guerre mondiale, les victoires les plus décisives pour la révolution mondiale ont toutes eu lieu dans des pays semi-coloniaux. Les guerres — même victorieuses — qu'ont livrées les impérialistes dans ces pays n'ont pas renversé le déclin fondamental de leur système mondial et ne leur ont pas apporté non plus de stabilité à long terme. Les victoires sanglantes remportées par le capital financier international dans le tiers monde ne l'ont pas mis en meilleure position pour renverser les États ouvriers où les rapports de propriété capitalistes ont été abolis.

De plus, aux États-Unis mêmes, la défaite historique de Washington au Viêt-nam a sérieusement miné le soutien du peuple travailleur à de telles agressions militaires. Elle renforce la même attitude dans les autres pays impérialistes. Elle crée des obstacles importants à l'utilisation par l'impérialisme de sa puissance militaire en Amérique centrale et dans les Caraïbes, dans le reste des Amériques, en Asie, dans le Pacifique et en Afrique.

En plus de cela, l'opposition aux armes nucléaires n'a cessé de croître parmi le peuple travailleur, particulièrement en Europe de l'Ouest, mais aussi aux États-Unis et dans les autres pays impérialistes. Cette opposition est devenue un facteur politique objectif très puissant qui limite encore plus les options militaires de Washington et de ses alliés. Elle menace les impérialistes de réactions explosives et inattendues lors du déploiement d'armes et de systèmes de lancement nucléaires ou de mouvements de navires et de sous-marins porteurs d'armes nucléaires.

La puissance économique U.S. et le dollar
En plus de la puissance militaire de Washington, la taille et le poids gigantesques du marché et de la capacité de production des États-Unis excluent toute possibilité de trouver un remplaçant à la prédominance impérialiste U.S. dans le monde capitaliste. Les conditions de production, de finance et de commerce qui prévalent aux États-Unis sont le principal facteur qui détermine la direction et les tendances de l'ensemble de l'économie capitaliste internationale. On ne peut dire rien de semblable d'aucun autre pays impérialiste.

Le déclin relatif de l'impérialisme U.S. rend toutes les économies impérialistes plus vulnérables face à des crises partielles. Aucune autre puissance n'a cependant l'ampleur économique nécessaire pour lui faire contrepoids et sauvegarder l'équilibre du système capitaliste mondial.

Malgré la fin rapide du monopole industriel que l'impérialisme U.S. avait acquis à l'issue de la seconde guerre mondiale, la production annuelle du capitalisme U.S. reste trois fois plus grande que celle de son concurrent le plus immédiat, le Japon. La part U.S. des exportations mondiales est passée de 15 pour cent au début des années 60 à près de 11 pour cent au milieu des années 80. Mais ces chiffres fréquemment cités exagèrent l'érosion de la puissance économique des États-Unis. Ils ne tiennent pas compte en effet des marchandises produites et exportées par les manufactures U.S. situées dans les autres pays.

Les compagnies possédées par des intérêts U.S. produisent aujourd'hui 17 pour cent des exportations mondiales, à peu près autant qu'il y a 20 ans. En 1985 par exemple, les filiales U.S. situées dans d'autres pays ont vendu des biens d'une valeur de 410 milliards de dollars à des acheteurs locaux et ont exporté pour 294 milliards. Les exportations faites des États-Unis mêmes se sont quant à elles élevées à 216 milliards. La grande majorité des marchandises produites aux États-Unis se vendent aux États-Unis mêmes et le capital U.S. a souvent jugé plus rentable de produire à l'extérieur de ses frontières pour vendre sur les marchés étrangers[30].

On peut mesurer la taille énorme de l'économie U.S. par la quantité de ce qu'elle achète et vend. Le marché U.S. absorbe à lui seul quelque 25 pour cent des biens importés par l'ensemble de tous les pays impérialistes. Les États-Unis par exemple représentent la moitié du marché international des appareils électroniques domestiques et de 25 à 30 pour cent des achats mondiaux de pièces automobiles.

La puissance économique de l'impérialisme U.S. fait la force du dollar et rend impossible de le remplacer comme devise de réserve mondiale dans le commerce et la finance capitalistes. Fin 1987, plus des deux tiers

---

30. Comme on pourra le constater dans l'article de 1994 publié plus loin dans ce numéro, l'offensive de l'impérialisme U.S. pour réduire ses coûts lui a permis depuis la fin des années 80 de reprendre son avance sur ses rivaux impérialistes. De 1985 à 1994, la part du marché mondial des exportations détenue par les capitalistes U.S. (sans compter les exportations faites par les filiales U.S. à l'étranger) est passée de 11 à 14 pour cent, alors que les parts du marché mondial détenues respectivement par le Japon, l'Allemagne et d'autres membres de l'Union européenne ont toutes chuté.

des réserves de devises étrangères de tous les gouvernements dans le monde étaient détenus en dollars U.S., contre 15 pour cent en marks allemands et 7 pour cent en yens japonais [31].

Les dirigeants U.S. parviennent même à brandir le déclin historique du dollar contre leurs rivaux impérialistes avec qui ils sont en concurrence économique. En 1987 par exemple, les banques centrales des autres gouvernements impérialistes ont acheté jusqu'à 130 milliards de dollars pour soutenir la devise U.S. alors en dégringolade et défendre ainsi la compétitivité de leurs propres exportations. Si l'on tient compte des dollars achetés au cours des années précédentes, Tokyo, Bonn, Londres et les autres rivaux de l'impérialisme U.S. se sont retrouvés à la fin de 1987 avec plus de 450 milliards en pleine dépréciation sur les bras. Mais pour les rivaux de Washington, cela valait mieux que de laisser le dollar tomber en chute libre et mettre ainsi en danger l'ensemble du système monétaire international.

EN CE SENS, LE CAPITALISME U.S. réussit à utiliser son poids économique pour faire pression sur ses concurrents et consolider ainsi sa position dominante, bien que déclinante, dans le partage international de la plus-value produite par les travailleurs du monde. Les concurrents de la classe dominante U.S. ont mobilisé leur propre capital national pour aider à accumuler plus de capital aux États-Unis. C'est une des façons de fonctionner de la concurrence interimpérialiste aujourd'hui, en même temps que Wall

---

31. À la fin de 1993, environ 61 pour cent des réserves étaient détenues en dollars, le mark allemand et le yen japonais ayant très peu progressé depuis 1987.

Street et Washington conservent leur position dominante et que les conflits croissants entre les classes dominantes rivales ne peuvent être résolus par la guerre comme ils l'ont été par deux fois déjà au cours de ce siècle.

Les accords conclus entre les 12 gouvernements de l'Europe de l'Ouest qui forment la Communauté économique européenne (CÉE), plus communément appelée Marché commun européen, ne peuvent pas substantiellement modifier ce rapport de force entre les puissances capitalistes. La CÉE prévoit supprimer d'ici 1992 toutes les barrières intérieures restreignant le mouvement des marchandises, de la main-d'oeuvre et des capitaux, ce qui aura pour effet de créer un marché commun de quelque 350 millions de personnes. Mais l'échéance de 1992 est déjà remise en cause par les manoeuvres d'intérêts capitalistes rivaux cherchant à protéger leurs propres profits.

La prochaine récession mondiale ou explosion inflationniste, sans parler d'une crise économique et sociale peut-être plus désastreuse encore, va intensifier et non réduire la concurrence entre les 12 classes dominantes européennes. Les capitaux nationaux rivaux n'abandonneront pas leurs États respectifs, qui protègent leurs intérêts contre leurs concurrents et par-dessus tout contre le peuple travailleur dont le travail les enrichit.

Sans un État européen commun, il ne peut y avoir de monnaie commune capable de rivaliser avec le dollar, ni de politique monétaire et financière commune. Quels que soient leurs efforts pour créer un marché européen plus large pour leurs marchandises et leurs capitaux, les exploiteurs allemands n'hypothéqueront jamais leurs profits en les soumettant à ceux de l'économie française, les exploiteurs français à ceux de l'économie britannique et les exploiteurs britanniques à ceux des économies portugaise, danoise, espagnole ou grecque. Il n'y a donc aucune devise européenne capable de supplanter ces diverses « espèces sonnantes et trébuchantes », encore moins de remplacer le dollar comme unité monétaire de réserve internationale.

De leur côté, les dirigeants U.S. répondent déjà à la perspective d'une plus grande concurrence de la part d'un marché commun européen en mettant de l'avant leur propre marché commun avec les capitalistes canadiens. Le capital financier U.S. essaie aussi d'utiliser le fardeau de la dette du Mexique pour forcer la main au gouvernement de ce pays semi-colonial — déjà le troisième plus important marché pour les exportations U.S. — et le forcer à ouvrir ses portes encore plus grandes à la pénétration et à la domination impérialistes des États-Unis [32].

Les conséquences de l'expansion d'après-guerre et de la pénétration internationale du capital sur la structure de classe du monde capitaliste

Dans les dernières années de la seconde guerre mondiale, le rapport de force entre les classes à l'échelle internationale s'est modifié au détriment de l'impérialisme. Depuis, les masses travailleuses d'Asie, du Pacifique, d'Afrique et des Amériques ont remporté d'importantes victoires. Dans quelques pays semi-coloniaux, le peuple travailleur a mené des luttes révolutionnaires qui ont

---

32. Bien que les barrières formelles aux échanges commerciaux au sein de la Communauté européenne aient été éliminées le 1er janvier 1994, l'établissement d'une monnaie commune a été reporté de cinq ans. Londres et Copenhague ont même obtenu à l'avance le droit de s'en retirer. L'Accord de libre-échange nord-américain, une entente signée par les gouvernements du Canada, des États-Unis et du Mexique pour réduire les tarifs et autres barrières à la circulation transfrontalières des marchandises et des capitaux, est aussi entré en vigueur le 1er janvier 1994.

établi des gouvernements ouvriers et paysans, mis fin à la domination impérialiste et conduit au bout de quelques années à l'expropriation des propriétaires fonciers et des capitalistes.

Cuba est l'exemple même des gains que cette orientation socialiste rend possibles. Le développement économique et social de Cuba contraste non seulement de manière radicale avec le reste de l'Amérique latine et des autres pays du tiers monde, mais les dirigeants de la révolution cubaine ont joué un rôle décisif pour initier le renouvellement de la direction communiste à l'échelle mondiale. Ces progrès se sont faits malgré les obstacles énormes causés par l'héritage de siècles d'oppression coloniale et semi-coloniale et les pressions économiques et militaires incessantes de l'impérialisme.

Mais l'écrasante majorité des pays du monde semi-colonial est toujours dominée par le marché capitaliste mondial et opprimée par le système impérialiste. La plupart de ces pays sont subjugués par des gouvernements néocoloniaux qui représentent les classes exploiteuses locales, elles-mêmes asservies à l'impérialisme à des degrés variés. Le fonctionnement de la loi de la valeur et les politiques du capital financier et de ses différents pouvoirs d'État ont maintenu et renforcé la division du monde capitaliste entre une poignée de pays impérialistes et la grande majorité des pays qu'ils oppriment et exploitent. Lénine, puis l'Internationale communiste, ont les premiers attiré l'attention sur ce phénomène.

Depuis la deuxième guerre mondiale, il y a eu une expansion de la production manufacturière et une différentiation substantielle des rythmes de développement dans les pays semi-coloniaux, ce qui a conduit dans quelques cas à une industrialisation significative. En dépit de ces changements, pas un seul de ces pays semi-coloniaux ne s'est transformé en État impérialiste industrialisé, même secondaire.

Les pays opprimés d'Asie, d'Afrique, du Pacifique et des Amériques

La grande majorité du peuple travailleur des pays coloniaux et semi-coloniaux continue à travailler la terre. Dans les pays opprimés d'Afrique et d'Asie, plus des deux tiers de la population habitent et travaillent toujours à la campagne. Pour l'ensemble de l'Amérique latine et des Caraïbes, la proportion n'est que d'un tiers, mais beaucoup de pays de cette région ont toujours de 40 à 70 pour cent de leur population dans les régions rurales (Barbade, Bolivie, Costa Rica, Équateur, Guatemala, Haïti, Honduras, Nicaragua, Paraguay, République dominicaine, Salvador et d'autres encore). Les denrées agricoles et les matières premières représentent près de 80 pour cent des recettes d'exportation des pays semi-coloniaux, par opposition à moins de 25 pour cent dans les pays impérialistes.

Dans beaucoup de pays opprimés, la majorité des producteurs ruraux sont asservis à des chefs de village ou à de riches familles terriennes et travaillent la terre dans des conditions semi-féodales ou d'un autre caractère précapitaliste ou semi-capitaliste. Dans d'autres pays, des « réformes agraires » bourgeoises ont soumis les producteurs à des formes d'exploitation plus directement capitalistes. Des travailleurs salariés travaillent pour une bouchée de pain sur des plantations appartenant à des propriétaires terriens locaux ou à des compagnies impérialistes, tout en arrachant tout juste de quoi survivre d'un petit lopin de terre. Des fermiers paient une rente en argent à ces mêmes propriétaires fonciers qui les exploitent. Et des producteurs marchands indépendants travaillent comme des esclaves de la dette pour des capitalistes nationaux ou étrangers qui leur prêtent de l'argent et détiennent leur terre en hypothèque, leur vendent de quoi la cultiver et achètent leur production pour la revendre avec profit.

Peu importe la forme que prend l'exploitation de ces travailleurs ruraux, une part croissante de la richesse produite par leur travail finit dans les mains du capital financier impérialiste. Parfois, les propriétaires de la terre sont eux-mêmes des sociétés capitalistes des États-Unis, du Canada, d'Europe de l'Ouest, du Japon, d'Australie ou de Nouvelle-Zélande. Dans le cas de denrées comme le café, le coton, le cacao, les ananas, le thé, les bananes et le sucre, de trois à six monopoles appartenant à des intérêts impérialistes contrôlent de 60 à 90 pour cent du commerce mondial. Et même une grande partie de la richesse initialement arrachée aux travailleurs par les capitalistes et les propriétaires terriens locaux finit par quitter ces pays par le biais du paiement des intérêts de la dette et des relations commerciales inégales et vient s'ajouter aux surprofits que réalise l'impérialisme.

Deux processus s'imbriquent l'un à l'autre dans le monde semi-colonial. Des millions de producteurs continuent à passer de rapports sociaux pré-capitalistes sur la terre au système capitaliste de rente et d'hypothèque et au travail salarié rural. Au même moment, des millions d'autres quittent la terre pour aller vivre dans des bidonvilles engorgés, où ils s'intègrent à un prolétariat urbain grandissant. De là, beaucoup émigrent à la recherche de travail vers les pays semi-coloniaux économiquement plus avancés ou vers les centres impérialistes.

Dans beaucoup de ces pays, l'expansion de l'industrie et du commerce a aussi créé un prolétariat urbain salarié qui grandit. Les travailleurs, dont les salaires et les conditions de vie sont en moyenne bien inférieurs à ceux des travailleurs de n'importe quel pays impérialiste, ont formé des syndicats. Plusieurs d'entre eux sont devenus des combattants expérimentés dans les luttes ouvrières et politiques.

Des couches de capitalistes dans certaines parties du tiers monde ont pu se créer une place au sein du marché capitaliste international dans le domaine des biens manufacturés — non seulement dans le domaine des biens de consommation courants et durables, mais aussi dans ceux de l'acier, de l'automobile, des camions, des ordinateurs et des navires. Mais on n'a vu dans aucun de ces pays se développer un marché domestique capable d'absorber une portion significative de ce que produisent les industriels locaux. La majorité, en général la grande majorité, des travailleurs et des paysans a un niveau de vie tellement bas que le marché à la consommation formé par la bourgeoisie et une classe moyenne relativement petite est loin de pouvoir absorber cette production. La majorité des travailleurs et des paysans ne font souvent pas partie des secteurs modernes de l'économie, ni pleinement partie d'une structure de classe moderne.

Contrairement aux puissances impérialistes, la plupart des pays à structure économique semi-coloniale n'ont même pas un prix de marché de gros unique pour la plupart des denrées agricoles, ni un taux de profit industriel moyen unique pour les capitalistes locaux. Dans la mesure où ils existent, les bourses et les marchés des valeurs mobilières n'y jouent pas encore le rôle décrit par Engels, qui est de centraliser l'accumulation et la répartition du capital agricole, industriel et commercial national. Il s'agit d'un obstacle à la mobilisation des différents secteurs locaux du capital national sur une échelle assez grande pour soutenir un développement économique comparable à celui des pays capitalistes avancés.

La presse du grand capital a fait beaucoup de bruit autour de la poignée de pays semi-coloniaux en Amérique Latine et en Asie (Brésil, Corée du Sud, Hong Kong, Mexique, Singapour et Taiwan) qui ont réussi à accroître d'un petit pourcentage leur part de la production industrielle mondiale au cours des 40 années qui ont suivi la seconde guerre mondiale. Mais la part totale des autres pays semi-coloniaux dans la production industrielle mondiale a baissé au cours de la même période. De plus, même dans les pays soi-disant en voie d'industrialisation, les conditions économiques et sociales du peuple travailleur limitent radicalement le marché domestique.

Par exemple, dans les usines d'assemblage (*maquiladoras*) appartenant à des impérialistes U.S. et d'ailleurs, que l'on voit se multiplier et qui sont censées « développer » le nord du Mexique, les travailleurs reçoivent de 3 à 5 $ par jour. Au Brésil et en Corée du Sud, le salaire moyen des travailleurs d'usine est nettement inférieur à 1,50 $ de l'heure [33]. C'est la dépossession de la paysannerie et la surexploitation d'un prolétariat grandissant qui ont assuré l'expansion de l'industrie manufacturière dans ces pays en réduisant le salaire moyen, et non pas le développement d'une large classe

---

33. À la fin des années 80 et au début des années 90, une vague de grèves très dures en Corée du Sud a entraîné une augmentation des salaires industriels de plus de 55 pour cent de 1987 à 1991. Les salaires industriels au Brésil continuent de baisser. Ils ont terminé les années 80 à des niveaux inférieurs à ceux du début de la décennie. Les augmentations de salaires ont ralenti en 1993 en Corée du Sud et le nombre de grèves industrielles en 1994 a atteint son plus bas niveaux depuis 1987.

ouvrière capable d'acheter un large éventail de biens de consommation courants et durables.

L ES SOI-DISANT « RÉFORMES AGRAIRES » mises en oeuvre par des gouvernements néocoloniaux n'ont donné lieu dans aucun cas à une large redistribution de la terre ou à l'octroi par l'État de crédit à bon marché. Aucun de ces pays n'a donc vu se développer une grande classe moderne de petits agriculteurs dont le revenu et le niveau de vie moyens se comparent à ceux d'ouvriers qualifiés. On a plutôt vu se créer une mince couche d'agriculteurs aisés et augmenter la surexploitation, l'expropriation et l'appauvrissement de la majorité des producteurs agricoles.

L'absence d'un grand marché domestique désavantage sérieusement les capitalistes de ces pays face à la concurrence commerciale croissante sur le marché mondial. Elle rend l'économie de ces pays particulièrement vulnérable à l'inflation, aux récessions, aux fluctuations monétaires, aux restrictions commerciales et aux autres facteurs qui réduisent de façon importante la demande d'importations dans le monde capitaliste. Mais l'impérialisme n'en continue pas moins d'orienter de plus en plus rapidement l'agriculture et l'industrie vers l'exportation, aussi bien dans les secteurs à propriété nationale qu'étrangère. Les pays semi-coloniaux, dont la plupart disposaient au début d'importantes superficies de terres fertiles et d'abondantes ressources forestières et aquatiques, sont devenus des importateurs de nourriture, de vêtements et d'autres produits de première nécessité.

Les monopoles appartenant aux impérialistes font des profits sur les deux tableaux : sur le front des exportations, dont ils contrôlent la distribution, le transport, les assurances et le financement ; et sur celui des biens de consommation et des produits industriels, que les pays du tiers monde doivent importer. La plupart des gouvernements néocoloniaux développent des zones dites franches. Les compagnies appartenant à des intérêts impérialistes peuvent y exploiter les travailleurs pratiquement sans la moindre réglementation. Elles paient peu d'impôts, lorsqu'elles en paient, sur les profits qu'elles tirent des travailleurs. Le capital financier encourage aussi dans plusieurs de ces pays le tourisme à grande échelle orienté vers les visiteurs venant des centres impérialistes. C'est un tourisme dominé par des cartels de monopoles nationaux et étrangers qui contrôlent les hôtels, les restaurants, le jeu, la drogue et la prostitution.

Au cours de la dernière décennie, les banquiers impérialistes et les agences internationales de financement ont introduit des distorsions encore plus importantes dans les structures économiques des pays du tiers monde afin de stimuler les recettes du tourisme et des exportations qui peuvent servir au paiement des intérêts de la dette extérieure croissante. Les projets de « développement » parrainés par l'impérialisme ont conduit à l'utilisation abusive des terres agricoles et à la coupe à ras de forêts entières. Là se trouve la cause réelle des progrès du Sahara qui détruit beaucoup de terres agricoles autrefois cultivables dans le nord de l'Afrique, de la menace croissante qui pèse sur les forêts et les rivières d'Amérique centrale, de la déforestation quasi totale d'Haïti et de la destruction accélérée des forêts tropicales au Brésil.

La dette croissante est un piège qui exacerbe chaque aspect de la domination impérialiste sur les pays opprimés. Elle empêche tout développement économique et condamne des centaines de millions de personnes — la grande majorité de la population laborieuse du monde capitaliste — à des conditions économiques et sociales brutales.

• Alors que 85 pour cent des personnes vivant dans le monde capitaliste habitent dans les pays semi-coloniaux, elles ne reçoivent qu'environ 20 pour cent de ses revenus totaux.

• Plus de 60 pour cent de la population mondiale vit sans électricité.

• Sur le continent africain, plus des deux tiers de la population sont analphabètes. Ce chiffre s'élève à plus de 90 pour cent dans quelques pays. Dans les pays opprimés d'Asie, environ 40 pour cent des adultes ne peuvent ni lire ni écrire. Ce chiffre atteint encore une fois plus de 80 pour cent dans plusieurs cas. En Amérique du Sud et en Amérique centrale, l'analphabétisme frappe environ le quart de la population. Il dépasse 40 pour cent dans plusieurs pays.

• La mortalité infantile s'élève en moyenne aux États-Unis à 11 décès pour 1 000 naissances pendant la première année de vie. Elle est en moyenne de 125 pour 1 000 sur le continent africain, mais dépasse 200 dans plusieurs pays. Dans les pays semi-coloniaux d'Asie, le taux se situe à environ 90 par 1 000 naissances. Plusieurs pays d'Asie ont des taux dépassant 200. En Amérique centrale et en Amérique du Sud, la moyenne est de 50 décès pour 1 000 naissances. Elle dépasse 100 dans quelques pays.

• Chaque année, cinq millions d'enfants meurent de la diarrhée et deux millions de la rougeole, l'écrasante majorité d'entre eux dans le tiers monde.

• La consommation calorique de la population des pays semi-coloniaux est en moyenne 36 pour cent inférieure à celle des États-Unis ; la consommation quotidienne de protéines, de plus de 45 pour cent. Chaque année, deux millions de personnes meurent de faim dans le monde.

Les États-Unis et les autres pays impérialistes

La force de travail a plus que doublé aux États-Unis depuis le début de la deuxième guerre mondiale. La structure et la composition de la population ouvrière ont changé qualitativement depuis la grande dépression.

• En réponse à la demande de force de travail créée par l'expansion massive de la production associée aux besoins de l'armée pendant la deuxième guerre mondiale, des millions de gens ont quitté les campagnes dévastées par deux décennies de conditions de dépression. Ce mouvement s'est traduit par une chute de 20 pour cent de la population agricole de 1940 à 1945, le changement le plus profond et le plus rapide de l'histoire des États-Unis.

Le développement accéléré de la productivité du travail agricole depuis lors a eu pour résultat de prolétariser des millions de membres de familles agricoles. Aujourd'hui, le pourcentage de la force de travail engagée dans l'agriculture est inférieur à 3 pour cent. Il s'élevait à plus de 15 pour cent en 1940.

En plus de ces changements, la majorité des petits agriculteurs aujourd'hui se doit pour des raisons économiques de trouver un emploi à temps partiel ou à temps plein. Plusieurs appartiennent à des syndicats industriels. L'écart entre le niveau de vie et les conditions sociales d'ensemble des travailleurs et des agriculteurs exploités n'a jamais été aussi petit aux États-Unis.

• Au cours des 30 dernières années, le pourcentage du produit intérieur brut représenté par le secteur manufacturier n'a pratiquement pas changé. En 1987, environ 25 millions de travailleurs étaient engagés dans la production manufacturière, les mines et la construction ; une augmentation de 43 pour cent depuis 1946.

L'augmentation du taux de plus-value dans le secteur manufacturier depuis 1941 — c'est-à-dire le pourcentage des valeurs produites par le travail qui vont aux patrons comme surplus plutôt qu'aux travailleurs comme salaires — et la croissance à long terme de la masse des profits ont rendu possible un taux de croissance plus rapide des emplois dans le commerce, les bureaux et les « services » (fonction publique, commerce de gros et de détail, écoles, hôpitaux, bureaux, etc.) que dans les usines, les mines et les manufactures.

Depuis le milieu des années 70, les capitalistes ont détruit des valeurs sous forme d'usines et d'équipements industriels désuets en supprimant une grande partie des capacités productrices excédentaires. Ils ont aussi ralenti les investissements dans la construction de nouvelles usines et l'achat de nouveaux équipements. Cette politique a eu pour effet de ralentir également le rythme d'embauche de nouvelle force de travail. Mais une dépression mondiale n'entraînera pas seulement un chômage massif dans les mines et le secteur manufacturier. Elle va porter un coup foudroyant aux secteurs de l'économie qui ne produisent pas de nouvelles valeurs pour les capitalistes et va conduire à des millions de mises à pied et de licenciements additionnels.

La crise rampante des 15 dernières années s'est déjà traduite par de grandes mises à pied de travailleurs dans la santé, l'éducation et d'autres services sociaux vitaux. Les agences de titres de Wall Street à New York ont congédié jusqu'à 15 000 employés au lendemain du krach d'octobre 1987. C'est un avant-goût de ce qu'un autre krach ou l'effondrement du secteur bancaire va signifier pour les travailleurs à l'emploi d'un éventail plus grand d'institutions financières à travers le pays, sans parler des nombreux autres secteurs commerciaux de l'économie qui seront aussi secoués par un tel événement.

• Au cours de la deuxième guerre mondiale, des centaines de milliers de petits agriculteurs, de métayers et de fermiers qui sont noirs sont entrés massivement dans l'industrie. L'expansion massive de la production avait alors créé des conditions leur permettant d'échapper à la dévastation économique qui a frappé le Sud rural pendant des dizaines d'années. Après la guerre, les Noirs ont continué à quitter la terre et à migrer de plus en plus vers les villes du Nord et du Sud en quête d'un emploi.

L'accélération prolongée de l'accumulation capitaliste qui a suivi la guerre et les gains réalisés par la lutte pour les droits civils contre le système de ségrégation dit de Jim Crow dans les années 50 et 60 ont fait reculer encore plus les obstacles à l'embauche. Parmi les travailleurs de sexe masculin qui ont un emploi et qui sont noirs, le pourcentage de ceux qui travaillent dans l'industrie est passé de 17 pour cent en 1940 à 40 pour cent en 1971. Les travailleurs qui sont noirs représentent aujourd'hui 11 pour cent de l'ensemble de la force de travail et environ 15 pour cent de la force de travail dans l'industrie. Les Chicanos et les Portoricains constituent également une proportion beaucoup plus élevée de la classe ouvrière industrielle qu'avant la deuxième guerre mondiale.

Ces travailleurs qui font partie de nationalités opprimées continuent de faire face à la discrimination raciale et nationale au niveau de l'embauche et des promotions, dans les lieux de travail et au sein du mouvement ouvrier. Cette réalité donne à leur force de travail une valeur inférieure à la moyenne qui prévaut au sein de la classe ouvrière. Le marché du travail capitaliste reproduit et renforce constamment les inégalités raciales auxquelles font face les travailleurs qui sont noirs, chicanos, portoricains, chinois, autochtones ou qui sont issus d'autres nationalités opprimées ou de minorités nationales. Les employeurs utilisent ces inégalités pour garder la classe ouvrière divisée et donc plus faible.

C'est là la réalité objective qui explique pourquoi seule une lutte du mouvement ouvrier pour des quotas d'action positive ou d'accès à l'égalité peut forger un mouvement ouvrier uni, capable de défendre les producteurs exploités contre les effets des attaques patronales d'aujourd'hui et contre la crise sociale et l'offensive capitaliste beaucoup plus profondes qui viennent.

• Le dernier quart de siècle a vu la plus grande immigration ouvrière aux États-Unis depuis le début du siècle. Au milieu des années 60, au sommet de l'expansion d'après-guerre, le capital U.S. absorbait rapidement de nouvelles couches de travailleurs, ce qui a poussé le Congrès à élargir les quotas d'immigration pour augmenter l'armée de réserve du travail et maintenir les salaires bas. Devant le déclin accéléré du taux de profit industriel moyen au cours de la décennie suivante, les employeurs ont cherché à réduire leurs coûts. Ils ont ressenti encore plus fortement le besoin de disposer d'une réserve de travailleurs qu'ils pourraient exploiter intensément en leur imposant des salaires peu élevés, de longues heures de travail et des conditions de travail inférieures à la moyenne.

Au cours de la même période, la dépossession des paysans et la montée du chômage et du sous-emploi dans tout le monde semi-colonial ont poussé des millions de personnes à émigrer en quête d'un moyen de gagner leur vie. Dans plusieurs pays, d'autres ont joint leurs rangs en fuyant la terreur de dictatures appuyées par les États-Unis.

En maintenant ces travailleurs dans un statut de parias en tant qu'« étrangers » et « illégaux », les employeurs cherchent à créer une grande couche permanente au sein de la classe ouvrière de travailleurs qui disposent de peu de droits politiques ou sociaux. Ces travailleurs font l'objet d'une discrimination systématique sur la base de leur langue, de la couleur de leur peau ou de leur nationalité. Ils vivent aussi sous la menace constante de se faire harceler ou déporter par la « migra ». La menace de telles représailles empêche souvent ces travailleurs immigrants d'exercer leur droit de se battre pour une protection syndicale ou leur droit à des services sociaux et médicaux.

Au cours des années 70, quelque 6,6 millions d'immigrants sont arrivés aux États-Unis, dont environ les deux tiers avaient des papiers. On en attend jusqu'à 9 millions d'autres d'ici la fin des années 80. En 1987, plus de 600 000 immigrants possédant des papiers sont entrés aux États-Unis. Ce chiffre, qui ne tient même pas compte de dizaines de milliers d'autres immigrants entrés sans papiers, est supérieur au nombre des immigrants acceptés par l'ensemble de tous les autres gouvernements l'an dernier.

Au début du siècle, la grande majorité des immigrants venait d'Europe. Aujourd'hui, plus de 90 pour cent de ceux qui arrivent viennent d'Asie, du Mexique, d'Amérique centrale, d'Amérique du Sud, des Antilles et des îles du Pacifique. Onze pour cent de la population des États-Unis aujourd'hui parle à la maison une langue autre que l'anglais. Dans près de la moitié des cas, il s'agit de l'espagnol [34].

---

34. Dans le comté de Los Angeles, celui qui a la plus forte concentration d'immigrants d'Amérique latine en Californie, le

D'autres puissances impérialistes ont aussi attiré un nombre croissant de travailleurs immigrants au cours de la période d'après-guerre. Jusqu'aux années 60, la plupart des immigrants au Canada venaient de l'est ou du sud de l'Europe. Au cours du dernier quart de siècle, ils sont venus en majorité des Antilles, de l'Asie et de l'Amérique latine.

EN DÉPIT DES MESURES PRISES au milieu des années 70 en Europe de l'Ouest pour restreindre un nouvel afflux de travailleurs en provenance du monde semi-colonial, la taille des populations immigrantes a néanmoins continué d'augmenter. Aujourd'hui, la France compte un plus grand pourcentage de travailleurs nés à l'étranger que les États-Unis. Dans les villes de Grande-Bretagne, on a vu se poursuivre l'immigration de travailleurs et de paysans en provenance des Antilles et du sous-continent indien. Exacerbée par la surexploitation impérialiste et l'oppression coloniale britannique, la détérioration des conditions de vie en Irlande du Nord a aussi entraîné une nouvelle vague d'immigration irlandaise dans ce pays.

Au cours des deux dernières décennies, on a assisté en Nouvelle-Zélande à une immigration croissante en

---

pourcentage de Latinos est passé de 28 pour cent en 1980 à 38 pour cent en 1990 ; le pourcentage d'Asiatiques, de 6 à 10 pour cent.

Aux élections de novembre 1994, la Proposition 187 (qui vise à interdire aux travailleurs sans papiers et à leurs enfants le droit fondamental à l'éducation, aux services de santé et à d'autres services sociaux) a été adoptée dans une proportion de 3 contre 2. Les politiciens capitalistes qui avaient fait campagne en faveur de cette mesure réactionnaire ont fait appel au sentiment d'insécurité et au ressentiment croissant parmi la classe moyenne et des couches de la classe ouvrière, y compris parmi les Latinos et les Noirs.

provenance des îles du Pacifique qui est venue s'ajouter à la population autochtone maorie opprimée. Les travailleurs qui ne sont pas d'origine européenne constituent un pourcentage important et croissant de la classe ouvrière industrielle dans ce pays. En Australie, le gouvernement a ouvertement pratiqué une politique d'« Australie blanche » jusque dans les années 60. Mais l'immigration en provenance d'Asie, du Moyen-Orient, du Pacifique et de l'Amérique latine s'est accrue au cours du dernier quart de siècle tandis que se poursuivait l'afflux européen traditionnel. La majorité des immigrants qui arrivent en Australie sont des travailleurs, dont plusieurs des travailleurs industriels.

L'IMMIGRATION A ÉTÉ dans l'ensemble plus petite au Japon que dans les autres grandes puissances impérialistes. Mais le nombre des habitants nés à l'étranger approche le million, dont 700 000 viennent de la seule Corée. Une nouvelle et plus grande vague d'immigration a pris de l'ampleur durant la seconde moitié des années 80, en provenance principalement de l'Asie du Sud-Est, de l'Inde et du Pakistan. Trois millions de personnes d'origine nationale japonaise constituent aussi une caste de parias « burakumin », sujette à la discrimination et à la surexploitation.

Même des centres impérialistes plus petits comme l'Islande ont importé de la main-d'oeuvre immigrante au cours des dernières années. Et même si c'est toujours sur une échelle beaucoup plus petite, ils ont aussi commencé à développer le même genre de pratiques d'exploitation des travailleurs immigrants.

Les immigrants vivent et travaillent en nombre particulièrement considérable dans les énormes centres prolétariens des pays impérialistes, auxquels ils donnent un caractère multinational, polyglotte et de plus en plus cosmopolite. C'est le cas par exemple de New York, Londres, Paris, Berlin, Los Angeles, Montréal, Auckland, Sydney, Stockholm, Toronto, Miami et Amsterdam. Le quart de la population de New York est née à l'étranger. Plus de 700 000 résidents de Londres sont noirs ou asiatiques. La moitié de tous les élèves de niveau élémentaire à Amsterdam ne sont pas hollandais. Et les jeunes d'origine turque forment un pourcentage croissant des élèves des écoles de Berlin-Ouest. Les travailleurs arabes et africains constituent une importante composante du prolétariat de Paris et représentent un pourcentage encore plus grand de la classe ouvrière à Marseille et dans la plus grande partie du sud de la France.

- L'incorporation des femmes au sein de la force de travail aux États-Unis a fait un bond pendant la deuxième guerre mondiale. Cinq millions de femmes ont obtenu des emplois civils et militaires. Leur taux de participation à la force de travail est passé de 25 pour cent en 1940 à 36 pour cent en 1945. En dépit d'une baisse au cours de la période de démobilisation et de reconversion industrielle de l'immédiat après-guerre, le pourcentage des femmes dans la force de travail n'est jamais retourné à son niveau d'avant-guerre. L'augmentation accélérée de l'emploi des femmes n'a jamais cessé depuis qu'elle a commencé en 1941.

Les femmes ne constituent pas seulement un pourcentage croissant de la force de travail mobilisée par le capital U.S. au cours de la longue expansion d'après-guerre. Le rythme de leur incorporation dans la force de travail s'est aussi accéléré à mesure que la crise d'accumulation du capital s'est approfondie au cours des deux dernières décennies et que le patronat a cherché à réduire le prix de la force de travail. Du milieu des années 60 à aujourd'hui, les femmes ont obtenu plus de 60 pour cent des nouveaux emplois créés aux États-Unis.

En 1987 aux États-Unis, près de 70 pour cent des femmes âgées de 16 à 25 ans faisaient partie de la force de travail ; 45 pour cent des travailleurs étaient des femmes. On a aussi assisté à une augmentation marquée du nombre moyen d'années pendant lequel les femmes demeurent dans la force de travail. Aujourd'hui, une jeune femme qui obtient son premier emploi peut s'attendre à travailler pendant plus de 25 ans de sa vie, contre 12 en 1940. Le pourcentage des femmes mariées ayant des enfants de moins de 18 ans a aussi fortement augmenté au sein de la force de travail. En 1950, elles étaient 22 pour cent à travailler. En 1987, environ 70 pour cent des femmes mariées ayant des enfants de 6 à 17 ans faisaient partie de la force de travail. Ce chiffre atteignait 85 pour cent parmi les femmes divorcées. Parmi les femmes ayant des enfants de moins de 6 ans, 56,8 pour cent de celles qui étaient mariées et 70 pour cent de celles qui étaient divorcées participaient à la force de travail. Finalement, 51,9 pour cent des femmes ayant des enfants de moins d'un an font aujourd'hui partie de la force de travail, contre 31 pour cent aussi récemment qu'en 1976 !

Parmi les travailleurs qui ont un emploi à temps plein et à l'année aux États-Unis, les femmes ont maintenant des revenus qui s'élèvent en moyenne à 64 pour cent de ce que gagnent les hommes, contre 59 pour cent il y a une décennie. Le prix relatif de la force de travail des femmes s'est accru au cours des dernières années aux États-Unis, sous l'impact des gains que celles-ci ont réalisés par le biais de l'action positive ou de l'accès à l'égalité. Néanmoins, la valeur de la force de travail des femmes demeure substantiellement inférieure à celle des hommes adultes, ce qui est resté vrai pendant toute l'histoire du capitalisme et dans tous les pays. Elle demeure inférieure à cause de l'oppression historique des femmes, dont le capitalisme a hérité, qu'il perpétue et reproduit par le biais de ses relations sociales de production, et qu'il renforce par le biais de l'idéologie bourgeoise.

L ES TRAVAILLEURS QUI SONT DES FEMMES ne ramènent pas de plus petits chèques de paye à la maison parce qu'elles ont des emplois « qui ne paient pas bien ». C'est le contraire qui est vrai. Ce sont les patrons « qui ne paient pas bien ». Ces derniers sont capables de garder des salaires inférieurs en préservant certains emplois comme des bastions ségrégués de force de travail féminine et moins chère. Ce qui rend cette surexploitation possible, *ce n'est pas parce que ces emplois sont « ennuyeux et répétitifs » ou « peu payants ». C'est parce qu'ils sont occupés par des femmes.*

Mais cette situation commence à changer quand les femmes luttent avec succès pour renverser les barrières de la ségrégation sexuelle au travail. C'est ce qu'elles ont fait au cours de la pénurie de main-d'oeuvre de la deuxième guerre mondiale. L'afflux de millions de femmes dans la force de travail et dans les syndicats a fait entrer une proportion grandissante de femmes dans la vie sociale et politique. Les femmes font maintenant partie de la classe ouvrière d'une manière qualitativement nouvelle. Ce fait a augmenté leur confiance en elles et leur capacité de lutter, ainsi que celles de l'ensemble de la classe ouvrière.

Avec la montée des luttes pour l'égalité des droits des femmes au cours des années 70, un plus grand nombre de travailleuses d'avant-garde se sont à nouveau frayé un chemin vers des emplois jusque-là en majorité, si ce n'est presqu'exclusivement, réservés aux hommes. Ces emplois « d'homme » comprenaient des emplois industriels syndiqués dans les mines de charbon, les aciéries, les raffineries de pétrole, les moyens de transport, les usines d'assemblage automobile et les chantiers de construction. Dans ce genre d'emplois en général, les femmes ont commencé à travailler aux côtés d'hommes qui gagnaient le même salaire qu'elles pour effectuer le même travail. Elles ont ramené à la maison des chèques de paie beaucoup plus importants que ce qu'elles avaient l'habitude de gagner dans le passé. Au cours des années 70, on a assisté pour la première fois depuis le début du siècle à un recul modeste, mais réel, des indices utilisés pour mesurer la ségrégation sexuelle au travail.

La récession de 1981-1982 et la restructuration subséquente de secteurs de l'industrie par les patrons ont miné certains des gains réalisés par les femmes pour déségréguer le travail. Mais elles ne les ont pas renversés. Les travailleuses ont largement réussi à maintenir leur position dans l'industrie au cours des années 80. Évidemment, comme des millions d'autres au cours des dernières années, de nombreuses travailleuses industrielles occupent aujourd'hui des emplois différents qu'il y a dix ans, avec des salaires plus bas, des conditions de travail inférieures et de plus longues heures de travail. Les récessions beaucoup plus dures à venir vont susciter des attaques renouvelées et encore plus brutales contre la déségrégation de l'emploi, dans le cadre de l'offensive contre la classe ouvrière.

Toute manifestation de ségrégation sexuelle au travail constitue un obstacle à l'égalité des femmes et à l'unité de la classe ouvrière. C'est pour cette raison que le mouvement ouvrier se doit d'inclure comme une composante centrale de la lutte pour défendre les conditions de vie et de travail de la classe ouvrière la lutte pour l'imposition de quotas d'action positive : il s'agit là d'un outil essentiel pour défendre et élargir les gains réalisés par les femmes dans l'emploi. Ce n'est qu'en dirigeant de telles batailles sociales et politiques que le mouvement ouvrier parviendra à combler l'écart historique qui sépare la valeur de la force de travail des hommes et celle des femmes et que les femmes finiront par accéder à l'égalité.

O̲N̲ A̲ V̲U̲ S̲'A̲C̲C̲R̲O̲Î̲T̲R̲E̲ l'incorporation des femmes à la force de travail dans tous les pays impérialistes depuis la deuxième guerre mondiale. Et comme aux États-Unis, c'est un phénomène qui s'est même accéléré depuis le début de la crise économique mondiale au milieu des années 70. En 1983 par exemple, le pourcentage des femmes en âge de travailler et faisant partie de la force de travail s'élevait à 77 pour cent en Suède, 72 pour cent au Danemark, 67 pour cent en Norvège, 60 pour cent au Canada, 58 pour cent en Grande-Bretagne, en France et en Allemagne, 52 pour cent en Australie, 47 pour cent en Nouvelle-Zélande et 40 pour cent en Italie.

Dans ces pays comme partout ailleurs, la valeur de la force de travail des femmes demeure inférieure à celle des hommes. En Grande-Bretagne par exemple, le revenu des femmes s'élève en moyenne à 75 pour cent de celui des hommes. Et 40 pour cent des femmes effectuant un « travail manuel à temps plein » gagnent moins de 100 livres sterling par semaine, contre 6 pour cent chez les hommes qui entrent dans cette catégorie. En Nouvelle-Zélande, les femmes gagnent en moyenne 73 pour cent de ce que les hommes rapportent à la maison. Au Japon, les femmes qui travaillent ne reçoivent qu'environ la moitié de ce que gagnent en moyenne les hommes qui travaillent. De plus, dans l'ensemble des pays impérialistes, les femmes détiennent un nombre disproportionné des emplois temporaires ou à temps partiel nouvellement créés.

Un nombre croissant de femmes se joint aussi à la force de travail dans les pays semi-coloniaux. En Amérique latine, 26,6 pour cent des femmes étaient des travailleuses rémunérées en 1980, contre 17,9 pour cent en 1950. Une étude sur les soi-disant zones franches établies dans le tiers monde a constaté qu'environ 80 pour cent des travailleurs dans ces manufactures appartenant à des intérêts impérialistes sont de jeunes femmes. Les propriétaires capitalistes tirent avantage des salaires inférieurs qu'ils versent à une force de travail largement féminine, tout en profitant des exemptions fiscales et des autres incitatifs à l'investissement extorqués des régimes néocoloniaux. Au Mexique, il y a plus de 350 000 travailleurs dans les usines d'assemblage maquiladoras qu'on trouve le long de la frontière avec les États-Unis et qui appartiennent largement à des intérêts U.S. La majorité de ces travailleurs sont des femmes et plusieurs d'entre elles gagnent aussi peu que 40 à 60 cents de l'heure [35].

---

35. Pour une évaluation plus poussée des changements survenus dans la condition des femmes depuis la deuxième guerre mondiale et de l'offensive des employeurs contre ces gains, voir l'introduction de Mary-Alice Waters au livre de Joseph Hansen, Evelyn Reed et Mary-Alice Waters, *Cosmetics, Fashions, and the Exploitation of Women,* New York, Pathfinder, 1986, ainsi que la série en trois volumes publiée sous la direction de Mary-Alice Waters, *Communist Continuity and the Fight for Women's Liberation: Documents of the Socialist Workers Party, 1971–86,* New York, Pathfinder, 1992.

De nouvelles forces pour le mouvement ouvrier international

Résultat de l'expansion et de la pénétration internationale du capital, ces changements irréversibles dans la structure de classe ont des conséquences importantes pour les travailleurs et les agriculteurs.

L'expansion du système capitaliste de rente et d'hypothèque et celle du travail rural salarié continuent à l'échelle internationale d'intégrer plus étroitement au marché capitaliste mondial des millions de travailleurs ruraux exploités, en tant que paysans ou travailleurs agricoles. Au même moment, un nombre croissant de travailleurs et de paysans du tiers monde quittent la terre et sont enrôlés par le capital dans les mines, les manufactures et les usines — non seulement dans les pays où ils sont nés, mais aussi dans les pays impérialistes [36].

Toutes les couches de la population laborieuse ne ressentent pas de la même façon l'augmentation de l'exploitation. Dans la plupart du monde semi-colonial, les travailleurs vivent déjà dans des conditions de dépression qui ne sont en général que pressenties de manière croissante par le peuple travailleur des pays impérialistes.

Dans les pays impérialistes, la crise sociale rampante qui a déjà commencé a frappé plus particulièrement les travailleurs qui sont noirs, les travailleurs d'autres nationalités opprimées, les immigrants, les jeunes et des couches de travailleuses. Mais ces secteurs de la classe

---

36. Sur le système de rente et d'hypothèque, voir Doug Jenness, « The Crisis Facing Working Farmers », dans le quatrième numéro de *New International,* en particulier les pages 179 à 184 et 200 à 207 [Tirage 2022] ; et Michel Dugré, « La terre, la classe ouvrière et la lutte pour le pouvoir au Canada », dans le deuxième numéro de *Nouvelle Internationale,* p. 89 à 91, 111 à 113 et 122 à 129.

ouvrière ne sont pas les seuls à avoir été touchés. De larges couches de petits agriculteurs ont été ruinées et dépossédées. Les coupures dans les dépenses sociales effectuées par les gouvernements capitalistes ont renforcé le fonctionnement de la loi de la valeur et accru encore plus les écarts de revenus à l'avantage de la classe dominante riche et de la classe moyenne aisée. Dans leur quête de profits, les employeurs ont lancé une offensive idéologique pour repousser les gains qu'ont obtenus les femmes dans la lutte pour l'égalité dans l'emploi et au travail.

Tous ces facteurs intensifient la concurrence entre les travailleurs et affaiblissent au début notre volonté et notre capacité de penser et d'agir en termes de classe, de « nous » voir comme étant des travailleurs exploités, peu importe que nous ayions un emploi ou non aujourd'hui et indépendamment de la couleur de notre peau, de notre origine nationale, de notre sexe, de notre âge ou de notre expérience de travail. Et ils affaiblissent notre capacité de les voir, « eux », comme notre ennemi de classe commun : les familles dominantes impérialistes et les exploiteurs capitalistes, aussi bien dans les pays où nous vivons et travaillons qu'ailleurs dans le monde.

Mais les travailleurs des pays oppresseurs et opprimés sont plus liés les uns aux autres aujourd'hui que jamais dans le passé au sein d'un marché mondial capitaliste intégré. Nous croisons de plus en plus le fer avec les mêmes monopoles impérialistes. Les transactions qui déterminent nos vies et nos moyens d'existence se négocient sur les mêmes marchés boursiers, les mêmes marchés obligataires et les mêmes bourses de commerce. La crise de la dette infligée au monde semi-colonial par le capital financier met en péril notre avenir commun. La crise de plus en plus profonde du capitalisme et la dépression mondiale qu'elle va inévitablement produire vont miner les conditions de vie et de travail de l'ensemble des masses laborieuses. Mais la crise et la dépression vont aussi créer les bases objectives et le besoin plus grand que jamais d'une lutte internationale commune pour gagner les batailles engagées sur un front ou un autre.

L<small>E FONCTIONNEMENT DU SYSTÈME</small> capitaliste mondial continue d'intégrer à la force de travail des pays impérialistes des centaines de milliers de nouveaux travailleurs : les immigrants qui fuient les conditions invivables de leurs pays d'origine ; les femmes obligées de travailler pour faire vivre leur famille et qui veulent avoir une vie plus indépendante et moins limitée ; et les membres de familles agricoles forcées de quitter la terre. Aux États-Unis, les travailleurs qui sont noirs, latinos ou asiatiques constituent déjà près du quart de la force de travail.

De tels changements donnent aux traditions ouvrières « nationales » de moins en moins de réalité et de poids. Qu'est-ce que cela signifie aujourd'hui de parler d'un « travailleur typique des États-Unis » ? D'un travailleur « français » ? D'un travailleur « hollandais » ? D'un travailleur « britannique » ? D'un travailleur « néo-zélandais » ? D'un travailleur « canadien » ? D'un travailleur « allemand » ? Ou d'un travailleur « européen » ou « nord-américain » ?

La classe ouvrière des pays impérialistes a aujourd'hui une composition qualitativement différente de celle de la classe ouvrière qui a fait face à la grande dépression et pris part aux énormes luttes qui y ont opposé le travail au capital. On ne peut plus décrire aujourd'hui la classe ouvrière en termes nationaux sans en exclure une section décisive et croissante. La classe ouvrière est de loin plus multinationale. Des travailleurs d'origines nationales différentes, de langues maternelles différentes et de couleurs de peau différentes travaillent de plus en plus souvent côte à côte et acquièrent des expériences communes dans les luttes qu'ils mènent contre les employeurs. Et il y a plus de femmes que jamais parmi la classe ouvrière qui est au travail.

En se préparant pour les batailles de classe qui sont inévitables, les communistes ne doivent pas se tourner vers les diverses traditions ouvrières « nationales » des années 30 ni vers l'illusion réactionnaire qu'une quelconque conscience ouvrière « nord-américaine » ou « européenne » va se développer. Nos yeux doivent plutôt se tourner vers les réalités que la classe ouvrière et ses alliés vont vivre dans les années 90 et vers la perspective de lutte internationale qu'il faut expliquer, généraliser et diriger dans chaque pays du monde d'aujourd'hui.

Perspectives pour renverser la baisse du taux de profit industriel et préparer une nouvelle accélération de l'accumulation de capital

Pour reprendre la voie d'une accumulation de capital qui puisse s'accélérer et se renforcer elle-même, les exploiteurs doivent infliger des défaites écrasantes à la classe ouvrière ; éliminer d'énormes quantités des capitaux les plus faibles et les plus désuets, chez eux et à l'étranger, dans une concurrence sans merci pour les marchés et les profits ; et investir dans de nouvelles industries et technologies capables d'augmenter qualitativement leur capacité productive.

Pour y arriver, il faudrait que les capitalistes puissent hausser considérablement le taux d'exploitation de la classe ouvrière, ce qui ne pourrait se faire qu'en prolongeant la journée de travail et en intensifiant le rythme de production. Cela exigerait à son tour d'imposer aux travailleurs un niveau de chômage chronique et des défaites syndicales énormes — des défaites capables d'épuiser la confiance des travailleurs, d'intensifier la concurrence entre eux, d'approfondir les divisions en leur sein et avec leurs alliés, de diminuer leur niveau d'organisation et de détruire ainsi leur capacité de se battre. Ces défaites devraient avoir une portée internationale et s'étendre des pays impérialistes aux pays du tiers monde.

Il faudrait que le capital financier puisse détruire l'excès de capital et de capacité productive, non seulement en procédant à des fermetures massives d'installations désuètes, mais avant tout en détruisant de manière implacable des *capitaux* rivaux au niveau national, dans les autres pays impérialistes et à travers le monde semi-colonial. Une telle élimination d'entreprises capitalistes, y compris au niveau de très grandes firmes, accélérerait la concentration et la centralisation du capital, aussi bien au niveau national qu'international.

Les capitalistes devraient ouvrir de nouveaux marchés de grande ampleur, réaliser d'énormes masses de profits en augmentant leurs ventes et accélérer la rotation du capital. Ils devraient trouver de nouveaux moyens de réduire encore plus le coût des matières premières, de l'énergie, des équipements et des usines.

Ce n'est qu'en atteignant ces objectifs que les capitalistes pourraient rétablir un taux de profit moyen et une accumulation de la masse de profit assez grands pour leur permettre d'initier et de soutenir une importante vague d'investissements dans la construction de nouvelles usines et dans l'automatisation massive de secteurs entiers de production industrielle, sans parler de leur « robotisation ». C'est sur cette base seulement qu'ils pourraient préparer une nouvelle période ascendante d'expansion capitaliste, absorber les crises partielles, empêcher l'inflation de bondir et tempérer le cycle économique.

Les 30 années d'expansion accélérée du capitalisme U.S. amorcée en 1941 ont créé une couche aristocratique suffisamment grande au sein de la classe ouvrière des États-Unis pour installer à la tête du mouvement ouvrier une bureaucratie pratiquant la collaboration de classe. Elles ont éteint la flamme du grand mouvement social prolétarien qui avait commencé à prendre forme dans les luttes qui ont forgé les syndicats industriels et combattu le racisme et la réaction. Pour maintenir un contrôle politique stable sur la société, la classe dirigeante n'a plus eu besoin de quitter le cadre de la démocratie impérialiste. Cette période a contribué au dépérissement des syndicats, qui se poursuit encore aujourd'hui. Bien qu'avec un certain délai, un processus présentant des éléments de plus en plus semblables a eu lieu dans tous les pays impérialistes au cours des années d'après-guerre.

Le mouvement ouvrier en est ressorti sérieusement affaibli. Mais les coûts que le système de profit international a imposés aux travailleurs pendant et après les récessions de 1974-1975 et de 1981-1982 sont encore loin d'être suffisants. Pour initier et soutenir une nouvelle vague d'accumulation capitaliste, les capitalistes devront encore porter des coups beaucoup plus grands au niveau de vie et aux conditions de travail des travailleurs. De plus, la classe dirigeante n'a pas encore réussi à imposer aux peuples des pays coloniaux et semi-coloniaux la réorganisation brutale des relations de classe et le degré de dévastation sociale nécessaires pour percevoir la dette du tiers monde[37].

---

37. Les conséquences politiques de l'incapacité des directions du mouvement ouvrier organisé et des organisations populaires en

Pour évaluer les possibilités qui s'offrent aux capitalistes de préparer une nouvelle accélération de l'accumulation de capital, il est utile d'examiner un certain nombre de leurs options. Plusieurs de celles-ci sont des facteurs qui ont joué un rôle significatif au début de l'accumulation capitaliste qui a conduit à la domination mondiale du capitalisme industriel dans les premières décennies du vingtième siècle. D'autres ont aidé les capitalistes à sortir de crises antérieures d'accumulation du capital ou sont souvent considérés comme l'ayant fait. D'autres enfin sont des facteurs qui, dans certaines conditions historiques et politiques, ont le potentiel de donner un puissant élan au taux de profit industriel moyen des capitalistes.

En analysant ces diverses options, nous devons nous demander si elles peuvent ou non avoir l'effet escompté étant donné la structure de classe et le rapport de force entre les classes qui existent dans le monde aujourd'hui.

L'énergie nucléaire

De la fin des années 40 à celle des années 60, l'« utilisation pacifique de l'atome » a été présentée à travers le monde capitaliste comme une véritable bénédiction économique pratiquement sans limites. L'énergie nucléaire était censée réduire de manière radicale et universelle

---

Amérique latine de répondre à l'appel du gouvernement cubain pour une campagne en faveur de l'annulation de la dette sont décrites dans le texte « Défendre Cuba, défendre la révolution socialiste à Cuba » de Mary-Alice Waters publié ailleurs dans ce numéro. « La marche de l'impérialisme vers le fascisme et la guerre » décrit comment le capital financier international a évité l'effondrement possible du système bancaire dans la deuxième moitié des années 80 en « sécurisant » les prêts non payés sous d'autres formes d'actifs de papier (les « obligations Brady »).

le coût de l'énergie et se traduire par une augmentation générale du taux de profit industriel moyen. Les investissements massifs requis pour construire et équiper les centrales nucléaires, étant donné leur potentiel de rentabilité à long terme, allaient apporter un stimulant de plus à l'expansion économique.

Ce n'est pas ce qui est arrivé. Les deux dernières décennies se sont terminées par une débandade pour l'énergie nucléaire. La politique de l'énergie nucléaire est devenue le contraire de ce que les dirigeants capitalistes espéraient : un désastre économique. L'opposition publique à l'énergie nucléaire s'est accrue lorsque des accidents comme ceux de Three Mile Island aux États-Unis et de Tchernobyl en Union soviétique ont attiré l'attention sur ses dangers catastrophiques et irréversibles. Mais il n'y a pas que la menace constante de voir fondre un réacteur nucléaire. Les réacteurs nucléaires produisent jour après jour une quantité croissante de déchets radioactifs (ces derniers s'élevaient à 22 000 tonnes aux États-Unis en 1987), qui continuent à menacer toute forme de vie pendant des dizaines de milliers d'années et qu'on ne peut pas entreposer ou détruire de façon sécuritaire [38].

L'opposition populaire à l'énergie nucléaire est devenue un facteur politique permanent dans les pays impérialistes. Elle a forcé les capitalistes à fermer plusieurs centrales ou à annuler leur construction. Elle a fait augmenter en flèche les coûts d'investissement en forçant les capitalistes de mettre en place des équipements et des

---

38. Pour une description concise des dangers particuliers de l'énergie nucléaire pour la santé, la sécurité et la vie des êtres humains, voir Fred Halstead, *What Working People Should Know about the Dangers of Nuclear Power*, New York, Pathfinder, 1981.

procédures de sécurité additionnels. Tout ça a considérablement réduit les profits de l'industrie. Les capitalistes en ont de plus en plus conclu que l'énergie nucléaire est une cause perdue. Aucune nouvelle centrale n'a été mise en chantier aux États-Unis depuis 1978 et plus de 100, dont quelques-unes étaient presque terminées, ont été abandonnées. Trois centrales seulement sont censées être terminées et inaugurées après 1989. Et leur survie est menacée depuis que la sécurité de leur fonctionnement a été contestée [39].

L'INDUSTRIE MANUFACTURIÈRE des réacteurs nucléaires souffre d'une énorme surcapacité productive aux États-Unis. Elle produit maintenant presque exclusivement pour des centrales imposées aux pays semi-coloniaux. Après le désastre de Tchernobyl en particulier, les investissements dans l'énergie nucléaire ont ralenti dans presque toute l'Europe de l'Ouest. Dans plusieurs pays, des débats se déroulent sur la nécessité

---

39. Cinq ans plus tard, à la fin de 1993, aucun nouveau réacteur nucléaire n'avait encore été commandé aux États-Unis. Au cours de cette période un seul réacteur nucléaire a été complété et a reçu l'autorisation de fonctionner. Cette tendance ne se limite pas aux États-Unis, comme en témoigne l'article « Concern over lull in plant construction » paru dans un supplément spécial sur l'industrie nucléaire du *Financial Times* du 21 novembre 1994, publié à Londres. L'article explique qu'aucune centrale nucléaire n'est en construction dans aucun pays d'Europe de l'Ouest sauf en France, qui « arrive elle-même à la fin de son programme. » L'Agence internationale de l'énergie atomique estime que la part du marché mondial pour la production énergétique occupée par l'énergie nucléaire va baisser de 17,5 pour cent en 1993 à un chiffre variant de 13 à 15 pour cent d'ici l'an 2000.

de fermer progressivement les réacteurs existants. Même en France où l'énergie nucléaire produit 65 pour cent de l'électricité, l'industrie fait face à une dette de 32 milliards de dollars.

Le changement de conscience sur ses dangers irrémédiables ne permet plus à l'énergie nucléaire de devenir rentable. Les riches propriétaires des monopoles de services publics s'organisent pour récupérer une partie de leurs dépenses colossales en obtenant des déductions fiscales, en augmentant leurs taux et en jouant avec les méthodes comptables. Mais ils ne peuvent d'aucune façon transformer ce qui est une perte massive en une nouvelle source rentable de capacité productive accrue. Ils sont en train de livrer bataille avec l'ensemble du capital financier pour se partager non pas les profits, mais les pertes engendrées par quatre décennies d'investissement dans l'énergie nucléaire.

Au cours des années 50 et 60, les capitalistes espéraient que l'énergie nucléaire entraînerait une chute marquée du coût de la partie circulante du capital constant (c'est-à-dire du coût des matières premières et dans ce cas-ci de l'énergie). On doit plutôt constater que durant la dernière décennie du vingtième siècle, l'industrie nucléaire et les services publics connexes ploient sous le fardeau d'une hausse énorme du coût de la partie fixe du capital constant (c'est-à-dire du coût des centrales et de l'équipement nucléaires). Une bonne partie de ce capital a été simplement perdue avec la mise au rancart de plusieurs réacteurs au cours des dernières années. En même temps, la « promesse » de l'énergie nucléaire a laissé à l'humanité un héritage à long terme de dizaines de milliers de tonnes de déchets radioactifs meurtriers et de centaines de monuments inutiles de béton et d'acier qui confirment l'anticipation de Marx sur la tendance du capitalisme à transformer les forces de production en forces de destruction.

Une nouvelle ruée vers l'or

Au cours du dix-neuvième siècle, la découverte d'importants gisements d'or en Californie et en Australie à la fin des années 40 et en Afrique du Sud et en Alaska dans les années 90 est un des facteurs qui a permis aux capitalistes de se sortir de deux segments déflationnistes de la courbe de développement du capitalisme. La découverte aujourd'hui de gisements d'or au Brésil ou ailleurs ne peut pas jouer le même rôle.

À cette époque, une poignée de grands producteurs capitalistes n'avait pas encore monopolisé l'extraction de l'or. Aujourd'hui, les propriétaires d'un petit nombre de cartels géants extraient et vendent l'or selon les mêmes critères de profit que dans les autres secteurs de production. Ce qui domine la production de l'or, ce sont les coûts d'extraction et les calculs sur le prix mondial de l'or — pas des « découvertes ». Les décisions que les monopoles miniers prennent en matière de coûts et de profits les amènent à déterminer la quantité d'or à produire, le nombre de mineurs à embaucher ou à licencier et quelle part de la production ne pas mettre sur le marché.

On ne verra jamais plus de « ruées vers l'or » imprévues qui puissent réduire suffisamment la valeur de l'or pour inonder d'argent le monde capitaliste et provoquer une augmentation générale des prix et des profits.

Une révolution dans l'agriculture capitaliste

À l'origine du capitalisme, ainsi que Marx l'a découvert et expliqué, la nouvelle classe exploiteuse a « conquis la terre à l'agriculture capitaliste, incorporé le sol au capital et livré à l'industrie des villes les bras dociles d'un prolétariat sans feux ni lieux [40]. » Les capitalistes l'ont fait avant tout en expropriant de façon massive les petits producteurs agricoles et en s'appropriant les terres de l'Église et des autres propriétaires féodaux.

Des centaines d'années plus tard, le capital continue à déposséder les producteurs ruraux, aussi bien dans les pays impérialistes qu'à travers le monde semi-colonial. Mais la plus grande partie des meilleures terres dans le monde a depuis longtemps été concentrée dans les mains des exploiteurs. De nouvelles expropriations ne permettraient pas d'accumuler la richesse requise pour initier une nouvelle vague d'accumulation de capital.

La mécanisation rapide et l'adoption de nouvelles méthodes de production agricole après la deuxième guerre mondiale ont provoqué une explosion de la production agricole aux États-Unis et dans les autres pays impérialistes, ce qui a aidé à entretenir l'expansion capitaliste. Mais c'est là quelque chose que les familles dirigeantes capitalistes ne peuvent pas espérer voir se répéter aujourd'hui. Le marché capitaliste mondial fait déjà face à une surproduction chronique de produits agricoles, qui a intensifié la concurrence des prix et conduit à l'adoption de mesures protectionnistes à grande échelle. Malgré des hauts et des bas conjoncturels, le prix des produits agricoles va rester bas au cours des prochaines années avec l'approfondissement de la crise économique et sociale.

De plus en plus de pays du tiers monde vont contribuer à produire ce surplus de marchandises agricoles destinées à l'exportation. En même temps, un nombre croissant de travailleurs et de paysans de ces pays vont souffrir

---

40. *Le Capital*, livre 1, p. 699.

et mourir de malnutrition et de faim, dans une famine créée par le capital financier avide de profits.

Un « plan Marshall » pour les pays semi-coloniaux

Entre 1948 et 1952, les dirigeants des États-Unis ont accordé des milliards de dollars en prêts à long terme, qui ont servi à reconstruire les assises d'une production industrielle et d'une stabilité renouvelées dans l'Europe capitaliste ravagée par la guerre. L'expansion capitaliste des deux décennies suivantes a rapidement comblé l'écart important qui séparait après la guerre le taux de profit industriel et la masse de profit des États-Unis et ceux d'Europe de l'Ouest.

Aujourd'hui, les gouvernements, les banques et les agences financières internationales de l'impérialisme ont imposé aux pays semi-coloniaux des prêts s'élevant à des centaines de milliards de dollars. Mais les bourgeoisies locales ont été incapables de reproduire dans ces pays les succès enregistrés dans l'Europe d'après-guerre. C'est le contraire qui s'est produit. L'écart entre la puissance économique des pays impérialistes et celle des pays semi-coloniaux s'est agrandi. La dette du tiers monde n'est pas une bénédiction qui annonce une expansion historique. C'est un piège qui se referme de plus en plus et qui annonce une crise dévastatrice. Ces deux expériences opposées confirment le fait que la dette est *une relation sociale,* une relation dont les effets varient selon la force relative des prêteurs et des emprunteurs.

Au début des années 60, le gouvernement des États-Unis a annoncé avec tambours et trompettes la création de l'Alliance pour le progrès, qu'il a présentée comme la solution au développement économique et industriel de l'Amérique latine. Un quart de siècle plus tard, le bilan est clair : les conditions sociales et économiques se sont détériorées dans toutes les Amériques. L'Alliance pour le progrès a distribué 20 milliards en « fonds de développement » sur une période de dix ans, bien qu'au cours des sept dernières années seulement, les familles dirigeantes impérialistes ont drainé d'Amérique latine des valeurs très supérieures à ce montant par le biais du remboursement de la dette et de la fuite des capitaux.

Plus récemment, Washington a présenté son Initiative du bassin des Caraïbes (CBI) lancée au début des années 80 comme une voie vers le développement et une alternative « démocratique » aux cours suivis par Cuba, le Nicaragua et Grenade. La CBI était censée ouvrir davantage le marché U.S. aux importations des Antilles. Elle a au contraire conduit à un déclin de 30 pour cent des importations en provenance de cette région [41].

LA DOMINATION IMPÉRIALISTE des pays semi-coloniaux empêche le développement d'une structure de classe et la valorisation de la force de travail requises pour soutenir un marché domestique capable de satisfaire les besoins

---

41. Indépendamment des fluctuations, les revenus provenant des principaux produits d'exportation traditionnels de la région (le sucre, le rhum et les bananes) ont été continuellement minés par l'effet combiné d'une baisse des prix et d'un accès moindre au marché. Londres et les autres gouvernements de l'Union européenne ont également refusé d'octroyer à leurs anciennes colonies antillaises un accès privilégié à leur marché. Aucun changement dans les termes d'échange ne pourra renverser les conséquences de ce pillage. Tout comme dans les autres pays du tiers monde, les travailleurs et les agriculteurs devront établir leur propre gouvernement révolutionnaire afin de réorganiser l'agriculture, accélérer le développement industriel et se joindre à la lutte mondiale pour le socialisme.

de profits d'une large bourgeoisie locale en croissance ou d'absorber des importations massives de capitaux et de marchandises en provenance des pays impérialistes. Ces relations de classe semi-coloniales ont permis l'émergence de poches de prospérité isolées, de couches de capitalistes très riches tournés vers l'exportation et les services et d'une classe moyenne étroite. Mais il n'y a pas et ne peut y avoir, à un niveau comparable à celui des pays impérialistes, de classe moyenne importante, de prolétariat qui travaille et de population relativement aisée de petits agriculteurs capables d'acheter une variété de produits de consommation durables, encore moins des voitures et des maisons.

Bien plus, les propriétaires des monopoles impérialistes ont aussi vu leurs marchés diminuer, pas augmenter, dans les pays semi-coloniaux. Les ventes des compagnies appartenant à des intérêts U.S. dans les pays semi-coloniaux sont passées de 36 pour cent du total de leurs exportations en 1975 à 32,5 pour cent en 1986 [42].

Les pays semi-coloniaux ont été durement touchés par la récession de 1974-1975 et encore plus par celle de 1981-1982. Les capitalistes de ces pays dépendent largement des revenus d'exportation. Ils ont fait face à des marchés mondiaux de plus en plus restreints et à une compétition de plus en plus féroce de la part des entreprises appartenant à des intérêts impérialistes. En 1975, les biens produits par les pays du tiers monde représentaient 40 pour cent des importations des États-Unis. Ce

---

42. Comme l'explique l'article de 1994 publié plus loin dans ce numéro, les exportations des États-Unis vers l'Amérique latine et plusieurs pays semi-coloniaux se sont accrues au début des années 90. En 1993, près de 40 pour cent des exportations U.S. sont allées à des acheteurs des pays du tiers monde.

chiffre était tombé à un peu plus de 30 pour cent en 1986. Cette situation a porté un énorme coup à la croissance économique de tous les pays semi-coloniaux, y compris des pays relativement plus aisés.

Entre 1979 et 1984, la croissance annuelle de la production industrielle de la Corée du Sud, de Taiwan, de Singapour et de Hong Kong représentait seulement 15 pour cent du taux de croissance enregistré entre 1966 et 1973. Le taux de croissance industrielle moyen du Brésil et du Mexique entre 1979 et 1984 est tombé à 20 pour cent du niveau enregistré entre 1966 et 1973. Ceci s'est traduit par une augmentation du chômage et du sous-emploi pour des centaines de millions de travailleurs et de paysans et par la détérioration des conditions de vie dans les villes et dans les campagnes.

Dans la première moitié des années 70, les classes dirigeantes des pays semi-coloniaux qui disposaient de larges ressources pétrolières ont réussi à arracher un plus grand morceau du gâteau aux propriétaires des monopoles impérialistes de l'énergie. On a rapidement vu s'évaporer l'illusion qu'une de ces classes dirigeantes puisse joindre les rangs du capital financier international ou que l'augmentation des revenus du pétrole permettrait un développement économique et social durable dans ces pays. On ne parle même pas de les voir devenir des membres subalternes de la « famille des pays » impérialistes [43].

---

43. Au cours des années 70, certains dans le mouvement radical ont même cité la monarchie saoudienne comme un exemple de « capital financier arabe » montant. Les dirigeants réactionnaires saoudiens font aujourd'hui face à une sévère crise financière, leurs réserves ayant chuté de 120 milliards de dollars au

Les producteurs capitalistes des pays impérialistes ont répondu à l'augmentation du prix de l'énergie en accélérant l'exploration et la production de pétrole domestique, en intensifiant la concurrence des prix et en s'accaparant une part plus grande du marché mondial. Les travailleurs et les paysans des pays semi-coloniaux producteurs de pétrole n'ont pas beaucoup ou longtemps bénéficié de la manne qui s'est abattue sur leurs propres classes exploiteuses. Dans le reste du monde semi-colonial, l'augmentation du prix de l'énergie a empiré les conditions des masses laborieuses.

Loin d'être une force motrice potentielle pour une accumulation de capital capable d'aider le système capitaliste mondial à s'en sortir, les pays semi-coloniaux sont ceux qui ont le plus souffert du déclin économique commencé il y a deux décennies. Le paiement des intérêts de la dette extérieure qui continue d'augmenter absorbe de plus en plus les richesses produites par les masses laborieuses de ces pays. Cette situation crée des obstacles encore plus grands au développement économique et pousse les bourgeoisies nationales à s'attaquer encore plus au niveau de vie de la population.

---

début des années 80 à environ 15 milliards aujourd'hui. Leurs amis à Washington et dans les autres pays impérialistes les ont remerciés pour les services qu'ils ont rendus durant la guerre du Golfe de 1991 en exigeant de la famille royale une contribution de 55 milliards de dollars à leur effort militaire. Le régime cherche maintenant à payer sa contribution avec l'aide d'une ligne de crédit de la compagnie J. P. Morgan, de Wall Street. Qui plus est, Riyad étale ses paiements aux compagnies Boeing et McDonnell-Douglas pour l'achat d'avions commerciaux conclu dans le cadre d'une entente orchestrée par l'administration Clinton. Cette entente est décrite plus en détail dans « La marche de l'impérialisme vers le fascisme et la guerre ».

La prochaine récession mondiale va continuer de réduire les marchés d'exportation déjà décroissants des pays semi-coloniaux et d'empirer leurs relations commerciales avec les exploiteurs impérialistes. Mais plus grave encore, l'asservissement croissant des pays du tiers monde à la dette peut devenir le détonateur d'une crise mondiale dont le peuple travailleur de tous les continents sera la victime.

Le plan Marshall *s'est* répété, avec pour principale conséquence la crise de la dette du monde semi-colonial. Ça a été un désastre pour la vaste majorité des travailleurs et des paysans de ces pays.

Les marchés de l'Union soviétique,
de l'Europe de l'Est et de la Chine
Les États ouvriers d'Union soviétique, de Chine et d'Europe de l'Est regroupent une énorme population. Une plus grande ouverture de leurs marchés aux marchandises et aux capitaux des pays impérialistes ne résoudra cependant pas la crise croissante du capitalisme mondial.

Premièrement, le commerce avec les États ouvriers ne représente aujourd'hui qu'une toute petite partie de l'ensemble des importations et des exportations des États-Unis. En 1975, le commerce avec ces pays représentait moins de 2 pour cent des ventes et des achats des États-Unis à l'étranger. En 1986, ce pourcentage était tombé à 1,3 pour cent. Les investissements de capital dans ces pays sont plus grands aujourd'hui qu'il y a dix ans. Mais ils ne représentent qu'un pourcentage infinitésimal des intérêts impérialistes U.S. et autres à l'étranger.

Il est toujours possible que ce type d'échanges commerciaux et d'investissements augmentent à l'avenir, et peut-être même de façon très substantielle. Mais ces liens économiques ne vont pas se modifier radicalement sans que des changements de même ampleur transforment les relations sociales qui prévalent en Union soviétique, en Chine et dans les autres États ouvriers. C'est le cas en particulier pour toute augmentation significative des investissements de capitaux qui, contrairement au seul accroissement des marchés dans ces pays, pourrait éventuellement s'avérer très importante pour les impérialistes en leur permettant d'accélérer le rythme d'accumulation du capital.

Il ne peut y avoir d'augmentation qualitative de la pénétration impérialiste dans les États ouvriers sans y démanteler substantiellement le monopole d'État sur le commerce extérieur. Il faudrait que le rouble et les autres devises deviennent convertibles sur les marchés monétaires mondiaux, ce qui rendrait ces pays vulnérables à la spéculation, aux fluctuations de prix et à un chômage cyclique et structurel massif.

Avant tout, les gouvernements des États ouvriers devraient éliminer tout contrôle sur les investissements de capitaux et sur l'exploitation de la force de travail par les impérialistes. Ces régimes devraient permettre aux capitalistes d'établir les salaires, les conditions de travail et la durée du travail avec un minimum de contraintes. Ils devraient accorder aux monopoles un très large accès au sol, aux forêts et aux autres ressources. Ils devraient permettre aux capitalistes de décider comment distribuer et réinvestir leurs profits et, ce qui est encore plus fondamental, ils devraient permettre au marché et non pas au plan de déterminer le mouvement des capitaux.

Sans de telles mesures, le capital financier international va continuer de chercher à obtenir des marchés et des conditions favorables aux investissements dans les États ouvriers. Mais ces liens économiques seront dans l'ensemble beaucoup plus risqués et beaucoup moins attrayants que ceux qui existent dans les pays où prévalent des relations de propriété capitalistes.

Devant l'approfondissement de la crise produite par le monopole politique des castes bureaucratiques privilégiées en Union soviétique, en Europe de l'Est et en Chine, la couche dirigeante de ces États ouvriers déformés et dégénérés a commencé à appliquer de façon limitée certaines des mesures mentionnées plus haut. Mais deux obstacles de taille les empêchent et vont les empêcher de mener tous ces changements à terme.

Premièrement, le faire équivaudrait à un suicide. Les castes accepteraient de procéder à la destruction de leur propre pouvoir. Pour les couches bureaucratiques, c'est une chose de partager une plus grande part du gâteau d'où proviennent leur propre confort et leurs avantages matériels. C'en est une autre de laisser l'impérialisme voler tout le gâteau.

Le deuxième obstacle est le plus important. Peu importent les mesures prises par les faux dirigeants staliniens pour réimposer les méthodes d'exploitation capitaliste, ils ne pourront pas appliquer un tel programme à grande échelle sans provoquer une confrontation politique avec des secteurs de plus en plus grands de la classe ouvrière et des travailleurs ruraux. Tout effort pour éliminer le plan et réintroduire le marché comme facteur décisif des investissements industriels va rapidement avoir des conséquences économiques et sociales dévastatrices pour les travailleurs et les paysans. Ce sera une source de soulèvements révolutionnaires et de guerre civile.

Pendant plus d'un demi-siècle, les États ouvriers et leurs conquêtes sociales se sont montrés plus forts que ces bureaucraties privilégiées. Cette situation ne va pas changer dans une période où leur emprise politique s'affaiblit.

L'impérialisme mondial ne pourra pas s'en sortir aux dépens du peuple travailleur d'Union soviétique, d'Europe de l'Est et de Chine. Pire, les convulsions qui ont commencé à bouleverser le monde capitaliste vont aussi détruire les plans des castes bureaucratiques, y compris leurs illusions réactionnaires et leurs espoirs dans le capitalisme mondial, et approfondir la crise de leurs régimes.

Une nouvelle révolution technologique

Les exploiteurs peuvent-ils renverser la décélération actuelle de l'accumulation de capital en investissant dans l'expansion massive de nouveaux moyens de production automatisés ?

À la suite de la récession de 1974-1975 et du ralentissement plus important de 1981-1982, les capitalistes ont réussi à détruire une quantité substantielle de capitaux en se débarrassant d'une quantité importante d'usines et d'équipements désuets qui avaient cessé d'être compétitifs sur le marché mondial. Ils ont effectué de très grands investissements dans les technologies de pointe qui « économisent la force de travail » afin de rénover les forces productives existantes, accélérer la production et réduire les coûts salariaux. Ils ont éliminé des règles de travail et réorganisé la production aux dépens de la santé et de la sécurité des travailleurs. Ils ont augmenté l'armée de réserve des chômeurs et réduit la valeur de la force de travail. Ils ont mis en place des mesures limitées de réduction des coûts, comme les systèmes d'inventaire « juste à temps » qui visent à réduire les coûts d'entreposage et à accélérer la rotation du capital.

Malgré ces pas, les employeurs sont loin d'avoir créé les conditions qui leur permettraient de commencer à se préparer à investir massivement dans la construction de nouvelles usines et dans l'expansion à grande échelle de l'automatisation et de l'informatisation de la production. Pour y arriver, ils doivent augmenter beaucoup plus le taux d'exploitation de la classe ouvrière et commencer dans ce cadre à prévoir un accroissement du taux moyen de profit.

La « robotisation » peut accélérer une expansion capitaliste, mais elle ne peut pas la provoquer. Sous le capitalisme, la « robotisation » à grande échelle de l'industrie ne peut résulter que d'un assaut dévastateur du patronat contre les conditions de la classe ouvrière. Elle ne servirait pas à diminuer la charge de travail des producteurs, mais à en intensifier considérablement l'exploitation. Seul le travail vivant crée la masse de plus-value d'où viennent les profits. Les capitalistes cherchent à utiliser chaque progrès scientifique et technologique pour extraire de plus en plus de temps de travail du cerveau et des muscles des producteurs.

De plus, la « robotisation » est porteuse d'une contradiction insoluble en système capitaliste. D'un côté, elle ne peut que provoquer un énorme chômage chronique et la dévastation du niveau de vie du peuple travailleur. De l'autre, les exploiteurs sont incapables de faire des profits à moins de trouver des acheteurs pour l'énorme quantité de marchandises générées par une production automatisée.

La « robotisation » capitaliste est une illusion réactionnaire. Sa réalisation suppose d'imposer à la classe ouvrière et à ses organisations des défaites comparables au fascisme [44].

---

[44]. L'utilisation croissante d'ordinateurs par les capitalistes au cours des dernières années n'est pas une illusion. C'est une mesure visant à réduire les coûts et qui a fait bondir les profits des capitalistes à

Les travailleurs auront leur chance

Ni les sources précédentes d'accumulation rapide de capital ni d'autres alternatives ne permettront aux classes dirigeantes impérialistes de restaurer l'accumulation accélérée à long terme du capitalisme mondial et de prévenir une dépression internationale et une crise sociale générale.

Les difficultés plus grandes que vivent des couches croissantes de travailleurs et les coups encore plus dévastateurs qui viennent n'annoncent pas la naissance difficile d'un nouvel ordre capitaliste mondial. Ils caractérisent au contraire le déclin violent du système impérialiste forgé sous la domination de Wall Street et de Washington pendant et après la deuxième guerre mondiale, un système de plus en plus surchauffé et de moins en moins puissant.

Nous vivons aujourd'hui une période de l'histoire du développement capitaliste qui se dirige vers d'intenses batailles de classe à l'échelle nationale et internationale, y compris des guerres et des situations révolutionnaires. Pour extraire de plus en plus de richesse du travail des producteurs exploités, les capitalistes vont intensifier leurs attaques contre les travailleurs salariés, les petits agriculteurs et les paysans *partout dans le monde*.

Les patrons vont essayer d'affaiblir et si possible d'écraser les syndicats, pour modifier de façon radicale le rapport de force entre le capital et le travail. Les classes

---

court terme. Comme l'explique cependant « La marche de l'impérialisme vers le fascisme et la guerre », cette augmentation des dépenses en capital constant (sans une augmentation des capacités productives et surtout sans l'embauche de plus de travailleurs pour produire plus de plus-value) ne peut qu'accélérer la chute du taux de profit et ralentir l'accumulation capitaliste.

dirigeantes impérialistes vont essayer d'augmenter l'asservissement à la dette des pays opprimés et exiger une subordination économique, politique et militaire de plus en plus grande des peuples coloniaux aux besoins de profit du capital international. Ils vont continuer à chercher les occasions d'affaiblir les États où les relations capitalistes ont été renversées, dans l'espoir de tenter éventuellement de reconquérir ces parties du monde et de les exploiter directement.

Le peuple travailleur va opposer une résistance accrue à ces attaques à travers le monde, allant de la lutte pour l'emploi et la réduction de la semaine de travail aux luttes révolutionnaires de libération nationale. Les capitalistes vont tout essayer pour défendre leurs profits et leurs prérogatives. Quand il sera nécessaire de se battre pour maintenir leur pouvoir, ils mettront de côté les formes de domination démocratiques bourgeoises.

Mais avant que les exploiteurs ne puissent déclencher un règne victorieux de réaction, les travailleurs auront la première opportunité. Aux États-Unis et dans plusieurs autres pays, les batailles de classe les plus puissantes de toute l'histoire humaine donneront aux travailleurs et aux agriculteurs exploités l'occasion de mettre des solutions révolutionnaires à l'ordre du jour.

LA CONTINUITÉ ET LE PROGRAMME COMMUNISTE

La lutte pour un parti prolétarien (extraits)
JAMES P. CANNON

« Les travailleurs américains, écrit James P. Cannon, sont assez puissants pour renverser la structure du capitalisme ici et pour soulever le monde entier en se dressant. » À la veille de la deuxième guerre mondiale, un fondateur du mouvement communiste aux États-Unis et un dirigeant de l'Internationale communiste du temps de Lénine défend le programme du bolchevisme et ses normes de construction du parti. 5 $ US. Aussi en anglais, espagnol et farsi.

Leur Trotsky et le nôtre
JACK BARNES

Pour diriger les travailleurs à la victoire dans une révolution, il faut un parti révolutionnaire de masse dont les cadres, longtemps à l'avance, ont intériorisé un programme communiste international, ont une vie et un travail prolétariens, prennent plaisir à faire de la politique et ont forgé une direction dotée d'un sens aigu de ce qu'il faut faire. Ce livre discute comment construire un tel parti. 12 $ US. Aussi en anglais, espagnol et farsi.

La continuité révolutionnaire
La direction marxiste aux États-Unis
Les premières années, 1848-1917
Naissance du mouvement communiste, 1918-1922
FARRELL DOBBS

Deux tomes en anglais, 17 $ US chaque volume.

WWW.PATHFINDERPRESS.COM

LA CRISE CAPITALISTE ET LA LUTTE POUR LE POUVOIR OUVRIER

Sont-ils riches parce qu'ils sont intelligents ?
Classe, privilège et apprentissage sous le capitalisme
JACK BARNES

Ce livre expose la montée des inégalités de classe aux États-Unis et les justifications intéressées des professionnels bien payés qui pensent que leur « génie » les habilitent à « réglementer » les travailleurs, qui ne sauraient pas ce qui est dans leur propre intérêt. 10 $ US. Aussi en anglais, espagnol, farsi et arabe.

Le bilan anti-ouvrier des Clinton
Pourquoi Washington craint les travailleurs
JACK BARNES

Ce que les travailleurs doivent savoir sur le cours, axé sur le profit, des démocrates et des républicains au cours des 30 dernières années. L'éveil politique des travailleurs qui cherchent à comprendre et à résister aux attaques des dirigeants capitalistes. 10 $ US. Aussi en anglais, espagnol, farsi et grec.

Une révolution socialiste est-elle possible aux États-Unis ?
Un débat nécessaire entre travailleurs
MARY-ALICE WATERS

« Oui », répond l'auteure sans hésiter. Possible, mais pas inévitable. Ça dépend de ce que font les travailleurs. 7 $ US. Aussi en anglais, espagnol et farsi.

En défense de la classe ouvrière américaine

MARY-ALICE WATERS

En 2018, les grèves victorieuses de dizaines de milliers d'enseignants et d'autres travailleurs de la Virginie-Occidentale et de l'Oklahoma ont été, pour tous les travailleurs, un exemple de lutte pour la dignité et le respect. 7 $ US. Aussi en anglais, espagnol, farsi et grec.

Le programme de transition pour la révolution socialiste

LÉON TROTSKY

Le programme du Parti socialiste des travailleurs, élaboré par Léon Trotsky en 1938, guide toujours le SWP et les communistes partout dans le monde. Le parti « combat sans compromis tous les groupements politiques pendus aux jupons de la bourgeoisie. Sa tâche : l'abolition de la domination du capitalisme. Son objectif : le socialisme. Sa méthode : la révolution prolétarienne. » 17 $ US. En anglais et en farsi.

Malcolm X parle aux jeunes

« La jeune génération de blancs, de Noirs, de bruns, de toute autre couleur, vous vivez une époque de révolution, a dit Malcolm en 1964. Quant à moi, je me joindrai à quiconque, je me fiche de votre couleur, veut changer la condition misérable qui existe sur cette terre. » Quatre discours et un entretien dans les derniers mois de la vie de Malcolm X. 12 $ US. Aussi en anglais, espagnol, farsi et grec.

WWW.PATHFINDERPRESS.COM

LA COURBE DU DÉVELOPPEMENT CAPITALISTE

Léon Trotsky

DANS SON INTRODUCTION aux *Luttes de classes en France* de Marx, Engels a écrit :

> Dans l'appréciation d'événements et de suite d'événements empruntés à l'histoire quotidienne, on ne sera jamais en mesure de remonter jusqu'aux

---

Cette lettre a été publiée pour la première fois en 1923 en Union soviétique. Léon Trotsky était un dirigeant central du gouvernement soviétique et du Parti communiste, de l'Armée rouge victorieuse contre les forces des capitalistes et des propriétaires fonciers au cours de la guerre civile de 1918 à 1921, et de l'Internationale communiste (ou Comintern) au cours de ses premières années. En Union soviétique et dans l'Internationale communiste, il a dirigé l'opposition à la trahison du cours communiste de Vladimir Lénine effectuée par les couches parasitaires en ascension au sein de la bureaucratie de l'État et du parti. Ces couches étaient dirigées par Joseph Staline. Exilé par Staline en 1929, Trotsky a continué à lutter pour construire un mouvement communiste mondial jusqu'à son assassinat par la police secrète du Kremlin en 1940.

Réalisée par Régine Melet et Haroun Sasch, la présente traduction française a d'abord été publiée dans le numéro d'avril-juin 1975 de la revue Critique de l'économie politique, *publiée à Paris par les éditions François Maspéro. Cette traduction française a été faite à partir de la traduction en anglais parue dans le numéro de mai 1941 de la revue* Fourth International, *un prédécesseur de* Nouvelle Internationale, *et reprise dans le recueil* Problems of Everyday Life *de Léon Trotsky, publié par les éditions Pathfinder à New York en 1973. Quelques corrections ont été apportées par* Nouvelle Internationale *à la traduction française d'origine.*

dernières causes économiques. Même aujourd'hui où la presse technique compétente fournit des matériaux si abondants, il sera encore impossible, même en Angleterre, de suivre jour par jour la marche de l'industrie et du commerce sur le marché mondial et les modifications survenues dans les méthodes de production, de façon à pouvoir à n'importe quel moment faire le bilan d'ensemble de ces facteurs infiniment complexes et toujours changeants — facteurs dont la plupart du temps les plus importants agissent en outre longtemps dans l'ombre avant de se manifester violemment au grand jour.

Une claire vision d'ensemble de l'histoire économique d'une période donnée n'est jamais possible sur le moment même ; on ne peut l'acquérir qu'après coup, après avoir rassemblé et sélectionné les matériaux. La statistique est ici une ressource nécessaire et elle suit toujours en boitant. Pour l'histoire contemporaine en cours, on ne sera donc que trop souvent contraint de considérer le facteur le plus décisif comme constant ; de traiter la situation économique que l'on trouve au début de la période étudiée comme donnée et invariable pour toute celle-ci ; ou de ne tenir compte que des modifications à cette situation qui résultent d'événements eux-mêmes évidents et qui elles aussi apparaissent donc clairement.

En conséquence, la méthode matérialiste ne devra ici que trop souvent se borner à ramener les conflits politiques à des luttes d'intérêts entre les classes sociales et les fractions de classes existantes, impliquées par le développement économique, et à montrer que les divers partis politiques sont l'expression politique plus ou moins adéquate de ces mêmes classes et fractions de classes.

Il est bien évident que cette négligence inévitable des modifications simultanées de la situation économique, c'est-à-dire de la base même de tous les événements à examiner, ne peut être qu'une source d'erreurs [1].

Ces idées qu'Engels formula peu de temps avant sa mort ne furent développées et approfondies par personne après lui. Autant qu'il m'en souvienne, elles sont même rarement citées — beaucoup plus rarement qu'elles devraient l'être. De plus, leur signification semble avoir échappé à beaucoup de marxistes. L'explication de ceci doit une fois de plus être trouvée dans les causes indiquées par Engels, qui militent contre toutes sortes d'interprétation économique finie de l'histoire *en cours*.

C'EST UNE TÂCHE TRÈS DIFFICILE, impossible à résoudre dans toute son étendue, que de déterminer ces impulsions souterraines que l'économie transmet à la politique d'aujourd'hui. Et pourtant l'explication des phénomènes politiques ne peut pas être ajournée, parce que la lutte n'attend pas. De ceci découle la nécessité de recourir, dans l'activité politique journalière, à des explications si générales qu'à l'usage elles se transforment en truismes.

Aussi longtemps que la politique garde les mêmes formes, reste dans les mêmes canaux et évolue à peu près à la

---

[1]. Karl Marx, *Les luttes de classes en France,* Paris, Éditions sociales, « Classiques du marxisme », p. 11 et 12. Souligné par Léon Trotsky.

même vitesse, c'est-à-dire aussi longtemps que l'accumulation de quantité économique ne s'est pas transformée en changement de qualité politique, ce type de concept explicatif (« les intérêts de la bourgeoisie », « l'impérialisme », « le fascisme ») atteint encore plus ou moins son but : non pas interpréter un fait politique dans toute sa réalité, mais le réduire à un type social connu, ce qui est en soi, bien sûr, d'une importance inestimable.

Mais quand un sérieux changement intervient dans la situation, et d'autant plus si c'est un changement radical, des explications si générales se révèlent complètement inadéquates et se transforment entièrement en truismes vides. Dans ces cas-là, il est toujours nécessaire d'analyser beaucoup plus en profondeur pour déterminer l'aspect qualitatif et, si possible, pour mesurer aussi quantitativement les impulsions de l'économie sur la politique. Ces « impulsions » représentent la forme dialectique des « tâches » qui prennent naissance dans la base dynamique et se manifestent pour être résolues dans le domaine de la superstructure.

Les oscillations de la conjoncture économique (boom, dépression, crise) sont déjà en elles-mêmes le signe d'impulsions périodiques qui donnent naissance à des changements tantôt qualitatifs, tantôt quantitatifs, et à de nouvelles formations dans le champ politique. Les revenus de la classe possédante, le budget de l'État, les salaires, le chômage, les proportions du commerce extérieur, etc., sont liés intimement à la conjoncture économique et à leur tour exercent l'influence la plus directe sur la politique. Ceci seul est suffisant pour faire comprendre combien il est important et fructueux de suivre pas à pas l'histoire des partis politiques, des institutions d'État, etc., en relation avec les cycles de développement capitaliste. Nous ne voulons pas dire du tout que ces cycles expliquent *tout* : ceci est exclu pour la simple raison que les cycles eux-mêmes ne sont pas des phénomènes économiques fondamentaux mais dérivés. Ils se déroulent sur la base du développement des forces productives par l'intermédiaire des relations de marché. Mais les cycles expliquent *beaucoup de choses* en formant, comme ils le font à travers une pulsation automatique, un ressort dialectique indispensable au mécanisme de la société capitaliste. Les points de rupture de la conjoncture commerciale et industrielle nous amènent plus près des noeuds critiques dans la trame du développement des tendances politiques, de la législation et de toutes les formes d'idéologie.

MAIS LE CAPITALISME n'est pas caractérisé seulement par la répétition périodique de cycles — autrement ce qui se passerait serait une répétition complexe et non un développement dynamique. Les cycles industriels et commerciaux sont d'un caractère différent à différentes périodes. La différence essentielle entre eux est déterminée par les interrelations quantitatives entre la crise et la période de boom dans chaque cycle donné. Si le boom compense largement les effets destructeurs ou constricteurs de la crise précédente, alors le développement capitaliste va de l'avant. Si la crise, qui signale la destruction ou en tout cas la réduction des forces productives, surpasse en intensité le boom correspondant, alors il en résulte un déclin dans l'économie. Enfin, si la crise et le boom s'égalent à peu près en force, alors on obtient un équilibre temporaire et stagnant dans l'économie. Voilà approximativement le schéma.

On observe dans l'histoire que les cycles homogènes sont groupés en séries. On a une époque complète de développement capitaliste quand un certain nombre de cycles sont caractérisés par des booms tracés nettement et par des crises éphémères et faibles. On a alors un mouvement nettement ascendant de la courbe de base du développement capitaliste. Il y a des périodes de stagnation quand cette courbe, tout en passant comme toujours à travers des oscillations cycliques partielles, reste à peu près au même niveau pendant des décennies. Et enfin, pendant certaines périodes historiques, la courbe de base, tout en passant comme toujours à travers des oscillations cycliques, décroît dans son ensemble, signalant le déclin des forces productives.

Il est déjà possible de postuler a priori que les époques de développement énergique du capitalisme doivent posséder des caractéristiques — en politique, en droit, en philosophie, en poésie — très différentes de celles des époques de stagnation ou de déclin économique. De plus, une transition d'une époque de ce type à une autre différente doit naturellement produire les plus grandes convulsions dans les relations entre classes et entre États. Au troisième congrès mondial du Comintern, nous avons eu à souligner ce point [2] — dans le cadre du combat contre les conceptions purement mécanistes de la désintégration capitaliste en cours. Si les remplacements périodiques des booms « normaux » par des crises « normales » ont des répercussions dans toutes les sphères de la vie sociale, alors une transition d'une époque entière de boom à une époque entière de déclin, ou vice versa, engendre les plus grands troubles historiques. Et il n'est pas difficile de montrer qu'en de nombreux cas, les

---

2. Voir « Report on the World Economic Crisis and the New Tasks of the Communist International » dans Leon Trotsky, *The First Five Years of the Communist International*, vol. 1, New York, Pathfinder, 1972, p. 227 à 293.

révolutions et les guerres traversent les frontières entre deux époques différentes de développement économique, c'est-à-dire la jonction de deux segments différents de la courbe capitaliste. Analyser toute l'histoire moderne de ce point de vue est véritablement une des tâches les plus gratifiantes du matérialisme dialectique.

APRÈS LE TROISIÈME CONGRÈS du Comintern, le professeur Kondratiev aborda ce problème — en évitant soigneusement, comme d'habitude, la formulation de la question adoptée par le congrès lui-même — et tenta d'instituer à côté du « cycle mineur », couvrant une période de 10 ans, le concept de « cycle majeur », couvrant à peu près 50 ans [3]. Selon cette construction symétriquement stylisée, un cycle économique majeur comprend cinq cycles mineurs et, de plus, la moitié d'entre eux ont un caractère de boom et l'autre un caractère de crise, avec tous les stades transitoires nécessaires. Les déterminations statistiques des cycles majeurs compilées par Kondratiev devraient être soumises à une vérification soigneuse et pas trop complaisante par rapport à chaque pays et au marché mondial dans son ensemble. Il est déjà possible de réfuter à l'avance la tentative du professeur Kondratiev d'étudier les époques classées par lui comme cycles majeurs avec la même « cadence invariable » que nous observons dans les cycles mineurs : c'est une fausse généralisation évidente à partir d'une analogie formelle.

---

3. Nikolaï D. Kondratiev a été professeur à l'Académie agricole et directeur de l'Institut de recherche commerciale de Moscou après la révolution. En 1930, il a été arrêté par la police politique de Staline comme soi-disant chef d'un Parti des paysans travailleurs, illégal, et déporté en Sibérie.

La répétition périodique des cycles mineurs est conditionnée par la dynamique interne des forces capitalistes et se manifeste toujours et partout à partir du moment où le marché existe. En ce qui concerne les grands segments de la courbe de développement capitaliste (50 ans) que le professeur Kondratiev propose inconsidérément d'appeler également cycles, leur caractère et leur durée ne sont pas déterminés par le jeu combiné interne des forces capitalistes, mais par les conditions extérieures à travers lesquelles le développement capitaliste s'effectue. L'acquisition par le capitalisme de nouveaux pays et continents, la découverte de nouvelles ressources naturelles et, dans le sillage de tels développements, des faits d'ordre « superstructurel » aussi importants que les guerres et les révolutions : voilà ce qui détermine le caractère et le remplacement de périodes ascendantes, stagnantes ou déclinantes du développement capitaliste.

Dans quelle voie la recherche doit-elle donc s'orienter ?

D'ABORD, ELLE DOIT ÉTABLIR la courbe du développement capitaliste dans ses phases non périodiques (fondamentales) et périodiques (secondaires) et ses points de rupture par rapport aux différents pays qui nous intéressent et par rapport au marché mondial dans son ensemble — c'est la première partie du travail. Quand on a établi la courbe (la méthode pour l'établir est bien sûr un problème spécifique en soi, pas simple du tout, mais qui appartient au domaine de la technique de la statistique économique), on peut la diviser en périodes, selon l'orientation de la pente (négative ou positive) par rapport à un système d'axes sur un graphique. De cette façon, on obtient un schéma descriptif du développement économique, c'est-à-dire la caractérisation de la « base même de tous les faits sujets à examen » (Engels).

Selon la réalité et le détail de notre recherche, on peut avoir besoin d'un certain nombre de tels schémas : un relatif à l'agriculture, un autre à l'industrie lourde et ainsi de suite. En le prenant comme point de départ, ce schéma doit être ensuite synchronisé avec les événements politiques (dans le sens le plus large du terme) et on peut alors chercher non seulement la correspondance — ou pour être plus prudent, les interrelations entre les époques clairement tracées de la vie sociale et les segments nettement marqués de la courbe du développement capitaliste — mais aussi les impulsions souterraines directes qui déclenchent les événements. Avec cette méthode, il n'est naturellement pas difficile du tout de tomber dans la schématisation la plus vulgaire et, surtout, d'ignorer le conditionnement interne tenace et l'enchaînement des phénomènes idéologiques — pour oublier le fait que l'économique est décisif seulement en *dernière analyse*. Il ne manque pas de conclusions caricaturales tirées de la méthode marxiste ! Mais renoncer à cause de cela à la formulation de la question indiquée plus haut (« Ça sent l'économisme »), c'est montrer une complète incapacité à comprendre l'essence du marxisme, qui cherche les causes des changements qui se produisent dans la superstructure sociale dans les changements qui affectent les fondements économiques et nulle part ailleurs.

Au risque de nous attirer les foudres théoriques des opposants de « l'économisme » (et aussi un peu avec l'intention de provoquer leur indignation), nous présentons ici un graphique schématique qui décrit arbitrairement une courbe du développement capitaliste pendant 90 ans selon la méthode mentionnée plus haut. La direction générale de la courbe est déterminée par le caractère des courbes conjoncturelles partielles qui la composent. Dans notre schéma, trois périodes sont nettement séparées : 20 ans de développement capitaliste très graduel (segment AB) ; 40 ans d'expansion énergique (segment BC) ; 30 ans de crise prolongée et de déclin (segment CD).

Si on introduit dans ce diagramme les événements historiques les plus importants pour la période correspondante, alors la juxtaposition graphique des événements politiques majeurs et des variations de la courbe suffit à elle seule à prouver que ce sont des points de départ inestimables pour des recherches matérialistes historiques. Le parallèle entre les événements politiques et les changements économiques est bien sûr très relatif. En règle générale, la « superstructure » n'enregistre et ne reflète les nouvelles formations de la sphère économique qu'après un délai considérable. Mais cette loi doit être mise à nu à travers une recherche concrète de ces relations complexes dont nous donnons ici un aperçu graphique.

Dans le rapport au troisième congrès mondial, nous avons illustré notre idée avec certains exemples historiques tirés de la période de la révolution de 1848, de la période de la première révolution russe (1905) et de la période que nous traversons actuellement (1920-1921) [4]. Nous renvoyons le lecteur à ces exemples. Ils ne fournissent rien d'achevé, mais ils caractérisent assez bien l'extraordinaire importance de l'approche que nous avons

---

4. En plus du rapport au troisième congrès déjà cité, on peut trouver une analyse des révolutions de 1848, de la révolution russe de 1905 et de la période ouverte par la révolution d'octobre 1917 dans l'article de Mary-Alice Waters, « Le communisme et la lutte pour un gouvernement révolutionnaire populaire : de 1848 à aujourd'hui », publié dans le premier numéro de *Nouvelle Internationale,* réimprimé en 1991.

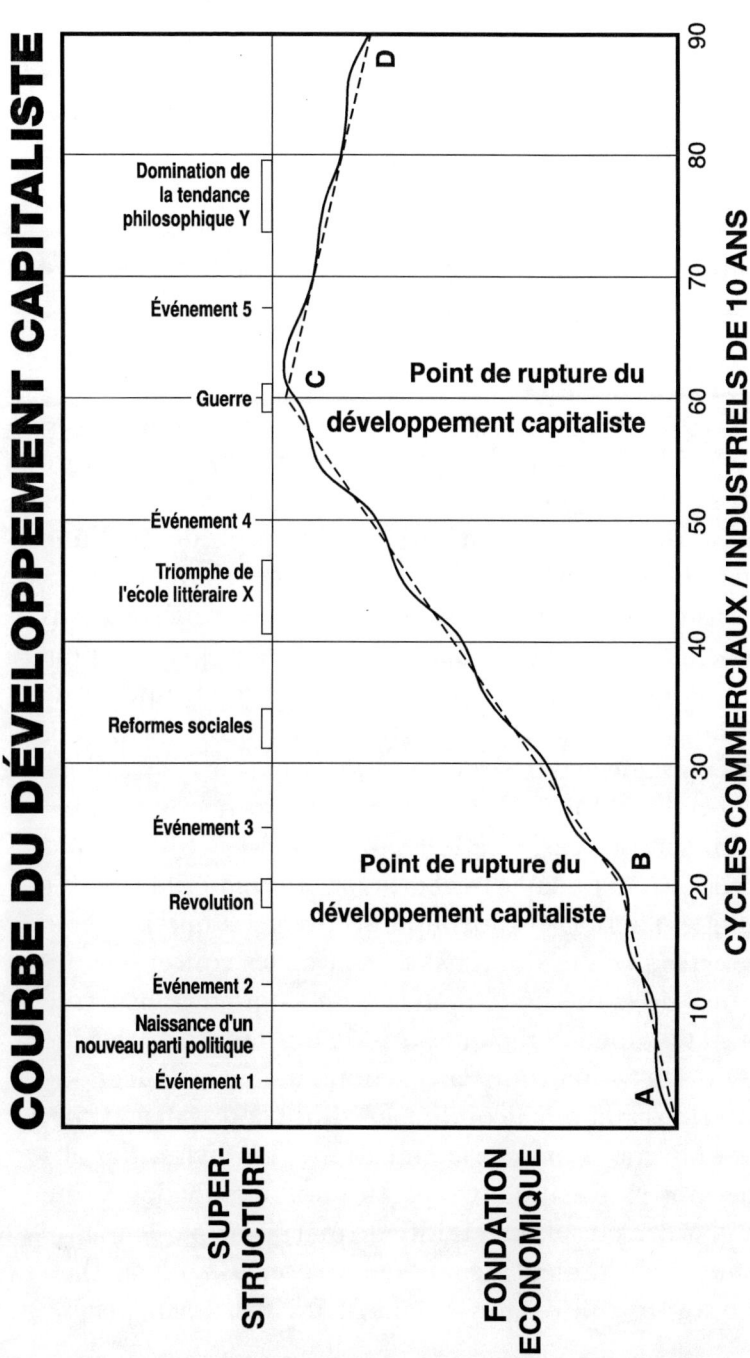

mise en avant, surtout pour comprendre les sauts les plus critiques en histoire : les guerres et les révolutions. Si dans cette lettre, nous utilisons un schéma graphique purement arbitraire, sans chercher à prendre pour base une période réelle de l'histoire, c'est qu'une telle tentative ressemblerait trop à une anticipation inconsidérée des résultats découlant d'une recherche complexe et soignée qui reste encore à faire.

À L'HEURE ACTUELLE, il est encore impossible de prévoir précisément quelles parties du champ de l'histoire seront éclaircies et quels éclaircissements seront apportés par une recherche matérialiste qui procéderait d'une étude plus concrète de la courbe du développement capitaliste et des interrelations entre cette dernière et tous les aspects de la vie sociale. Les avancées que l'on peut réaliser de cette façon ne peuvent être déterminées que comme le résultat d'une telle recherche, qui doit être plus systématique et plus ordonnée que toutes ces digressions matérialistes historiques entreprises jusqu'ici.

En tous les cas, une telle approche de l'histoire moderne promet d'enrichir la théorie du matérialisme historique d'apports beaucoup plus précieux que la jonglerie extrêmement douteuse faite avec les concepts et les termes de la méthode matérialiste — qui a transplanté, sous la plume de quelques-uns de nos marxistes, les méthodes du formalisme dans le domaine de la dialectique matérialiste et qui a conduit à réduire le travail à affiner des définitions et des classifications et à diviser des abstractions vides en quatre parties tout aussi vides. Cette jonglerie a, en somme, falsifié le marxisme par le maniérisme indécemment élégant des épigones kantiens. Il est bien sûr ridicule d'aiguiser sans fin un instrument jusqu'à ébrécher l'acier du marxisme, quand la tâche est d'utiliser cet instrument pour travailler le matériau brut !

À notre avis, ce thème peut fournir la matière à un travail des plus fructueux de nos séminaires marxistes sur le matérialisme historique. Des recherches indépendantes entreprises dans cette sphère éclaireraient certainement d'un jour nouveau ou au moins éclaireraient davantage des événements historiques isolés et des époques entières. Finalement, l'habitude même de penser en terme des catégories citées plus haut faciliterait grandement l'orientation politique à l'époque actuelle — qui révèle plus ouvertement que jamais le rapport entre l'économie capitaliste, qui a atteint le point de saturation, et la politique capitaliste, qui est devenue complètement débridée.

J'ai promis il y a longtemps de développer ce thème pour la *Vestnik Sotsialisticheskoi Akademii*[5]. Jusqu'à aujourd'hui, les circonstances m'ont empêché de tenir cette promesse. Je ne suis pas sûr de pouvoir la remplir complètement dans un avenir proche. C'est pour cela que je me cantonne à cette lettre pour le moment.

---

5. *Bulletin de l'Académie socialiste,* le périodique soviétique où cet article est paru en 1923 avec le sous-titre « Une lettre au directeur au lieu de l'article promis ».

L'IMPÉRIALISME, STADE SUPRÊME DU CAPITALISME

Thomas Sankara parle
La révolution au Burkina Faso, 1983-1987

Le gouvernement que dirigeait Thomas Sankara au Burkina Faso a conduit les paysans, les travailleurs, les femmes et les jeunes à apprendre à lire et écrire, creuser des puits, planter des arbres, bâtir des logements, combattre l'oppression des femmes, réaliser une réforme agraire et se joindre à d'autres pour se libérer du joug impérialiste. 20 $ US. Aussi en anglais.

L'Europe et l'Amérique
Deux discours sur l'impérialisme
LÉON TROTSKY

Dans deux discours faits au milieu des années 20, le dirigeant bolchevique russe Léon Trotsky explique pourquoi l'émergence des États-Unis comme puissance économique et financière dominante est devenue le facteur décisif de la politique mondiale après la première guerre mondiale. Il décrit les conflits croissants entre Washington et ses rivaux européens et dégage les perspectives révolutionnaires pour les travailleurs du monde. 10 $ US. En anglais.

L'impérialisme, stade suprême du capitalisme
V. I. LÉNINE

« J'ose espérer », écrit Lénine au milieu de la première guerre mondiale, « que ma brochure aidera à l'intelligence d'un problème économique capital, sans l'étude duquel il est impossible de rien comprendre à ce que sont les guerres d'aujourd'hui et la politique d'aujourd'hui ; je veux parler de la nature économique de l'impérialisme. » 5 $ US. En anglais, espagnol, farsi et grec.

LA QUESTION JUIVE, LA LUTTE CONTRE LE FASCISME ET LA CLASSE OUVRIÈRE

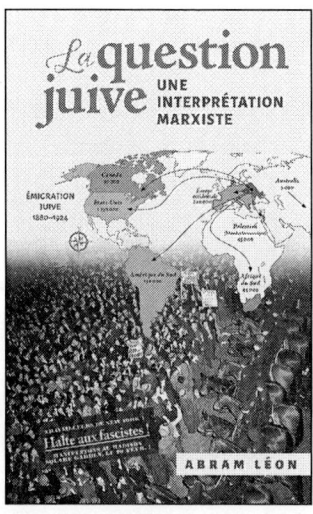

La question juive
Une interprétation marxiste
ABRAM LÉON

Pourquoi la haine des Juifs montre-t-elle toujours son visage hideux ? Quelles en sont les racines de classe ? Pourquoi n'y a-t-il pas de solution à la question juive sous le capitalisme ? L'auteur, Abram Léon, a été tué dans les chambres à gaz nazies. Nouvelle introduction et 40 pages d'illustrations et de cartes. 17 $ US. Aussi en anglais et en espagnol.

La lutte contre le fascisme aux États-Unis
Quarante ans de luttes décrites par des participants
JAMES P. CANNON ET D'AUTRES

En 1939, quelque 50 000 personnes à New York ont suivi l'appel du Parti socialiste des travailleurs pour répondre à un rassemblement de 20 000 personnes pronazies. « La question de comment lutter contre le fascisme a trouvé une réponse retentissante dans la magnifique manifestation qui a fait monter le cri : Des gardes de défense ouvrières pour écraser le danger fasciste ! » 5 $ US. En anglais.

La fondation du Parti socialiste des travailleurs
Procès-verbaux et résolutions, 1938-1939

« L'attaque contre les Juifs est le fer de lance de l'attaque contre la classe ouvrière américaine, » affirme une résolution adoptée par le congrès du SWP de 1938. Le parti a exigé que Washington « ouvre grand les portes des États-Unis aux victimes du régime des pogroms hitlérien ! » 23 $ US. En anglais.

WWW.PATHFINDERPRESS.COM

LA MARCHE DE L'IMPÉRIALISME VERS LE FASCISME ET LA GUERRE

Jack Barnes

I.
DIRECTION OUVRIÈRE ET JEUNESSE

ON A ASSISTÉ AU COURS des sept dernières années à quelques-uns des plus grands changements politiques du dernier demi-siècle. Le krach des marchés boursiers internationaux en octobre 1987 a annoncé un nouveau segment, descendant, de la courbe du développement à long terme du capitalisme. Quelques années plus tard, les appareils staliniens se sont effondrés les uns après les autres en Europe de l'Est et en Union soviétique. Puis, une guerre contre l'Irak, que Washington a cherché à présenter comme une victoire militaire glorieuse, s'est terminée en amplifiant les conflits au sein de l'ordre impérialiste international. Au début des années 90, le capitalisme est entré dans une dépression internationale pour la première fois depuis avant la deuxième guerre mondiale.

Ce rapport a été discuté et adopté par le congrès national du Parti socialiste des travailleurs (SWP), en août 1994 aux États-Unis. Il s'appuie sur des présentations faites par le secrétaire national du SWP, Jack Barnes, lors de conférences de formation socialiste tenues à Miami, à New York et à Chicago en février, en mars et en avril 1994.

Les conséquences politiques les plus importantes de ce développement de plus en plus comprimé et volatile du capitalisme mondial et les conclusions pratiques que les travailleurs et les jeunes communistes doivent en tirer pour orienter leurs activités ne s'appliquent pas seulement aux années 90. Elles vont rester vraies jusqu'à ce que les questions économiques, sociales et politiques les plus fondamentales auxquelles l'humanité fait face auront été tranchées dans des luttes de classe historiques entre le mouvement ouvrier révolutionnaire et les forces qui cherchent à maintenir ou à imposer la domination du capitalisme dans les pays du monde.

Comment la classe ouvrière va répondre au cours des années à venir aux conséquences politiques de la dialectique accélérée du capitalisme mondial va déterminer s'il sera possible d'arrêter la marche de l'impérialisme vers le fascisme et la guerre. Cela va dépendre en retour de la construction d'une direction communiste à même les rangs des combattants ouvriers les plus conscients et les plus dévoués à travers le monde. Cela va dépendre, dans le sens le plus immédiat, des efforts déployés aujourd'hui par les forces toujours relativement petites qui sont convaincues de la perspective de construire des partis prolétariens de masse, bataillons d'un mouvement communiste international, capables de diriger les travailleurs et leurs alliés pour arracher le pouvoir des mains des dirigeants capitalistes, établir un gouvernement des travailleurs et des agriculteurs, et amorcer la voie socialiste qui sortira l'humanité du cataclysme vers lequel le capitalisme va autrement l'entraîner.

Pour discuter les modestes prochains pas que nous pouvons et devons prendre pour avancer dans cette direction, je veux commencer en examinant l'étape actuelle de la reprise économique aux États-Unis, à la suite de la récession de 1990-1991. Je commence ici parce que l'embauche dans l'industrie depuis la dernière moitié de 1993 représente une opportunité comme nous n'en avons pas connues depuis des années pour renforcer le mouvement communiste de manière importante. C'est la première vague d'embauche significative à travers le pays dans les manufactures, les mines et le transport de marchandises depuis que la reprise a officiellement commencé en avril 1991. Pendant les deux premières années, cette reprise aux États-Unis a été généralement appelée la « reprise sans emploi ». La main-d'oeuvre à l'emploi des entreprises était en réalité plus petite après deux ans de reprise qu'à son début. (On ne doit jamais oublier qu'une reprise capitaliste se définit par une reprise du taux de *profit* et de rentrée d'argent.)

L<small>E GRAND CAPITAL</small> a mesuré son succès pendant ces deux ans en réduisant le nombre de quarts de travail, en intensifiant le travail, en licenciant des employés, en réduisant ou en gelant les salaires, en restructurant les usines, en vendant les divisions non rentables et en informatisant les procédures administratives, financières et commerciales. Les employeurs ont vérifié en pratique le nombre d'heures que la force de travail existante allait accepter avant de commencer à opposer une résistance sérieuse. Les principaux quotidiens et la presse d'affaire n'ont cessé de souligner à quel point la classe ouvrière industrielle « grisonne » et vieillit, en particulier dans les usines automobiles, les aciéries, les mines et ailleurs dans l'industrie lourde. Selon les commentateurs, à moins d'obtenir un emploi chez Wal-Mart ou McDonald, vous aviez peu de chance de travailler avec de jeunes ouvriers. C'était une caricature qui reflétait néanmoins un vrai ralentissement de l'embauche dans l'industrie à la fin des années 80 et au début des années 90. La récession de 1990-1991 et la stagnation de l'embauche au cours des premières années de la reprise ont imposé au mouvement communiste des pressions accrues, qui découlent des coups portés par les capitalistes à la classe ouvrière et au mouvement syndical au cours des années 80. Il y a bien eu quelques grèves importantes et d'autres formes de résistance venant des membres. Mais face aux attaques menées par les employeurs contre les conditions de vie et de travail, les syndicats ont continué à battre en retraite, dominés par une fausse direction pratiquant la collaboration de classe. Vers la fin des années 80 au Nicaragua, la direction du Front sandiniste de libération nationale a succombé politiquement aux pressions de classe nationales et impérialistes, ce qui a conduit à la défaite du gouvernement des travailleurs et des paysans dans ce pays. Après ce revers et la défaite de la révolution de Grenade subie aux mains du stalinisme en 1983, Cuba est demeuré la seule révolution socialiste vivante dans le monde à fournir un exemple de direction communiste vers qui on pouvait se tourner, de qui on pouvait apprendre et en qui on pouvait croire.

Le mouvement communiste a attiré moins de forces jeunes et l'âge moyen des membres du Parti socialiste des travailleurs (SWP) a augmenté. La présence nationale de notre mouvement a décliné lorsqu'un certain nombre de branches du SWP ont cessé leurs activités afin de permettre à leurs cadres d'aller renforcer des branches situées dans d'autres régions. Il est devenu plus difficile pour les jeunes repoussés par les maux du capitalisme de concevoir un cours politique qui leur permette, à eux et à d'autres, de s'organiser pour les combattre. Il leur était plus difficile de voir le lien entre les luttes auxquelles ils participaient et celle pour un système social différent, le socialisme. Il leur était même encore plus difficile de voir comment ils pourraient établir des liens avec une force sociale, la classe ouvrière et le mouvement ouvrier, disposant de la puissance nécessaire pour changer les choses. Il leur était encore plus difficile de nouer des liens avec une tradition de lutte plus large, avec un mouvement communiste qui s'organise pour avoir une présence à travers le pays et qui incorpore les leçons des batailles menées par les opprimés et les exploités au cours de l'histoire moderne.

Mais au cours de la dernière année, nous avons commencé à voir les signes d'un changement. Évaluer ce changement et effectuer les ajustements nécessaires et appropriés : voilà le défi que l'ensemble du mouvement communiste international doit relever.

Des opportunités accrues d'embauche

On assiste tout d'abord à une augmentation de l'embauche dans l'industrie, y compris là où le Parti socialiste des travailleurs a des fractions : dans la construction de nouvelles mines de charbon, où les travailleurs syndiqués sont membres des Mineurs unis d'Amérique, et dans les chemins de fer, l'auto, l'acier, les machines électriques et d'autres secteurs de production. Une nouvelle génération de travailleurs est en train d'être embauchée. Pour plusieurs, il s'agit de leur premier emploi industriel ou, souvent, syndiqué. Les travailleurs communistes ont l'opportunité d'être parmi ces nouveaux embauchés et de traverser des expériences avec eux au travail, dans les syndicats et en participant à la politique U.S. et mondiale qui nous affecte tous. Et nous avons la responsabilité de nous organiser pour profiter de l'occasion.

Une véritable expansion conjoncturelle de l'économie capitaliste a présentement lieu aux États-Unis (de même qu'en Australie, en Nouvelle-Zélande, au Canada, en Grande-Bretagne et dans plusieurs autres pays européens). Ceci ne contredit en rien le fait que le capitalisme mondial est entré en dépression. Le cycle économique va continuer de connaître des hauts et des bas. Mais nous ne devons pas avoir peur d'utiliser le mot dont les capitalistes se servent pour décrire ce qui arrive : c'est une *expansion*. Les dirigeants U.S. augmentent la production et augmentent leurs profits. Ils se servent plus souvent de contrats syndicaux affaiblis pour contourner les clauses sur l'embauche et engager des travailleurs plus jeunes à des salaires inférieurs. Ils augmentent en particulier la part de marché qu'ils peuvent arracher à leurs concurrents capitalistes des autres pays. Ils recourent plus souvent à la force pour marquer des points contre leurs rivaux capitalistes, et aspirants capitalistes, dans le reste du monde.

Ce qui est important pour nous, ce n'est pas que l'âge moyen des travailleurs de production dans plusieurs usines automobiles ou aciéries demeure plus élevé qu'il ne l'était il y a 10 ou 15 ans. Ça reste vrai. Ça reste aussi vrai que McDonald, Wal-Mart et les agences de placement intérimaire continuent d'embaucher des jeunes. Mais ce qui retient notre attention ici, c'est le fait qu'en 6 mois consécutifs de croissance de l'emploi, soit de septembre 1993 à aujourd'hui, un total de quelque 100 000 travailleurs ont été embauchés dans des emplois manufacturiers aux États-Unis. Et ce mouvement ne semble pas s'essouffler.

Mais on n'a pas besoin d'invoquer les seules statistiques. Les travailleurs de plusieurs régions du pays qui sont ici ce week-end rapportent qu'au cours des derniers mois, les usines où ils travaillent ou ont des amis ont ajouté un quart de nuit. Ils rapportent qu'une vague d'embauche a eu lieu dans la construction minière et que des aciéries qui n'avaient pas accepté de demandes d'emploi depuis des années ont ouvert des postes. Nous avons été plus lents que nous l'aurions voulu à répondre à ce changement et à reconnaître son importance pour revitaliser nos fractions syndicales. Mais les faits eux-mêmes n'ont rien de secret pour un parti composé en grande partie de travailleurs industriels.

PENDANT QUE S'EFFECTUAIT cette vague d'embauche, le grand capital a continué à « rationaliser » ses opérations, au rythme record de 3 100 employés licenciés par jour en moyenne jusqu'à maintenant cette année. Une majorité substantielle des mises à pied effectuées au cours de la dernière année a frappé le personnel de gestion intermédiaire et les employés de bureau. Mais les emplois manufacturiers ont aussi décliné durant la plus grande partie des 28 premiers mois de la reprise et des travailleurs d'usine continuent d'être licenciés dans des industries et régions particulières. Dans les conditions de dépressions actuelles, le taux de chômage reste élevé si on le compare aux moyennes associées aux reprises de l'après-deuxième guerre mondiale, en particulier si on tient compte des travailleurs obligés d'accepter des emplois temporaires ou à temps partiel et ceux qui ne font plus partie des chiffres gouvernementaux sur le chômage parce qu'ils ont renoncé pour le moment à chercher du travail.

Mais depuis la fin de l'année dernière, il y a eu plus de travailleurs embauchés que licenciés dans les usines, les mines et les manufactures. Et le rythme de l'embauche continue de s'accroître à l'approche du milieu de 1994. Ce fait a une importance immédiate pour la classe ouvrière et les syndicats. Et il a une très grande importance pour la petite avant-garde communiste de notre classe.

Les propriétaires capitalistes de l'industrie rationalisent et réduisent leurs coûts et leurs investissements productifs avec détermination. Mais on ne devrait jamais perdre de vue pourquoi les capitalistes licencient des employés, se départissent de sections entières de l'industrie et réduisent leurs prix au point parfois de friser la faillite. Ils le font dans le but de reprendre à leurs rivaux capitalistes une part du marché suffisamment grande pour commencer à embaucher des travailleurs, produire beaucoup de marchandises et faire plus de profits. C'est là le but visé par la rationalisation. Ceux qui n'y arrivent pas font faillite ; les autres embauchent.

Ce qui importe pour les travailleurs communistes, ce n'est pas la moyenne de l'emploi pour un mois donné. Ce qui importe, c'est de connaître l'embauche qui se fait et de trouver les moyens d'en profiter.

Les jeunes contestent les maux du capitalisme

Le deuxième changement que nous avons constaté au cours de la dernière année, c'est le nombre croissant de jeunes travailleurs et étudiants qui commencent à réagir aux conséquences sociales et politiques dévastatrices engendrées par le désordre capitaliste mondial. Les pas que des jeunes de plusieurs villes des États-Unis ont faits au cours des premiers mois de 1994 pour construire une organisation nationale de jeunes socialistes sont le produit, en fait le plus important produit, de ces développements.

Dans le cadre de cette conférence de formation socialiste regroupant quelque 300 participants, une centaine de jeunes provenant de diverses régions des États-Unis se sont réunis ici à Chicago pour discuter l'idée de se joindre à un comité d'organisation ayant pour objectif de lancer une organisation nationale de jeunes socialistes. Il y a deux mois, quatre jeunes socialistes — deux de New York et deux de Minneapolis/St-Paul — ont pris l'initiative de mettre sur pied un comité d'organisation afin de convoquer cette plus grande réunion à Chicago. À la fin de cette conférence, il y aura une vingtaine de groupes de jeunes socialistes dans plusieurs villes et campus à travers le pays qui seront politiquement actifs et étudieront les livres et brochures du mouvement communiste. En s'efforçant de rejoindre les jeunes combattants de leur région et d'ailleurs, ils visent à organiser une conférence de fondation d'une organisation de jeunes socialistes plus tard cette année [1].

Ce développement reflète le fait qu'il y a plus de jeunes aujourd'hui que depuis longtemps qui commencent à s'intéresser à la politique et veulent se battre. Ils détestent les effets du capitalisme qu'ils voient autour d'eux et ailleurs dans le monde. Ils détestent le racisme, la brutalité policière, les attaques contre les droits des femmes, la destruction de l'environnement, le chômage, les guerres et les menaces de guerre. Ils sont convaincus que tout ça ne s'améliore pas, mais empire. Quelques-uns commencent à s'intéresser au socialisme et veulent

---

1. Une deuxième réunion de jeunes socialistes a eu lieu en août 1994 à Oberlin, en Ohio, dans le cadre d'une conférence socialiste internationale coïncidant avec le trente-septième congrès du Parti socialiste des travailleurs. La centaine de jeunes participant à cette réunion a adopté le nom de Jeunes socialistes, appelé à la tenue d'une conférence de fondation d'une organisation de jeunesse socialiste et élu un comité national chargé de diriger leurs activités politiques d'ici la tenue de leur prochaine rencontre internationale.

rencontrer d'autres combattants comme eux. Ils veulent entrer en contact avec les travailleurs et les jeunes à Cuba qui livrent la bataille pour maintenir les assises de la révolution socialiste. Ils veulent faire partie d'un mouvement international avec les jeunes combattants d'Afrique du Sud. Ils veulent se joindre à la lutte partout où il y a de la résistance à l'oppression et à l'exploitation. Avant tout, ils réagissent avec enthousiasme à la découverte de forces puissantes qui leur donnent raison de penser qu'elles avancent dans la même direction politique ici dans ce pays ou n'importe où dans le monde.

Nous voyons aussi les signes de ce mécontentement ailleurs. En mars par exemple, les jeunes travailleurs et étudiants en France ont porté un nouveau coup aux politiques anti-ouvrières du gouvernement. Pendant des semaines, a-t-on pu lire dans l'hebdomadaire *The Militant,* des centaines de milliers d'entre eux se sont mobilisés à travers toute la France. Avec l'appui de millions de travailleurs et petits producteurs agricoles et des trois principales centrales syndicales, ils ont exigé que le gouvernement retire son projet de réduire le salaire minimum versé aux travailleurs de 25 ans ou moins. Leur lutte a forcé le régime du premier ministre Édouard Balladur à reculer. À peine quelques mois plus tôt, en octobre 1993, les travailleurs d'Air France avaient fermé les aéroports de Roissy et d'Orly près de Paris, forçant le gouvernement à abandonner ses projets anti-ouvriers visant à privatiser la compagnie aérienne, à licencier des milliers de travailleurs et à imposer des concessions additionnelles. Le gouvernement Balladur avait prévu se servir d'Air France comme point de départ d'une nouvelle ronde d'attaques contre l'emploi, les salaires, les conditions de travail et le mouvement syndical.

Cette résistance a miné la capacité des dirigeants capitalistes français d'atteindre leurs objectifs de renforcer le franc et de protéger leur part du marché international et leur marge de profit contre leurs concurrents capitalistes allemands, U.S., britanniques et autres. On a vu se relâcher un peu la pression croissante exercée depuis plus d'une décennie sur la classe ouvrière, sous des gouvernements et des présidents aussi bien « socialistes » que conservateurs. À force de lancer avec succès des appels moralisateurs « à faire encore un peu plus de sacrifices », les patrons sont devenus présomptueux et ont commencé à faire des erreurs. Ils ont dû commencer à faire des concessions sous le coup de la panique et à abandonner, pour le moment du moins, des projets déjà annoncés. Mais en agissant ainsi, ils encouragent d'autres couches de la population travailleuse à résister et ils sapent de ce fait la stabilité de leurs profits et même de leur gouvernement.

LES JEUNES DE CORÉE DU SUD ont aussi fait les manchettes. Pendant que nous nous réunissons ici aujourd'hui, les étudiants et les jeunes travailleurs coréens manifestent à Séoul contre le déploiement par Washington de missiles Patriotes dans le sud de la péninsule. Les dirigeants U.S. ont beaucoup de difficultés à trouver des gens en Corée du Sud prêts à courir le risque de provoquer une guerre contre la République populaire démocratique de Corée : le gouvernement de Pyeong Yang pourrait en effet réagir en lançant des assauts défensifs rapides et massifs contre les villes du Sud.

Un nombre croissant de travailleurs et de jeunes en Corée ne sont pas dupes de l'hypocrisie cynique de Washington quand celui-ci exige que le gouvernement nord-coréen cesse de construire des missiles à moyenne portée. Ils savent que les forces armées U.S. ont maintenu pendant des décennies une puissance aérienne massive et meurtrière qui comprend des missiles prêts à être lancés, sur le territoire et dans les eaux de la péninsule coréenne et de la région. C'est l'impérialisme U.S. qui a complètement rasé Pyeong Yang et plusieurs autres villes coréennes pendant la guerre de Corée. Et Washington demeure la seule puissance internationale à avoir utilisé l'arme nucléaire — contre la population d'Hiroshima et de Nagasaki au Japon. Plusieurs Coréens savent aussi que le gouvernement japonais a constitué des stocks de plutonium, que Tokyo cherche à développer son propre arsenal nucléaire, malgré ses démentis officiels, et que ses missiles seront pointés, entre autres cibles, sur la péninsule coréenne qu'il convoite.

Les capitalistes sud-coréens eux-mêmes craignent de voir un jour Washington déclencher une guerre qui provoquerait en quelques jours la destruction de leurs usines et de leurs équipements. La perspective d'un assaut militaire lancé contre le Nord par ceux qui, à Washington, ont machiné la division de leur pays il y a près d'un demi-siècle repousse moralement et politiquement un nombre croissant de jeunes. La Corée demeure le dernier des pays brutalement divisés par les puissances victorieuses de la deuxième guerre mondiale, avec l'accord de l'impérialisme U.S. et de la bureaucratie stalinienne à Moscou. Qu'ils soient ou non procommunistes et indépendamment de ce qu'ils pensent du régime de Pyeong Yang, des millions de jeunes en Corée désirent mettre définitivement fin à la domination de l'impérialisme U.S. sur la Corée et en restaurer la souveraineté et l'unité nationale.

**Nous devons reconnaître
ce qui a changé et agir en conséquence**

Lorsque des travailleurs révolutionnaires ont mené pendant un certain temps leur travail politique dans des conditions relativement ardues, il leur est souvent difficile de se rendre compte que ces dernières commencent à changer. C'est vrai pour au moins deux raisons.

La première peut paraître bizarre, mais on serait bête de ne pas en tenir compte. C'est la crainte que si nous nous trompons ou exagérons ce qui semble être une opportunité, nous serons désappointés — ce qui va rendre les choses encore plus difficiles.

Au cours des dernières années, avec le rythme ralenti de l'activité politique, il est devenu plus difficile pour le mouvement ouvrier communiste de gagner et d'intégrer une nouvelle couche de jeunes travailleurs et d'étudiants. De ce point de vue, éviter de tirer des conclusions hâtives d'événements qui ne sont peut-être que momentanés ou accidentels est une attitude responsable pour des révolutionnaires. Prenons avantage de toutes les ouvertures politiques, nous disons-nous. Participons aux manifestations et aux autres activités de protestation. Prenons part à toute forme de résistance au travail. Rendons-nous sur les campus pour y rencontrer qui nous pouvons. Diffusons la littérature socialiste aussi largement que possible afin de présenter l'alternative socialiste et d'expliquer scientifiquement que des maux sociaux apparemment distincts les uns des autres sont inhérents au système capitaliste. Mais ne concluons pas que la moindre percée qui se présente constitue un quelconque changement politique plus large que nous devons analyser et auquel nous devons adapter tout notre travail et nos priorités. Autrement, nous allons commencer à courir dans toutes les directions, au lieu d'asseoir ce que nous faisons sur une compréhension objective et réfléchie de la politique et sur une approche organisationnelle prolétarienne, disciplinée et à long terme. On va finir par gaspiller nos succès et désorganiser notre travail.

Une telle réserve s'appuie sur un bon trait de caractère. C'est un trait de caractère sain et conservateur, que l'on retrouve chez les travailleurs communistes expérimentés.

Un deuxième facteur peut compliquer la reconnaissance que quelque chose d'important est en train de changer dans la politique. Il est en effet plus difficile d'évaluer de tels changements à court et à moyen terme lorsque des contre-tendances à long terme n'ont pas encore été renversées, comme c'est le cas aujourd'hui. Il peut et il va y avoir des changements soudains et des développements politiques explosifs dans la lutte des classes. Mais ce n'est pas ce qui se produit aujourd'hui et aucun dirigeant compétent ne peut prétendre pouvoir prédire la date où de tels développements vont avoir lieu. À quel moment, nous demandons-nous, une accumulation de changements devient-elle suffisante, même à plus petite échelle, pour exiger un ajustement dans ce que nous faisons ?

C'est là la question que nous devons discuter et clarifier ensemble aujourd'hui. Nous devons évaluer les deux phénomènes que nous venons de décrire : l'embauche accrue et les ouvertures politiques plus larges parmi la jeunesse. Et nous devons ensuite décider tous ensemble ce que nous devons faire pour répondre à cette nouvelle situation — du membre le plus nouveau du mouvement communiste à la personne qui a plusieurs décennies d'expérience politique.

Nous avons l'obligation de nous poser une question. Ce que nous voyons arriver a-t-il une base dans la situation politique et économique objective ? Avons-nous une bonne raison de croire que ces changements sont assez importants et vont durer assez longtemps pour imposer aux travailleurs communistes et aux jeunes révolutionnaires de réorganiser leur travail, substantiellement si nécessaire, afin d'en tirer avantage et de regagner le terrain perdu ?

La jeunesse et le mouvement communiste

Depuis les origines du mouvement communiste moderne il y a un siècle et demi, aucun de ses dirigeants centraux n'a jamais cru possible de construire une organisation communiste sans attirer au mouvement ouvrier des couches croissantes de jeunes combattants, d'origines sociales diverses et disposant d'un large éventail d'expériences politiques initiales. Nous devons nous rappeler que ce sont deux jeunes toujours dans la vingtaine qui ont rédigé le document de fondation de la première organisation ouvrière révolutionnaire internationale. Ils avaient été mandatés de le faire lors d'un congrès tenu à Londres en novembre et décembre 1847.

Ce document est passé à l'histoire comme le *Manifeste du Parti communiste*. Karl Marx avait 29 ans et Friedrich Engels 27 lorsqu'ils l'ont écrit. À ce moment, ils avaient relativement peu d'expérience dans le mouvement ouvrier. Marx et Engels avaient tous deux commencé à faire de la politique en tant que démocrates révolutionnaires lorsqu'ils étaient étudiants, dans le contexte d'une radicalisation plus large de la jeunesse en Allemagne à cette époque.

Dès le début, Marx et Engels ont été des militants capables, dévoués, énergiques, travailleurs — très travailleurs — et dotés d'une grande discipline de travail. Ils ont organisé leur vie afin de lutter pour leurs convictions, au lieu d'insister sur le fait que leurs convictions étaient moins importantes que leurs priorités personnelles et leur vie aisée. De ce point de vue, ils étaient comme des millions d'autres jeunes au cours de l'histoire et partout dans le monde.

Mais afin d'éviter tout malentendu, Marx et Engels ont par la suite expliqué quelque chose de très important à propos de leur évolution politique. Au cours de la deuxième moitié des années 1840, ces deux jeunes rebelles avaient établi des contacts de plus en plus étroits avec des groupes de travailleurs révolutionnaires, non seulement en Allemagne, mais à Paris, à Bruxelles, à Londres et ailleurs. Marx et Engels ont expliqué que s'ils n'avaient pu trouver et être eux-mêmes trouvés par un tel groupe organisé de travailleurs révolutionnaires expérimentés, le mouvement communiste n'aurait pas vu le jour au milieu du dix-neuvième siècle — ou du moins ces deux jeunes révolutionnaires n'en auraient pas fait partie et le mouvement aurait été plus faible.

Les travailleurs qui ont recruté Marx et Engels s'organisaient depuis des années pour lutter contre le capitalisme et contre ses effets sur la vie de leur classe. Ils avaient été blessés au combat. Ils avaient été emprisonnés. Ils savaient ce qu'étaient la police et les provocateurs — un aspect de la réalité auquel tout révolutionnaire doit faire face et avec lequel il doit apprendre à traiter. Plusieurs de leurs idées et procédures organisationnelles étaient marquées par les méthodes conspiratrices et par l'utopie et le gauchisme petits-bourgeois qui ont dominé la politique radicale parmi les travailleurs au cours des décennies qui ont suivi la révolution française. Cela les rendait vulnérables aux provocateurs qu'ils cherchaient à combattre.

MAIS CES TRAVAILLEURS RÉVOLUTIONNAIRES étaient vraiment l'avant-garde de la classe ouvrière montante à cette époque. Ils avaient subi des défaites dans les années 30 et avaient connu des périodes de vaches maigres pendant les années 40. Ils avaient besoin d'une injection de jeunes combattants et de renouveler et rajeunir leurs institutions prolétariennes. L'adhésion des jeunes Marx et Engels à cette organisation de travailleurs révolutionnaires représentait un pas nécessaire : ils se voyaient ainsi comme des agents de l'histoire qui, pour être politiquement efficaces, devaient faire partie du mouvement d'avant-garde d'une classe.

Vers la fin de sa vie, Engels a décrit l'impact durable qu'a eu sur lui sa première rencontre avec trois des dirigeants ouvriers qui par la suite les ont recrutés, lui et Marx, à la Ligue des communistes en 1847. « C'étaient les premiers prolétaires révolutionnaires que j'eusse vus. Et bien que, sur des points de détails, il y eût alors grande divergence entre nos idées — à leur communisme égalitaire borné j'opposais encore une bonne part d'orgueil philosophique non moins borné — je n'oublierai jamais l'impression imposante que ces trois hommes véritables firent sur moi qui n'étais encore qu'en train de devenir un homme [2]. »

La Ligue des communistes a été la première organisation ouvrière révolutionnaire moderne. Elle a armé le mouvement ouvrier avec des idées écrites, scientifiquement formulées et qui ne vont pas mourir avant la fin de la société de classe — peu importe le nombre de communistes morts au combat, génération après génération, en luttant pour agir sur la base de ces idées. Le programme et la stratégie d'abord codifiés dans le *Manifeste du Parti communiste* continuent de s'enrichir à la lumière des leçons tirées de l'expérience de la lutte des classes vécue par les travailleurs et nos alliés. Aussi forts soient-ils pendant une période de temps, aucun État capitaliste, aucun mouvement réactionnaire des exploiteurs ne réussira jamais à détruire cette

---

2. « Quelques mots sur l'histoire de la Ligue des communistes » (1885), Karl Marx et Friedrich Engels, *Oeuvres choisies,* Moscou, éditions du Progrès, vol. 3, p. 183.

continuité programmatique, parce qu'elle découle de la marche historique réelle de la classe ouvrière.

Si vous avez lu et étudié le *Manifeste du Parti communiste* récemment, vous avez sans doute été frappés par la discipline, le savoir et le dur labeur qui ont dû être investis dans sa rédaction. Nous sommes tous impressionnés par la profondeur de sa compréhension de l'histoire et de la condition de la classe ouvrière et des classes exploitées qui l'ont précédée. Mais il y a aussi une fraîcheur frappante dans son langage, une ouverture d'esprit et un effort de s'adresser à ceux qui luttent contre toute forme de despotisme et d'oppression. Il a un ton direct, non seulement lorsqu'il parle des exploiteurs et des oppresseurs, mais en particulier de ceux qui s'adaptent à ces classes privilégiées ou les excusent au sein du mouvement ouvrier.

Marx et Engels avaient environ 25 ans lorsqu'ils sont entrés en contact avec des cadres ouvriers expérimentés. Ces dirigeants prolétariens ont collaboré pendant plusieurs années avec les deux jeunes révolutionnaires. Ils ont lu et appris de leurs écrits politiques sur des sujets comme le libre-échange et le protectionnisme, de même que de leurs polémiques contre des socialistes petits-bourgeois comme Pierre Joseph Proudhon et d'autres [3]. Sur la base de cette expérience commune de plusieurs années, Marx et Engels ont accepté le mandat que leur a confié le congrès de la Ligue des communistes à la fin de 1847 de rédiger le programme mondial d'une organisation internationale

---

3. Voir par exemple Karl Marx, *La misère de la philosophie,* Paris, éditions Sociales, 1977, et en annexe « Discours sur la question du libre-échange », p. 197 à 213 ; « The Communists and Karl Heinzen » de Friedrich Engels, dans Marx and Engels, *Collected Works,* Moscow, Progress, vol. 6 ; et d'autres textes qu'ils ont écrits entre 1845 et 1848.

composée de travailleurs venant de partout en Europe. Il a fallu ce processus de recrutement pour donner naissance au manifeste de la Ligue communiste internationale et au mouvement qui allait se construire autour de lui. Il a fallu l'énergie de deux jeunes révolutionnaires et leur capacité de poser un regard neuf et clair sur les plus grandes questions de politique et d'organisation confrontant la classe ouvrière liées à l'expérience de cadres ouvriers qui étaient les dirigeants d'un mouvement déjà existant de travailleurs révolutionnaires.

Radicalisation et polarisation politique parmi la jeunesse

L'histoire du vingtième siècle a montré qu'avant que de grandes luttes ouvrières se généralisent et commencent à se multiplier et à se renforcer mutuellement, des couches de jeunes commencent à se rebeller contre les conséquences les plus brutales et les plus déshumanisantes engendrées par les contradictions économiques et sociales du capitalisme. Peu importe leur point de départ ou le degré de confusion et d'éclectisme de leurs idées initiales, des jeunes en train de se radicaliser commencent à considérer sérieusement l'idée que le capitalisme est la source du problème et à se voir comme des socialistes. Ils deviennent plus attirés par les activités des organisations socialistes et plus ouverts aux propositions avancées par les travailleurs communistes sur ce qu'il faut faire. Les années qui ont conduit aux révolutions de 1905 et 1917 en Russie, les manifestations initiales de la radicalisation ouvrière de masse aux États-Unis dans les années 30, la renaissance du mouvement révolutionnaire à Cuba à la fin des années 40 et au début des années 50, la révolte de la jeunesse sud-africaine au milieu des années 70 : dans tous ces cas (et ce ne sont pas les seuls), le début de fermentation politique parmi la jeunesse a été un signe que des changements étaient en train de s'effectuer sous la surface parmi des forces sociales plus puissantes.

Il n'y a rien de mystérieux dans ce comportement ; il a une assise matérielle dans les conditions sociales de la jeunesse. Les jeunes sont moins entravés par le travail, les liens familiaux et d'autres responsabilités. Pour une période relativement brève, ils sont souvent plus libres que leurs aînés de simplement réagir contre les maux du capitalisme qui les entourent. Ce qu'ils voient se produire leur semble de plus en plus insupportable. Toute leur vie est encore devant eux. Ils ne veulent pas vivre dans un monde comme ça. Ils rejettent l'hypocrisie des valeurs bourgeoises et celle des prêcheurs, des politiciens, des « personnalités » et des professeurs qui défendent ces valeurs.

De plus en plus de jeunes sont repoussés par la brutalité des relations sociales capitalistes. Ils ne veulent pas en devenir les complices en tolérant la dégradation des êtres humains et la destruction de la nature qui s'accélèrent année après année. Il y a quelque chose de terriblement mauvais et ils veulent contribuer à y remédier. Ils commencent à essayer de comprendre ce qui cause ces choses qu'ils trouvent de plus en plus intolérables. Ils commencent à lire des livres, des revues et des journaux où ils espèrent trouver des éléments d'explication. Ils commencent à chercher des mouvements ou des organisations politiques qui semblent comprendre ce qui arrive et ont des propositions sur quoi faire.

En l'absence d'une direction ouvrière révolutionnaire, cet esprit de révolte de la jeunesse prend des formes spontanées. Certains veulent protester, descendre dans la rue, manifester. D'autres ramassent une pierre et la lancent contre un symbole quelconque de l'ordre existant, un édifice ou un policier. Ce type de frustration et de spontanéité peut facilement devenir un terreau de gauchisme inefficace et de terrorisme individuel. Si la classe ouvrière ne commence pas à agir et semble incapable de diriger des forces sociales de plus en plus larges pour résoudre la crise, le radicalisme anticapitaliste de la jeunesse peut pousser certaines de ses couches vers la droite et les amener à s'associer à des forces réactionnaires issues des partis et institutions de la société bourgeoise. Ces couches de jeunes radicalisés méprisent la « classe politique » établie et descendent dans la rue pour faire pression sur les porte-parole « décadents » et « dégoûtants » de la classe dirigeante.

EN FAIT, c'est avant tout à une *polarisation* politique qu'on assiste aujourd'hui parmi les jeunes sur les campus. Pour chaque jeune attiré par le mouvement communiste, il y en a un ou deux autres qui sont attirés par diverses organisations réactionnaires et de droite, y compris des organisations d'extrême droite. Ce phénomène se produit parmi des étudiants d'origines très variées, étant donné la croissance de couches petites-bourgeoises parmi les Noirs et les autres nationalités opprimées et minorités nationales aux États-Unis (et dans les autres pays impérialistes). Dans une période de crise sociale croissante, les groupes de droite radicaux se développent au début plus rapidement que les organisations communistes ou les courants ayant une orientation de lutte de classe. La droite émerge en effet directement de la politique bourgeoise et de ses formations politiques existantes.

Les jeunes qui se radicalisent commencent à réagir à plus que les simples maux du capitalisme. Ils commencent à sentir ses faiblesses. Ils commencent à reconnaître que, malgré les airs qu'ils se donnent, les dirigeants capitalistes *ne* sont *pas* tout-puissants. Ils ne sont pas ce qu'ils prétendent être. Ils n'ont pas un avenir stable. Il est possible de faire quelque chose pour contrer les effets de leur domination, à la condition de pouvoir mobiliser contre eux une force sociale suffisamment forte. Les jeunes commencent à rechercher ce type de forces sociales et s'ils ne les trouvent pas dans le mouvement ouvrier, quelques-uns d'entre eux vont se tourner vers d'autres forces de classe et vers leur démagogie radicale. De ce point de vue aussi, ce qui arrive dans la jeunesse annonce la polarisation à venir parmi la population rurale, les femmes et des couches de la petite-bourgeoisie [4].

C'est pour cette raison qu'il est important pour les communistes de chercher à convaincre politiquement chaque jeune rebelle que nous pouvons rejoindre, avant qu'il ou elle ne devienne un adepte d'idées bizarres, ne soit attiré par la droite radicale ou tout simplement ne finisse avec le temps par accepter le capitalisme et retourner à une vie banale dans la société bourgeoise.

---

4. Doug Jenness examine comment les mouvements de droite cherchent à se gagner un appui parmi les petits fermiers dans les articles « The Crisis Facing Working Farmers » dans le quatrième numéro de *New International,* Pathfinder: 1985, p. 185 à 188, et « Farmers' Struggle: Who Are Its Allies? », écrit sous le pseudonyme de Chester Nelson dans l'édition du 25 février 1983 du *Militant.* Le texte « The Revolutionary Perspective in the United States », en page 112 du même numéro de *New International,* et l'introduction de Mary-Alice Waters au livre *Cosmetics, Fashions, and the Exploitation of Women,* publié par les éditions Pathfinder en 1986, discutent comment de larges couches de femmes, en particulier parmi les femmes des classes moyennes et celles qui ne travaillent pas et ne font pas partie du mouvement ouvrier, sont susceptibles de devenir la proie de la démagogie fasciste ou réactionnaire.

Ceux que nous pouvons gagner aujourd'hui au mouvement révolutionnaire ne sont pas nombreux, mais on les trouve à travers les États-Unis. Ils ont besoin d'une organisation nationale de jeunes socialistes pour se connaître, parler politique entre eux, apprendre à travailler ensemble et à se diriger mutuellement, prendre des décisions démocratiquement et agir ensuite de manière collective pour mettre en application ce qu'ils auront décidé.

Une évaluation précise de la situation objective

Ceci nous ramène à la question que nous avons posée un peu plus tôt : avons-nous raison sur ce qui a commencé à changer parmi un nombre croissant de jeunes ? Nous devons prendre cette question au sérieux, en particulier parce que les socialistes et les autres révolutionnaires veulent beaucoup que la réponse soit oui. Nous devons donc nous demander : y a-t-il des développements objectifs dans le monde, y a-t-il des changements politiques qui peuvent expliquer la réceptivité aux idées socialistes manifestée par une couche petite, mais croissante, de jeunes aujourd'hui ?

On peut mettre de côté une explication potentiellement facile de ce changement. Il n'y a présentement aucun mouvement social de protestation en ascension ou même de grandes batailles syndicales qui puissent rendre compte d'un intérêt nouveau pour les idées socialistes. Nous devons creuser plus profondément. Mais en le faisant, nous nous heurtons à un problème. Étant donné la rapidité des changements depuis le krach des marchés boursiers internationaux en octobre 1987, nous nous trouvons à une conjoncture de la politique mondiale où le mouvement socialiste ne peut, je pense, poser de jugements politiques justes sans recruter des jeunes.

Cette évaluation peut sembler extrême, mais je suis persuadé qu'elle est juste. La plupart des gens comprennent pourquoi une organisation socialiste ne peut maintenir un certain degré d'activité si elle cesse d'attirer de jeunes membres. Mais je parle ici de quelque chose de différent. Nous ne pouvons *réfléchir* clairement à ce qui arrive dans le monde aujourd'hui sans un début de mouvement vers une organisation de jeunesse.

Pourquoi en est-il ainsi ? Parce qu'en plus de l'expérience et de la continuité sans lesquelles toute organisation communiste perdrait politiquement ses amarres, il y a aussi des moments dans l'histoire où tout change tellement vite que même les meilleurs combattants seront désorientés s'ils n'arrivent pas à rompre avec des habitudes de pensée développées dans le passé et à voir le monde avec les yeux d'une génération qui s'éveille tout juste à la vie politique. Les développements dont j'ai parlé au début de cette présentation constituent un tel moment de l'histoire : le krach d'octobre 1987 ; l'effondrement des appareils staliniens, accompagné d'une accélération des forces de restauration capitaliste et d'une polarisation sociale et de classe croissante ; la guerre du Golfe ; et le début de la première dépression mondiale depuis les années 30.

Pour les gens qui réfléchissent et qui ont une trentaine d'années ou plus, ces événements représentent des changements politiques gigantesques. Il vous faut maintenant ajuster votre ancienne manière de voir le monde. Mais pour les jeunes qui arrivent tout frais en politique, c'est la seule situation politique mondiale qu'ils ont connue et où ils ont fonctionné. C'est leur point de départ.

De la même façon, les jeunes travailleurs dans les usines et les mines aujourd'hui ont un point de départ différent de celui des travailleurs plus âgés. Les coups que les employeurs ont portés à la classe ouvrière et aux syndicats au cours des 15 dernièrers années font partie des expériences dont les travailleurs doivent tenir compte afin de pouvoir fonctionner dans la politique et dans le mouvement ouvrier aujourd'hui. Quiconque a été actif dans le mouvement syndical au cours de cette période a connu des retraites et des défaites, des impasses frustrantes et des victoires partielles qui ont affecté un nombre croissant de travailleurs dans des emplois et des syndicats locaux différents. Il serait pratiquement impossible de ne pas intérioriser certaines conclusions prudentes de ces expériences.

MAIS CETTE DYNAMIQUE ne pèse pas aussi lourdement sur la conscience des travailleurs qui travaillent depuis un, deux ou trois ans. Ils n'agissent pas à partir d'une certaine perception de ce que le mouvement syndical a connu au cours de la dernière décennie et demie. *Aujourd'hui*, ce n'est pas sur cette base qu'ils évaluent les possibilités et les responsabilités de lutte contre un nouvel effort des patrons pour sonder leur résistance. En soi évidement, ceci ne change pas le rapport de force entre les classes. Mais cette situation ouvre de nouvelles possibilités de résister à l'offensive capitaliste incessante contre la classe ouvrière et les syndicats. Et elle ouvre un nouvel espace pour ceux qui font de ces possibilités leur point de départ.

Nous pouvons tirer ces conclusions parce que nous avons réussi aux États-Unis à recruter une petite couche de jeunes combattants au cours de la dernière année. Ceci non seulement confirme nos jugements initiaux, mais nous permet d'évaluer avec plus de rigueur les ouvertures qui se présentent à nous.

Qu'y a-t-il alors dans le monde d'aujourd'hui qui nous pousse à croire qu'un nombre croissant de jeunes vont *continuer* à se rebeller contre l'ordre existant et être attirés par le mouvement socialiste ?

Pour répondre à cette question, nous devons prendre un recul et commencer, comme les marxistes le font toujours, non pas par le travail, mais par le capital. Si nous comprenons les mouvements du capital et les problèmes du capital, nous serons alors capables de comprendre les possibilités qui s'offrent aux travailleurs et comment en profiter.

Nous, dans le mouvement communiste, nous devons nous rappeler que nous ne sommes pas du tout les seuls à constater qu'un grand changement s'est produit dans la politique mondiale au cours des dernières années. Plusieurs figures et commentateurs politiques bourgeois l'ont aussi compris. Il est même courant maintenant de parler d'un « nouveau désordre mondial ».

Mais pratiquement tout le monde sauf nous situe le point tournant en 1989-1990, avec la chute du mur de Berlin et l'effondrement des régimes staliniens dans l'ancien bloc soviétique. Nous sommes le seul courant politique qui commence avec le capitalisme, avec le krach boursier de 1987, qui a été le signal d'une nouvelle étape du déclin du capitalisme mondial et le signal des tensions de classe et de la polarisation politique accrues que la crise du système capitaliste allait précipiter. C'est le seul cadre qui permette de comprendre et d'intervenir dans le développement de la politique mondiale et de la lutte des classes aujourd'hui, ce qui s'applique aussi aux facteurs qui expliquent l'« échec du socialisme » et empêchent la transformation de ce « socialisme » en un capitalisme stable.

II.
DÉFLATION ET RATIONALISATION

Nous avons déjà discuté le fait que nous avons entamé la troisième année d'une reprise du cycle économique aux États-Unis qui commence à peine à se traduire par une création d'emplois importante. Ce genre de reprise superficielle et faible est et restera la norme en conditions de dépression. Mais les générations qui ont atteint l'âge adulte et sont entrées dans la vie politique depuis la fin de la deuxième guerre mondiale vivent aujourd'hui quelque chose de nouveau, quelque chose qui n'a rien à voir avec l'expérience directe d'aucun d'entre nous auparavant.

Les capitalistes aux États-Unis et dans les autres puissances impérialistes n'investissent pas leurs capitaux dans une grande expansion des capacités productives, comme ils l'ont fait des années 50 à 70. Pendant près de 20 ans, les capitalistes ont fait face à une crise accélérée de déclin des taux de profit. C'est ce qu'a expliqué la résolution « Ce que le krach de 1987 a annoncé [5] », que le Parti socialiste des travailleurs a adoptée en 1988. Les capitalistes sont poussés à réduire leurs coûts — ce qu'ils appellent « rationaliser » ou « restructurer » dans le jargon actuel des affaires — plutôt qu'à augmenter leurs capacités productives. Ils agissent ainsi parce qu'ils ne peuvent obtenir un taux de rendement compétitif en faisant des investissements productifs dans les usines et les équipements.

Aux États-Unis et dans l'ensemble du système capitaliste mondial, la concurrence des prix s'intensifie entre les capitalistes, qui luttent les uns contre les autres pour

---

5. Cette résolution est publiée ailleurs dans ce numéro.

l'accès à des marchés limités. Cela signifie qu'il y aura une tendance à la déflation parce que le prix de plusieurs produits va chuter. Les capitalistes continuent de craindre un effondrement déflationniste comme celui qui a marqué les premières années de la grande dépression des années 30. Les manufacturiers des principaux produits de marques connues ont beaucoup plus de difficultés à extorquer les énormes rentes — des profits supérieurs à la moyenne — dont ils jouissent. Ces rentes s'évanouissent même dans plusieurs cas, quand ces produits doivent défendre leur part du marché comme de simples marchandises semblables à toutes les autres.

C'EST LE CONTRAIRE de ce qui est arrivé dans le monde impérialiste au cours de la vie consciente de la plupart de ceux qui sont des adultes aujourd'hui. Pendant ces années, d'énormes trusts impérialistes ont rivalisé pour les marchés internationaux en se développant, en acquérant de nouvelles capacités productrices, en construisant de nouvelles usines et en ajoutant de nouvelles machines. Les secteurs du capital *les mieux préparés pour grandir* ont récolté les plus grands profits. C'est ainsi que les choses ont fonctionné pendant les deux décennies et demie qui ont suivi la deuxième guerre mondiale, jusqu'au moment où les moteurs ont commencé à ralentir à la fin des années 60 et dans la première moitié des années 70. La situation n'était déjà plus la même dans les années 80, mais la nouvelle réalité qui émergeait a été voilée par la montagne de dettes qui a ouvert la voie à ce qui arrive maintenant : le « grand démantèlement du levier financier », comme ils l'appellent.

Durant la longue expansion capitaliste, les grands manufacturiers aux États-Unis et dans les autres pays impérialistes ont utilisé leur domination des marchés mondiaux pour établir des marques de commerce. Ils se sont fait concurrence pour une part du marché en se servant de la publicité pour faire reconnaître la marque de commerce de leurs produits. Ils n'ont pas cherché à obtenir votre argent en réduisant le prix de leurs produits. Vous connaissiez la marque de commerce et vous étiez convaincus, à tort ou à raison, que c'était un meilleur produit. Plusieurs d'entre nous avons grandi durant l'âge d'or de la vache « Elsie » de la compagnie Borden, de « l'homme Marlboro » du fabriquant de tabac Philip Morris, des couches jetables « Pampers » de la compagnie Procter et Gamble et des flocons de maïs « Corn Flakes » de Kellogg. La marque de commerce est souvent devenue synonyme du produit lui-même. Dans de grandes régions du pays, une boisson gazeuse, c'*était* un « coke », peu importe ce qu'elle goûtait ou qui l'avait produite. Les papiers-mouchoirs étaient des « kleenex » et un ruban de cellophane, du « scotch tape ». Lorsque j'ai grandi, c'étaient les seuls noms que je connaissais pour ces produits.

Pourquoi achetions-nous des papiers-mouchoirs Kleenex même s'ils coûtaient plus cher ? Parce que nous reconnaissions la marque, qui avait conquis une position de monopole sur le marché. Les fabriquants de Kleenex percevaient une rente de marque de commerce. À l'échelle internationale, c'était une énorme rente.

Mais cette époque est en train de prendre fin. La concurrence s'accroît pour obtenir ou conserver une part du marché aujourd'hui. Vous n'allez pas cesser de fumer si le prix des Marlboro augmente : vous allez acheter une autre marque de cigarettes. Vous n'allez pas arrêter de manger des flocons de maïs au petit déjeuner si Kellogg augmente ses prix : vous allez acheter une marque générique de flocons de maïs.

La concurrence est même plus forte pour les nouveaux grands marchés que les capitalistes ouvrent à l'étranger. La classe moyenne qui se développe en Chine peut aimer boire du Coke ou du Sprite. Mais les Chinois peuvent produire des boissons gazeuses eux aussi et pas seulement pour la classe moyenne en expansion. La personne ordinaire en Chine capable de se payer une boisson gazeuse de temps à autre sera heureuse d'en acheter une pour le tiers du prix d'un Coke. Les paysans qui arrivent dans les villes ne vont pas se précipiter sur les marques connues.

Bien sûr, Coca-Cola va se battre pour se tailler un marché en Chine. La couverture du rapport de Coca-Cola à ses actionnaires pour le troisième trimestre de 1993 affichait la photo couleur d'une jeune femme en bicyclette à Beijing, une bouteille de Sprite à la main. « La Chine est l'un des marchés en émergence de la compagnie qui se développent le plus rapidement, » y écrivait Coca-Cola. Les ventes de la compagnie en Chine ont augmenté au cours des neuf premiers mois de 1993 de presque 25 millions de caisses — « ce qui équivaut à créer un marché ayant un volume de vente annuelle de la taille de l'Irlande. »

Mais nous devons nous rappeler que le rêve de Coca-Cola ne repose pas sur la soif d'un milliard de personnes. Il repose sur une classe moyenne stable et en croissance, à l'abri des conflits de classe et qui va dépenser ses revenus en achetant des produits portant des marques de commerce annoncées et distribuées par d'énormes compagnies impérialistes.

La surproduction capitaliste

Si vous lisez ou écoutez les nouvelles économiques, vous allez rencontrer l'expression : « La compagnie Sears a

« exceptionnellement radié » 1,3 million de ses livres ce trimestre. » Il pourrait aussi bien s'agir de Philip Morris, de Borden ou de NCR. Il s'agit simplement d'une expression comptable qui reflète les conséquences de la surproduction capitaliste croissante. Celle-ci enregistre la dévaluation et la destruction massives de capitaux auxquelles se livrent les propriétaires qui transforment des produits en marchandises à vil prix, dans le but de réduire leurs inventaires au meilleur rendement possible dans les circonstances actuelles.

Malgré les petites hausses annoncées par la Réserve fédérale en février et à la fin mars, les taux d'intérêt sont bas aux États-Unis. Ils ont aussi chuté en Europe capitaliste et au Japon. Il est toujours possible que les taux d'intérêt réels tombent à zéro ou en dessous. Ils l'ont déjà fait à quelques reprises depuis le début du siècle lorsqu'on tient compte de l'inflation. Mais même là, les capitalistes ne vont pas emprunter afin de faire de nouveaux investissements en usines et en équipement, à moins d'obtenir ainsi un taux de profit plus grand qu'en utilisant autrement leur capital-argent.

Pourquoi des capitalistes s'endetteraient-ils pour investir dans une nouvelle usine si, au bout du compte, il leur faut non seulement rembourser l'emprunt, même avec un intérêt petit ou nul, mais aussi perdre de l'argent ? La réponse, c'est qu'ils ne vont pas le faire et qu'ils ne le font pas. Les compagnies n'empruntent pas. Deux fois seulement au cours du siècle a-t-on vu aux États-Unis les emprunts commerciaux et industriels chuter pendant trois ans de suite : de 1934 à 1937 et de 1991 à 1993. Ce seul fait mérite réflexion.

La grande firme bancaire de courtage et d'investissement Merrill Lynch a publié en 1993 un rapport de fin d'année intitulé « Les humbles héritent de la terre ». Elle a tracé de l'économie capitaliste mondiale un tableau effrayant du point de vue de leur classe. Elle a dit dans son rapport que le taux de profit continue de baisser et que les débouchés pour effectuer des investissements productifs rentables continuent de se contracter dans les principaux pays industrialisés. Les obstacles à l'expansion du capital continuent de se multiplier, a-t-elle souligné sans employer ces termes. Elle a suggéré que dans ce contexte la voie vers les profits passe par ce que la classe des employeurs appelle une « productivité accrue » — en d'autres mots, en forçant moins de travailleurs à produire plus de valeurs à des salaires réduits, tout en comprimant d'autres frais de production.

« En rétrospective, a écrit Merrill Lynch dans son rapport, le long cycle économique de l'après-guerre a ressemblé à un vaste jeu de Monopoly. La demande est allée dans une direction, à la hausse, et les investissements l'ont suivie, souvent financés avec l'argent de la maison, c'est-à-dire des emprunts. » (Plusieurs d'entre nous, j'en suis sûr, avons joué au Monopoly : le gagnant est le joueur capable d'obtenir le plus de liquidités et de s'en servir pour acheter des hôtels et d'autres immeubles à revenu rentables.)

« Cette dynamique est en train de se renverser. Les années 90 se comportent clairement d'une autre façon. Alors que l'économie entre dans sa troisième année d'expansion, les forces déflationnistes continuent de se tapir à l'arrière-fond. […] Nous pensons que les règles du jeu de Monopoly ont changé. L'acquisition téméraire de capitaux productifs et la recherche impitoyable de croissance se traduisent aujourd'hui par des rendements lamentablement bas. Les détaillants qui se développent font face à une concurrence omniprésente, alors que les inventaires sont toujours supérieurs aux ventes au détail. Les compagnies aériennes sont confrontées à des guerres de prix sans fin. Et les banquiers ont de la difficulté à trouver un bon prêt à faire. »

L**E RAPPORT** a tiré la conclusion que « [d]ans le monde d'aujourd'hui, les habitudes de consommation changent, le profit des entreprises croît moins rapidement, le rendement sur les investissements décline et les pressions se font implacables pour comprimer la main-d'oeuvre, améliorer l'utilisation des ressources et accroître la productivité. [...] Dans les années 90, mieux vaut être plus petit. Les choses vont à reculons. Les humbles héritent de la terre. »

Si on excepte le fait que l'humilité biblique n'est pas une caractéristique du capital financier, aussi bien en période d'expansion que de crise, cette description est en général exacte, non seulement pour les États-Unis, mais pour l'ensemble du monde impérialiste.

Mais en soi, tout ce que la rationalisation des entreprises réussit à faire, c'est d'accroître les pressions sur le taux de profit parce que les patrons cherchent à extraire davantage du travail accompli par un nombre relativement plus petit de travailleurs. Elle constitue aussi une menace additionnelle pour les emprunts non remboursés et pour toutes sortes de capitaux dont la valeur nominale est gonflée. Ce que les capitalistes appellent « rationalisation » limite l'expansion de la masse de plus-value et augmente la part du capital constituée par ce que Marx a appelé le capital constant — la portion qui englobe tout sauf les salaires servant à payer la force de travail. Elle accroît les pressions à la baisse sur le taux de profit. Il ne s'agit pas seulement d'une question théorique importante. C'est une question qui a maintenant d'énormes implications pratiques.

La seule façon pour les capitalistes d'accroître la plus-value autant que l'exigent leurs besoins, c'est de mobiliser plus de travailleurs, plus de force de travail, dans une production élargie. Prolonger la journée de travail et intensifier les cadences ne suffiront pas. Mais une production élargie oblige à embaucher davantage et à effectuer de plus grands investissements de capitaux dans de nouvelles usines, dans des équipements de plus en plus productifs et dans des pièces et des matières premières supplémentaires. D'un point de vue conjoncturel, c'est ce que nous voyons se produire présentement aux États-Unis et, à un moindre degré, dans d'autres pays.

Lorsqu'une reprise s'amorce, peu importe à quelle échelle, la classe ouvrière et les syndicats se trouvent en meilleure position pour lutter pour de meilleurs salaires et de meilleures conditions de travail et de vie, et pour reconquérir une partie du terrain cédé au patronat pendant les périodes de vaches maigres. Il y a déjà des signes d'une résistance ouvrière accrue aux États-Unis. Nous y reviendrons.

LA REPRISE EN COURS dans le cycle économique ne change pas le portrait plus large que nous sommes en train de tracer. Réduire les coûts ne stimule pas l'expansion du capital, qui est la seule chose capable d'initier une période de développement capitaliste prolongée et relativement dépourvue de crises, semblable à celle qui a commencé à la fin des années 40 et qui a duré un quart de siècle. Quand le capitalisme se développe de cette façon, la classe ouvrière et le mouvement ouvrier sont capables, lentement mais sûrement, d'arracher au patronat des concessions économiques et sociales ainsi qu'un nombre accru de droits démocratiques.

Mais ce n'est pas ce qui est à l'ordre du jour pour notre classe aujourd'hui. Cette période est révolue.

Parmi les plus grands noms que vous connaissez dans l'industrie capitaliste aux États-Unis, rares sont ceux qui accroissent leur capacité productive. Ils réduisent plutôt les coûts de ce qu'ils produisent et se font une concurrence plus dure pour le vendre. Ceux qui réussissent le mieux à le faire peuvent augmenter leurs profits à court terme et contrer partiellement la pression à la baisse qui s'exerce sur leur taux de profit. Par exemple, Caterpillar réussit à court terme à produire de l'équipement de construction à moindre coût, ce qui lui permet de vendre moins cher que Komatsu et que ses autres concurrents et de leur arracher une plus grande part du marché mondial. (Comme tous les autres travailleurs qui pensent, les travailleurs bolcheviques savent à quel prix les patrons de Caterpillar ont fait ça : en s'attaquant aux conditions de travail et aux droits syndicaux. Les premiers succès remportés par Caterpillar l'ont encouragée à lancer des attaques plus dures contre les membres des Travailleurs unis de l'automobile.)

À l'heure actuelle, ce ne sont pas les travailleurs industriels, ceux qui produisent la plus-value pour la classe des employeurs, qui sont le plus durement frappés par la rationalisation et les compressions de coûts pratiquées par les plus grosses corporations U.S. Les employeurs augmentent la mécanisation et l'informatisation de toutes sortes d'emplois non productifs — non productifs au sens marxiste du terme, c'est-à-dire qui ne produisent pas de valeur ajoutée pour la classe des employeurs. Les capitalistes réduisent les coûts en informatisant des aspects du commerce de détail et de gros, du système bancaire et des assurances, et en licenciant des employés dans ces secteurs. Un nombre record de licenciements permanents ont frappé le personnel dans les échelons inférieurs de l'administration, le personnel de bureau et les employés rémunérés des secteurs technique, commercial et autres. Dans les régions du pays où IBM a été le principal employeur pendant un quart de siècle par exemple, vous lisez chaque semaine dans les journaux comment sont affectées des couches de travailleurs qui croyaient qu'eux et leur famille avaient réussi à se réfugier de manière permanente dans la classe moyenne. Les mises à pied ruinent de larges sections de la population de villes et villages complets.

Bien que la « rationalisation » réduise les coûts d'entreprises capitalistes individuelles, elle n'augmente pas nécessairement leur taux de profit. De nombreuses compagnies ont amélioré leur rendement année après année durant la dépression des années 30, mais leur taux de profit a continué à chuter. Pour renverser cette tendance, il leur fallait augmenter substantiellement leur taux de production et leur volume de ventes. Ce sont les préparatifs qui ont conduit à la deuxième boucherie impérialiste mondiale, l'énorme mobilisation économique qui a eu lieu pendant la guerre elle-même et la gigantesque reconstruction de la capacité productive détruite de leurs rivaux en Europe et au Japon qui ont d'abord sorti les capitalistes U.S. de la profonde récession de 1937-1938, puis jeté les bases de l'expansion d'après-guerre qui a mis un terme à la dépression.

Une explosion de titres de papier
Le grand capital aux États-Unis et dans les autres pays impérialistes n'a pas besoin de faire circuler beaucoup d'argent dans l'économie à l'heure actuelle. Comme les

affaires ne sont pas en expansion, les banques ne font pas beaucoup de prêts. Elles trouvent des moyens plus payants de faire des profits. Quand des compagnies émettent de nouvelles actions aujourd'hui, elles utilisent les revenus de leurs ventes pour rembourser leurs dettes, pas pour construire de nouvelles manufactures. Même s'ils sont incapables de l'analyser scientifiquement, les capitalistes savent en pratique que ceux qui ont le meilleur bilan financier aujourd'hui ont la meilleure chance de survie. C'est le contraire de la situation qui a prévalu pendant plusieurs décennies.

Ce n'est pas l'inflation qui est la plus grande menace à la stabilité de l'économie capitaliste aujourd'hui, comme c'était le cas il y a 15 ou 20 ans, mais la possibilité d'une déflation accélérée. De nombreux prix sont aujourd'hui à la baisse et le taux d'inflation général, qui s'élève à 3 pour cent ou moins par année dans la plus grande partie du monde impérialiste, est le plus faible taux pour une période de temps relativement longue depuis les années 50 et le début des années 60.

Les prix de ce que Wall Street appelle des marchandises — le pétrole, les produits agricoles, les métaux vils et d'autres matières premières utilisées par l'industrie — se sont maintenus à de très bas niveaux. Ils ont chuté de plus de moitié depuis 1980. Ces prix ont connu une remontée au cours des premiers mois de 1994, mais continuent à osciller autour d'une moyenne historiquement faible.

Les prix des immeubles commerciaux sont aussi tombés de moitié à la fin des années 80 et au début des années 90. Les capitalistes qui ne pouvaient réaliser un profit qu'ils jugeaient suffisant en investissant pour accroître les capacités manufacturières ont déversé leur surplus de capitaux, entre autres, dans la construction excessive de gratte-ciel, de centres commerciaux et de tours à bureaux. Mais au début des années 90, le taux d'occupation au centre des grandes villes était extrêmement bas. Les grands propriétaires commerciaux ont cessé d'exiger le loyer des locataires corporatifs en difficulté : ils se font ainsi concurrence pour les garder jusqu'à ce que la situation s'améliore. Je ne parle pas de votre propriétaire ni du mien. Nos propriétaires vont nous jeter à la rue si nous ne payons pas notre loyer. Mais ce n'est pas la situation à laquelle les compagnies font face. L'effondrement des prix de l'immobilier est vrai non seulement aux États-Unis mais aussi en Grande-Bretagne et au Japon.

Un effondrement économique se profile derrière de telles tendances déflationnistes. Voilà de quoi a l'air une reprise du cycle économique en période de dépression : un haut niveau de chômage et de travail à temps partiel ou temporaire, même pendant une période de reprise de l'embauche ; et des pressions à la baisse sur les prix.

La déflation fait sentir ses effets d'une manière particulière sur notre classe. Parce que la paie que nous ramenons à la maison n'est pas arrivée à suivre l'augmentation des prix, notre salaire réel et notre revenu familial déclinent depuis le début des années 70 malgré le ralentissement de l'inflation après 1982. Mais au cours des dernières années, les employeurs ont souvent carrément gelé nos salaires ou réduit notre salaire horaire. Ces jours-ci, ils ne peuvent plus nous voler en se servant aussi facilement de l'inflation qu'au cours de la période précédente. Ce n'est pas ce qui arrive.

Qu'est-ce qui arrive ? Les banques ne sont pas très intéressées dans votre argent ou le mien à l'heure actuelle. Avez-vous essayé d'ouvrir un compte de banque récemment ? Qu'est-ce que les banques offrent comme taux d'intérêt pour un compte de chèques : 1,5 pour cent ou quelque chose du genre ? Ou pour un compte d'épargne : de 2 à 2,5 pour cent ? C'est moins que le taux d'inflation. Elles ne veulent pas de notre argent. Elles ont même commencé à fermer de plus en plus de succursales de quartier.

À l'heure actuelle, les banques ne sont pas tellement intéressées par les opérations bancaires, c'est-à-dire par ce que nous entendons lorsque nous pensons à des opérations bancaires normales : attirer des dépôts et faire des prêts. Il y a environ 2 500 banques de moins aux États-Unis aujourd'hui qu'au milieu des années 80. Et la tendance se maintient vers des banques plus grosses et moins nombreuses. Les banques s'enrichissent en empruntant du gouvernement à bon compte, pour lui acheter ensuite des bons qui offrent un meilleur taux d'intérêt. (Parlons-en, des fraudeurs de l'assistance sociale !) Et elles se livrent à une spéculation croissante sur les devises étrangères.

Voilà ce que vos aimables banquiers de quartier font. Et voilà ce qu'ils vont continuer de faire aussi longtemps que le dollar reste fort, que l'inflation et les taux d'intérêt à long terme restent faibles et qu'il ne se produit aucune explosion politique quelque part dans le monde pour tout mettre en l'air.

La glissade boursière de 1994

Mais si les prêts consentis par les banques au cours des dernières années n'ont pas créé beaucoup d'argent, l'émission massive de titres boursiers en a créé d'une autre manière, cachée celle-là. Jusqu'en février de cette année, quand la bourse a commencé une autre glissade, on avait assisté au cours des années 90 à une explosion des cours boursiers aux États-Unis. Les marchés boursiers de la plupart des autres pays capitalistes avancés ont aussi connu une flambée des prix en 1993. La seule exception digne de mention est l'effondrement pendant trois ans de la bourse au Japon, qui a connu une faible reprise pour la première fois cette année. En dernière analyse, ainsi que Friedrich Engels le décrit dans son supplément sur la bourse à la fin du livre 3 du *Capital* de Karl Marx[6], les capitaux à risques et les titres de propriété sont les moyens que la classe possédante utilise à l'époque capitaliste pour tirer avantage de grandes quantités de capitaux.

Tous les jours à Wall Street et dans les autres marchés de titres à travers le monde, les capitalistes achètent et vendent d'énormes blocs d'actions, des obligations (les billets portant intérêt que les gouvernements et les compagnies émettent pour emprunter) et, au cours des dernières années, de plus en plus de « produits financiers » dérivés d'actions et d'obligations (les « produits dérivés » dans le jargon du milieu). D'énormes quantités de capitaux vont soudainement affluer dans la chaîne de restauration rapide Boston Chicken. Puis, dans les compagnies de breuvages fruités Snapple ou de tisanes Celestial Seasonings. Au cours de la dernière année, c'est dans le domaine du jeu qu'on a vu certaines des « valeurs de croissance » les plus populaires : des actions dans des casinos flottants, dans d'énormes hôtels de Las Vegas construits comme des sphinx égyptiens, dans des établissements de jeux sur des réserves indiennes et dans les sociétés qui opèrent les loteries d'État. Les détenteurs de capitaux ont même commencé à acheter des titres de créance sur de futurs

---

6. Voir « La bourse », *Le Capital,* livre 3, Moscou, éditions du Progrès, 1986, p. 941 à 943, et les points qui sont faits à ce sujet dans la résolution politique de 1988 du SWP, « Ce que le krach de 1987 a annoncé ».

activités commerciales : ils n'achètent pas les actions ou les obligations elles-mêmes, mais des titres sur ce qui pourrait arriver au prix de ces bouts de papier dans le futur. Et les capitalistes empruntent massivement pour faire tout ça, en prenant pour acquis que la valeur marchande de ces titres ne peut qu'augmenter.

D'un côté donc, celui de la bourse, on voit se gonfler une énorme bulle, une forme voilée d'inflation, qui fait partie intégrante des énormes sommes d'argent immobilisées dans les actions que détiennent la bourgeoisie et les classes moyennes mieux nanties et qui s'appuie de plus en plus sur un endettement gigantesque. De l'autre côté, la désinflation menace de conduire à un effondrement déflationniste. Cette contradiction explosive s'aiguise.

Dans l'histoire de la circulation marchande, les paysans ont développé une intuition sociale qui leur permet de pressentir ces bulles spéculatives et le danger qu'elles éclatent. Ils prennent toutes leurs petites épargnes en argent et commencent à acheter et à cacher des bijoux en or, du jade, des lingots de métaux précieux — tout ce qu'ils pourraient revendre un jour. Une mentalité semblable peut bientôt commencer à se développer chez plusieurs propriétaires de capitaux dans les pays impérialistes, avec un certain sens d'urgence chez les détenteurs plus petits et plus vulnérables : « Devrais-je retirer mon argent des actions et des obligations plus risquées et l'investir dans des *choses* ? » Le danger, c'est qu'au lieu de voir l'argent emprunté circuler entre plusieurs mains, on peut voir une énorme liquidation et implosion des titres coïncider avec une hausse de la valeur monétaire des marchandises, ce qui menacerait de provoquer l'effondrement de la production et du commerce.

Évidemment, c'est leur problème, pas le nôtre. Mais les travailleurs ne devraient pas perdre de vue une chose, qui est notre problème : dans la bulle du crédit flottent aussi toutes les « promesses » faites aux travailleurs de toucher une pension au moment de prendre leur retraite et d'être « protégés » par des plans médicaux « fiables ». Ces « avantages sociaux » dépendent de fonds qui ont eux aussi investi des milliards de dollars à la bourse. Notre avenir flotte dans la bulle ! Ne croyez jamais que vous possédez une pension de retraite, que vous avez un plan médical. Ce que vous possédez, c'est la *promesse* d'une pension et la *promesse* d'un plan médical faites par des capitalistes. Vous possédez une *promesse* qui repose sur la « valeur » des investissements déposés dans un « trust ». Vous avez toutes les raisons du monde de vous méfier !

Nous ne faisons aucune prédiction. Nous ne savons pas quelle grosseur la bulle atteindra. Nous ne savons pas quand elle va exploser. Mais cette contradiction croissante, cette catastrophe imminente qui s'inscrit complètement dans cette étape des rythmes à plus long terme du système capitaliste en déclin : voilà le prochain numéro que l'effondrement international des marchés boursiers en 1987 a mis à l'affiche.

Nous avons connu une nouvelle glissade de la bourse au début de 1994. Elle n'a cependant pas été aussi brusque que le krach de 1987. Sur l'indice industriel Dow Jones, le prix des actions est tombé de près de 400 points, soit près de 10 pour cent, par rapport au sommet atteint à la fin janvier, avant de connaître une légère remontée. Et il ne s'agit que des actions de 30 des compagnies les mieux cotées. L'indice du prix des actions de 6 000 sociétés est tombé de plus de 15 pour cent par rapport à son plus haut sommet.

Au cours des deux dernières années, les riches aux États-Unis semblent avoir eu le vent dans les voiles. Ils ont marqué des points contre leurs rivaux des autres pays impérialistes en rationalisant et en réduisant leurs coûts. Ils ont augmenté la production, prolongé la semaine de travail et rogné les salaires, les avantages sociaux et les conditions de travail des travailleurs. Les taux d'intérêt ont atteint leur plus bas niveau en près de 15 ans. Les marchés boursiers et obligataires ont connu une grande expansion. Il semblait qu'ils n'allaient jamais redescendre. On faisait des milliards à Wall Street, y compris, comme le dit l'expression, « avec l'argent des autres » — dont l'argent de nombreux fonds de pension de travailleurs.

Il ne semblait y avoir aucune façon de perdre. Tout était possible. Ils pouvaient emprunter 10 fois la valeur de leurs avoirs pour acheter des actions, des obligations et d'autres titres, parce que le marché ne pouvait qu'augmenter et ils pourraient rembourser leurs emprunts. Ils pouvaient emprunter 50 ou 100 fois la valeur de leurs avoirs s'ils achetaient des obligations du gouvernement, parce que celles-ci étaient « sûres » et que leur valeur ne pouvait qu'augmenter. Les fanatiques professionnels de la transaction à Wall Street ont oublié le vrai monde. Ils avaient même un petit slogan qu'ils scandaient à la fin d'une journée particulièrement bonne : « Cinq et cinq en 95 ! » Autrement dit, d'ici 1995, les taux d'intérêt à long terme allaient tomber à 5 pour cent et l'indice Dow Jones allait dépasser le seuil des 5 000 points. Et tout ceci était basé sur des niveaux historiquement bas des dépenses d'investissement en usines et en équipement industriel et d'embauche de nouvelle force de travail [7] !

---

7. Quelques semaines plus tard, la revue *Business Week* a commenté dans l'article qui a fait la une de son numéro d'avril 1994 :

À la mi-février, un vent de panique a commencé à souffler sur Wall Street et les autres marchés de titres lorsque la Réserve fédérale des États-Unis a relevé de quelques dixièmes de point le taux d'intérêt à court terme. Les gros détenteurs d'actions et d'obligations ont commencé à vendre et à se disputer les acheteurs. Les prix ont dérapé. C'est à ce moment que plusieurs d'entre eux ont dû payer pour avoir vécu dans le mensonge. Quelqu'un a finalement dit : « Oh, en passant, le prix de ces obligations n'a pas augmenté le mois dernier, il a chuté. Vous me devez donc 10 fois ou 100 fois ce que vous les avez payées, parce que c'est ce que je vous ai prêté pour que vous puissiez les acheter. » C'est arrivé à un nombre croissant de négociateurs de Wall Street.

Des paniques ont eu lieu dans l'histoire du capitalisme. Aujourd'hui, on peut voir des signes petits, mais clairs, de l'éclair de chaleur auquel la prochaine panique ressemblera. Marx et Engels ont expliqué les bases objectives de ces paniques. Du point de vue des capitalistes, a écrit Marx dans le *Capital*, « [l]e procès de production apparaît seulement comme un intermédiaire inévitable, un mal nécessaire pour faire de l'argent. » À quoi Engels a ajouté dans une note entre parenthèses : « C'est pourquoi toutes les nations adonnées au mode de production capitaliste sont prises périodiquement du vertige de vouloir faire de l'argent sans l'intermédiaire du procès de production [8]. »

« Avec du recul, on peut voir que ces stratégies comprenaient beaucoup trop de leviers financiers, comportaient beaucoup trop de risque et étaient beaucoup moins protégées que leurs créateurs ne l'avaient prévu. »

8. *Le Capital,* livre 2, p. 63.

De plus en plus de produits dérivés, de moins en moins de travailleurs. *¡Qué milagro!* Mais en essayant de se prémunir contre ces hauteurs vertigineuses, on peut transformer le « miracle » en son contraire.

L'avidité *et* la peur sont la force motrice des marchés de titres capitalistes et elles l'ont été depuis le début. Au cours des cinq dernières années, c'est l'avidité qui les a fait rouler. Et l'avidité pouvait permettre aux capitalistes de surmonter d'éventuels petits problèmes. Ayez confiance, empruntez ce dont vous avez besoin, achetez pendant que le marché chute et attendez qu'il remonte.

Pour comprendre la psychologie sociale qui sous-tend le fonctionnement réel du capitalisme, nous ne devrions pas perdre de vue ce qu'on appelle parfois la « théorie du plus bête ». Une personne raisonnable peut demander : « Comment peut-on vendre quelque chose aussi cher ? Ça ne vaut vraiment pas ce prix. Pourquoi quelqu'un paierait-il aussi cher ? » Mais la réponse est simple. Ils vont payer ce prix parce qu'ils ont confiance que quelqu'un d'autre va être prêt à leur acheter *encore plus cher*. Le capitalisme a fonctionné de cette façon depuis ses tout premiers jours. Il y a eu une période connue sous le nom de « tulipomanie » en Hollande pendant le dix-septième siècle, où un seul bulbe de tulipe pouvait se vendre pour l'équivalent de plusieurs milliers de dollars !

S'il y avait un imbécile prêt à payer un tel montant pour un bulbe de tulipe il y a trois siècles en pensant que quelqu'un d'encore plus bête lui en donnerait 1 000 $ de plus le lendemain ou la semaine suivante, le phénomène a acquis une ampleur beaucoup plus grande à l'époque moderne de la prédominance du capital financier et des communications qui s'effectuent à la vitesse de la lumière.

Aujourd'hui, des milliers de milliards de dollars se négocient tous les jours sur les marchés boursiers, obligataires, monétaires et des marchandises. Vous pouvez même emprunter pour acheter, ce qui vous permet de multiplier le rendement — ou les pertes — de votre investissement. Pourquoi retirer votre argent de la compagnie Boston Chicken quand le prix des actions grimpe à 45 $, si vous pensez que quelqu'un va vous les acheter à 55 $ la semaine suivante ? Ce n'est pas une plaisanterie. Ce n'est pas une aberration. C'est là la véritable psychologie sociale qui permet aux marchés des actions, des obligations et des autres titres de fonctionner et sans laquelle le capitalisme ne peut marcher.

Mais quand la confiance des détenteurs de titres s'évapore, quand il n'est plus possible de trouver quelqu'un d'encore plus stupide, c'est là que la panique s'installe. Il s'avère que c'est toi le plus bête. Tout ce qui auparavant avait l'air de baigner dans l'huile s'est transformé en chaos. La peur remplace alors l'avidité comme sentiment dominant chez ceux qui achètent et vendent des titres de papier dans le but de s'accaparer, sous forme de rentes, une partie de la plus-value que nous créons avec notre travail. Le prix payé à peine une semaine, une journée ou une heure plus tôt pour des actions et des obligations n'avait de « sens » que parce que les détenteurs de capitaux voulaient bien croire que c'était là la valeur de ces bouts de papier. Les croyances, les peurs et les espoirs de la classe dominante deviennent des facteurs objectifs dans l'évolution à court terme du capitalisme.

Ce que nous avons vu au cours des premiers mois de 1994 sur les marchés obligataires internationaux est un petit avant-goût de ce type de panique. Parallèlement au nombre croissant de jeunes qui commencent à réagir contre les maux du capitalisme, c'est un autre reflet des faiblesses qui s'accumulent sous la surface de l'ordre impérialiste mondial.

La politique de l'économie

Nous devons toujours nous rappeler que de grandes explosions *politiques* dans le monde — pas seulement des effondrements boursiers, des crises bancaires ou des pénuries soudaines — vont continuer de déclencher des catastrophes économiques et sociales dans le système capitaliste.

À l'époque impérialiste, nous ont enseigné Lénine et Trotsky, la politique est avant tout un concentré d'économie. Les phénomènes économiques ne suivent pas simplement leur cours, indépendamment de la lutte des classes, des guerres et des révolutions. Les grands changements qui surviennent dans la courbe du développement capitaliste ont été déclenchés par des développements qui se sont produits à l'extérieur de l'économie proprement dite ou plutôt à l'extérieur des lois de fonctionnement du cycle économique capitaliste [9]. Personne n'a de calendrier, pas plus nous que personne d'autre. Personne ne peut savoir d'avance quelle combinaison de développements économiques et politiques peut déclencher une telle catastrophe — bien que l'histoire nous donne de bonnes raisons de croire que les guerres et les préparatifs de guerre vont jouer un rôle important.

Nous n'avons rien à retrancher de la résolution adoptée en 1988 par le SWP ni de la populaire brochure qui

---

9. Voir « La courbe du développement capitaliste » de Léon Trotsky et « Ce que le krach de 1987 a annoncé » ailleurs dans ce numéro.

l'accompagnait, *Un programme d'action pour faire face à la crise économique qui vient*[10]. Le capitalisme est de plus en plus vulnérable à une crise mondiale qui va provoquer un chômage massif, ruiner les petits agriculteurs, forcer les gens à vivre dans la rue, détruire les petits commerces et entraîner un appauvrissement inconnu depuis les années 30. Cette crise va dévaster le tiers monde, dont la majorité des travailleurs et des paysans voient leurs conditions économiques et sociales se détériorer depuis près d'un quart de siècle. Et elle va enclencher une nouvelle étape de la crise sociale et politique dans les pays impérialistes.

Des millions de travailleurs aujourd'hui pensent qu'une telle perspective est une réelle possibilité. Ils sont déjà ébranlés par l'instabilité inhérente à l'évolution du capitalisme mondial aujourd'hui. C'est ce qui explique l'intérêt qui existe pour la littérature révolutionnaire avant même le début d'une telle catastrophe sociale ou de grandes luttes de classe.

L'« absence de stabilité », a écrit le dirigeant bolchevique Léon Trotsky dans les années 20, « l'incertitude devant ce que demain réserve pour la vie personnelle de chaque travailleur constitue le facteur le plus révolutionnaire de l'époque où nous vivons. » Le « mode d'existence tranquille » de la hiérarchie syndicale pendant près d'un quart de siècle avant la première guerre mondiale a « aussi fait sentir son influence sur la psychologie d'une large couche de travailleurs plus aisés. »

Tout cela a été changé par la crise économique et sociale du capitalisme que les classes dirigeantes rivales

---

[10]. Publiée en français dans la revue *Lutte ouvrière,* Montréal, novembre 1988. On peut en obtenir une photocopie auprès des éditions Pathfinder.

d'Amérique du Nord, d'Europe et du Japon n'avaient pas réussi à résoudre dans la boucherie mondiale qu'elles avaient imposée à l'humanité. « L'absence de stabilité [qui en résulte] déséquilibre le travailleur le plus imperturbable. C'est la force motrice révolutionnaire [11]. »

III.
CHANGEMENT HISTORIQUE DANS LE MOUVEMENT MONDIAL DES CAPITAUX

NOUS DEVONS REGARDER COMMENT se déplacent les capitaux dans le monde aujourd'hui : d'où ils viennent et où ils vont. Cet examen va nous aider à comprendre plus concrètement les effets de ces mouvements de capitaux sur la politique mondiale et sur l'avenir de la lutte des classes.

Pendant la plus grande partie du vingtième siècle, la vaste majorité des capitaux impérialistes investis à l'étranger l'ont été dans d'autres pays capitalistes avancés. Ceci a été vrai même quand de grandes quantités de capitaux étaient exportées vers les pays coloniaux et semi-coloniaux pour y faire des surprofits en y exploitant les producteurs des villes et des campagnes. Depuis la fin de la deuxième guerre mondiale en particulier, il y a eu un grand afflux de capitaux au Canada, en Europe, au Japon, en Australie et en Nouvelle-Zélande. Des capitaux d'Europe de l'Ouest ont été investis dans toute l'Europe capitaliste, en Amérique du Nord, au Japon et ailleurs en Asie et dans le Pacifique. Des capitaux japonais ont

---

11. Trotsky, *First Five Years of the Communist International*, New York, Pathfinder, 1972, vol. 1, p. 302 et 303.

afflué aux États-Unis et en Europe, de même qu'en Australie et en Nouvelle-Zélande [12].

Depuis le début des années 90, on a assisté à un déplacement significatif de cet équilibre : de plus en plus d'investissements U.S. et des autres pays impérialistes ont été effectués dans les pays les plus industrialisés du tiers monde, de même que dans des régions de l'Europe centrale et de l'Europe de l'Est. Dans le rapport que j'ai déjà cité, la Merrill Lynch a dit que, du point de vue du capital financier, « le principal mouvement de capitaux [...] va se faire vers le monde en développement et c'est là qu'on trouvera la principale source de rendements au-dessus de la moyenne. » (Le changement rapporté dans la première moitié de la phrase est un fait. La deuxième moitié de la phrase est un espoir [13].)

POUR LA PREMIÈRE FOIS de leur histoire, les États-Unis sont devenus au début des années 90 un exportateur net de capitaux. Les capitaux U.S. sont exportés en particulier vers l'Amérique latine et ailleurs dans le tiers monde, à la recherche de taux de profit que les classes exploiteuses ont de plus en plus de difficulté à obtenir aux États-Unis mêmes.

---

12. Environ 80 pour cent des avoirs des compagnies U.S. à l'étranger par exemple se trouvent en Europe de l'Ouest, au Canada, au Japon, en Australie et en Nouvelle-Zélande.

13. Les investissements étrangers directs faits dans les pays du tiers monde en 1993 s'élevaient à près de 40 pour cent du total, en hausse par rapport à une moyenne annuelle d'environ 20 pour cent durant les années 80. La moyenne annuelle des nouveaux investissements de capitaux étrangers dans ces pays a plus que doublé de 1990 à 1993.

Les États-Unis ont été dans l'histoire un importateur net de capitaux. Au cours de la deuxième moitié du dix-neuvième siècle, les familles dominantes U.S. ont importé des quantités considérables de capitaux étrangers pour aider à financer la construction de l'industrie et des chemins de fer. À la fin du siècle, au moment où les États-Unis émergeaient comme une puissance impérialiste, les capitalistes U.S. ont commencé à exporter des quantités croissantes de capitaux à l'étranger, où ils ont fait concurrence à leurs rivaux pour les marchés et les sources de main-d'oeuvre et de matières premières à bon marché. Depuis la victoire de l'impérialisme U.S. dans la deuxième guerre mondiale, celui-ci est devenu le plus important exportateur de capitaux dans le monde. Mais pendant toute cette période, des quantités encore plus grandes de capitaux ont continué à affluer aux États-Unis, à cause de la taille gigantesque de leur économie et de leur marché intérieur et de la prédominance de Wall Street dans le commerce international des actions, des obligations et des devises. Au cours des années 80, les capitalistes au Japon, en Allemagne, en Grande-Bretagne, aux Pays-Bas et ailleurs ont acheté des milliards de dollars en bons du Trésor U.S. Ils ont acheté des biens immobiliers et construit ou acheté des manufactures ici comme une porte d'entrée sur le marché U.S. Et des milliards de dollars ont déferlé sur le pays à même les intérêts payés pour « servir » la dette du tiers monde. Au cours des dernières années, cet afflux de capitaux vers les États-Unis a ralenti sous l'impact de la récession qui a frappé le Japon et la plus grande partie de l'Europe capitaliste et de la chute des taux d'intérêt aux États-Unis. Pendant ce temps, les capitaux U.S. ont continué à sortir du pays à une vitesse croissante.

Les capitaux qui déferlent aujourd'hui sur les pays semi-coloniaux à partir des États-Unis et des autres pays impérialistes ont moins le caractère d'énormes prêts bancaires parasitaires que ceux qui ont caractérisé les années 80. Ceci n'a cependant pas empêché la dette du tiers monde de grimper de 1 200 à 1 500 milliards de dollars de 1987 à 1993. Le remboursement de ces emprunts, au prix du sang, demeure un énorme fardeau extorqué par les gouvernements bourgeois d'Amérique latine, d'Afrique et d'Asie à même la richesse produite par l'exploitation brutale des travailleurs et des paysans. Mais les prêts accordés par les banques commerciales et les institutions financières internationales constituaient plus de 80 pour cent des capitaux impérialistes affluant dans les pays du tiers monde au début des années 80, contre environ 25 pour cent aujourd'hui.

Près de 75 pour cent des capitaux impérialistes dans les pays du tiers monde ont plutôt servi l'an dernier à acheter des actions et des bons dans ce qu'on commence à appeler les « marchés en émergence ». Les plus grands investissements se sont faits dans les fonds propres, c'est-à-dire dans l'achat d'actions des grandes compagnies en Asie, en Amérique latine et au Moyen-Orient.(Si on fait exception de l'Afrique du Sud, très peu de capitaux sont investis en Afrique au sud du Sahara aujourd'hui.) Les capitalistes U.S. ne se contentent pas de construire leurs propres manufactures et de mettre sur pied d'autres entreprises dans ces pays. Ils achètent aussi des actions dans des compagnies privées ou dans d'anciennes entreprises d'État « privatisées » par les gouvernements bourgeois — c'est-à-dire vendues aux enchères aux capitalistes les plus offrants. Pour les impérialistes, l'achat de ces actions est un tremplin vers une prise de contrôle directe de ces usines et d'autres entreprises.

Mais il faut du temps pour forcer les bourgeoisies semi-coloniales à céder leur propriété et leur contrôle. C'est pour cette raison que de nombreux capitaux impérialistes continuent à prendre la forme d'achat d'énormes blocs d'actions.

Mais que ce soit sous forme de nouvelles manufactures appartenant à des intérêts impérialistes ou d'actions achetées dans les « marchés en émergence », la vaste majorité de ces capitaux ne vont que dans une poignée des pays les plus industrialisés du tiers monde, dont l'Argentine, le Brésil, le Mexique, la Corée et Taiwan. Et dans ces pays, ils se concentrent dans un petit nombre d'affaires potentiellement lucratives, comme le pétrole, les télécommunications, les conglomérats de construction et les banques.

Le but des impérialistes est simple. Au moment où le taux de profit industriel chute chez eux, ils veulent surexploiter la main-d'oeuvre à bon marché du tiers monde — et à un moindre degré, celle des États ouvriers d'Europe de l'Est et de l'ex-Union soviétique — et transformer de plus en plus ces pays en plates-formes productrices de plus-value. Leur but, c'est de continuer d'exporter des capitaux dans ces pays en y obtenant des rendements de plus en plus élevés.

Les bourgeoisies dans ces pays cherchent à stabiliser leur propre pouvoir et à s'enrichir en accordant aux impérialistes de grandes réductions d'impôt et d'autres subventions gouvernementales.

Les capitaux qui affluent en Amérique latine sont fortement dominés par l'impérialisme U.S. en dépit des percées effectuées par leur concurrents japonais et européens. Les exploiteurs locaux et étrangers cherchent à profiter des défaites et des reculs politiques infligés au mouvement ouvrier en Amérique latine au cours de près de trois décennies. L'afflux de capitaux s'accompagne d'une montée des privatisations, de nouvelles attaques contre les salaires et les conditions de travail des ouvriers, d'assauts répétés contre les paysans pauvres et les paysans sans terre, de la dégradation du salaire social des travailleurs et de larges couches des classes moyennes et de la destruction des ressources minérales, des forêts, de l'atmosphère, des lacs et des rivières.

Au chapitre des nouveaux investissements en Asie (dont la Chine), les capitalistes japonais ont eu la main haute sur leurs rivaux U.S. au cours des dernières années. Dans la plupart des cas, ces nouveaux investissements impliquent la construction de manufactures appartenant à des intérêts japonais, une tendance alimentée par la fin du soi-disant miracle japonais. Pour maintenir leurs positions face à une concurrence plus vive avec les États-Unis, les capitalistes au Japon sont de plus en plus poussés à construire des plates-formes d'exportation ailleurs en Asie pour y exploiter une main-d'oeuvre à bon marché. Ce cours agressif s'accélère alors même que nous nous réunissons et discutons ici aujourd'hui.

L'EXPORTATION DE CAPITAUX vers l'Europe de l'Est et la Russie est particulièrement importante pour les bourgeoisies de l'Allemagne et des autres pays de l'Europe capitaliste. Mais les entreprises U.S. demeurent les plus importantes exportatrices de capitaux dans l'industrie manufacturière et le commerce de cette région. Quelques projets ont rapporté des rendements lucratifs à certains capitalistes. Règle générale cependant, les profits générés par ces investissements sont loin d'avoir été ce que les impérialistes avaient initialement espéré, pour les raisons politiques et économiques que nous avons déjà discutées [14]. Les capitalistes allemands en particulier ont été coincés, du temps de Mikhaïl Gorbatchev, en payant un prix politique considérable pour accorder à Moscou d'énormes prêts à faible taux d'intérêt. De plus, les dirigeants capitalistes de l'Allemagne sont encore loin de s'être remis de la « digestion » difficile de l'État ouvrier dans l'est de l'Allemagne après l'unification de 1990. Ils amorcent à peine une reprise lente et hésitante au sortir de la plus importante récession en Allemagne depuis la deuxième guerre mondiale.

L'ouverture de marchés et l'exportation de capitaux en Europe centrale, en Europe de l'Est et dans l'ex-URSS ne vont pas renverser la chute du taux de profit dans les centres impérialistes, ni apporter la stabilité économique et sociale dans ces États ouvriers faibles et grossièrement déformés.

Les capitalistes allemands vont continuer de poursuivre leur objectif historique de dominer l'Europe centrale, mais leur rêve de stabilité et de domination du mark allemand de la mer du Nord à l'Oural a déjà subi de sérieux revers.

---

14. Voir en particulier « Le désordre mondial meurtrier de l'impérialisme », une présentation faite par Jack Barnes en avril 1993 lors de conférences régionales de formation socialiste à Greensboro en Caroline du Nord et à Des Moines dans l'État d'Iowa. Ce texte fera partie d'un prochain livre des éditions Pathfinder. On lira aussi « Comment l'impérialisme a perdu la guerre froide », une résolution adoptée par le Parti socialiste des travailleurs lors de son congrès de 1990. Voir aussi « Les premières salves de la troisième guerre mondiale » dans le quatrième numéro de *Nouvelle Internationale*.

Les États-Unis marquent des points contre leurs rivaux impérialistes

L'Allemagne demeure clé en Europe. Aucune autre puissance impérialiste européenne — ni la France, ni la Grande-Bretagne, ni certainement aucun autre pays — ne surpassera sa capacité industrielle et commerciale. La classe dirigeante allemande va poursuivre ses efforts pour combler l'écart entre sa puissance économique et les limites toujours présentes à sa capacité d'utiliser sa force militaire à l'étranger. Mais elle va se heurter à un fait incontournable : la puissance militaire et économique de l'impérialisme U.S. demeure un facteur central et permanent dans la politique européenne.

Aucun gouvernement capitaliste européen ne peut être une puissance militaire significative à l'échelle internationale sans l'implication et l'assistance de Washington. Celui qui tenterait une opération militaire globale se heurterait à la réalité à laquelle s'est heurté le corps expéditionnaire britannique au début des années 80 lors de sa guerre contre l'Argentine pour reprendre le contrôle des îles Malouines. Sans l'appui logistique direct et les services de renseignements de la marine et des autres forces armées U.S., l'impérialisme britannique n'aurait pu mener cette guerre, encore moins la gagner.

À l'exception partielle du Royaume-Uni, les puissances capitalistes en Europe accusent un retard de trois ou quatre ans sur la classe dominante aux États-Unis au niveau de la rationalisation des entreprises, de la réduction des coûts de production et de l'imposition de ce que les employeurs appellent la « flexibilité du travail ». Elles ont pris du retard sur leurs rivaux U.S. pour augmenter les heures de travail. Elles ont pris du retard pour comprimer les salaires, imposer des conventions collectives avec des échelles de salaire multiples et réduire le salaire social. Elles ont pris du retard pour saper les normes du travail et les règles de sécurité et de santé. Elles ont pris du retard pour accroître le travail à temps partiel, l'embauche de travailleurs temporaires non syndiqués à des salaires inférieurs et sans avantages sociaux et la sous-traitance à des entreprises non syndiquées. Elles ont pris du retard pour réduire les vacances et imposer d'autres mesures anti-ouvrières.

Comme nous l'avons fait remarquer il y a six ans dans « Ce que le krach de 1987 a annoncé », aucune autre devise ne peut et ne pourra remplacer le dollar U.S. en tant que devise dominante dans le monde du commerce, des investissements, du système bancaire, de la comptabilité, des paiements et des réserves monétaires. En même temps, l'approfondissement de la crise du capitalisme mondial signifie que le dollar lui-même est une unité de moins en moins stable et de moins en moins fiable pour les classes possédantes du monde. Le dollar ne sera plus jamais la devise mondiale qu'il a été pendant la période allant de la victoire de Washington dans la deuxième guerre mondiale au moment où le président Richard Nixon s'est vu obligé de mettre fin à la convertibilité du dollar en or en 1971. Le dollar tout-puissant a été humilié à jamais par l'affaiblissement de l'impérialisme U.S. au sortir de la guerre du Viêt-nam, par l'inflation que cette guerre a provoquée et par les progrès relatifs du Japon et de l'Allemagne capitalistes en tant que puissances manufacturières et commerciales.

Depuis la fin des années 80 cependant, l'impérialisme U.S. a marqué des points substantiels contre les puissances capitalistes qu'il a vaincues au cours de la deuxième guerre mondiale. La position relative de l'impérialisme U.S. par rapport à ses principaux rivaux en Europe et en Asie s'est une fois de plus renforcée. Si les intérêts impérialistes japonais et allemands ont continué à acheter des bons du Trésor U.S. au milieu et à la fin des années 80, ce n'était pas là un signe de force. C'était tout simplement un reflet de l'énorme taille de l'économie capitaliste U.S., qui draine les capitaux du monde entier, et de la dépréciation relative du dollar face au mark et au yen. La concurrence et les conflits entre *toutes* les puissances impérialistes augmentent, mais la lutte se mène avant tout entre les États-Unis, l'Allemagne et le Japon. Tout comme les perdants de la première boucherie interimpérialiste un quart de siècle plus tôt, les perdants de la deuxième guerre mondiale doivent une fois de plus combattre les énormes pressions exercées sur eux par le vainqueur.

CE PORTRAIT DU MONDE est le contraire de celui que brossent les politiciens bourgeois, les commentateurs de la presse et les officiers syndicaux depuis les années 70, 80 et même au début des années 90. Des romans, des films et des documentaires dramatiques (ces téléfeuilletons prétentieux pour intellectuels) ont tous sonné l'alarme devant la montée de la puissance économique du Japon. Bientôt, plus personne n'allait pouvoir acheter une voiture, un téléviseur ou un ordinateur portatif qui ne soient fabriqués au Japon. On nous disait que le capital japonais était en train d'acheter les biens immobiliers et l'industrie manufacturière U.S. à un rythme dangereux. Ils ont acheté le centre Rockefeller, un monument national ! Restera-t-il le moindre terrain « appartenant à des Américains » à Los Angeles ? Ils étaient même en train de prendre le contrôle des studios de cinéma et des compagnies d'enregistrement d'Hollywood ! L'hystérie a atteint un tel point que, si vous l'aviez prise au sérieux, vous auriez cru que les États-Unis étaient à la veille de devenir une semi-colonie nippone.

Dans le cas du capitalisme allemand, l'hystérie n'a pas eu des aspects aussi ouvertement racistes et chauvins, bien que le spectre des boches, du Kaiser et du troisième Reich n'était pas loin sous la surface de certains commentaires bourgeois, en particulier dans le *New York Times* et, en Grande-Bretagne, d'abord dans les cercles thatchériens et maintenant dans des couches grandissantes de la classe dominante. Si la propagande n'a jamais été jusqu'à prédire le rachat par les Allemands du sol et des usines U.S., elle prédisait que le mark allemand allait au moins imposer sa domination incontestée sur l'ensemble de l'Europe, aussi bien de l'Ouest que de l'Est.

Aussi récemment que lors des élections présidentielles de 1992 aux États-Unis, Bill Clinton et certains de ses « experts » économiques continuaient de prétendre que le miracle d'après-guerre des capitalismes allemand et japonais constituait une source de leçons pratiques pour aider les employeurs U.S. à sortir de leur malaise. C'était devenu un thème commun parmi les libéraux aux États-Unis, en particulier pendant les années 80 : imitez les capitalistes allemands et japonais, tout en leur assénant des coups de matraque protectionnistes pour freiner l'exportation de leurs marchandises et de leurs capitaux.

Derrière ces rationalisations intéressées du nationalisme U.S., il y a bien sûr un élément de vérité : le déclin relatif de la domination de l'impérialisme U.S. depuis la deuxième guerre mondiale. C'est un fait merveilleux.

L'impérialisme U.S. *est* le dernier empire dans le monde : aucun autre ne le supplantera. Au cours des années 60 et 70, les progrès relatifs de ses rivaux allemands et japonais ont érodé de façon substantielle le monopole industriel établi par le capital U.S. au sortir de la deuxième guerre mondiale. La classe dominante U.S. est moins capable aujourd'hui que jamais depuis son entrée dans la première guerre mondiale, il y a quelque 75 ans, d'utiliser son énorme puissance économique et militaire pour imposer sa volonté aux peuples du monde. La transformation rapide du nouvel ordre mondial promis en un désordre mondial meurtrier constitue la plus récente confirmation de cette vérité.

Mais les familles capitalistes dominantes aux États-Unis sont sorties gagnantes de la concurrence interimpérialiste qui s'est intensifiée au cours des dix dernières années. Bien sûr, les gains qu'elles ont faits les placent encore plus au centre des contradictions croissantes du système de marché mondial. Mais comme celles du Japon, de l'Allemagne et de partout ailleurs, la classe capitaliste aux États-Unis ne déploie pas son capital sur la base de perspectives historiques à long terme. Elles se font toutes concurrence pour capturer les marchés, abaisser le prix de la force de travail et faire le maximum de profits.

Dans une industrie après l'autre, les capitalistes U.S. ont remonté la pente et porté des coups aux capitalistes japonais et allemands. Loin d'être des dinosaures, comme on les décrivait il y a seulement quelques années, GM, Chrysler et Ford ont repris une part du marché au capital japonais. De grandes entreprises U.S. comme Hewlett-Packard, Motorola, Compaq, Intel et maintenant même IBM ont conservé ou reconquis leur position dominante dans la production d'ordinateurs et de pièces d'ordinateur. Caterpillar continue de supplanter Komatsu comme leader de la production et de l'exportation d'équipement lourd de construction. John Deere continue de dominer la production et la vente de tracteurs à l'échelle internationale. Les capitalistes U.S. ont effectué un retour dans la production d'acier : les grandes aciéries intégrées reprennent le dessus à la fois sur les micro-aciéries appartenant à des intérêts U.S. et sur leurs concurrents étrangers. Au cours des années 80, Wall Street a joué un rôle décisif en mobilisant ce qu'il appelle des capitaux de risque pour financer le développement d'entreprises au départ petites et leur permettre d'atteindre des positions dominantes dans divers domaines. C'est le cas par exemple de Microsoft dans la production de logiciels d'ordinateur, de McCaw Cellular dans les communications sans fil et de Federal Express dans les services de livraison.

Jusqu'à présent, les capitalistes U.S. ont bien mieux réussi que leurs rivaux allemands et japonais à réduire le prix de la force de travail. Au cours des années 80, ils ont renversé la tendance des décennies précédentes en abaissant les coûts unitaires de main-d'oeuvre, alors que ces derniers continuaient d'augmenter au Japon et dans la plupart des pays de l'Europe capitaliste. Il y a moins de dix ans, en 1985, le salaire horaire était plus élevé aux États-Unis que chez tous leurs principaux concurrents impérialistes : Japon, Allemagne, France, Grande-Bretagne, Italie et Canada. La Grande-Bretagne est aujourd'hui le seul de tous ces pays où le salaire horaire est encore inférieur à celui des États-Unis. Et là encore, l'écart entre les deux pays a diminué. Depuis le milieu des années 80, la croissance des exportations U.S. a été trois fois plus rapide que celle du Japon et de l'Allemagne. Depuis 1991, les capitalistes U.S. exportent pour la première fois un plus grand pourcentage de leur production nationale que leurs concurrents japonais.

La Nouvelle-Zélande est le seul pays où les capitalistes ont peut-être relativement mieux réussi qu'aux États-Unis à repousser les salaires, les conditions et les droits syndicaux de la classe ouvrière. Il a fallu dix ans à la Nouvelle-Zélande pour se sortir de la profonde récession capitaliste de 1981-1982. D'abord sous un gouvernement travailliste, puis sous le gouvernement conservateur du Parti national, les employeurs se sont servis de ces conditions de dépression pour modifier en leur faveur le rapport de force entre le travail et le capital. Ils ont sabré radicalement dans les programmes de sécurité sociale. Ils ont sapé le droit de négocier les conventions collectives. Et ils ont privatisé les entreprises nationalisées : banques, aciéries, Air New Zealand, compagnie de téléphone, etc. Au début des années 90, la presse économique à travers le monde chantait les louanges de la Nouvelle-Zélande, qu'elle présentait comme un des grands succès du capitalisme mondial en matière de restructuration et d'antisyndicalisme. Les actions boursières de la Nouvelle-Zélande ont fini par « surcharger », comme ils aiment à dire, les portefeuilles des plus grandes maisons de courtage du monde.

Les capitalistes en Allemagne et dans un certain nombre d'autres pays européens souffrent de ne pas avoir encore renversé le système de sécurité sociale et les autres acquis qui y sont associés — services de santé, assurance-chômage, pensions, vacances — que la classe ouvrière et le mouvement ouvrier ont gagnés en luttant au cours des décennies qui ont suivi la deuxième guerre mondiale.

Nous, travailleurs aux États-Unis, nous pouvons dire à nos soeurs et frères en Allemagne, en France, en Suède et ailleurs en Europe capitaliste : « Ce que nous avons subi, vous le subirez. Et à certains égards, ce sera plus dur. Les capitalistes doivent faire de plus grandes coupes, parce que vous avez fait de plus grandes conquêtes sociales dans la lutte depuis un demi-siècle. » Alors que nous approchons du cent cinquantième anniversaire de

La situation de la classe laborieuse en Angleterre, écrit en 1844 par Engels pour éveiller le mouvement démocratique en Allemagne à l'avenir que lui préparait le capitalisme, les communistes en Europe peuvent aujourd'hui attirer l'attention sur les États-Unis pour des raisons semblables. En fait, de Bonn à Stockholm et de Londres à Rome, les gouvernements ont déjà commencé à marquer des points au cours de la dernière année en s'attaquant à des gains acquis. Mais ils ont besoin d'aller plus loin, bien plus loin, et c'est ce qu'ils essaient de faire. À mesure que va se développer la résistance à ces attaques, les combattants d'avant-garde chercheront aussi de plus en plus à établir des liens entre eux par-delà les frontières nationales, pour discuter et agir en commun.

L'IMPÉRIALISME JAPONAIS est en train de payer cher son passé féodal relativement récent et l'occupation militaire U.S. qui a suivi la deuxième guerre mondiale. C'est en partie pourquoi le prix de la terre est astronomique au Japon par rapport aux autres pays capitalistes avancés. Le monopole de la terre signifie entre autres que les travailleurs doivent payer des loyers disproportionnés pour loger leur famille. Les employeurs s'approprient la grande majorité de la valeur produite par le travail des ouvriers — ce que Marx appelle la plus-value, d'où les patrons tirent leurs profits ainsi que leurs gigantesques richesses et revenus personnels. Mais à partir de la valeur que les travailleurs produisent, les patrons doivent également nous payer des salaires suffisamment élevés pour nous permettre de vivre, de travailler et de reproduire une nouvelle génération de travailleurs. Marx appelle cela la valeur de la force de travail, qui varie d'un pays à l'autre en fonction d'une série de facteurs historiques — dont la lutte des classes entre le travail et le capital. Des loyers très élevés comme ceux qu'on retrouve au Japon pour des raisons historiques sont un problème non seulement pour les travailleurs qui les paient, mais aussi pour les capitalistes, qui au bout du compte doivent consacrer une plus grande part de la valeur produite par les travailleurs pour leur permettre de payer leurs loyers. Cette réalité désavantage les employeurs japonais par rapport à leurs concurrents des autres pays capitalistes, où les loyers sont relativement moins chers. Des considérations semblables s'appliquent aussi au prix très élevé des aliments au Japon, un autre résultat du prix astronomique de la terre et des politiques protectionnistes dont bénéficient les grandes entreprises agricoles capitalistes, les propriétaires fonciers et les négociants en riz et en viande au Japon.

Ce qui est à l'ordre du jour dans les prochaines années en Europe capitaliste, c'est une offensive semblable à celle qu'on a vue aux États-Unis au cours des dernières années pour comprimer les coûts de production et le personnel. Il y aura de grandes vagues de licenciement, des réductions de salaires et l'instauration de doubles échelles de salaire. La semaine de travail sera prolongée et les travailleurs vont se faire imposer davantage de quarts de travail ou de travail en équipe, ainsi que des horaires de week end. Sous la bannière de la « privatisation », de la « fierté nationale » et de l'anti-américanisme, les employeurs vont s'attaquer aux salaires, aux conditions de travail et aux droits syndicaux des travailleurs.

Depuis que l'impérialisme allemand s'est remis des conséquences dévastatrices de la deuxième guerre mondiale par exemple, les syndicats dans la partie occidentale de l'Allemagne n'ont jamais accepté d'augmentations de salaire inférieures au taux d'inflation. Mais avec un taux de chômage officiel de 9 pour cent (les chiffres réels sont bien plus élevés, dans l'est encore plus que dans l'ouest du pays), les syndicats dans les usines et les bureaux acceptent maintenant des conventions collectives qui contiennent des augmentations inférieures au taux d'inflation. Et pour la première fois, ils acceptent aussi des échelles doubles de salaires.

MAIS LES TRAVAILLEURS et les syndicats vont résister. Nous avons déjà discuté ce qui est arrivé en France l'année passée. Dans les régions orientale et occidentale de l'Allemagne, les travailleurs ont cherché à repousser les attaques de plus en plus grandes des employeurs et du gouvernement contre leurs salaires, leurs heures de travail, leurs services de santé, leurs prestations d'assurance-chômage et leurs autres droits sociaux. Des grèves et des luttes syndicales ont eu lieu entre autres en Espagne et en Belgique.

Combinée à la résistance des travailleurs, des petits agriculteurs et des jeunes, l'augmentation des conflits interimpérialistes va ébranler encore davantage le mythe d'une « Europe commune ». Même si l'Union européenne — le nouveau nom de la Communauté européenne — augmente en nombre, la rivalité croissante entre les puissances capitalistes qui en sont membres va continuer de perturber toutes les mesures visant à établir une devise unique ou une banque centrale commune, sans parler d'une politique étrangère, de forces armées ou d'un « gouvernement européen » communs. Cet espoir qui a fermenté pendant des décennies et a atteint les limites de la frénésie à la fin des années 80 fait aujourd'hui définitivement partie du passé.

L'Union européenne ne sera en fait rien d'autre qu'une union douanière, qu'un marché commun où le capital, les marchandises et la main-d'oeuvre traverseront plus librement les frontières. Pour le moment, cet arrangement correspond à l'intérêt commun de toutes les classes dirigeantes nationales d'Europe dans leur concurrence avec les capitalistes U.S. Ces derniers bénéficient d'un énorme marché national et ont plus facilement accès aux marchés du Canada, de l'Amérique latine, du Pacifique et d'une grande partie de l'Asie. Mais même la réduction prévue des barrières sur le commerce et la circulation des capitaux au sein de l'Union européenne prend beaucoup plus de temps que prévu et les réductions déjà effectuées ont leurs propres limites. La plus libre circulation des marchandises et des capitaux exacerbe également les contradictions engendrées par une surproduction massive et la surabondance des forces productives à travers l'Europe — et le monde — dans des industries comme celles de l'acier et de l'automobile. Tout ceci accroît les pressions sur le patronat pour effectuer de nouveaux licenciements, de nouvelles fermetures d'usines, de nouvelles restructurations et exiger une plus grande « flexibilité du travail ».

Le processus de rationalisation et de compression des coûts sera encore plus explosif au Japon, où il sera plus difficile et prendra plus de temps. Au cours de la dernière année cependant, les mises à pied se sont multipliées dans ce pays malgré la soi-disant « tradition culturelle » des « emplois à vie » dont on nous a tant parlé. Toyota, Toshiba, Nissan, Komatsu, les Aciers du Japon sont certaines des plus grandes compagnies japonaises qui ont procédé à des licenciements importants au cours de la dernière année, au moment où le pays s'embourbe dans sa pire récession depuis la deuxième guerre mondiale.

Depuis le début des années 90, le prix des valeurs boursières et immobilières a plongé au Japon. Son système bancaire, dont une grande partie des capitaux est investie dans la propriété foncière et dans des actions ordinaires, est le plus vulnérable de toutes les grandes puissances impérialistes. L'éclatement de cette bulle japonaise reste à venir.

LA CRISE ÉCONOMIQUE CROISSANTE crée des fissures au sein des partis capitalistes traditionnels et des formes de la politique bourgeoise au Japon. La résistance ouvrière va aussi s'y accroître, même si les travailleurs ont un plus grand nombre d'obstacles à surmonter. Depuis les années 30, ces derniers ont d'abord fait face à un régime impérial semi-fasciste ; au gouvernement d'occupation anti-ouvrier imposé par Washington sous le général MacArthur ; et aux gouvernements du Parti libéral démocrate, un parti organisé par les États-Unis, qui ont réussi à porter une série de coups au mouvement syndical au cours des années 50, 60 et 70. Mais avec l'accumulation des pressions que nous avons décrites et la multiplication des licenciements et des autres attaques, le mythe d'une trêve permanente entre les travailleurs et le patronat, ponctuée par une « offensive syndicale » rituelle lors du renouvellement des conventions collectives au printemps, va être ébranlé, parfois de manière explosive.

Les « plates-formes d'exportation » établies en Asie et qui s'appuient sur une main-d'oeuvre à bon marché peuvent aider à ralentir pendant quelque temps la chute des taux de profit au Japon. Mais elles ne peuvent résoudre le conflit fondamental, qui va s'accentuer au Japon même, entre capital et travail. Poussés comme ils le sont à exporter davantage de capitaux en Asie, les dirigeants japonais vont inévitablement poursuivre une politique étrangère et militaire de plus en plus résolue afin de protéger leurs intérêts grandissants. Ce cours va les entraîner dans des conflits plus fréquents avec Washington et Wall Street et avec les gouvernements de la région.

Protectionnisme et « négociations commerciales »

Il y a une énorme surproduction aussi bien dans l'agriculture capitaliste que dans l'industrie. Il y a une surproduction mondiale de riz, de blé, de soja et de sucre. Bien sûr, ceci ne veut pas dire la fin de la malnutrition ou de la famine en Afrique et ailleurs. (Sous le capitalisme, on ne mesure pas la surproduction d'après les besoins sociaux, mais d'après ce qui peut être vendu à un prix suffisamment élevé pour réaliser un profit compétitif.) Ceci ne veut pas dire non plus que le prix de certaines marchandises agricoles particulières ne va pas bondir à cause d'une inondation, de mauvaises conditions climatiques ou d'énormes convulsions commerciales.

Mais aujourd'hui, le prix des produits agricoles a tendance à baisser. Le capital U.S. est déterminé à briser toutes les barrières qui l'empêchent d'exporter son riz, ses pommes ou sa viande au Japon, à Taiwan et en Corée. Il est déterminé à faire monter le prix des céréales vendues par ses concurrents en France, au Canada, en Australie et ailleurs. Au cours des 15 dernières années, les dirigeants capitalistes de l'Europe occidentale, en particulier de la France, ont contesté la part du marché du blé et de quelques autres produits agricoles détenue par leurs rivaux U.S. Mais leur productivité agricole demeure bien inférieure à celle des États-Unis et les gouvernements européens ont dû absorber en subventions aux agriculteurs capitalistes une plus grande portion des coûts relatifs.

Les « négociations commerciales » sur l'accord international du GATT sur les tarifs douaniers et celles entre des pays comme les États-Unis, le Japon, la France et le

Canada — aussi dures soient-elles parfois, même en public — ne servent qu'à masquer poliment un recours réel à la force pour promouvoir les intérêts conflictuels de classes dirigeantes nationales. Les États-Unis s'appuient sur leur puissance militaire pour faire pression sur les capitalistes européens et sur leurs concurrents en France, au Japon et ailleurs.

Réfléchissez à ce qui s'est passé en février 1994 quand le président Clinton a tenu une conférence de presse à la Maison-Blanche avec le prince saoudien Bandar Bin Sultan pour annoncer que Boeing et McDonnell Douglas, les deux plus grandes compagnies aéronautiques U.S., venaient de signer un contrat de six milliards avec le gouvernement saoudien pour la construction d'avions de ligne. L'achat a été financé par la Banque Import-Export, un consortium de banques U.S. bénéficiant de l'appui du gouvernement des États-Unis. Les gouvernements capitalistes de la France et d'autres pays européens avaient demandé au gouvernement saoudien d'accorder au moins la moitié du contrat à Airbus Industrie, le constructeur aéronautique géant appartenant à des capitalistes de plusieurs pays européens et dont le siège se trouve en France.

Boeing a dû marchander dur, très dur ! Bien sûr, personne n'est dupe de ce qui s'est réellement passé. L'administration Clinton a simplement dit aux dirigeants saoudiens ce qu'ils devaient faire [15]. La monarchie saoudienne,

---

15. En mai 1994, les dirigeants de l'Arabie saoudite ont accordé un contrat de quatre milliards à la compagnie AT&T pour reconstruire le système téléphonique du pays. Ils ont rejeté les offres faites par de grandes compagnies capitalistes du Canada, de la France, de l'Allemagne et de la Suède, qui ont toutes fait savoir qu'elles avaient demandé un prix inférieur à celui d'AT&T.

un autre des soi-disant vainqueurs de la guerre du Golfe, est sortie du massacre perpétré par les États-Unis plus dépendante que jamais de Wall Street et de Washington.

Les capitalistes U.S. ont aussi déclaré une agression commerciale ouverte contre leurs rivaux japonais. Ils exigent que le gouvernement japonais garantisse des quotas annuels d'importation de biens agricoles et manufacturés U.S. Bien entendu, ils disent qu'il ne s'agit pas de quotas, mais simplement de « cibles numériques » ; mais il s'agit bien de quotas. C'est bien cela que le gouvernement des États-Unis — ce farouche adversaire des quotas quand il s'agit de l'égalité des Noirs et des femmes dans l'embauche ou l'éducation — exige du Japon. À entendre Clinton et son homme de main en matières commerciales, Mickey Kantor, on pourrait penser que le Japon n'importe pratiquement rien des États-Unis. En fait, le Japon importe plus de 10 pour cent de toutes les exportations U.S. et environ 20 pour cent des exportations agricoles U.S. — celles-là mêmes qui sont au coeur des reproches les plus démagogiques et les plus hypocrites de Washington contre le Japon.

Chaque fois qu'on entend parler de ces soi-disant accords commerciaux à la télévision ou dans les journaux, ce qu'on voit réellement se développer, c'est l'utilisation croissante de la manière forte — politique et militaire — pour atteindre des objectifs économiques. Tout ça n'a rien à voir avec la promotion du libre-échange, avec la suppression de pratiques commerciales déloyales ou avec aucune des autres rationalisations fumeuses émanant de la Maison-Blanche ou du Congrès. C'est le recours à la force pour drainer dans les poches des capitalistes U.S. une partie de la plus-value produite dans le monde par les travailleurs et les petits agriculteurs.

Le développement inégal et combiné s'accentue

Au début de 1994, les événements au Mexique ont mis en lumière comment la crise croissante du système capitaliste mondial exacerbe le développement inégal dans les parties du monde où habite et travaille la grande majorité de l'humanité. Ils ont montré comment le capitalisme précipite des explosions en associant des formes d'exploitation du travail héritées du passé avec les processus de production et les méthodes commerciales et financières les plus modernes du capital mondial.

La rébellion paysanne au Chiapas a ses racines dans la résistance à une forme de péonage, ou d'esclavage de la dette, qui a existé depuis des générations dans cette région du Mexique. Les relations sociales capitalistes maintenant dominantes se sont superposées à cette forme d'exploitation et l'ont transformée. Les événements au Mexique se sont déroulés presqu'en même temps que des soulèvements ouvriers à Santiago del Estero et ailleurs en Argentine, à la fin de l'année dernière et au début de cette année. Ces luttes nous apprennent quelque chose de très important à propos de la nouvelle génération de travailleurs qui commencent à riposter dans les pays semi-coloniaux économiquement plus avancés comme l'Argentine, où la classe ouvrière a été brutalement défaite par des dictatures militaires dans les années 70 [16].

---

16. Dans la province de Santiago del Estero, au nord de l'Argentine, des milliers de travailleurs se sont soulevés en décembre 1993. Ils ont occupé des édifices gouvernementaux pour protester contre le fait que les employés du gouvernement n'avaient pas été payés depuis le mois d'août. D'autres explosions ouvrières plus petites ont depuis frappé la région ainsi que la ville de Tucumán dans le nord de l'Argentine.

Les événements qui se sont déroulés au Chiapas contredisent le mythe promu par les médias bourgeois voulant que le Mexique se soit engagé dans une marche homogène et sans différenciation de classe vers la modernisation, l'industrialisation et le progrès. Pour avoir une idée des formes semi-féodales qui enveloppent encore l'exploitation capitaliste subie par de nombreux travailleurs au Chiapas, vous pouvez lire les six « romans de la jungle » de B. Traven. *La révolte des pendus*, *Le général de la jungle*, *Le gouvernement* et les autres se déroulent tous au Chiapas au cours des premières décennies du vingtième siècle [17]. Traven y décrit l'asservissement par contrat qui enchaîne, par l'esclavage de la dette, les paysans indiens aux capitalistes de la région qui possèdent les exploitations d'acajou ou les plantations de café et d'autres cultures. Soixante-dix ans plus tard, à l'approche du vingt et unième siècle, presque rien n'a changé.

Les événements du Chiapas aident également à démystifier le soi-disant Accord de libre-échange nord-américain (ALÉNA). Ce dernier n'a rien à voir avec le libre-échange. Il n'est pas un complot du capital yankee. Contrairement à ce qu'on en dit souvent, il ne permettra pas d'incorporer la majorité des travailleurs du Mexique à la classe moyenne. L'ALÉNA codifie plutôt un accord entre les capitalistes des États-Unis, du Canada et du Mexique pour, entre autres choses, transformer de façon brutale et violente un pays encore largement agricole en une plate-forme d'exportation de produits manufacturés. Ce sont les capitalistes des deux côtés de la frontière qui vont en profiter. La bourgeoisie du Mexique est en train de rattraper un processus

---

17. Les autres romans de la série sont *La charrette*, *Les troncs* et *La marche à la Montería*. Les éditions 10/18 de Paris ont publié *La charrette* et *La révolte des pendus* en français. La série vient d'être rééditée en anglais par les éditions Ivan R. Dee.

initié dans les années 80 par les classes exploiteuses d'Argentine, du Chili et d'un certain nombre d'autres pays semi-coloniaux relativement industrialisés.

Cette « stratégie de développement national » pour le Mexique accélère à la campagne un processus identique à celui qui s'est produit avant et pendant la révolution industrielle en Grande-Bretagne et à travers l'Europe au cours des dix-huitième et dix-neuvième siècles. Les paysans sont chassés de leurs terres et forcés d'aller dans les villes, où ils n'ont rien d'autre à vendre pour survivre que leur force de travail. Ce processus produit et reproduit des conditions de vie et de travail qui les obligent à vendre leur force de travail le moins cher possible.

Décrivant ce qui a commencé à se produire en Europe il y a plus de 300 ans, Marx explique dans *Le Capital* : « [T]outes les révolutions qui servent de levier à l'avancement de la classe capitaliste en voie de formation font époque, celles surtout qui, dépouillant de grandes masses de leurs moyens de production et d'existence traditionnels, les lancent à l'improviste sur le marché du travail [comme des prolétaires libres, sans protection et sans droit]. Mais la base de toute cette évolution, c'est l'expropriation des cultivateurs. [...T]ous les pays de l'Europe occidentale parcourent le même mouvement, bien que selon le milieu il change de couleur locale [...] ou suive un ordre de succession différent [18]. »

Ce processus s'est poursuivi au Mexique de façon significative depuis des décennies. Mais il va s'accélérer au

---

18. Karl Marx, *Le Capital,* livre 1, p. 681. Le texte entre crochet apparaît dans la version anglaise du *Capital* revue par Engels après la mort de Marx. Il a été traduit par *Nouvelle Internationale*.

Chiapas et ailleurs dans le monde au cours des dernières années du vingtième siècle et des premières années du vingt et unième. Dans toute l'histoire moderne, lorsque les capitaux nationaux et étrangers cherchent à développer l'industrie manufacturière, ils détruisent brutalement la capacité du peuple travailleur de produire les moyens de subvenir à ses besoins à la campagne. Ce processus a des conséquences inhumaines. Hommes, femmes et enfants sont forcés d'aller vivre dans des bidonvilles en expansion et doivent, pour survivre, se faire concurrence dans les conditions les plus misérables afin d'obtenir du travail sous peine de périr. En Angleterre au siècle dernier, ce processus a été si violent à ses débuts qu'il a remis en question la capacité même de la classe ouvrière de se reproduire.

C'est ce processus que l'ALÉNA vise à accélérer. Il a pour but d'aider le capital — mexicain, yankee ou autre — à modifier complètement le visage de l'agriculture mexicaine en expulsant des millions de paysans de leur terre et en accroissant l'emprise de l'agro-industrie à la campagne. Il a pour but de créer une gigantesque armée de réserve de travailleurs à bon marché pour la prochaine étape de l'industrialisation du Mexique. Il fera basculer encore plus l'équilibre entre la campagne et la ville au Mexique. En ce sens, c'est un modèle pour la plus grande partie du reste de l'hémisphère, du Guatemala jusqu'à des régions importantes d'Amérique du Sud.

MAIS LES CAPITALISTES U.S. et mexicains n'avaient pas prévu qu'un des premiers résultats de l'ALÉNA serait de provoquer une flambée de résistance dans les campagnes du Mexique. Le peuple travailleur a de nouveau revendiqué ce qui lui a été promis depuis la révolution mexicaine, dans la deuxième décennie du vingtième siècle : le droit à la terre pour ceux qui la travaillent. C'est ce qui s'est passé au Chiapas, pratiquement en même temps que l'entrée en vigueur officielle de l'ALÉNA le 1er janvier 1994. Le Chiapas représente beaucoup plus l'avenir de l'Amérique latine que les promesses faites par Wall Street et Washington d'un continent de plus en plus stable, démocratique et en pleine croissance économique.

Ceci ne signifie nullement qu'il y avait quoi que ce soit de progressiste dans la campagne contre l'ALÉNA menée au cours des dernières années aux États-Unis et au Canada par les officiers des syndicats, une minorité d'entreprises du monde des affaires et des politiciens capitalistes aussi bien libéraux que d'extrême droite. Ces partisans de l'« Amérique d'abord » et du « Canada d'abord » ont souvent versé des larmes de crocodile sur les faibles salaires et les mauvaises conditions imposés aux travailleurs du Mexique et mis en garde contre la « fuite des capitaux ». Ils ont en fait opposé la défense des emplois « U.S. » et « canadiens » aux emplois des travailleurs mexicains. De la part de la hiérarchie syndicale, il ne s'agit là que d'une autre rationalisation servant à justifier sa politique de collaboration de classe et son refus d'organiser les travailleurs où *que ce soit* — d'un côté comme de l'autre de la frontière — pour défendre nos conditions de vie et de travail contre les dirigeants capitalistes des trois pays et d'ailleurs.

Mais indépendamment de la démagogie des partisans et opposants bourgeois de l'ALÉNA, l'industrialisation accélérée du Mexique et d'autres pays dans les Amériques grossit les rangs de la classe ouvrière industrielle et génère des mouvements d'immigration encore plus grands vers les États-Unis. Elle accroît et renforce le bataillon des fossoyeurs du capitalisme, des deux côtés du Río Bravo.

Nous assistons à des développements similaires de l'autre côté du globe, en Inde. Je suis convaincu que l'Inde sera l'un des plus grands terrains d'expansion du capital impérialiste et national au cours de la prochaine décennie.

Le problème qui se pose cependant aux impérialistes et aux capitalistes en Inde, c'est celui d'organiser un marché national unifié dans cet immense pays, où l'héritage de l'exploitation coloniale et semi-coloniale s'accroche à des siècles de relations sociales pré-capitalistes. Dans un pays moderne et unifié comme les États-Unis, que vous habitiez Seattle, la Nouvelle-Orléans ou Buffalo, vous savez approximativement combien coûtent une Dodge Caravan, un litre de lait, un pantalon de denim chez Gap ou un jean chez Sears. Les prix sont sensiblement équivalents.

Mais en Inde, vous pouvez aller d'une région à l'autre du pays, même d'une vallée à l'autre s'il n'existe pas de bons moyens de transport, et le prix des céréales sera nettement différent. La tâche d'établir un marché national unique, un bassin de main-d'oeuvre mobile à l'échelle du pays et une base uniforme pour les prix de détail et de gros n'a pas encore été complétée, malgré le développement industriel capitaliste important dans ce pays au cours du demi-siècle qui s'est écoulé depuis que celui-ci a gagné son indépendance de la Grande-Bretagne, juste après la deuxième guerre mondiale.

C'est pour finalement accomplir cette tâche que Bismarck a galvanisé la bourgeoisie en Allemagne à la fin du dix-neuvième siècle. Il s'est débarrassé des dernières restrictions féodales sur le commerce et a amalgamé dans une nation allemande unifiée des dizaines de duchés, baronnies et gouvernements faibles. Il a fait lever les postes de péage sur le Rhin, en les soustrayant au contrôle de princes provinciaux arbitraires pour les transférer aux percepteurs d'un État centralisé — tout en augmentant les recettes fiscales du même coup. Ces mesures ont pavé la voie à un grand marché national et à un système de prix plus homogènes. Elles ont favorisé le développement d'une classe moyenne qui a vu augmenter son revenu moyen et sa capacité d'acheter les biens produits en Allemagne dans des usines appartenant à des capitalistes. Voilà ce que les capitalistes ont fait en Allemagne sous Bismarck, deux décennies après avoir écrasé toute perspective d'une véritable révolution démocratique sous la direction populaire du peuple travailleur et des couches petites-bourgeoises radicalisées à la fin des années 40 du dix-neuvième siècle.

Aujourd'hui, le système impérialiste mondial a besoin de dizaines d'aspirants Bismarcks dans tout le monde semi-colonial. Ils peuvent être aussi bien « socialistes », « populistes », « libre-échangistes » que « néolibéraux ». Ils sont nécessaires pour atténuer les vestiges des classes dirigeantes pré-capitalistes, mettre au rancart les capitalistes les plus arriérés et les moins productifs, compléter la formation de marchés nationaux unifiés et accroître l'exploitation du travail et, sur cette base, la production de plus-value. Mais il est trop tard dans l'histoire pour qu'un Bismarck réussisse à transformer aujourd'hui un pays semi-colonial en une puissance capitaliste industrielle mondiale. Ceci est vrai même des pays disposant de ressources industrielles et naturelles considérables, comme l'Argentine, le Brésil, la Corée du Sud, l'Inde, le Mexique et Taiwan.

Le développement capitaliste dans ces pays va inévitablement approfondir les inégalités sociales et accroître les conflits de classe. L'expansion du capitalisme en Inde est en train de créer une classe moyenne bien plus grande et aisée et de développer un marché intérieur. En même temps, elle associe certaines des caractéristiques les plus modernes de la société industrielle à une montée des conflits sociaux et à un accroissement de la violence sur le prix des dots et les divisions en castes qui semblent — et sont à l'origine — préhistoriques.

Dans un pays où 70 pour cent de la population vit toujours à la campagne et où environ 15 millions de personnes selon les estimations sont maintenues dans l'esclavage de l'endettement, les conditions dans lesquelles vivent les travailleurs ruraux deviennent encore plus misérables et la lutte pour la terre, le crédit à bon marché et la dignité politique va s'amplifier. La différenciation de classe s'accroît, à mesure que la classe ouvrière grandit et qu'une vaste armée de chômeurs dans les villes et les campagnes tombe en même temps de plus en plus dans la destitution. Les tensions de classe et la polarisation politique montent au moment où des mouvements droitiers s'appuyant sur les classes moyennes et financés par des couches de la bourgeoisie prennent la forme de mouvements nationaux, religieux ou de caste.

Ces développements ne se produisent pas seulement en Inde ou au Mexique. Ils se répètent ailleurs en Amérique latine tout comme en Asie de l'Est — en Thaïlande, en Indonésie et dans d'autres pays. La structure de classe de ces pays commence à changer. Le prolétariat manufacturier grandit et les luttes de syndicalisation commencent. En Asie et en Amérique latine, une ville après l'autre ressemble de plus en plus à Saint-Pétersbourg, dans la Russie du début du siècle, à mesure que les paysans sont forcés de quitter les campagnes pour grossir les rangs d'une classe ouvrière industrielle jeune et en expansion rapide. C'est ce qui va aussi arriver de plus en plus en Afrique, qui reste le continent du monde semi-colonial le plus arriéré économiquement et où le processus d'industrialisation est encore peu avancé dans la plupart des pays.

De nouveaux développements capitalistes en Afrique du Sud vont également accélérer l'urbanisation et la prolétarisation qui y ont eu lieu au cours du dernier demi-siècle. Les progrès de la révolution démocratique dirigée par le Congrès national africain et le début de constitution d'une avant-garde prolétarienne dotée d'une conscience de classe offrent cependant la possibilité de préparer les masses travailleuses à résister aux conséquences économiques et sociales désastreuses que les exploiteurs nationaux et étrangers vont essayer de leur infliger. Ceci pourrait en retour ouvrir la porte à un approfondissement du processus révolutionnaire. Ce qui arrive en Afrique du Sud va grandement influencer le développement potentiel d'une direction communiste ailleurs en Afrique, en particulier au sud du Sahara.

En général, la campagne de privatisation de la bourgeoisie et l'offensive de « libre-échange » menée par Washington dans de nombreuses régions du tiers monde vont accélérer l'inévitable et accroître le poids et la direction politique et sociale de la classe ouvrière. Notre classe émergera plus forte pour participer aux grandes batailles de classe qui opposeront, d'un côté des barricades, les travailleurs urbains et ruraux et les jeunes qui se radicalisent, et de l'autre, les classes parasitaires exploiteuses.

IV.
LA POLARISATION DE CLASSE ET LES FORCES DE LA RESTAURATION CAPITALISTE EN CHINE, EN EUROPE DE L'EST ET DANS L'EX-URSS

L A DYNAMIQUE DE LA LUTTE DES CLASSES provoquée par la brutalité de l'accumulation primitive du capital dans le monde semi-colonial n'épargnera pas non plus l'État ouvrier chinois. Depuis plus d'une décennie, le régime stalinien à Beijing s'est engagé de plus en plus sur la voie d'une plus grande intégration dans le marché capitaliste mondial. Les impérialistes ont fait de grands investissements manufacturiers dans ce qu'on appelle les nouvelles zones économiques, en particulier le long de la côte sud-est de la Chine. Des entreprises capitalistes appartenant à des intérêts locaux ont fait leur apparition à la campagne, dans les petites villes et maintenant de plus en plus dans les principales villes de la Chine [19].

Mais les gains pour lesquels les travailleurs et les paysans pauvres se sont battus en Chine et qu'ils ont faits en menant à bien une profonde révolution anti-impérialiste et ensuite anticapitaliste, à la fin des années 40 et au début des années 50, continueront à marquer la résistance de nouvelles générations de travailleurs et d'agriculteurs dans ce pays. La direction traître, la brutalité et les privilèges de caste des staliniens ont horriblement déformé et affaibli l'État ouvrier chinois depuis qu'il existe. Mais

---

19. Pour un examen des conditions historiques concrètes et des relations de classe qui sous-tendent la crise grandissante du régime stalinien en Chine, voir « Comment l'impérialisme U.S. a perdu la guerre froide », à paraître dans un prochain numéro de *Nouvelle Internationale*, et « Le désordre mondial meurtrier de l'impérialisme » de Jack Barnes, à paraître chez Pathfinder.

malgré ces crimes commis contre la classe ouvrière par un régime qui se prétendait « communiste », il est trop tard dans l'histoire pour rétablir des rapports sociaux capitalistes dominants en Chine sans provoquer d'énormes luttes des travailleurs et des paysans pour défendre leurs conditions de vie et de travail et leur désir de sécurité et d'égalité sociales.

Les investisseurs impérialistes apprécient la discipline de travail, l'interdiction de faire la grève et les bas salaires imposés par le gouvernement en Chine. Ces politiques anti-ouvrières sont appliquées non seulement par le gouvernement chinois et sa police, mais aussi par les représentants du Parti communiste dans les usines, les fonctionnaires des syndicats contrôlés par l'État, là où ils existent dans les entreprises appartenant à des intérêts étrangers, et les officiers de l'armée rouge, qui se bousculent pour obtenir leur part du gâteau dans le réseau des manufactures et des autres entreprises gérées par l'armée. Il s'agit d'un des atouts vantés par les PDG des grandes entreprises dans leurs rapports trimestriels et annuels aux actionnaires. Ils font grand cas des garanties offertes par le gouvernement chinois en matière de « relations de travail stables » et de « bilan salarial raisonnable ». Ils apprécient l'engagement donné par le gouvernement de recourir à l'arbitrage pour résoudre tout conflit.

Pour les capitalistes des États-Unis et des autres pays impérialistes, la Chine n'est pas seulement le « milliard de bouches » dont rêve Coca-Cola. Il s'agit avant tout d'une énorme réserve de main-d'oeuvre à très bon marché. De grandes sociétés U.S. comme Merrill Lynch et Eastman Kodak ont dépêché en Chine d'importantes délégations de direction afin de souligner à leurs actionnaires les bénéfices à réaliser là-bas et de consolider leurs relations avec le régime stalinien. Motorola a même tenu récemment son conseil d'administration à Shanghai ! British Telecom, Ericsson, Nokia, Siemens, Philips et même Teléfonos de México peuvent-ils être loin derrière ?

Ce dont rêve le capitalisme mondial, c'est d'exploiter le travail des ouvriers et des paysans chinois autant d'heures par jour que possible et de vendre sans restriction des produits de consommation à une classe moyenne grandissante. C'est pourquoi l'administration Clinton — avec le soutien des deux partis au Congrès et l'appui écrasant du grand patronat — abandonnera la vieille menace sans contenu brandie par Washington de lier le renouvellement du statut commercial de Beijing comme nation la plus favorisée à de soi-disant progrès dans le respect des droits de la personne [20]. La campagne menée par le gouvernement conservateur en Grande-Bretagne pour « démocratiser » Hong Kong avant son retour à la souveraineté chinoise prévu pour 1997 bat aussi de l'aile dans la mesure où les capitalistes au Royaume-Uni cherchent à utiliser ce qui sera bientôt leur ancienne colonie de la couronne comme un levier dans leur lutte pour ouvrir le marché chinois à leurs capitaux et à leurs marchandises.

Mais dans leurs rêves, les capitalistes oublient une chose : la réponse des travailleurs chinois. Le nombre de rapports sur les grèves, les conflits de travail, les révoltes paysannes et d'autres formes de résistance de la part des ouvriers et des paysans continue d'augmenter. Les efforts déployés pour restaurer le capitalisme en Chine

---

20. En juin 1994, l'administration Clinton a annoncé qu'elle prolongeait le statut de nation la plus favorisée accordée à la Chine sans tenir compte des rapports du département d'État sur les droits de la personne en Chine.

vont y transformer les luttes sociales. Les nouvelles qui nous parviennent aujourd'hui sont à la fois partielles et initiales [21].

La classe ouvrière en Chine grandit à un rythme rapide, en intégrant des jeunes provenant de la campagne et des petites villes. Ces nouvelles couches n'ont pas été défaites. Elles n'ont pas été écrasées et démoralisées. De leurs rangs vont émerger des combattants ouvriers et les premiers cadres d'une nouvelle génération de travailleurs communistes vont se développer. On parle ici de vrais communistes, pas de la contrefaçon imposée par des décennies de terreur et de déformation staliniennes.

Crise dans l'ex-URSS et en Europe de l'Est

Un article paru en février à la une du *Financial Post* de Londres a souligné l'impact dévastateur de l'évolution de l'ordre capitaliste mondial sur les travailleurs et les agriculteurs en Europe de l'Est et dans l'ex-URSS. Le titre en était : « Crise démographique en Russie : le taux de mortalité augmente. » Il ne s'agit pas d'une « crise démographique ». C'est une crise *sociale,* une crise *de classe,* aux proportions historiques comme le dit l'article.

Ce dernier a rapporté que l'espérance de vie moyenne pour les hommes en Russie est tombée de 62 à 59 ans

---

21. Dans un article paru le 19 mai 1994, soit à peine quelques semaines après cette présentation à Chicago, le *Wall Street Journal* a offert à ses lecteurs une description plus sobre de la réalité : « Bien qu'éparpillées et souvent désorganisées, les grèves et l'agitation ouvrière semblent se répandre » en Chine. En 1993,« le ministère du Travail de la Chine a enregistré plus de 8 000 grèves, toutes illégales. Un rapport publié ce mois-ci dans les officielles *Nouvelles du marché* recense 12 358 cas d'arbitrage du travail l'an dernier, comparativement à 8 150 l'année précédente. Plusieurs sont le résultat de ralentissements de travail ou de grèves. »

au cours des trois dernières années. La cause principale en est l'augmentation abrupte des maladies et des attaques cardiaques. Un autre facteur significatif est l'augmentation des suicides et de la violence familiale. Sauf dans le cas de grandes guerres ou d'épidémies (c'est le cas du sida dans plusieurs pays d'Afrique aujourd'hui), les virages démographiques de cette ampleur et de cette soudaineté sont très inhabituels dans le monde moderne. C'est la preuve accablante d'une profonde crise sociale. L'espérance de vie moyenne des hommes en Russie est aujourd'hui inférieure à ce qu'elle était au milieu des années 60 ; elle atteignait alors 66 ans. Elle a commencé à tomber quand la crise du régime stalinien s'est approfondie au cours des années 70 et 80. La mortalité infantile en Russie a aussi bondi de façon abrupte, passant de 17,4 pour mille nouveau-nés en 1990 à 19,1 en 1993.

Dans un article semblable paru quelques semaines plus tard, le *New York Times* a rapporté que le taux des naissances en Russie avait lui aussi subi une brusque chute au cours des cinq dernières années. Le nombre moyen de naissances par femme est tombé de 35 pour cent, passant de 2,17 à la fin des années 80 à 1,4 aujourd'hui. Cette modification rapide des taux de naissance et de mortalité a eu pour conséquence de faire tomber de près de 800 000 habitants la population de la Russie en 1993[22].

---

22. Un article paru dans l'édition du 23 avril 1994 de l'hebdomadaire londonien *The Economist* a rapporté des faits comparables dans le cas de l'est de l'Allemagne. Le taux de mortalité chez les femmes âgées de 25 à 45 ans par exemple a augmenté de près de 20 pour cent de 1989 à 1991. Chez les hommes du même âge, l'augmentation a été de 30 pour cent. Il y a eu une augmentation

La promesse des bourgeoisies impérialistes — et de leurs imitateurs en Europe de l'Est et dans l'ex-URSS — que les « réformes » du marché capitaliste allaient améliorer les conditions de vie et de travail s'est rapidement avérée fausse. Depuis le début des années 90, la production est tombée de quelque 40 pour cent en Russie, de 50 pour cent en Ukraine, de près de 25 pour cent en Hongrie et encore plus dans plusieurs autres pays. Les salaires réels ont chuté. Les pensions de vieillesse, les avantages médicaux, l'éducation

---

de 70 pour cent du taux de mortalité chez les jeunes filles de 10 à 14 ans. Le taux des naissances est tombé de 55 pour cent entre 1989 et 1992.

L'article a aussi signalé qu'« une rapide augmentation du taux de mortalité s'est produite » dans d'autres pays d'Europe centrale « au cours des dernières années ». Il a rapporté que le taux des naissances avait décliné de plus de 20 pour cent en Pologne, d'environ 25 pour cent en Bulgarie et de 30 pour cent en Roumanie et en Estonie.

Le sérieux de la situation a été confirmé dans un rapport publié en octobre 1994 par le Fonds d'urgence des Nations unies pour l'enfance (Unicef) sur les conditions de santé et de vie en Albanie, en Bulgarie, en Hongrie, en Pologne, en République tchèque, en Roumanie, en Russie et en Ukraine. En rendant le rapport public, le directeur de l'Unicef, James P. Grant, a parlé d'une « crise des conditions de santé […] sans précédent en période de paix dans l'histoire de l'Europe au vingtième siècle. » [Traduction de NI] Selon lui, la situation était pire en Russie, où le taux de mortalité a augmenté de 35 pour cent depuis 1989.

Ces données sont un reflet de priorités sociales et de décisions politiques et économiques. Elles contrastent avec ce qui est arrivé à Cuba depuis le début des années 90. En dépit de l'héritage colonial de la période pré-révolutionnaire et des pénuries économiques de plus en plus sévères qui ont frappé le pays au cours des cinq dernières années, le gouvernement cubain a fait savoir que de 1992 à 1993, la mortalité infantile a chuté de 10,2 à 9,4 morts par 1 000 naissances viables.

et les autres programmes sociaux ont été ravagés. Le chômage a grimpé au-delà de 10 pour cent, même d'après les statistiques officielles qui le sous-estiment. Des attaques ont eu lieu contre le droit à l'avortement et l'accès des femmes au travail et à l'éducation.

Malgré les horreurs que les anciens régimes staliniens ont imposées au peuple travailleur au nom du « socialisme », les castes bureaucratiques de ces pays n'ont pas infligé de défaite suffisante aux travailleurs pour leur faire accepter, encore moins intérioriser, toute la culture, les valeurs et les attitudes nécessaires à la reproduction élargie des rapports sociaux capitalistes.

Qu'elles aient été mises de l'avant ou garanties par la Maison-Blanche, le Congrès, des professeurs d'université ou des technocrates de Wall Street, pratiquement toutes les mesures prises par les dirigeants U.S. relativement à la Russie au cours des dernières années ont nui aux efforts du régime pour gagner des couches plus larges de travailleurs aux splendeurs du capitalisme et ont affaibli les favoris de Washington. Les dirigeants U.S. n'ont pas consciemment planifié de déstabiliser la Russie. Au contraire ! Ils ont cherché à collaborer avec la bourgeoisie en herbe qui émerge de la caste privilégiée en Russie afin de réimposer le capitalisme et d'écraser les travailleurs et les opprimés. Après des décennies de répression policière par les régimes staliniens en URSS, les dirigeants impérialistes supposaient que la classe ouvrière serait une proie facile en Russie. Ils ont dit avec condescendance à Boris Eltsine d'appliquer une « thérapie de choc » contre les travailleurs, d'appuyer la politique extérieure des États-Unis comme l'avait fait Mikhaïl Gorbatchev durant la guerre contre l'Irak et de se défaire des armes nucléaires russes. Les dirigeants U.S. ont pris pour acquis que la besogne serait encore plus facile dans le reste de l'Europe centrale et de l'Europe de l'Est.

Mais Washington et les autres puissances ou agences impérialistes n'ont livré qu'un faible pourcentage des milliards de dollars d'aide économique promis à Moscou et aux autres régimes. Les « thérapies de choc » prônées avec insistance par les magiciens universitaires et les autres « conseillers » du capital financier (fermeture d'usines ; élimination des subventions au prix de la nourriture, des loyers et des autres produits de première nécessité ; compressions dans l'éducation, la santé et d'autres services sociaux absolument essentiels conquis en raison de dures luttes) ont amplifié l'appauvrissement et l'instabilité sociale. De façon répétée, les nouveaux régimes ont dû faire marche arrière dans l'application de ces politiques draconiennes, de peur de mettre en mouvement des forces sociales susceptibles d'échapper à leur contrôle.

LA VASTE MAJORITÉ du peuple travailleur de ces pays a pris grand plaisir à se dégager du joug stalinien. Mais elle refuse d'accepter comme des choses normales le chômage, l'insécurité sociale et la concurrence sauvage que le fonctionnement du capitalisme produit et reproduit. Elle défend les conquêtes sociales, aussi amoindries qu'elles soient, qui ont survécu dans l'État ouvrier malgré des décennies de terreur policière et de corruption massive par les castes petites-bourgeoises. C'est une question de classe.

Au cours des deux derniers mois, j'ai remarqué que même les sondages effectués en Russie et dans l'est de l'Allemagne viennent renforcer ce jugement. Un sondage réalisé par l'Académie des sciences de Russie à la fin de 1993 a montré que l'appui aux « réformes économiques » dans ce pays est tombé d'environ 40 pour cent en 1989 à moins de 25 pour cent. La majorité des personnes interrogées était d'accord avec l'affirmation : « La privatisation est du vol légalisé. » D'après le ministère de l'Économie de l'Allemagne, un sondage effectué dans l'est de l'Allemagne en décembre 1993 a indiqué que l'appui à « l'économie de marché » est tombé de 77 pour cent en février 1990 à 35 pour cent.

Bien sûr, cela ne signifie pas que la classe ouvrière dans aucun de ces États ouvriers déformés dispose d'une direction de lutte de classe, encore moins d'une avant-garde communiste. Dans ces pays, la continuité communiste a été brisée il y a des décennies par la machine à tuer stalinienne et doit être renouée. L'héritage contre-révolutionnaire du stalinisme a pour conséquence que seul un petit nombre de jeunes et de travailleurs appuient, et là encore de la façon la plus rudimentaire, le socialisme comme une alternative consciente au capitalisme.

Mais comme l'ont démontré les événements des cinq dernières années, il serait totalement erroné d'en conclure que les travailleurs de ces pays ont été transformés en robots à sang chaud produisant de la plus-value pour la bourgeoisie mondiale. Ni la terreur policière stalinienne ni le cours pro-capitaliste des nouveaux régimes n'ont pu écraser et atomiser la classe ouvrière.

APRÈS L'EXPÉRIENCE de deux présidents (Gorbatchev et Eltsine), de trop de premiers ministres et de cabinets pour qu'on puisse s'en souvenir et de deux coups d'État manqués, les efforts de l'impérialisme U.S. au cours de la dernière demi-décennie pour restaurer le capitalisme en Russie ont eu pour effet de précipiter l'ensemble de l'économie et de la société dans une crise et une dislocation sociale plus profondes. À mesure que Moscou cherche à réaffirmer sa domination sur les pays aujourd'hui indépendants qui constituaient autrefois l'URSS, les factions rivales au sein des couches privilégiées de ces pays sont divisées sur la nature des relations à entretenir avec la Russie. Toutes les parties impliquées drapent leurs efforts pour s'emparer de territoires et de ressources dans une démagogie nationaliste à la yougoslave. Des sections de l'ancienne Union soviétique sombrent par intermittence dans la guerre civile.

Mais les travailleurs des villes et des campagnes en Russie et dans les anciennes républiques soviétiques n'ont pas été gagnés à la restauration du capitalisme et ils n'en acceptent pas les conséquences.

Washington a publiquement appuyé Eltsine en octobre 1993 lorsque des couches d'opposition au sein de la caste, organisées par des figures dirigeantes du parlement russe, ont contesté son gouvernement. Mais le peuple travailleur en Russie n'a pas cru que le résultat de cette lutte interbureaucratique avait la même importance pour lui que celle d'août 1991, lorsqu'il s'était mobilisé pour défaire une tentative de coup d'État.

En fait, l'intervention ouverte des dirigeants U.S. dans les affaires russes y a alimenté le ressentiment. Elle a piégé Eltsine en conférant une plus grande crédibilité aux attaques menées contre lui par le courant fasciste dirigé par Vladimir Jirinovski. Utilisant la grave crise sociale, ce dernier fait appel au nationalisme grand-russe et à la démagogie populiste pour dépeindre Eltsine et les autres « réformateurs » comme des chiffes molles incapables de résister aux efforts des dirigeants U.S. pour dérober au pays sa souveraineté et le plonger dans l'appauvrissement et la polarisation sociale. Jirinovski ne maintient pas seulement un contrôle serré sur l'appareil de son parti, le

Parti libéral démocratique. Il a aussi mis sur pied — au moins à titre de ballon d'essai — les « Faucons de Jirinovski », un corps de jeunes soldats avec uniforme bleu, bottes noires et armes à la ceinture.

Jirinovski est un démagogue efficace. Je l'ai vu récemment accorder une entrevue à un correspondant d'un réseau de télévision des États-Unis. Plusieurs compagnies U.S., disait-il, font maintenant la promotion de leurs produits en Russie. Les publicités les plus irritantes pour les gens en Russie, ce ne sont pas les messages vantant les automobiles de marque Cadillac et d'autres articles de luxe. Les Russes sont un peuple sophistiqué. Non, celles qui sont intolérables, ce sont les publicités qui font la promotion de la nourriture Purina pour chiens et chats. Quand on en décrit le contenu, les gens savent qu'elle a plus de valeur nutritive que ce qu'eux-mêmes peuvent se payer. Jirinovski dit la même chose aux auditoires auxquels il s'adresse en Russie. Et il n'est pas seulement largement écouté : il reçoit un appui plus important que ce que la « société polie » est prête à admettre.

LE PHÉNOMÈNE JIRINOVSKI n'est pas un développement lié spécifiquement à l'effondrement des États ouvriers déformés et dégénérés. Il n'est pas non plus l'aboutissement d'une « autocratie russe ancestrale » remontant à Ivan le Terrible, comme l'affirment certains commentateurs bourgeois pour expliquer Jirinovski et les régimes staliniens qui se sont succédé en Union soviétique à partir de la fin des années 20. Le phénomène Jirinovski est le produit de la crise et des échecs du système capitaliste à l'époque impérialiste. C'est un produit du fonctionnement du capitalisme. Pourquoi y a-t-il une figure fasciste bien connue en Russie aujourd'hui ? Parce que leur expérience récente a convaincu des dizaines de millions de personnes que l'Ouest capitaliste — l'ennemi « décadent » du « monde ordinaire » — est responsable de la détérioration rapide de leurs conditions de vie et de l'asservissement de leur pays.

La Russie, les autres débris de l'ancienne Union soviétique, les pays d'Europe de l'Est et d'Europe centrale : aucun de ces pays ne s'achemine vers un capitalisme démocratique stable. Soumis à des pressions concrètes variées et évoluant à des vitesses différentes, ils tendent tous à devenir des régimes bonapartistes. Washington approuvera la figure bonapartiste la plus compatible avec les intérêts capitalistes U.S. et travaillera avec ce régime contre ses opposants. C'est ce à quoi Eltsine aspire.

La fin de la guerre froide ne va amener ni désarmement nucléaire ni communauté d'intérêts entre les États-Unis et la Russie au niveau de la politique extérieure ou des objectifs militaires. Quand Gorbatchev a accordé l'appui du gouvernement soviétique à la guerre de Washington contre l'Irak en 1990-1991, les ligues communistes autour du monde, dont le Parti socialiste des travailleurs aux États-Unis, ont déclaré que le gouvernement U.S. ne pourrait plus jamais regrouper pareille alliance pour faire la guerre. La convergence des intérêts U.S. avec ceux de tous ses rivaux impérialistes, avec ceux de plusieurs régimes bourgeois au Moyen-Orient et dans le tiers monde et avec ceux de la caste privilégiée en Union soviétique et en Chine était limitée, momentanée et porteuse de contradictions.

Aujourd'hui, ainsi que permettent de le constater les grands événements mondiaux, de la boucherie sanglante dans l'ancienne Yougoslavie aux développements dans la péninsule de Corée, les politiques extérieures de Washington, Moscou et Beijing divergent.

Moscou a intérêt à garantir la domination du régime serbe dans les Balkans et à recourir aux ressources militaires et politiques à sa disposition pour empêcher Washington et les puissances capitalistes européennes de contenir trop étroitement les visées territoriales de la Serbie.

La brèche séparant les gouvernements russe et U.S. est encore plus visible au niveau des efforts déployés par l'impérialisme U.S. pour impliquer plus étroitement les forces armées de la Pologne, de la République tchèque et des autres régimes de l'Europe de l'Est dans l'Organisation du traité de l'Atlantique Nord (OTAN). Tout en reconnaissant ne pas pouvoir stopper cette tendance, Moscou fait de son mieux pour conserver sa sphère d'influence dans la région. Nous devons prendre Eltsine au sérieux lorsqu'il parle de la défense des intérêts stratégiques de la Russie dans le « proche extérieur » et des communautés russes dans les anciennes républiques soviétiques.

On assiste à une réédition du « grand jeu », cette rivalité qui a opposé l'impérialisme britannique et le régime tsariste à la fin du dix-neuvième siècle et au début du vingtième pour l'hégémonie sur le territoire compris entre la Turquie, l'Iran et l'Afghanistan. Mais cette fois-ci, Washington a remplacé Londres en tant qu'adversaire principal de la Russie ; les régimes chinois, indien et pakistanais se sont aussi joints au jeu ; et Téhéran joue un plus grand rôle que jamais.

Abandonner son arsenal nucléaire affaiblirait beaucoup le gouvernement russe, militairement et politiquement. C'est pour ça qu'il ne va pas accepter de le faire. En dépit de la profonde crise économique et sociale qui frappe le pays, la Russie demeure une puissance nucléaire stratégique. Pour des raisons similaires, il est loin d'être établi que les gouvernements de l'Ukraine, de la Biélorussie et du Kazakhstan accepteront de se départir de leur réserve d'armes nucléaires. Même si ces gouvernements arrivaient à tirer un très bon prix d'un accord de désarmement, sa réalisation pourrait durer fort longtemps et ne jamais se réaliser. Les armes nucléaires comptent parmi les rares armes que ces fragments de l'ancien régime soviétique peuvent utiliser pour contrer les pressions économiques et militaires de leurs anciens « camarades » de l'ex-Union soviétique et de leurs nouveaux « camarades » du monde de l'Allemagne capitaliste.

C'est pour cette raison qu'on entend des voix à la droite de la politique bourgeoise aux États-Unis — de Patrick Buchanan et Oliver North à divers membres du Congrès — presser le gouvernement U.S. de reconnaître qu'il n'y a pas de possibilité réaliste de faire converger la politique extérieure et militaire de Moscou avec celle de Washington. Ils ont raison. Mais pour l'instant, la majorité des dirigeants U.S. savent que la meilleure façon d'essayer de freiner les masses russes, c'est en continuant d'appuyer le régime de Boris Eltsine.

Mais cet appui ne se traduira pas par la distribution des dizaines de milliards de dollars en aide financière et en investissement de capitaux promis par les États-Unis et les autres pays impérialistes.

V.
LE FASCISME ET LA GUERRE

JIRINOVSKI TROUVE UN ÉCHO parmi un nombre croissant de formations d'extrême droite en Allemagne, en Italie, en Autriche, en France et en Grande-Bretagne. Il a voyagé en Europe de l'Ouest, où il est apparu publiquement aux côtés de dirigeants d'organisations fascistes. Le plus important, c'est que ce sont les mêmes conditions économiques, sociales et politiques créées par le système capitaliste en décadence qui donnent naissance à tous ces mouvements fascistes.

Nous devons prendre au sérieux le fait qu'un parti fasciste participe, pour la première fois depuis 1945, au gouvernement d'un État capitaliste européen important, l'Italie. Les journaux bourgeois qualifient parfois de « néo-fasciste » l'Alliance nationale, autrefois le Mouvement social italien (MSI). Règle générale, lorsqu'un journal bourgeois utilise le mot « néo », on peut facilement s'en passer. C'est une façon pour les rédacteurs de dire : « On est un peu embarrassés. » « Néo » veut simplement dire « nouveau », mais les fascistes d'aujourd'hui sont issus des mêmes conditions politiques et économiques que les fascistes d'hier.

Le MSI est un parti *fasciste* et il a des ministres dans le gouvernement d'un pays membre de l'OTAN et de l'Union européenne. Ses dirigeants glorifient ouvertement Benito Mussolini et veulent restaurer la grandeur ancienne de l'Italie — contre l'Amérique, l'Allemagne, la Slovénie et la Croatie, contre les immigrants, les homosexuels et les juifs, contre les syndicats et les communistes, contre toute la « saleté » qui, sous la bannière de la démocratie et de la tolérance, s'est répandue dans la patrie de Romulus et Remus.

Ce que nous avons dit à propos de Patrick Buchanan et d'autres porte-parole des mouvements fascistes embryonnaires aux États-Unis s'applique aux mouvements semblables dans les autres pays impérialistes. À mesure que l'instabilité capitaliste s'accroît, que l'alternance entre les périodes de prospérité et de misère engendre une insécurité croissante dans la vie quotidienne de millions de gens, les tensions sociales augmentent, la polarisation sociale s'accroît et les préjugés de classe deviennent plus ouverts. Ce sera l'extrême droite qui croîtra d'abord, pas le mouvement ouvrier révolutionnaire, parce que celle-ci a un pied solidement campé dans la politique bourgeoise et ses institutions existantes. L'extrême droite vient de la politique bourgeoise alors que la politique ouvrière exige une rupture radicale d'avec la tutelle politique de la bourgeoisie — la seule sorte de politique que connaissent les fausses directions petites-bourgeoises au sein du mouvement ouvrier.

Les forces de droite vont trouver une écoute parmi les classes moyennes affolées. Elles vont tromper les couches désorientées ou plus aisées de la classe ouvrière en enrobant leurs notions nationalistes et leurs autres idées irrationnelles et réactionnaires d'une démagogie apparemment populaire et anticapitaliste. Des ailes du mouvement fasciste fonctionneront au sein des partis bourgeois ou formeront des coalitions avec ces partis, tout en commençant à envoyer leurs troupes de choc dans la rue pour terroriser les immigrants, briser les lignes de piquetage, attaquer les réunions et les manifestations des organisations ouvrières et des mouvements de protestation sociale — et faire peur aux politiciens bourgeois de droite « respectables ». La terreur fasciste commencera par de petites actions de droite, comme celles que nous voyons déjà en Allemagne et ailleurs, et va viser de plus en plus des cibles choisies dans les syndicats. Les batailles plus importantes vont commencer lorsque des secteurs du mouvement ouvrier entreprendront de forger leurs propres alliances pour défendre les travailleurs et leurs alliés.

Contrairement à ce que disent tous les propagandistes bourgeois, le capitalisme et la démocratie ne sont pas identiques et ne vont pas de pair. Au contraire. Dans les conditions de dépression économique qui se répandent dans le monde capitaliste, les démocraties bourgeoises en Europe, en Amérique du Nord, en Asie et dans le Pacifique n'évoluent pas vers une plus grande démocratie, mais s'acheminent vers des pressions accrues sur les droits démocratiques, vers le bonapartisme et vers le développement de mouvements fascistes. En temps de crise, ainsi que Marx et Engels l'ont écrit il y a plus d'un siècle, le bonapartisme demeure « la vraie religion de la bourgeoisie moderne [23]. »

---

23. Lettre de Engels à Marx datée du 13 avril 1866, dans Marx et Engels, *Correspondance,* Moscou, éditions du Progrès, 1975, p. 170.
Un régime bonapartiste se développe en période de crise sociale. Il tend à concentrer le pouvoir dans une branche exécutive forte, qui maintient l'équilibre entre deux forces sociales ennemies dont chacune est incapable d'échapper au défi posé par l'autre. Cette centralisation du pouvoir exécutif se fait souvent sous la direction d'un « homme fort » qui se présente lui-même comme étant au-dessus des forces sociales en conflit et qui garde une certaine indépendance d'action, afin de préserver le pouvoir de la couche sociale dominante. Karl Marx et Friedrich Engels ont forgé ce terme durant la montée de la bourgeoisie industrielle, à partir du régime de Louis Napoléon Bonaparte au pouvoir en France de 1852 à 1870, au lendemain de la réaction capitaliste contre la révolution de 1848-1849. Ils ont par la suite appliqué le terme au régime d'Otto von Bismark, au pouvoir en Allemagne de 1871 à 1890.
Au cours de la période de déclin historique du capitalisme qui caractérise le vingtième siècle depuis la première guerre mondiale, des régimes bonapartistes en Italie et en Allemagne ont pavé la voie à la victoire des mouvements fascistes dirigés par Benito Mussolini et Adolf Hitler. Après la victoire fasciste, ces régimes

Il est peut-être trop tard dans l'histoire pour voir de nouveaux Bismarcks réussir dans le monde semi-colonial, mais il y aura de nouveaux Hitlers et de nouveaux Mussolinis dans le monde impérialiste. Ces derniers prendront la tête de mouvements fascistes en Amérique du Nord, en Europe, au Japon, en Nouvelle-Zélande et en Australie. C'est inévitable. Ce qui n'est pas inévitable, c'est leur victoire. Le mouvement ouvrier conscient de ses intérêts de classe ne sera peut-être pas le premier à grandir, mais ses rangs aussi grossiront lorsque les ouvriers d'avant-garde commenceront à organiser notre classe pour riposter aux conséquences dévastatrices qu'a pour nous la crise croissante du système capitaliste. L'avenir de l'humanité va se décider dans la lutte entre ces forces de classe ennemies, aux États-Unis et dans le reste du monde.

Bien sûr, les travailleurs communistes savent que la démocratie politique bourgeoise n'est pas et n'a jamais été pleinement démocratique. Mais ce que nous devons comprendre dans l'évolution concrète du capitalisme aujourd'hui n'est pas une simple vérité éternelle. Pendant la longue période d'expansion capitaliste qui a suivi la deuxième guerre mondiale, on a vu se maintenir

---

ont décapité les mouvements de masse petits-bourgeois qui les avaient portés au pouvoir. Ils sont devenus à la longue des dictatures militaires et policières de type bonapartiste semblables à celles qui ont exercé le pouvoir dans plusieurs autres pays capitalistes au cours du siècle, aussi bien dans les pays impérialistes que dans plusieurs pays coloniaux et semi-coloniaux.

Dans les années 30, le mouvement communiste a aussi utilisé le terme « bonapartisme » pour parler par analogie du régime stalinien en Union soviétique, qui avait usurpé le pouvoir politique à la classe ouvrière dans l'intérêt d'une large caste sociale matériellement privilégiée au sein de la bureaucratie de l'État et du parti.

d'amples droits démocratiques et institutions de la démocratie bourgeoise, ce qui a permis au mouvement ouvrier et aux mouvements de protestation sociale de fonctionner et de marquer des points. Les travailleurs et les jeunes ont bien dû combattre la répression, des coups montés politiques et syndicaux, des attaques racistes et d'autres tentatives des gouvernements pour nous enlever nos droits. Mais dans l'ensemble, depuis plusieurs décennies, nos droits se sont élargis dans la lutte plutôt que restreints.

Le régime bonapartiste du général Charles de Gaulle, établi en France à la fin des années 50 ; le régime militaire et policier du général Francisco Franco, consolidé en Espagne par la victoire fasciste de la fin des années 30 ; et la dictature militaire qui a survécu au Portugal à l'ombre de Franco à partir du début des années 30 — tous ces régimes sont tombés vers la fin des années 60 et le début des années 70 sous la pression des luttes anticoloniales montantes et de la radicalisation politique des travailleurs et des jeunes dans les pays impérialistes. (Dans les pays capitalistes plus faibles du tiers monde, l'histoire a suivi un cours beaucoup plus varié depuis la deuxième guerre mondiale. Mais pour le moment, nous examinons les tensions de classe et la polarisation politique dans les pays impérialistes.)

Pendant que la démocratie bourgeoise s'élargissait dans les décennies d'après-guerre, au même moment le pouvoir croissant de l'aile exécutive de l'appareil gouvernemental aux États-Unis et dans les autres pays impérialistes a renforcé les tendances bonapartistes de l'État et a constitué une menace aux libertés politiques qui s'est accrue de façon lente et inégale, mais certaine [24].

---

24. Voir « Washington's Fifty-Year Domestic Contra Operation » de Larry Seigle, dans le sixième numéro de *New International* ; et *The FBI on Trial: The Victory of the Socialist Workers Party Suit against*

Mais ce que nous voyons se produire dans les pays impérialistes aujourd'hui constitue un changement par rapport à ce qu'ont vécu jusqu'à maintenant la majorité des travailleurs, y compris nous-mêmes. On assiste à une montée de la polarisation politique ainsi que de la démagogie et des activités de l'extrême droite.

À mesure que s'accroîtra la résistance des travailleurs à l'offensive capitaliste, de plus en plus de bandes fascistes descendront dans la rue pour attaquer les grévistes, les réunions syndicales et les manifestations de protestation sociale. On verra des courants d'extrême droite se renforcer au sein des gouvernements bourgeois, comme c'est le cas aujourd'hui en Italie. Le rythme de l'histoire, c'est-à-dire le rythme des conflits de classe, va s'accélérer.

La pornographication de la politique

Le mouvement ouvrier peut et doit lutter pour défendre et élargir les droits démocratiques lorsque ceux-ci sont attaqués par des mouvements de droite et par les gouvernements capitalistes. Il doit chercher à y impliquer de larges couches de la population. Ce sont là deux aspects du processus pour mobiliser une opposition aux courants fascistes montants et construire une avant-garde communiste de la classe ouvrière.

Durant des périodes comme celle que nous vivons aujourd'hui, où une crise sociale capitaliste s'approfondit sans qu'une direction communiste ait commencé à se développer dans des luttes ouvrières montantes, les démagogues trouvent un écho parmi des couches non seulement de la classe moyenne, mais aussi du mouvement ouvrier. Lorsque aucune solution valable aux problèmes

---

Government Spying, sous la direction de Margaret Jayko, New York, Pathfinder, 1988.

brûlants créés par le déclin du capitalisme et de la démocratie libérale n'est proposée au niveau de masse, de plus en plus de gens partent à la recherche de réponses radicales, « décisives » et « populaires », sans égard à leur valeur scientifique et à leurs conséquences de classe ultimes. De plus en plus de gens sont susceptibles d'accepter des idées irrationnelles, des théories de complot et une série d'explications réactionnaires de la crise croissante dans laquelle s'enfonce la société et de ce qu'on peut faire pour « rétablir l'ordre ».

C'EST DE CE POINT DE VUE que les travailleurs communistes doivent juger comment répondre et expliquer politiquement les scandales aux accents sexuels et financiers impliquant des figures de la classe dominante dans plusieurs pays impérialistes. Les journaux sont remplis de révélations sur le président Clinton et Hillary Clinton aux États-Unis ; le prince Charles, des ministres et députés au Royaume-Uni ; et des politiciens bourgeois bien connus en Allemagne, en Italie, en Espagne et ailleurs.

Si ces figures politiques semblent aujourd'hui plus vulnérables aux scandales, ce n'est pas parce que la conduite actuelle des cercles dirigeants a un caractère nouveau dans l'histoire du capitalisme ou de la société de classe. Peu importe la vérité sur l'appétit sexuel, la luxure et le comportement généralement choquant de Bill Clinton, il n'est certainement pas un cas unique parmi les présidents des États-Unis — y compris des icônes libérales consacrées comme Franklin Roosevelt, sans compter John Kennedy. Aucune des révélations sur l'actuelle famille royale au Royaume-Uni ne peut approcher ce qu'a fait le roi Henri VIII il y a plus de 400 ans et ce qu'ont fait bon nombre de ceux et de celles qui l'ont suivi. La plus grande *vulnérabilité* de ces milieux au scandale aujourd'hui reflète l'instabilité de l'ordre impérialiste mondial et la perte de confiance croissante dans ce système et son personnel dirigeant exprimée par ceux qui en profitent et par des millions d'autres personnes.

Bien sûr, la plupart des travailleurs méprisent avec raison l'hypocrisie, les prétentions et les sermons moralisateurs des politiciens bourgeois des deux partis. Nous méprisons les excuses « humaines » qu'ils invoquent pour justifier la brutalité sociale dégradante et les abus racistes. Nous détestons la façon qu'ont les gratte-papier à la solde des classes parasitaires de rejeter du revers de la main des couches entières de notre classe en les déclarant paresseuses ou pleurnichardes. Ça nous lève le coeur de voir avec quel culot ils dénoncent de façon démagogique « l'avidité des années 80 », pendant qu'ils se sont activement livrés à ce comportement inspiré par l'avidité et en ont abondamment profité.

Mais l'avant-garde de la classe ouvrière ne doit pas tomber dans le piège de penser que le fait de simplement « mettre à nu » la débauche et la corruption des politiciens bourgeois peut aider le mouvement ouvrier. C'est faire fausse route. Le problème avec les capitalistes et leurs représentants politiques, ce n'est pas que ce soient des individus immoraux et hypocrites. Le vent de scandale actuel représente un effort — organisé de l'intérieur de la politique bourgeoise, en grande partie par son aile d'extrême droite — pour exacerber et profiter de la panique de la classe moyenne et entraîner les travailleurs avec la classe en déclin dans l'abîme du ressentiment et de l'envie lubrique.

La « pornographication de la politique », comme on pourrait l'appeler, fait partie de la politique de ressentiment qui profite à l'extrême droite, pas à la classe ouvrière.

Ce sont les démagogues à la Buchanan qui brandissent le drapeau de la « guerre culturelle » et de la « guerre religieuse » et qui se répandent en injures contre la dégénérescence de l'« élite » parce qu'elle donne un mauvais exemple à la classe ouvrière. Cette propagande est une arme qu'ont utilisée les nazis au cours des années 20 et au début des années 30 pour dénigrer la « saleté » et la « dégénérescence » de la république de Weimar et de ses principaux partis, politiciens et riches bénéficiaires bourgeois. Voilà comment les nazis ont expliqué les conditions économiques et sociales de plus en plus désespérées qui prévalaient en Allemagne aux petits boutiquiers et aux membres d'autres secteurs de la petite-bourgeoisie, aux ménagères et aux femmes de la campagne, ainsi qu'à des couches de travailleurs.

Du point de vue de la classe ouvrière, il est préférable que les travailleurs se préoccupent moins de la vie sexuelle de Bill Clinton, de John Kennedy, du prince Charles ou des autres figures publiques. C'est une diversion démoralisante qui passe à l'arrière-fond en période de luttes de classe ascendantes.

Ce dont la classe ouvrière a besoin, ce n'est pas qu'on lui dénonce les politiciens bourgeois et leurs faiblesses personnelles. Nous devons être capables d'expliquer politiquement pourquoi la classe ouvrière n'a aucun intérêt en commun avec la classe pour qui parlent ces politiciens bourgeois. Nous devons attirer l'attention sur toutes les formes d'abus de pouvoir qu'ils commettent, individuellement ou collectivement. Ceci s'applique au soi-disant scandale du « Whitewater », qui montre comment Bill et Hillary Clinton ont utilisé la maison du gouverneur de l'Arkansas pour s'enrichir et promouvoir les intérêts du grand capital aux dépens du peuple travailleur et des syndicats et comment ils se sont servis par la suite de la

Maison-Blanche pour couvrir ces abus. Nous devons mettre de l'avant une compréhension de classe de la politique et aider notre classe à forger une organisation politique prolétarienne indépendante, capable de diriger la lutte pour un programme politique et social qui défende les intérêts des opprimés et des exploités.

D'ici à ce que la résistance grandisse au point où les travailleurs commencent à généraliser les leçons que stimuleront des luttes aiguës et à grossir les rangs d'un parti communiste, l'idéologie de la classe dirigeante — y compris son moralisme officiel hypocrite et mielleux — continuera de définir les idées et les valeurs de toute la classe ouvrière à l'exception d'une petite avant-garde. Mais les communistes et les autres travailleurs conscients doivent toujours lutter pour que notre classe et ses organisations prennent le haut du pavé moral et projettent notre propre cours, indépendamment de la bourgeoisie, de ses faiseurs d'opinion et des couches de la classe moyenne qu'ils mettent en mouvement. Le mouvement ouvrier cherche à développer ses *propres* valeurs, *collectivement,* à partir de l'*activité politique* ouvrière.

UNE POLARISATION POLITIQUE croissante est inévitable dans le monde d'aujourd'hui. Mais ceci ne signifie pas que les gains remportés par notre classe à travers des décennies de lutte sont voués à être renversés. Le mouvement ouvrier doit prendre l'initiative de défendre chaque centimètre de terrain conquis par notre classe et ses alliés.

L'avant-garde des travailleurs se réjouit, par exemple, du fait historique que l'antisémitisme a reculé et continue de reculer aux États-Unis parmi les travailleurs de toutes les couleurs. En même temps, nous reconnaissons qu'au cours de confrontations de classe plus larges, des mouvements de droite en croissance peuvent initier des flambées relativement soudaines d'activités antisémites ayant un impact sur l'opinion publique bourgeoise et attisant la haine contre les juifs dans des sections d'une classe moyenne de plus en plus sujettes au ressentiment, ainsi que dans la population en général. Ceci souligne l'importance pour les travailleurs communistes d'expliquer à leurs camarades de travail pourquoi l'antisémitisme est un piège mortel pour la classe ouvrière. Nous devons expliquer que l'antisémitisme repose sur des faussetés grossières et injustes et que le mouvement ouvrier doit non seulement s'y opposer, mais aussi prendre l'initiative de mobiliser l'opposition à toute manifestation de ce fanatisme, d'où qu'elle vienne.

Le mouvement ouvrier doit prendre la tête des luttes pour défendre les gains remportés dans le cadre de l'action positive, le droit à l'avortement, les autres pas vers l'égalité des femmes, la déségrégation des écoles et un large éventail de droits et de libertés démocratiques. Les libéraux et les radicaux petits-bourgeois de toutes allégeances politiques et de toutes nationalités reculent d'effroi devant la perspective de ce que les mouvements fascistes croissants feront. Malgré leurs prétentions démocratiques, ils sont totalement incapables de défendre les droits démocratiques. Mais rien ne garantit le succès des assauts de la droite si le mouvement ouvrier résiste efficacement et renforce en le faisant une direction communiste.

Fascisme, bonapartisme et guerre impérialiste

L'émergence rapide au cours des dernières années de courants fascistes et bonapartistes sérieux en politique bourgeoise dans les pays capitalistes avancés crée les conditions où commence à se poser à nouveau la possibilité d'une guerre entre les puissances impérialistes d'Amérique du Nord, d'Europe et d'Asie — combattant de différents côtés, dans des combinaisons d'alliances changeantes. Sans parler du danger qu'il représente pour l'humanité, un tel développement n'a pas été à l'ordre du jour pendant un demi-siècle, ce qui a en pratique amené plusieurs générations de travailleurs conscients à le croire impossible.

Le mouvement communiste a commencé à souligner cette logique historique inhérente au système capitaliste mondial à la fin de 1990 et au début de 1991, lors de la guerre de Washington contre l'Irak. Celle-ci a révélé l'existence de conflits croissants entre les forces impérialistes qui ont constitué l'alliance militaire dirigée par les États-Unis. Depuis, nous avons vu la course à la présidence de Patrick Buchanan et de Ross Perot dans les élections U.S. de 1992, l'inclusion d'un parti fasciste au sein du nouveau gouvernement italien et la croissance de la violence contre les immigrants par des groupes fascistes en Allemagne. Ces événements et d'autres qui leur sont associés dans les pays impérialistes peuvent nous aider à comprendre plus concrètement la dynamique conduisant à la troisième guerre mondiale, dont on a pu entendre résonner les « premières salves » pendant la guerre du Golfe [25].

La première guerre européenne depuis la fin de la deuxième guerre mondiale se déroule depuis maintenant trois ans dans l'ex-Yougoslavie. C'est une guerre où l'armement moderne n'est pas seulement, ni même

---

25. Voir « Les premières salves de la troisième guerre mondiale » de Jack Barnes dans le quatrième numéro de *Nouvelle Internationale*.

principalement, utilisé dans des combats militaires, mais pour bombarder et massacrer la population civile. Il s'agit d'une extension des bombardements de terreur qui se sont ajoutés à l'arsenal de toutes les forces capitalistes en présence durant la dernière guerre mondiale. Rappelons les attaques lancées par les « alliés démocratiques » contre les villes de Dresde, Tokyo, Hiroshima et Nagasaki. La guerre dans l'ex-Yougoslavie ne menace pas seulement de devenir l'arène d'une intervention impérialiste accrue effectuée sous le couvert des Nations unies par l'alliance militaire de l'OTAN, que les États-Unis dominent. Aussi longtemps que dure cette guerre, elle menace de s'étendre à toute la région des Balkans.

LE GOUVERNEMENT SOCIAL-DÉMOCRATE en Grèce a imposé un blocus contre l'ancienne république yougoslave de Macédoine, qui n'a pas d'accès direct à la mer et où Washington a stationné un contingent de quelque 300 soldats [26]. Le gouvernement grec empêche les bateaux qui mouillent dans le port de Thessalonique, y compris des bateaux appartenant à d'autres pays de l'Union européenne ou de l'OTAN, d'y décharger leurs cargaisons de pétrole et d'autres produits d'importation. Il interdit aussi aux camions de franchir la frontière grecque pour aller en Macédoine. La Grèce occupe actuellement la présidence rotative de l'Union européenne, mais d'autres membres de l'UE ont fortement condamné le blocus et exigé qu'Athènes y mette fin. La bourgeoisie grecque et

---

26. En mai 1994, Washington a augmenté sa force militaire à quelque 520 soldats, dans le contexte d'un déploiement impérialiste d'ensemble de plus de 1 000 soldats en Macédoine.

ses représentants politiques au sein d'un éventail de partis politiques moussent les sentiments nationalistes dans le but de justifier les mesures prises par le gouvernement pour faire de la Grèce la force impérialiste dominante dans les Balkans, où elle rivalise avec des adversaires plus puissants du reste de l'Europe et d'Amérique du Nord. Dans le cadre de ce conflit, Athènes a aussi intensifié ses pressions militaires contre l'Albanie.

Nous n'essayons pas de prédire que les événements dans les Balkans vont conduire à un conflit militaire entre les puissances impérialistes de l'OTAN au cours des prochains mois. Mais nous devons être conscients que la seule perspective d'un tel conflit aurait été impensable il y a à peine quelques années [27].

Mais quand nous soulevons la possibilité d'une nouvelle guerre interimpérialiste, nous ne pensons pas avant tout à des conflits militaires comme celui qui se dessine dans les Balkans. Nous ne parlons pas d'une guerre mondiale entre pays impérialistes dotés de régimes démocratiques bourgeois relativement stables. Cette éventualité demeure toujours peu probable. Nous parlons de la logique de la crise économique, sociale et politique croissante *au sein* des puissances impérialistes elles-mêmes.

Les événements qui en 1939 avaient rendu inévitable la deuxième guerre impérialiste étaient profondément liés à

---

27. Il y a eu des conflits militaires entre les gouvernements grec et turc au cours des deux dernières décennies. Le gouvernement de la Turquie, l'un des pays semi-coloniaux les plus puissants au niveau militaire, a été admis au sein de l'OTAN au début des années 50 à cause de la position particulière qu'il a occupée au sein des alliances militaires mises sur pied par les puissances impérialistes lors des deux premières guerres mondiales et de sa situation géographique stratégique par rapport à l'Union soviétique et aux ressources pétrolières du Moyen-Orient.

la grave crise économique, politique et sociale internationale qui avait conduit à la défaite de la classe ouvrière, au triomphe de mouvements fascistes et à l'élan que celui-ci avait donné à des régimes militaires et policiers en Italie, en Allemagne et en Espagne. La consolidation du régime impérial au Japon et la montée de mouvements fascistes aux États-Unis et dans les autres démocraties impérialistes au cours des années 30 sont enracinées dans la même crise. Au début du siècle, la première guerre mondiale a opposé des alliances impérialistes comprenant chacune les vestiges de régimes en crise, qui étaient des précurseurs pré-capitalistes du bonapartisme et du fascisme : les régimes monarchistes, impériaux et capitalistes fonciers du kaiser en Allemagne, des Habsbourg en Autriche, du tsar en Russie et des dirigeants ottomans en Turquie.

Sous l'impact des conflits sociaux croissants, les tendances bonapartistes vers des pouvoirs exécutifs plus forts vont s'accélérer dans les pays impérialistes. D'abord dans un pays, puis dans un autre, des régimes plus agressivement nationalistes, chauvins et racistes vont venir au pouvoir. Des mouvements de droite et ouvertement fascistes vont se tailler un espace croissant dans la politique bourgeoise. Si le mouvement ouvrier dans les pays impérialistes n'est pas capable de forger à temps une avant-garde communiste pour diriger des révolutions anticapitalistes victorieuses, alors des guerres éclateront entre les puissances impérialistes décadentes, comme à deux reprises déjà au cours des 80 dernières années.

Le point ici, ce n'est pas que les démocraties impérialistes ne prennent pas d'initiatives de guerre contre leurs rivales. Les plus puissantes démocraties bourgeoises de ce siècle sont les principales responsables du déclenchement des deux premières guerres mondiales. Les dirigeants U.S., par exemple, étaient déterminés dans les années 30 non seulement à défendre, mais à étendre leur sphère d'exploitation dans le Pacifique contre leur concurrent japonais alors en pleine croissance. Les pressions grandissantes de Washington sur les approvisionnements pétroliers de Tokyo à la fin des années 30 ont rendu la guerre avec le Japon pratiquement inévitable. Mais avant que Tokyo ne puisse entreprendre son cours expansionniste et lancer son assaut contre Pearl Harbor, il a d'abord fallu que le régime impérial semi-fasciste au Japon se consolide dans les années 30 et écrase le mouvement ouvrier qui avait commencé à se développer à la suite de la révolution russe d'octobre 1917.

DE LA MÊME FAÇON, au lendemain de la première guerre mondiale, les impérialismes U.S., français et britannique ont pillé brutalement l'Allemagne, ce qui y a causé des privations et un ressentiment considérables qui ont alimenté le développement d'un mouvement fasciste de masse — l'étincelle qui a finalement fait exploser la deuxième boucherie impérialiste à la fin des années 30.

Mais la deuxième guerre mondiale était loin d'être inévitable. Au cours des années 30 au contraire, la classe ouvrière a eu l'opportunité d'arracher le pouvoir politique des mains des fauteurs de guerre au moins en Allemagne, en France et en Espagne et de construire un mouvement politique indépendant et puissant de la classe ouvrière et de ses alliés dans d'autres pays impérialistes, dont les États-Unis. La deuxième boucherie impérialiste mondiale n'est devenue inévitable qu'à la fin des années 30, quand le mouvement ouvrier s'est révélé incapable, sous la domination du stalinisme et de la social-démocratie, de conduire la classe ouvrière à une révolution socialiste victorieuse en Europe. Seule une telle victoire aurait pu stopper la progression du fascisme.

Les travailleurs conscients ne croient pas que Washington, Bonn, Londres et Paris vont se faire la guerre aujourd'hui à propos de leurs intérêts divergents dans l'ancienne Yougoslavie et les Balkans. Nous ne devrions jamais dire quoi que ce soit qui suggère ce genre de conclusion, parce que les travailleurs et les jeunes qui sont sérieux ne vont pas nous écouter s'ils pensent que nous exagérons. L'idée que le Washington de George Bush ou de Bill Clinton va déclarer demain la guerre à l'Allemagne d'Helmut Kohl ou à la France de François Mitterrand et d'Édouard Balladur sonne faux à leurs oreilles. Les travailleurs conscients ne pensent pas que les conflits commerciaux aigus qui opposent Washington et Tokyo ou Washington et Ottawa vont se développer de manière linéaire jusqu'à devenir incontrôlables et aboutir à une guerre.

Ces travailleurs ont raison. Les guerres commerciales conduisent effectivement à des guerres militaires, comme cela s'est produit dans les années 30, mais pas sans les grands soulèvements sociaux et les grandes défaites ouvrières qui ont marqué cette décennie et créé les conditions pour ces guerres commerciales. La montée des guerres commerciales n'a jamais conduit et ne conduit jamais directement à des conflits militaires. Avant d'en arriver là, les tensions et les conflits s'accroissent d'abord entre les puissances rivales ; les crises et les antagonismes économiques et sociaux s'intensifient à l'intérieur de chaque pays ; et des groupes de droite ultranationalistes font campagne pour défaire les « puissances étrangères » qui font pression sur « notre pays », « volent nos emplois » et « foulent aux pieds notre honneur national ».

Les conflits commerciaux aigus qui opposent Washington et Tokyo par exemple ne vont pas directement mener à la guerre contre le Japon. Mais si les capitalistes U.S. vont trop loin à un moment de leur campagne, leurs pressions peuvent soulever des forces politiques inattendues au sein des rapports de classe et de la politique au Japon. La grande récession pourrait s'amplifier dans ce pays ; un certain nombre de banques pourraient s'effondrer et provoquer une crise financière ; un nouveau gouvernement fragile pourrait tomber ; de nouveaux mouvements de droite anti-américains pourraient prendre de l'ampleur. De tels développements pourraient commencer à altérer le caractère des relations économiques, politiques et militaires entre Washington, Tokyo et d'autres gouvernements en Asie et dans le Pacifique.

Il semble fou de penser à la possibilité que le gouvernement allemand puisse déclarer la guerre aujourd'hui à celui de la France, ou le gouvernement des États-Unis à ceux du Japon ou du Canada. Mais là encore, pensons au monde que nous venons de décrire et à quoi vont ressembler les gouvernements d'Allemagne, de France ou des États-Unis dans quelques années. Imaginons un instant un gouvernement à la Patrick Buchanan aux États-Unis — pas nécessairement dirigé par Buchanan lui-même, mais par quelqu'un ayant le même cours politique de droite dans la politique bourgeoise. Imaginons un gouvernement en Allemagne qui incorpore des éléments des organisations fascistes en croissance là-bas. Imaginons un nouveau tournant à droite dans la politique bourgeoise en Italie. Imaginons des courants ultranationalistes s'intégrant au gouvernement japonais. Imaginons qu'un gouvernement bonapartiste vienne au pouvoir en

France, avec sa *force de frappe* [en français dans le texte] nucléaire. Et ajoutons à tout ça, comme catalyseurs potentiels, un régime de Vladimir Jirinovski en Russie, une opération « préventive » hors contrôle du gouvernement israélien ou un conflit aigu entre les régimes ultranationalistes du Pakistan et de l'Inde. C'est alors que devient plus concret le danger, qui croît lentement mais sûrement, d'une nouvelle guerre mondiale.

Quand vous écoutez parler Patrick Buchanan aujourd'hui, il se donne souvent (comme d'autres dans la droite des partis démocrate et républicain) des airs de grand isolationniste, de défenseur des « États-Unis d'abord » : « N'impliquez aucun de « nos hommes » à l'étranger. » Mais les travailleurs ne devraient pas se laisser prendre à ce piège un seul instant. Toute la perspective politique de Buchanan fait complètement partie des préparatifs impérialistes d'intervention militaire et de guerre. Le message qu'il adresse aux autres figures de la politique bourgeoise aux États-Unis est simple : « Plus jamais de défaite comme au Viêt-nam. Plus de fiasco comme la guerre du Golfe. Quand nous faisons la guerre, nous la faisons pour gagner. Et, grâce à Dieu, nous aurons l'appui de *toute* la population des États-Unis, à l'exception de quelques membres de la cinquième colonne. »

Si nous regardons le monde sous cet angle, il est beaucoup plus facile d'expliquer la logique de plus en plus dangereuse de la résurgence, après un demi-siècle, des conflits opposant les dirigeants U.S. aux puissances impérialistes qu'ils ont vaincues au cours de la dernière guerre mondiale. Nous pouvons expliquer le lien entre les conflits commerciaux croissants qui opposent ces puissances et les efforts accrus de Tokyo et de Bonn pour mettre fin à leur dépendance par rapport à la puissance nucléaire stratégique de Washington. Nous pouvons expliquer pourquoi les gouvernements allemand et japonais cherchent à renforcer leurs propres forces armées terrestres, navales et aériennes. Nous pouvons expliquer pourquoi ils vont chercher à surmonter tous les obstacles intérieurs et internationaux — en particulier l'opposition des travailleurs et des agriculteurs de leur propre pays — les empêchant d'intervenir avec leurs forces armées pour défendre leurs intérêts de classe à l'étranger et de devenir des puissances nucléaires stratégiques.

Ce cours devient de plus en plus inévitable, à mesure que les dirigeants capitalistes en Allemagne et au Japon se convainquent qu'ils doivent être prêts à affronter tôt ou tard leurs rivaux U.S. De brusques virages à droite dans les gouvernements de tous ces pays ou de l'un d'entre eux vont accélérer cette trajectoire politique et militaire.

Nous devons ajouter un dernier élément à ce tableau. Comment les gouvernements de l'Allemagne, du Japon et des autres pays impérialistes vont-ils s'y prendre pour développer des forces armées capables, au sein d'une alliance ou d'une autre, de défier la puissance militaire de l'impérialisme U.S. ? Dans une large mesure, de la même façon qu'ils se sont armés dans les années menant à la deuxième guerre mondiale. Les capitalistes U.S., français et britanniques vont jouer des coudes et se faire concurrence pour vendre les armes, la technologie avancée et les usines que des gouvernements moins bien équipés vont utiliser pour remplir leurs propres arsenaux de destruction de masse.

Intervention et guerre dans le monde semi-colonial

En résumé, la menace de guerre impérialiste à notre époque provient de deux sources, liées l'une à l'autre.

La première et la plus fondamentale, c'est celle dont nous venons de parler : les tensions sociales qui s'accroissent et la possibilité croissante d'une montée des forces bonapartistes, d'extrême droite et fascistes au sein des régimes capitalistes des pays impérialistes. Aujourd'hui, en 1994, les conflits sociaux explosifs qui mènent directement à une guerre interimpérialiste majeure de ce type demeurent toujours embryonnaires. Mais pour la première fois en un demi-siècle, nous voyons se développer le genre de forces et de pressions de classe qui nous rapprochent du jour où la lutte pour arrêter la marche vers une troisième guerre mondiale sera une tâche pressante et immédiate pour le mouvement ouvrier dans un pays après l'autre.

La deuxième source de menace de guerre, ce sont les interventions militaires conjoncturelles de l'impérialisme U.S. et des autres puissances impérialistes là où les intérêts capitalistes sont menacés dans le monde semicolonial (ou bien aujourd'hui dans certaines régions de l'ancien bloc soviétique). Le capital financier va défendre l'oppression qu'il continue d'exercer contre des nations et nationalités pour garantir les surprofits qu'il tire de l'exploitation des travailleurs et des paysans de ces pays. Des guerres de ce genre ont eu lieu pendant toute la période qui a suivi la seconde guerre mondiale et d'autres se produiront dans les conditions de plus en plus instables qui caractérisent le système impérialiste mondial d'aujourd'hui. Ces interventions mettent toujours en branle des forces incontrôlées.

L'agression contre l'Irak orchestrée par les États-Unis en 1990-1991 est l'exemple le plus récent du type de guerre que nous pouvons anticiper dans les années à venir. L'intervention impérialiste en Somalie, il y a un an et demi, n'est jamais devenue ni ne pouvait devenir une guerre d'une telle ampleur. Beaucoup de pacifistes et de radicaux petits-bourgeois se sont adaptés aux justifications libérales de l'invasion de la Somalie, comme ils le font aujourd'hui par rapport à la Bosnie ou Haïti. Ils prétendent que l'intervention impérialiste est un « moindre mal », en particulier lorsque menée sous l'égide de l'ONU. Les travailleurs communistes ont évidemment dénoncé l'agression brutale commise par Washington contre la Somalie sous la bannière d'une « force de maintien de la paix » du Conseil de sécurité de l'ONU. Et nous avons cherché à mobiliser une opposition contre elle. Mais nous avons aussi reconnu que les dirigeants U.S. n'avaient aucun intérêt de classe immédiat à laisser cette intervention devenir une guerre prolongée.

LA GUERRE DU GOLFE était l'aboutissement de plusieurs processus mis en branle par l'impérialisme U.S. au cours de la décennie précédente et dont les résultats ont commencé à nuire à ses intérêts de classe de manière inattendue. Cette guerre et le cours politique qui l'a rendue inévitable ont amené le régime israélien à être particulièrement amer à l'endroit de Washington. Tel-Aviv sait que des compagnies U.S. et leurs rivales en Grande-Bretagne, en Allemagne et en France ont aidé tout au long des années 80 à consolider économiquement et militairement le régime irakien — avec la complicité de tous les gouvernements impérialistes impliqués. Washington a vu le régime irakien et la guerre que Bagdad a entreprise contre l'Iran en 1980 comme un contrepoids nécessaire à l'impact de la révolution iranienne et à son extension possible à une autre partie de la région au détriment des intérêts U.S. Les capitalistes des métropoles impérialistes ont empoché beaucoup d'argent pendant cette période en vendant « secrètement » des armes à Bagdad. Entre-temps, c'est le gouvernement israélien que ces mêmes « amis » impérialistes ont condamné pour avoir bombardé en 1981 à Bagdad un présumé centre de recherche pour la fabrication d'armes nucléaires.

Quand Washington a conclu de l'invasion du Koweït par l'Irak en 1990 que l'impérialisme U.S. avait besoin d'un régime plus fiable dans ce pays, c'est Tel-Aviv qui a payé pour toute la politique antérieure des dirigeants U.S. Bagdad a produit les missiles Scud qui se sont abattus sur le territoire israélien pendant la guerre de 1991 en utilisant l'équipement et le savoir-faire technologique obtenus de firmes capitalistes U.S., européennes et japonaises.

Qu'est-il finalement ressorti du soi-disant scandale de l'Irakgate ? L'enquête a démontré que Washington et tous ses alliés impérialistes, en particulier la France et la Grande-Bretagne, ont fait de gros profits en commerçant avec l'Irak — tout comme Washington va réarmer les rivaux capitalistes qu'il va finalement chercher à vaincre dans une guerre interimpérialiste. En fait, tout au début des préparatifs de guerre contre l'Irak à la fin de 1990, des membres du cabinet conservateur en Grande-Bretagne étaient encore impliqués dans la vente de matériel militaire au régime irakien. Ces révélations ont même provoqué dans ce pays un plus grand scandale qu'aux États-Unis.

LES CLASSES DIRIGEANTES impérialistes ont toujours agi ainsi. Et elles le feront de plus en plus à mesure que va s'approfondir la crise de leur système. C'est la principale leçon à tirer du rapport final publié au début de cette année sur le scandale plus ancien de l'Iran-contra. Les dirigeants U.S. des deux partis doivent de plus en plus mener leurs affaires en secret. Ils ont besoin d'un pouvoir exécutif toujours plus fort pour défendre leurs intérêts de classe, à la fois contre leurs rivaux impérialistes et contre la résistance des travailleurs et des agriculteurs aux États-Unis et dans le monde.

Je n'ai lu que des extraits de la conclusion du rapport de 2 500 pages remis par le procureur spécial Lawrence Walsh sur l'affaire de l'Iran-contra, mais j'en ai aussi lu deux résumés détaillés [28]. Ce que j'ai retenu du compte-rendu de Theodore Draper paru dans le *New York Review of Books* (Draper est un historien libéral qui a suivi de près toute l'affaire et a beaucoup écrit dessus), c'est sa conviction, exprimée avec beaucoup de retenue, que ce type d'activités militaires secrètes à l'étranger est devenu un élément permanent du fonctionnement du gouvernement U.S. À la fin de son long article, il demande : « Est-ce que quelque chose de l'ordre de l'affaire Iran-contra pourrait se reproduire aux États-Unis ? Je ne puis affirmer avec optimisme que nous sommes immunisés contre une quelconque répétition. [...] Ce qui fait l'importance des événements de l'Iran-contra, c'est peut-être plus l'avertissement qu'ils donnent sur ce qui peut mal aller dans le système américain que leur capacité d'empêcher un nouveau déraillement. »

C'est triste à dire pour un libéral, mais c'est la vérité. En fait, le « système américain » ne peut pas fonctionner sans cacher une grande partie de ce qu'il fait. Et il va « dérailler » encore, encore et encore.

---

28. Pour en lire plus sur les conclusions du rapport du procureur spécial Lawrence Walsh sur l'affaire Iran-contra (aussi connue sous le nom de Contragate), voir l'introduction de Steve Clark au neuvième numéro de *New International* portant sur la montée et la chute de la révolution nicaraguayenne. Walsh avait été désigné par le président Ronald Reagan.

VI.
OFFENSIVE PATRONALE ET RÉSISTANCE OUVRIÈRE

La politique intérieure aux États-Unis est devenue davantage bipartite depuis le milieu des années 70, quand les partis bourgeois jumeaux ont commencé à saisir les conséquences sociales et politiques de la baisse déjà amorcée du taux de profit capitaliste. Ils ont eu comme bannière commune « l'égalité des sacrifices » pour défendre le dollar, améliorer la rentabilité de « nos » industries et restaurer « notre » domination incontestée du marché capitaliste mondial au niveau de la production manufacturière et des exportations.

À cause d'une offensive de près de 20 ans pour éroder les conditions de travail et les salaires des travailleurs et, depuis la fin des années 80, pour accélérer l'introduction de mesures visant à réduire les coûts et à rationaliser la production, le grand capital U.S. a réussi à reprendre le dessus par rapport à ses principaux rivaux impérialistes. Les succès que les capitalistes ont obtenus en réduisant non seulement le prix de la force de travail des travailleurs, mais même sa valeur, ont renforcé leur conviction et celles de leurs représentants politiques que le cours qu'ils ont adopté est le seul qui puisse maintenir et étendre la position dominante de l'impérialisme U.S. Ils sont déterminés à prendre d'autres mesures pour prolonger la journée de travail, intensifier les cadences et réduire les dépenses en salaires et en prestations sociales.

Cette année, les deux partis essaient de convaincre les travailleurs et la classe moyenne que la classe dirigeante a un projet, dont plusieurs versions ont été rendues publiques à Washington, pour répondre aux besoins médicaux de « la nation ». Tous les projets qui bénéficient d'un appui important parmi la classe dominante, y compris celui proposé par l'administration Clinton, sont conçus pour socialiser les risques et les pertes des grandes compagnies d'assurances, des entreprises associées aux soins de santé et des compagnies pharmaceutiques. Tous s'inscrivent dans l'offensive de la classe dirigeante contre le salaire social de la classe ouvrière. Ils n'ont rien à voir avec une quelconque extension de la sécurité sociale à l'ensemble de la population, ni avec l'établissement — comme un droit social — d'un système de santé universel, accessible à tous et financé par le gouvernement. Mais parce qu'aucun d'entre eux ne promet encore suffisamment de compressions budgétaires pour satisfaire la « communauté obligataire », aucun ne sera adopté facilement.

La lutte pour réduire la semaine de travail est une des questions sociales les plus importantes pour laquelle le mouvement ouvrier devrait faire campagne aujourd'hui. Malgré la présente reprise du cycle économique et une augmentation de l'embauche, le taux de chômage officiel reste à plus de 6 pour cent. En fait, plusieurs politiciens démocrates et républicains en parlent maintenant comme du « taux naturel » de chômage ! Le taux réel de chômage est à peu près deux fois plus élevé si on compte les travailleurs obligés d'accepter contre leur gré un emploi temporaire ou à temps partiel ou ceux qui ont été repoussés pour l'instant hors de la force de travail.

Au même moment, les employeurs augmentent la plus-value absolue en prolongeant la semaine de travail à son niveau le plus élevé depuis un demi-siècle. Depuis le milieu de 1991 seulement, le temps supplémentaire a augmenté en moyenne d'une heure par semaine. Dans l'industrie automobile, la semaine de travail de 50 heures est devenue la norme et une situation semblable prévaut dans quelques autres industries.

La situation est pire en Europe de l'Ouest (sans parler du tiers monde, où des taux de chômage de 50 pour cent ou plus ne sont pas rares). Dans les pays qui forment l'Union européenne, le taux de chômage officiel approche 11 pour cent, avec des taux réels de plus de 20 pour cent. En Espagne, le taux de chômage officiel s'élève à presque 25 pour cent. En France, en Belgique et au Danemark, il dépasse 12 pour cent. En Grande-Bretagne, où le gouvernement a modifié 30 fois en 10 ans sa façon de mesurer le chômage afin d'embellir la vérité, le taux officiel dépasse quand même 9 pour cent. En Suède, le taux officiel est passé de 2 à 7 pour cent en l'espace de quelques années seulement [29]. Au Canada, les statistiques gouvernementales ont enregistré avec peu d'exceptions un taux de chômage annuel de plus de 10 pour cent depuis le début des années 80.

C'est une crise de plus en plus profonde pour la classe ouvrière à travers le monde. Comme nous l'avons expliqué dans *Un programme d'action pour faire face à la crise économique qui vient*, la plus profonde division économique au sein de notre classe est celle qui existe entre ceux qui ont un emploi et ceux qui n'en ont pas. Le chômage croissant sape la force, le moral et la capacité de lutte de la classe ouvrière et du mouvement syndical. Si le mouvement ouvrier ne dirige pas la lutte pour la réduction de la semaine de travail *sans réduction de salaire*, les employeurs vont exploiter les pressions croissantes et la

---

29. Lors d'une conférence internationale organisée par la Banque de la réserve fédérale de Kansas City en août 1994 et réunissant de hauts fonctionnaires et des représentants de banques centrales, un représentant de l'École d'économie de Londres a déclaré du haut de sa science que le « taux naturel » de chômage en Europe avait maintenant atteint 10 pour cent !

démoralisation engendrées par le chômage — comme ils l'ont déjà fait en Allemagne, en France, au Canada et je présume ailleurs — pour commencer à inclure dans quelques conventions collectives des réductions de la semaine de travail *avec des réductions salariales proportionnelles*. Et derrière cette formule, on va voir augmenter le travail temporaire et à temps partiel, avec ses salaires inférieurs et ses avantages sociaux réduits.

Nous devons continuer de lier la lutte pour une échelle mobile *des heures de travail* à une échelle mobile *des salaires* afin de protéger la classe ouvrière des effets de l'inflation. Les travailleurs ne doivent pas laisser les employeurs utiliser les pressions déflationnistes dont nous avons parlé plus tôt comme prétexte pour refuser d'indexer au coût de la vie les salaires et les droits sociaux des travailleurs. Même si nous avons raison et si le taux d'inflation continue à rester modéré dans un avenir immédiat, nous devons garder plusieurs facteurs à l'esprit.

Premièrement, malgré les pressions déflationnistes actuelles, le salaire réel a encore une fois baissé de 1 pour cent depuis un an aux États-Unis. Le pouvoir d'achat a diminué à la fois parce que les employeurs ont réussi à abaisser les salaires, aussi bien des travailleurs syndiqués que des travailleurs non syndiqués, et aussi parce que l'inflation se poursuit, même si c'est officiellement au faible taux d'environ 3 pour cent. Au cours des années 60 et 70, beaucoup de syndicats se sont battus pour inclure dans leurs conventions collectives des mécanismes d'indexation des salaires au coût de la vie qui n'ont pas suffi à compenser l'augmentation des prix. Mais le nombre de travailleurs couverts par cette protection partielle n'a même jamais été aussi bas en 25 ans, par suite des concessions faites aux patrons par la bureaucratie dans un syndicat après l'autre.

Deuxièmement, on a déjà assisté depuis le début du siècle à des explosions inflationnistes monétaires au milieu de dépressions économiques et il y en aura d'autres. C'est la situation qui prévaut aujourd'hui dans plusieurs pays semi-coloniaux, ainsi que dans l'ex-URSS et en Europe de l'Est. On ne devrait jamais avoir l'illusion que le genre d'hyperinflation qui a ravagé la vie des travailleurs, des agriculteurs et des classes moyennes dans l'Allemagne de la république de Weimar après la première guerre mondiale ne peut pas se reproduire dans les pays impérialistes. Les travailleurs devaient transporter leur argent dans des brouettes et des valises pour acheter une simple miche de pain. Ce que vous pouviez acheter avec votre argent diminuait d'heure en heure. Ceci peut et va se reproduire. Mais avant même que les prix ne s'emballent de cette façon, l'inflation a un effet dévastateur sur les salaires et les conditions de vie des travailleurs.

L<small>E DANGER D'EXPLOSIONS INFLATIONNISTES</small> soudaines s'inscrit directement dans les conditions de dépression déflationniste. Devant la chute du taux de profit, la croissance du chômage et la montée de la résistance ouvrière, la bourgeoisie va se diviser sur comment essayer de surmonter la crise. Tôt ou tard, des gouvernements capitalistes seront pris de panique et vont essayer d'amortir les coups en imprimant simplement plus d'argent. Quand cela se produira, les travailleurs et les agriculteurs feront face au pire scénario possible : un haut niveau de chômage combiné à une inflation explosive. Les travailleurs qui ont un emploi verront leurs salaires réels s'effondrer ; les travailleurs qui vivent de leurs pensions seront ruinés ; et les agriculteurs seront à nouveau frappés par une vague de saisies. Le mouvement ouvrier doit se préparer à une telle éventualité.

On a déjà vu ce genre de crise dans l'histoire du capitalisme. Il s'en est produit une pendant la longue dépression des dernières décennies du dix-neuvième siècle. On en a vu une autre durant ce qu'on appelle la grande dépression des années 30. Après plus de cinq ans de déflation, l'inflation monétaire a réapparu aux États-Unis en 1936-1937, s'est accélérée vers la fin de la décennie et a bondi encore plus brusquement après 1941 au cours de l'expansion économique des années de guerre.

En dépit de leurs noms, l'*inflation* et la *déflation* ne sont pas des contraires, des phénomènes qui s'excluent mutuellement sous le capitalisme. L'*inflation* est un phénomène monétaire qui se produit lorsque décline le pouvoir d'achat d'une devise nationale. Les gouvernements et les banques émettent de l'argent, sous différentes formes de papier, à un rythme qui finit par complètement dépasser la production des biens que cet argent permet d'acheter. Dans ces conditions, les intérêts commerciaux capitalistes concurrents font grimper les prix encore et encore, dans un effort pour empocher des surprofits qui se retourne finalement contre eux. La *déflation* est quelque chose de tout à fait différent. Ce n'est pas avant tout un phénomène monétaire. Comme nous l'avons déjà mentionné, c'est le produit de la tendance à long terme du taux de profit capitaliste à baisser, ce qui accroît la concurrence des prix entre les capitaux rivaux et exerce d'énormes pressions qui freinent les investissements productifs et minent l'expansion de la production.

La question qui se pose au mouvement ouvrier en période de dépression n'en est donc pas une de « ou bien... ou bien » : *ou bien* se préparer à la déflation, *ou bien* se préparer à l'inflation. On verra une inflation monétaire imprévue se greffer à la déflation inhérente aux conditions de dépression. Un effondrement soudain et désastreux de l'emploi productif peut très vite s'accompagner d'une terrible explosion des prix.

Voilà pourquoi le mouvement ouvrier doit être prêt à unir les travailleurs aux niveaux national et international dans la lutte pour un programme qui défende leurs intérêts communs et qui comprenne des mesures pour protéger notre classe et ses alliés contre les ravages du chômage et de l'inflation causés par le capitalisme.

Reprise de la riposte ouvrière

Depuis un an, on assiste aux États-Unis à une reprise significative de la résistance ouvrière contre l'offensive des patrons.

En 1993, les mineurs de charbon ont mené une grève nationale qui a repoussé les efforts des magnats de l'industrie pour augmenter le nombre de mines non syndiquées. Il y a eu une petite ronde de luttes de syndicalisation victorieuses en faveur du syndicat des Mineurs unis d'Amérique. En novembre, les agents de bord de la compagnie aérienne American Airlines ont serré les rangs et forcé la compagnie à faire marche arrière dans ses efforts antisyndicaux. Les travailleurs de la compagnie de machinerie lourde Caterpillar ont poursuivi leur résistance en organisant dans les usines des actions de protestation et une guerre de guérilla contre le refus de la compagnie de négocier un contrat. Ils ont aussi mené de courtes grèves contre le harcèlement de militants syndicaux par la direction.

Dans quatre États, les Métallos à l'emploi de la compagnie Allegheny Ludlum luttent contre la nouvelle politique patronale de « flexibilité des heures de travail », qui vise à rendre obligatoire le temps supplémentaire et à augmenter brutalement la semaine de travail. À l'usine de la compagnie A. E. Staley au centre de l'Illinois, les travailleurs mènent une bataille très dure contre un lock-out imposé par la direction et contre des demandes de concession. Ils ont forgé des liens avec les travailleurs de Caterpillar et d'autres syndicalistes dans la région et à travers le pays [30].

La grève victorieuse d'un jour menée plus tôt cette année par les travailleurs de la messagerie United Parcel Service, membres de la Fraternité des camionneurs (Teamsters), a fourni une autre indication de ce changement de climat. Les patrons d'UPS croyaient visiblement que parce que les camionneurs sont bien payés, ils ne s'intéressent à rien d'autre. La direction a donc tout d'un coup doublé la charge maximum que les camionneurs et les travailleurs d'entrepôt pouvaient être appelés à soulever. La dernière chose à laquelle les patrons s'attendaient, c'était qu'une majorité de travailleurs disent « non ». C'est pourtant ce qui s'est produit et les patrons d'UPS ont dû reculer.

Cet exemple m'a frappé, parce qu'il nous en dit long sur la solidarité humaine qui existe au sein de la classe

---

30. La résistance ouvrière décrite dans ce discours s'est poursuivie jusqu'à acquérir en juin le caractère d'une petite, mais réelle, vague de grèves — la première depuis des années aux États-Unis. En juillet, la ronde de grèves et d'actions locales menées par les travailleurs de Caterpillar en Illinois et en Pennsylvanie s'est transformée en grève nationale, en réponse à la poursuite du harcèlement contre des militants syndicaux et à d'autres pratiques déloyales de la part de la compagnie visant à souligner son refus de négocier une convention collective. Les travailleurs de Caterpillar impliqués dans ce conflit sont membres des Travailleurs unis de l'automobile. Quant à la grève contre Allegheny Ludlum, elle s'est terminée après dix semaines en juin et le syndicat y a marqué des points.

ouvrière, comme gage d'avenir. En disant « non », ces travailleurs n'ont pas fait ce que les employeurs s'attendaient à les voir faire. Les patrons s'attendaient à ce que la majorité des travailleurs les plus jeunes et les plus robustes disent « oui ». Ils s'attendaient à voir beaucoup d'hommes dire « oui », y compris comme une façon de faire obstacle à l'embauche de femmes comme camionneurs. « Tant pis pour ceux qui ne peuvent pas soulever plus de 67 kilos. Moi, je peux. C'est un bon emploi. J'ai un bon salaire. » Voilà ce que les employeurs espéraient entendre de plusieurs des travailleurs plus jeunes et plus forts. Mais ce n'est pas ce qui s'est passé. Plus de 12 000 travailleurs ont répondu « non » d'une seule voix et ont mené leur toute première grève nationale contre UPS.

Les employeurs U.S. vont continuer à faire pression sur les travailleurs. Mais ils feront la même erreur que la direction d'UPS et, à leur grande surprise, les travailleurs vont s'unir et lutter.

La revue *Business Week* a publié dans son dernier numéro un article intitulé : « Ce qui rend l'acier sexy ». Ce seul titre dans un important hebdomadaire économique U.S. en dit long sur l'état d'esprit et le ton qui règnent aujourd'hui parmi les employeurs. L'article décrit comment les grandes aciéries traditionnelles et plusieurs des « micro-aciéries » plus récentes et plus petites ont réussi à réduire leurs coûts de production depuis dix ans aux États-Unis et à reprendre une part de plus en plus grande du marché international aux compagnies japonaises, françaises, britanniques et allemandes. Cet article confirme entre autres que l'industrie de l'acier embauche partout dans le pays.

Un des héros de l'industrie interviewé dans l'article est le directeur de la compagnie Birmingham Steel. À en croire *Business Week,* des compagnies relativement plus petites comme celle-ci « créent une nouvelle culture manufacturière ». (Il a bien dit « culture » !) À l'usine de production de tiges de renforcement pour béton armé de la Birmingham Steel à Kankakee en Illinois, « le stationnement est rempli de Toyota et de Nissan. À l'intérieur, les travailleurs sont jeunes et plutôt dédaigneux des syndicats. « Si les micro-aciéries veulent progresser, dit Terry Metcalf, elles vont devoir demeurer non syndiquées. » Âgé de 31 ans, Metcalf est le fils d'un travailleur de production chez Ford. »

L'article du *Business Week* continue en citant le président de la compagnie, James A. Todd Jr. : « On ne le cache pas. Dans nos usines, les conditions de travail sont misérables. Mais pas les salaires. » (Nous voyons maintenant quelle culture il est si fier de produire : celle des ateliers de misère.)

Réfléchissez un instant à ce que dit cet article. En premier lieu, ces employeurs ne vont pas toujours verser ce genre de salaires. Les travailleurs de la Birmingham Steel vont le découvrir plus tôt qu'ils ne l'aimeraient.

DᴇᴜxɪÈᴍᴇᴍᴇɴᴛ, et c'est le plus important, cette déclaration du président de la Birmingham Steel est fausse. L'histoire des luttes ouvrières nous enseigne que lorsqu'il y a une reprise de l'embauche, un nombre croissant de travailleurs commencent à trouver inacceptables les conditions qu'ils avaient acceptées dans le passé, souvent en échange de ce qu'ils croyaient être la seule façon de se procurer un emploi.

Lorsque les patrons commencent à se vanter publiquement que les conditions de travail dans leurs usines sont « misérables », ils ne sont pas prêts à accepter un changement. Ils n'en sont peut-être pas conscients, mais ils cherchent la bagarre. C'est ce qu'ils sont rarement capables de voir avant qu'il soit trop tard. Ils disent pratiquer une « gestion scientifique ». Ils pensent pouvoir régler tous les détails : ce qu'ils peuvent soutirer des travailleurs et jusqu'où ces derniers seront prêts à reculer.

Mais les employeurs font toujours la même erreur critique. Ils sont incapables de voir les travailleurs comme des êtres sociaux qui agissent et pensent. Les travailleurs ne sont pour eux qu'une sorte d'outil spécial. Ils ne comprennent pas de façon scientifique ce que les travailleurs ont de spécial, mais peu importe ce que c'est, ce quelque chose permet aux employeurs de produire plus et de faire plus de profits. Ils ne peuvent l'obtenir simplement en réduisant les coûts, en se défaisant de certains départements ou en ajoutant de nouveaux ordinateurs. Pour augmenter la production et à la longue leurs profits, ils doivent embaucher un plus grand nombre de ces outils spéciaux. Voilà comment les capitalistes voient les travailleurs.

L ES EMPLOYEURS PENSENT qu'il leur suffit de verser à cet outil un salaire un tout petit peu plus élevé qu'à l'usine d'à côté pour pouvoir s'en servir et le manipuler comme n'importe quelle autre pièce d'équipement. Les patrons se préoccupent bien moins des ouvriers qui travaillent dans l'usine que de leurs ordinateurs. Ils se préoccupent bien plus des virus qui peuvent s'infiltrer dans leur réseau informatique que de la vie, de l'intégrité physique et de l'avenir des ouvriers qui travaillent pour eux. C'est vrai, non ? Les patrons peuvent toujours embaucher un autre travailleur, un autre de ces outils, sans coût supplémentaire. Mais ils ont investi des capitaux dans ces ordinateurs qui coûtent cher à remplacer. Pensez aux conséquences sociales du fétichisme de la marchandise !

L'employeur dit : « Bon. Tu reçois ton chèque de paie chaque semaine. Si tu n'aimes pas ça ici ou si nous, on ne t'aime pas, on va embaucher quelqu'un d'autre. Les chômeurs ne manquent pas. Il y a beaucoup de gens qui feront ce travail avec reconnaissance. »

Mais ce n'est pas si simple. Notamment lorsqu'ils commencent à embaucher des travailleurs plus jeunes, les employeurs font des erreurs de jugement qui semblent à prime abord isolées. Ils vont trop loin et quelques travailleurs plus jeunes disent « non ». La chose ne passe pas inaperçue et la fois suivante, quelques travailleurs plus âgés et plus expérimentés disent « non » eux aussi. Et avant longtemps, des conditions qui avaient été acceptées jusque là commencent à provoquer des luttes. Des arrêts de travail et des grèves ont lieu de façon inattendue. Des luttes engagées depuis longtemps, comme celle contre Caterpillar, commencent à reprendre vie sous l'impact de la résistance que les travailleurs continuent à opposer aux abus de la direction. Soudainement, il n'est plus aussi facile d'imposer des conditions de misère dans votre usine, même si vous ne versez pas des salaires de misère (ce qui prouve encore une fois que certains changements « culturels » sont moins stables que d'autres !).

C'est ce que nous avons vu plus souvent ces temps-ci. Nous ne promettons pas de changement majeur dans la lutte de classe. Mais nous pouvons dire que tant qu'il y aura de l'embauche, il y aura plus de résistance et ce, à plusieurs niveaux. De nouvelles générations de travailleurs vont entrer dans les usines. La confiance des travailleurs sera plus grande. Plusieurs des plus jeunes travailleurs n'accepteront pas les vieux modèles et les vieilles méthodes de fonctionnement. Et il y aura plus de résistance. Il n'est pas nécessaire d'en dire plus sur le sujet.

Lorsque la résistance commence, certaines des innovations introduites par les employeurs pour réduire leurs coûts finissent par se tourner contre eux. Les affaires se font sans marge de manoeuvre. Les coûts d'entreposage superflus sont une chose du passé. Les inventaires sont « juste à temps », n'est-ce pas ? Ils s'en vantent. Mais tout ce que les employeurs font pour organiser la production en prenant pour acquis qu'il n'y aura pas de problème les rend encore plus vulnérables quand *il y a* des problèmes. Et ça donne à la classe ouvrière et au mouvement ouvrier une plus grande marge de jeu contre eux.

La convergence de deux résistances

Ces changements modestes mais importants que je viens de décrire dans le mouvement ouvrier sont probablement une des dernières choses que mentionnent les jeunes qui ne sont pas encore des travailleurs lorsqu'ils expliquent pourquoi ils deviennent socialistes. C'est vrai même s'ils proviennent d'une famille ouvrière. Aujourd'hui, la plupart des jeunes socialistes vont probablement mentionner l'un ou l'autre des maux de la société capitaliste dont ils ont pris conscience et qu'ils ont commencé à combattre : les attaques contre le droit des femmes à l'avortement, l'embargo économique des États-Unis contre Cuba, un flic raciste, les efforts pour déshumaniser les travailleurs immigrants ou la destruction de l'environnement. Ils ont commencé à partir de là à chercher la cause de ces choses. Ils ont commencé à lire, à assister à des réunions publiques et à rechercher une organisation socialiste.

Mais en poursuivant un peu l'analyse, nous trouverons que le développement des luttes ouvrières et la politisation d'une couche de jeunes s'accélèrent conjointement en réaction à la situation politique et économique mondiale que nous avons décrite. Les deux phénomènes reflètent une résistance à l'inhumanité du capitalisme et à sa négation de la solidarité humaine. Avant tout, une montée de la résistance ouvrière donne aux jeunes qui se radicalisent leur premier aperçu de la vulnérabilité potentielle de l'ensemble du système qu'ils détestent. C'est une condition essentielle pour gagner et intégrer des jeunes à une organisation communiste prolétarienne.

Le plus fondamental de tous les maux du capitalisme, c'est la façon que ce système d'exploitation reproduit les relations sociales essentielles pour générer ses profits. Comment son fonctionnement et ses méthodes aveugles broient sans arrêt l'humanité laborieuse. Comment il agit de façon différenciée sur les diverses couches de la population travailleuse, ce qui permet aux capitalistes d'empocher des surprofits en utilisant des formes d'oppression et des préjugés hérités de modes pré-capitalistes d'organisation sociale. Voilà ce que découvrent les travailleurs et les jeunes rebelles lorsqu'ils se joignent au mouvement socialiste.

Vous n'avez qu'à suivre soigneusement les journaux chaque semaine pour voir comment ça fonctionne. Par exemple, une récente étude gouvernementale rapporte que *25 pour cent des travailleurs qui ont un emploi* aux États-Unis reçoivent un salaire qui les confine à un niveau de vie inférieur au seuil de pauvreté officiel. Ce chiffre a augmenté de 50 pour cent depuis 1980. Il contredit les politiciens capitalistes des deux partis qui prétendent que les travailleurs ne vont pas travailler s'ils peuvent rester assis en attendant l'assistance sociale. Pourtant, voilà une nouvelle preuve que des millions et des millions de travailleurs qui ont un emploi et qui luttent pour le conserver s'enfoncent quand même de plus en plus dans la pauvreté. Pendant ce temps, une proportion croissante des millions de chômeurs existants ne reçoit plus de primes d'assurance-chômage.

Les inégalités et les différenciations de classe augmentent rapidement. Ceux qui font partie du 1, des 5 ou même des 20 pour cent de la population ayant les revenus les plus élevés voient leur situation s'améliorer constamment. La bourgeoisie, les professionnels et les autres membres de la classe moyenne supérieure — ces gens-là réussissent mieux.

À mesure qu'une différenciation sociale s'approfondit au sein de la classe ouvrière elle-même, la classe dirigeante essaie de monter les travailleurs les uns contre les autres pour justifier les mesures d'austérité qu'elle applique pour accroître sa propre richesse et ses propres revenus. Elle nous dit qu'il faut réduire les paiements faits à la sécurité sociale, à l'assurance-maladie, à l'assurance-chômage, aux accidents de travail et à l'éducation, sinon l'Amérique ne peut absolument pas concurrencer les autres pays où les travailleurs survivent avec beaucoup moins. Le gouvernement se ruine, ajoute-t-elle, en versant autant d'argent au programme d'aide alimentaire, au programme d'aide aux familles ayant des enfants à charge, au programme d'assistance médicale pour les gens à faible revenu et aux autres programmes d'assistance publique. Les enfants des travailleurs qui sont des immigrants sans papiers drainent les ressources du système scolaire et « profitent » des salles d'urgence des hôpitaux. Les patrons ne peuvent verser de meilleurs salaires aux travailleurs qui ont un emploi parce qu'ils paient des impôts pour tous ces gens « qui vivent aux crochets de l'État. »

La bourgeoisie et ses « experts » ne cessent de produire de nouvelles justifications pour expliquer l'appauvrissement des travailleurs. On assiste, nous dit-on, à l'explosion d'une « culture de la pauvreté » parmi une

« sous-classe » urbaine noire. À cause des gains faits par les femmes grâce à l'action positive, les hommes ont de plus en plus de difficulté à trouver un emploi. Les immigrants acceptent de travailler pour moins. Les Noirs sont le problème. Les femmes sont le problème. Les gens qui ne peuvent parler anglais sont le problème. Les politiciens bourgeois, les chroniqueurs et les universitaires ont mille et une justifications.

Ces « explications » ont toutes une chose en commun : le problème n'a rien à voir avec le *capitalisme*, seulement avec ses « excès ». L'appauvrissement, le chômage, le racisme, l'oppression des femmes, la destruction de l'environnement, le fascisme et la guerre n'ont pas nécessairement quelque chose à voir avec le fait qu'une classe représentant un pourcentage minuscule de la population s'enrichit à même le labeur des travailleurs des villes et des campagnes, qui en constituent l'immense majorité.

ET BIEN SÛR, leurs solutions n'ont rien à voir avec la perspective que les travailleurs s'organisent politiquement afin de transformer leurs organisations de défense, les syndicats, en l'avant-garde d'un mouvement social de tous les opprimés et exploités. Leurs solutions n'ont rien à voir avec la perspective que les travailleurs construisent un mouvement révolutionnaire afin de lutter pour un gouvernement des travailleurs et des agriculteurs, ouvrir la voie au socialisme et commencer en le faisant à se transformer eux-mêmes en êtres humains plus complets. Voilà les conclusions que les dirigeants capitalistes *ne* veulent *pas* voir les travailleurs et les jeunes tirer.

Au cours de la dernière décennie, l'opinion publique bourgeoise a été totalement saturée par une campagne publicitaire disant aux jeunes : « Dites simplement non » à la drogue. « Dites simplement non ! » Plus que n'importe qui d'autre dans la société bourgeoise, le mouvement révolutionnaire sait à quel point la drogue gaspille et détruit le potentiel humain. Mais quel est le problème avec la campagne « Dites simplement non » de la bourgeoisie ?

Le problème — et c'est ce que les porte-parole capitalistes n'osent pas dire — c'est qu'il n'y a rien dans leur société à quoi l'immense majorité des jeunes et des travailleurs puissent dire « oui ». (Sans compter que le trafic de la drogue est un commerce capitaliste gigantesque dont les travailleurs sont les principales victimes et qui profitent abondamment aux policiers et aux politiciens.) Des millions de personnes ne commenceront pas à dire « non » à des choses qui leur nuisent — qu'il s'agisse de la drogue ou d'autre chose — tant qu'ils ne pourront pas dire « oui » à quelque chose.

Et ce « oui » doit s'adresser à quelque chose de plus grand que nous-mêmes. Ce doit être l'affirmation que nous et des millions d'autres sommes les acteurs de l'histoire. Nous pouvons changer la société. Nous pouvons faire quelque chose pour résoudre les maux qui nous entourent. Nous pouvons faire ce qu'ils sont incapables de faire.

Une fois qu'on peut dire « oui » à ce type de vie active qui a un but, à ce type de vie politique organisée qui nous offre un futur, plus personne n'a besoin de nous exhorter à dire « non » à un million de choses. Au contraire, nous commencerons à nous organiser avec d'autres pour dire « oui ». Nous commencerons à consacrer notre temps et notre énergie à devenir le genre de personne que l'école, les médias, l'Église et les autres institutions capitalistes essaient de nous convaincre que nous ne pourrons jamais devenir.

L'ensemble de la société bourgeoise enseigne et prêche à la plupart des jeunes, comme elle le fait aux travailleurs, à dire non à notre propre valeur, à dire non a notre capacité de nous transformer et de transformer le monde où nous vivons et à dire non au potentiel révolutionnaire de la classe ouvrière. On nous fait croire que nous sommes les objets de l'histoire, pas ceux qui font l'histoire. On nous fait penser que nous dépendons des largesses de la classe dominante. On nous ment, on fait notre éloge, on nous cajole et on nous humilie pour nous faire accepter d'être traités comme des outils et des pièces d'équipement que les employeurs utilisent pour faire des profits. On nous dit que c'est de notre faute si nous nous retrouvons sans travail, sans un revenu suffisant pour vivre et sans un logement qu'on a les moyens de payer. C'est de notre faute si nous ne disons pas « non » aux drogues et aux autres manifestations de la démoralisation et de la dégradation humaines. Ce sont les jeunes qu'il faut blâmer. Ce sont les travailleurs qu'il faut blâmer.

Voilà le mensonge que les travailleurs et les jeunes rejettent quand et seulement quand ils commencent à s'organiser avec d'autres pour résister à ce que le capitalisme offre. En commençant à résister aux relations sociales déshumanisantes qui sont inhérentes au capitalisme, une couche de ces combattants peut commencer à agir à un niveau plus général contre le système. Certains d'entre eux sont attirés politiquement par le socialisme et par la classe ouvrière.

VII.
CONSTRUIRE LE MOUVEMENT COMMUNISTE

Jusqu'au milieu de 1992, l'Alliance des jeunes socialistes (YSA) a fonctionné dans ce pays pendant près de 35 ans comme une organisation indépendante de la jeunesse socialiste révolutionnaire, en solidarité politique avec le Parti socialiste des travailleurs. Au début des années 90, ainsi que je l'ai noté en commençant cette présentation, le mouvement communiste avait vu depuis plusieurs années le nombre de ses membres décliner et leur moyenne d'âge augmenter sous l'effet cumulatif de la retraite du mouvement ouvrier et de la défaite des gouvernements ouvriers et paysans à Grenade et au Nicaragua. L'âge et le niveau d'expérience politique de la grande majorité des dirigeants de la YSA étaient tels qu'un écart de plus en plus grand se creusait entre eux et le petit nombre de jeunes qui adhéraient à l'organisation.

Dans ce contexte, la direction de la YSA a conclu en mars 1992 en consultation avec le comité national du SWP que la YSA devait se dissoudre. À l'époque, aucun développement politique ne permettait d'entrevoir un renouvellement substantiel à court terme. Mais surtout, lorsque de nouveaux développements allaient ouvrir la voie au recrutement d'une autre couche de jeunes au mouvement communiste, la YSA — en raison de l'âge moyen de ses cadres — ne pourrait servir de véhicule efficace pour permettre à cette nouvelle génération de s'organiser, d'agir politiquement et d'assumer des responsabilités de direction. Pendant ce temps, le SWP avait besoin des ressources et de l'énergie politiques des membres expérimentés de la YSA pour renforcer les fractions industrielles, les branches et les institutions de propagande qui seraient pour les jeunes un pôle d'attraction vers la classe ouvrière lorsque de nouvelles opportunités se présenteraient de travailler avec eux et de les gagner au mouvement communiste.

Nous étions convaincus qu'une nouvelle génération de combattants créerait tôt ou tard une forme organisationnelle, sur des bases plus jeunes et donc plus solides, pour renouer la continuité politique du travail de jeunesse communiste dont la YSA avait fait partie aux

États-Unis. Cette continuité remonte à ceux qui ont rédigé le *Manifeste du Parti communiste,* à ceux qui ont aidé à diriger la révolution russe en octobre 1917 et à ceux qui ont lancé le mouvement communiste mondial en s'appuyant sur l'exemple des bolcheviks et en cherchant à imiter ce qu'ils avaient fait.

Lorsque la YSA s'est dissoute, beaucoup de ses membres ont adhéré au SWP, s'ils ne l'avaient déjà fait. Avec les autres membres du SWP, ils ont continué de travailler avec des jeunes dans les activités de solidarité avec la révolution cubaine et dans des mouvements de protestation et des manifestations construits autour d'une grande variété de questions politiques.

Relancer un groupe national de jeunes socialistes

Moins de deux ans plus tard, ici à cette conférence, nous voyons les résultats de la perspective que nous avions projetée : une centaine de jeunes venus de toutes les régions des États-Unis se sont rassemblés pour former un comité organisateur, dans le but d'avancer vers une conférence plus tard cette année où sera relancée une organisation nationale de jeunes socialistes.

Une chose est certaine, c'est que ce développement a été plus rapide qu'on aurait pu l'anticiper il y a deux ans. Et ce qui l'explique, j'en suis convaincu, c'est cette marche continue de l'impérialisme vers le fascisme et la guerre que nous avons discutée ici.

Les jeunes travailleurs et étudiants qui s'intéressent le plus à la politique et qui sont attirés par la force potentielle du mouvement ouvrier organisé sentent, malgré ses hauts et ses bas, le caractère implacable de cette évolution. Ils sentent qu'on se rapproche d'une épreuve de force titanesque dans l'histoire de l'humanité et ils veulent faire partie de ceux qui se préparent à lutter — et à vaincre.

Revitaliser le tournant du parti vers l'industrie

Cette initiative pour construire une organisation de jeunesse socialiste coïncide aujourd'hui avec les efforts déployés par les membres du Parti socialiste des travailleurs — et parfois, à notre propre surprise, cela peut exiger une réorientation difficile — pour profiter au maximum de l'embauche qui a lieu dans cette période de reprise économique [31].

Depuis le milieu des années 70, le SWP s'est organisé pour profiter pleinement des ouvertures qui se sont présentées pour que la grande majorité de ses membres et dirigeants se trouvent des emplois industriels et mènent une activité politique communiste en tant que membres de syndicats industriels. Mais l'expérience du mouvement communiste des années 30 jusqu'à aujourd'hui confirme qu'il ne suffit pas d'établir des fractions de travailleurs socialistes dans ces syndicats ou de faire un travail politique et syndical organisé avec les autres travailleurs. Les travailleurs communistes doivent aussi rester attentifs — et réagir — aux modifications qui se produisent dans l'embauche et aux autres changements dans l'industrie qui peuvent permettre à nos fractions syndicales de continuer à s'intégrer aux nouvelles générations de travailleurs, à apprendre de leurs expériences et à croître avec elles.

Ceci revêt une importance particulière dans les périodes comme celle d'aujourd'hui, où le mouvement communiste ne connaît pas le genre de croissance nette qui facilite normalement un tel renouvellement. En période de grande croissance, les cadres d'un parti communiste

---

31. Voir l'introduction au livre de Jack Barnes, *The Changing Face of U.S. Politics: Working-Class Politics and the Trade Unions*, New York, Pathfinder, 1994.

ont toujours une marge d'erreur plus large. Le rythme de developpement leur permet de surmonter et d'oublier derrière eux plusieurs péchés à mesure qu'ils progressent.

Pour ces raisons, le SWP s'est donné comme priorité de s'orienter vers la nouvelle embauche. C'est la poursuite de ce qu'ont entrepris les cadres du parti qui ont initié le tournant vers l'industrie à la fin des années 70 et au début des années 80. Ces travailleurs bolcheviks et ceux qui sont allés dans l'industrie au cours des 15 dernières années dirigent maintenant cet effort pour revitaliser le tournant vers les syndicats industriels. Plusieurs de ceux qui sont déjà des syndicalistes chevronnés et compétents dans les fractions du parti se portent volontaires pour chercher de nouveaux emplois, souvent dans des usines plus grandes et où un nombre important de jeunes travailleurs sont embauchés. Ils encouragent d'autres membres du parti qui ne travaillent pas actuellement dans l'industrie à se joindre à eux. Quelques jeunes socialistes traversent maintenant leur première expérience de travail en industrie et effectuent un travail politique collectif comme membres des fractions syndicales du parti.

Ce renouvellement exige un travail politique conscient. Il implique une restructuration de la composition et de l'équilibre précis des fractions syndicales dans les villes où le mouvement communiste a des branches. Mais c'est ce qu'il faut faire si on veut que des travailleurs communistes *fassent partie* des générations qui entrent aujourd'hui dans les mines, les manufactures et les usines et traversent des expériences *avec elles*. Dans ce processus, nous allons aussi commencer à transformer et à rajeunir tout notre travail syndical.

Une semaine environ après cette conférence, les éditions Pathfinder vont publier une version augmentée de *The Changing Face of U.S. Politics: Working-Class Politics and the Trade Unions*. Sous bien des aspects, il s'agit d'un nouveau livre. Il a été entièrement réorganisé et intègre plusieurs nouveaux documents sur le tournant du parti vers l'industrie, qui vont jusqu'à la campagne ouvrière contre l'impérialisme et la guerre menée par nos fractions industrielles et nos branches pendant l'assaut de Washington contre l'Irak en 1990-1991. Compte tenu des ouvertures que nous discutons ici, ce livre deviendra pour les travailleurs et les jeunes communistes une arme politique encore plus importante à lire, à étudier et à diffuser le plus largement possible. La nouvelle introduction au livre va de plus expliquer les perspectives plus avantageuses qui existent aujourd'hui pour renforcer le mouvement communiste dans les syndicats.

NOUS ORGANISER pour profiter de l'embauche qui se fait : voilà le nouveau pas le plus important dans le tournant du parti vers l'industrie depuis le lancement en 1986 du district de l'Iowa et l'établissement d'une fraction nationale dans le secteur de l'industrie des viandes organisé par les Travailleurs unis de l'alimentation et du commerce. C'est peut-être même le pas le plus important depuis que nous avons décidé en février 1978 de concentrer la vaste majorité des dirigeants et des membres du parti dans les syndicats industriels. C'est la voie non seulement pour revitaliser les fractions syndicales industrielles du parti, mais aussi les institutions propagandistes des branches d'un parti de travailleurs communistes qui accomplit un travail politique équilibré et diversifié.

Ce renouvellement du tournant constitue la chose la plus importante que les membres du Parti socialiste des travailleurs peuvent faire pour avancer dans la même direction que ceux qui oeuvrent à reconstruire une organisation nationale de jeunes socialistes aux États-Unis. Plus il y aura de cadres expérimentés du parti qui participeront directement à reconstruire, restructurer et rajeunir nos fractions, plus le mouvement communiste réussira à gagner les jeunes combattants qui sont aujourd'hui attirés au socialisme. Les ligues communistes font face à des opportunités et à des responsabilités similaires dans les autres pays où la reprise économique capitaliste se traduit par une nouvelle embauche dans l'industrie.

Nous ne faisons pas cet effort parce que nous prévoyons une montée généralisée des luttes ouvrières, semblable à l'énorme mouvement social qui a construit les syndicats industriels sous la direction du CIO dans les années 30. Ces luttes-là s'en viennent. Mais nous ne pouvons pas dire quand ni comment et ce n'est pas pour cette raison que nous prenons ces mesures.

Mais ce que nous pouvons et devons dire, c'est que la croissance modeste de la résistance ouvrière que nous avons signalée crée déjà de meilleures conditions politiques pour mener avec succès cet effort centralisé. Il y aura plus de résistance comme celle que nous voyons aujourd'hui à mesure que de jeunes travailleurs vont continuer d'arriver dans les usines et que les patrons vont poursuivre leurs attaques sur les salaires, les heures et les conditions de travail. Ces jeunes travailleurs n'ont pas vécu les deux ou trois rondes de concessions que leurs compagnons de travail plus expérimentés ont faites aux patrons au cours des deux dernières décennies. Ces défaites et impasses ont laissé moins de blessures et de marques sur les travailleurs plus jeunes. Lorsqu'ils sont mis à pied, les plus jeunes travailleurs sont confiants de trouver un nouvel emploi et sont prêts à reprendre la lutte. Ce renouveau affecte aussi d'autres travailleurs, qui seront eux-mêmes un peu plus prêts à « dire simplement non » d'une façon inattendue pour les patrons.

Forger un mouvement communiste mondial

Les travailleurs du monde entier ont payé très cher le fait qu'aucune révolution socialiste victorieuse n'a eu lieu dans aucun pays capitaliste avancé. Il suffit de lire les écrits et discours de dirigeants communistes comme Vladimir Lénine et Léon Trotsky pour se rendre compte de ce qu'aurait signifié une révolution victorieuse pour les travailleurs et les paysans de la jeune république soviétique, ne serait-ce que dans un seul pays hautement industrialisé comme l'Allemagne. C'est une éventualité que les bolcheviks espéraient, qu'ils considéraient possible et qu'ils ont tout fait pour aider à réaliser. Elle aurait réduit les énormes pressions sur les masses travailleuses en Union soviétique et aurait déplacé le rapport de force en leur faveur dans la résistance à la contre-révolution menée par la caste parasitaire que Joseph Staline a fini par représenter.

Mais le poids des fausses directions de collaboration de classe sociales-démocrates et plus tard staliniennes au sein du mouvement ouvrier a empêché la révolution prolétarienne de triompher dans les pays industrialisés. Avec l'affaiblissement considérable du mouvement stalinien au cours des dernières années et le renforcement continue de la portion que constitue la classe ouvrière au sein de la population productrice à l'échelle mondiale, il n'y a aucune raison de présumer que la série de révolutions ratées dans les pays impérialistes va se poursuivre dans les décennies à venir. Ce fait souligne les énormes responsabilités qui incombent au mouvement ouvrier dans les pays impérialistes, y compris à la petite avant-garde politique regroupée dans des ligues communistes comme le Parti socialiste des travailleurs et celles qui partagent nos perspectives dans d'autres pays.

Nous avons déjà expliqué à plusieurs reprises que toute véritable continuité communiste a été rompue il y a plusieurs décennies en Union soviétique et dans les États ouvriers d'Europe de l'Est. Dans tous ces États ouvriers déformés et dégénérés, les staliniens — l'incarnation d'une contre-révolution sanglante contre le bolchevisme et contre les communistes au sein du mouvement ouvrier — ont assassiné de façon systématique tous les révolutionnaires qu'ils n'ont pu corrompre, démoraliser ou chasser de la vie politique active.

Aujourd'hui, la terreur et la répression d'État qui ont isolé les travailleurs et les jeunes des pays impérialistes de nos frères et soeurs de l'ancienne Union soviétique et de l'Europe de l'Est sont choses du passé. La classe ouvrière de ces pays et, comme nous l'avons vu, celle qui se développe rapidement en Chine ne peuvent plus être chassées de la vie politique comme elles l'ont été pendant plus d'un demi-siècle. Elles sont devenues un facteur réel dans le développement de la lutte des classes à l'échelle mondiale.

Qui plus est, pendant la plus grande partie du vingtième siècle dans les pays impérialistes et le tiers monde, chaque nouvelle génération a vu les meilleurs travailleurs et jeunes révolutionnaires joindre ce qu'ils pensaient être le communisme, alors qu'en fait c'était le mouvement stalinien. Avec le temps, ils ont été corrompus et détruits comme révolutionnaires. C'est ce qui est arrivé depuis la fin des années 20. Mais cet énorme obstacle politique a lui aussi été qualitativement affaibli.

Au cours des cinquante dernières années ou plus, les communistes n'ont pu devenir un courant ayant un quelconque poids social au sein du mouvement ouvrier, à l'exception de Cuba. À quelques reprises ici, nous avons fait partie de la direction d'importantes batailles de classe qui ont montré ce qu'il aurait été possible d'accomplir en d'autres circonstances, mais jamais plus que ça. Le meilleur exemple, celui que nous connaissons le mieux, c'est la direction de la Fraternité des camionneurs à Minneapolis et dans le centre-nord des États-Unis au cours des années 30. Les travailleurs communistes y ont joué un rôle décisif. Les quatre livres écrits par Farrell Dobbs et publiés par les éditions Pathfinder racontent cette expérience et en tirent les leçons [32].

Même dans ce cas, il faut nous rappeler ce que Farrell explique : les travailleurs communistes ne sont jamais devenus une composante de la direction d'une aile de gauche de lutte de classes au sein du mouvement ouvrier. Ils étaient les organisateurs d'un noyau de direction qui aurait pu assumer une telle responsabilité si la lutte des classes avait continué à se développer. Mais trois facteurs ont coupé court à cette possibilité : le poids de la fausse direction stalinienne au sein du mouvement ouvrier, l'escalade des préparatifs de guerre de Washington en vue de la deuxième guerre mondiale et le coup monté et l'emprisonnement subséquent de 18 dirigeants de la Fraternité des camionneurs et du SWP dans la période menant à l'entrée des États-Unis en guerre et pendant la guerre elle-même.

Lorsque nous comprenons pourquoi les communistes n'ont pu devenir un pôle d'attraction puissant dans le mouvement ouvrier international depuis les années

---

32. Voir *Teamster Rebellion, Teamster Power, Teamster Politics* et *Teamster Bureaucracy* par Farrell Dobbs. La série a été publiée par Pathfinder. Le Cermtri de Paris a publié le premier de ces livres en français sous le titre *La révolte des camionneurs*, disponible auprès des éditions Pathfinder.

20, nous pouvons mieux apprécier ce que l'émergence d'une direction communiste à la tête de la révolution cubaine a pu signifier pour nous. La direction du Mouvement du 26 juillet, regroupée autour de Fidel Castro, de Che Guevara et d'autres, a constitué le premier courant révolutionnaire qui a contourné les staliniens et a dirigé les travailleurs et les paysans dans une révolution anticapitaliste victorieuse qui n'était pas grossièrement déformée dès sa naissance. La révolution cubaine a inauguré la révolution socialiste dans les Amériques.

À CUBA, une direction petite-bourgeoise radicale, dont plusieurs des dirigeants centraux avaient étudié le marxisme au début de leur vie politique, a organisé et trempé un mouvement révolutionnaire capable de diriger les travailleurs et les paysans dans une révolution anti-impérialiste jusqu'à sa nécessaire conclusion anticapitaliste. En le faisant, ces dirigeants ont écarté ceux qui prétendaient parler au nom du communisme et ils ont construit un véritable parti communiste s'appuyant sur le peuple travailleur de Cuba.

Mais presque 35 ans plus tard, ce modèle ne s'est pas répété. À Grenade et au Nicaragua, des développements révolutionnaires prometteurs ont fait un bout de chemin dans cette direction avant d'être renversés et finalement défaits. Le stalinisme porte l'entière responsabilité du premier de ces revers et une lourde part de responsabilité dans le deuxième [33]. En Afrique du Sud, les progrès

---

[33]. Voir « The Rise and Fall of the Nicaraguan Revolution », dans le neuvième numéro de *New International* et en espagnol dans le troisième numéro de *Nueva Internacional*. Les textes contenus dans ces numéros spéciaux expliquent en détail ce que le triomphe de

de la révolution nationale et démocratique ont ouvert un plus grand espace politique pour forger une direction communiste de la classe ouvrière parmi les cadres les plus dévoués du mouvement révolutionnaire dirigé par le Congrès national africain.

Mais on n'a jamais vu dans le monde une direction stalinienne petite-bourgeoise se transformer en une direction communiste prolétarienne. Pas même dans les révolutions qui ont suivi la deuxième guerre mondiale en Chine, en Yougoslavie et au Viêt-nam où — pour des raisons liées à la conjoncture historique spécifique — des partis staliniens sont allés plus loin que ce que nous avions cru possible et ont été à la tête de puissantes révolutions ouvrières et paysannes qui ont renversé les rapports de propriété capitalistes [34]. Mais les directions staliniennes en Chine, en Yougoslavie et au Viêt-nam n'ont jamais été et ne sont jamais devenues des directions communistes prolétariennes. Elles ont en fait traqué, emprisonné et, quand cela ne suffisait pas, massacré dans un certain

---

juillet 1979 au Nicaragua a rendu possible et l'élan qu'il a donné à la construction d'une direction révolutionnaire, non seulement dans les Amériques mais à l'échelle internationale. Ils présentent aussi les leçons que les travailleurs et les jeunes de partout peuvent et doivent tirer de la montée et du déclin de la révolution au cours de la décennie qui a suivi.

34. Ces circonstances exceptionnelles sont discutées dans « Le gouvernement des ouvriers et des agriculteurs dans le monde, de 1945 à 1965 » de Joseph Hansen et « Leur Trotsky et le nôtre : la continuité communiste aujourd'hui » de Jack Barnes, dans le premier numéro de *Nouvelle Internationale*. La même question est examinée plus en détail dans *The Workers and Farmers Government* de Joseph Hansen et *For a Workers and Farmers Government in the United States* de Jack Barnes. On peut se procurer ces deux derniers textes auprès des éditions Pathfinder.

nombre de cas les directions prolétariennes révolutionnaires qui cherchaient à suivre la ligne de marche de la classe ouvrière. Le bilan historique devrait aujourd'hui être clair à ce sujet.

Ce bilan confirme de manière frappante les raisons pour lesquelles le mouvement communiste — de ses origines, depuis Marx, Engels et les travailleurs révolutionnaires de la Ligue des communistes, jusqu'à nos jours, en passant par Lénine, les bolcheviks et l'opposition communiste dirigée par Trotsky — a toujours cherché à s'endurcir lui-même et à renforcer le mouvement ouvrier d'abord et avant tout contre l'influence et les illusions dans les fausses directions petites-bourgeoises et leurs inévitables adaptations au capitalisme.

LA CRISE DE DIRECTION DU PROLÉTARIAT demeure le pire obstacle au progrès de la révolution socialiste, comme cela a été le cas durant la majeure partie du vingtième siècle. Sans résoudre la crise de direction de *notre* classe, les travailleurs ne pourront jamais confronter directement la bourgeoisie et l'emporter.

Le plus important problème auquel les travailleurs font face dans la solution de cette crise politique n'est pas la bourgeoisie. Quand des conflits de classe plus grands et plus violents vont se développer, en particulier dans les pays impérialistes et les pays semi-coloniaux les plus avancés au niveau industriel, la classe ouvrière ne se tournera pas vers la bourgeoisie et ses partis pour diriger la lutte. Quand des centaines de milliers, voire des millions de travailleurs se mobilisent dans des luttes croissantes — c'est ici que commence la véritable politique révolutionnaire — ils ne suivent pas la bourgeoisie. Leurs luttes les poussent à s'opposer au capitalisme et à commencer à surmonter leur subordination aux capitalistes et à leurs institutions politiques. Les travailleurs rejettent de plus en plus toute direction bourgeoise.

Lorsque de tels tournants se produisent dans l'histoire, les meilleurs combattants de l'avant-garde ouvrière ne se laissent pas duper et tromper par les forces politiques bourgeoises. S'ils deviennent désorientés, c'est presque toujours pour avoir regardé du côté des forces petites-bourgeoises qui prétendent être une direction socialiste prolétarienne au sein du mouvement ouvrier. C'est ce qui s'est produit au début du siècle, lorsque la direction de la très grande majorité des partis de l'Internationale socialiste social-démocrate ont conduit les travailleurs de leurs pays respectifs à la boucherie de la première guerre mondiale interimpérialiste. Et c'est ce qui s'est produit à la fin des années 20 et au cours des années 30, lorsque les fausses directions staliniennes à travers le monde ont suivi les ordres de la machine meurtrière internationale centrée à Moscou et ont conduit les travailleurs à la défaite — de la Chine à l'Allemagne et de l'Espagne à la France — jusqu'à rendre impossible pour le mouvement ouvrier de renverser la marche des capitalistes vers la deuxième guerre mondiale.

Bien sûr, l'histoire a appris aux communistes que lorsque la classe ouvrière fait la preuve de sa capacité de direction sociale dans de grandes batailles de classe, elle attire à elle non seulement les masses travailleuses qui ne font pas partie du prolétariat, mais aussi de larges couches des classes moyennes. Plusieurs de ces individus deviendront des communistes loyaux. Des sections entières des couches inférieures de la classe moyenne peuvent et vont être soustraites à l'influence des démagogues fascistes et vont se joindre aux travailleurs communistes dans la lutte pour établir un gouvernement des travailleurs et des agriculteurs. Mais ceci ne se produira que si l'avant-garde ouvrière suit un cours politique conséquent et conforme à la ligne de marche stratégique de la classe ouvrière, sans s'adapter aux hésitations, à l'indécision, aux attitudes, aux valeurs et aux préoccupations des classes moyennes et sans orienter notre programme dans leur direction.

Construire à temps un parti communiste ouvrier

En février de cette année, plusieurs dirigeants du SWP ont représenté le parti à la « Quatrième rencontre latino-américaine et de la Caraïbe pour la solidarité, la souveraineté, l'autodétermination et la vie de nos peuples » à La Havane. Le reportage publié dans le journal *The Militant* sur cet événement a cité le discours de clôture du président cubain Fidel Castro.

« Le jour du nouvel an de l'année 2000, » a-t-il dit aux 1 200 délégués et observateurs venus de toutes les Amériques, « on ne pourra souhaiter à personne, ni en Amérique latine ni en beaucoup d'autres endroits du monde, un heureux nouveau siècle, car le siècle qui s'annonce — on en voit déjà les prémisses — sera vraiment un siècle de combats et d'efforts [35]. »

Fidel Castro a raison : la fin du vingtième siècle et le début du prochain vont se caractériser par des conditions instables et des conflits sociaux, non seulement dans le monde semi-colonial mais aussi dans les pays impérialistes. Mais on doit ajouter autre chose. La plus importante leçon apprise jusqu'à maintenant par la classe ouvrière au vingtième siècle, c'est que si le travail pour construire

---

35. Une traduction en français de ce discours de Fidel Castro est parue dans l'édition du 16 février 1994 de l'hebdomadaire *Granma International*, publié à La Havane à Cuba.

un parti communiste n'a pas été accompli au préalable, il sera trop tard pour l'entreprendre lorsqu'une situation révolutionnaire va se développer.

Depuis son enfance à l'époque de la révolution de 1848 et de la Commune de Paris au siècle dernier jusqu'aux grands événements du vingtième siècle dont nous avons déjà parlé, notre classe a traversé de nombreuses expériences avec des directions petites-bourgeoises radicales [36]. L'histoire nous enseigne que les autres courants politiques — peu importe ce que certains d'entre eux auront pu accomplir — vont craquer et capituler sous la pression des luttes de classe puissantes et titanesques que le capitalisme va inévitablement engendrer. Si la classe ouvrière ne dispose pas d'une direction issue de ses propres rangs — une direction politiquement expérimentée, aguerrie dans les batailles de notre classe, qui ne paniquera ni ne s'effondrera lorsqu'une situation révolutionnaire va se présenter — elle subira la défaite.

MAIS LE SEUL MOMENT où les travailleurs révolutionnaires peuvent *prouver* pourquoi il faut construire un parti communiste, c'est lorsqu'il est déjà trop tard si on n'a pas déjà accompli une très grande partie du travail. Quand les épreuves les plus difficiles et les plus importantes de l'histoire de l'humanité se présenteront, c'est à ce moment, à ce moment précis, que tout combattant doté d'une conscience de classe saura qu'il valait vraiment la peine de construire le parti capable de diriger

---

36. Voir « De 1848 à aujourd'hui, le communisme et la lutte pour le gouvernement révolutionnaire populaire » de Mary-Alice Waters, dans le premier numéro de *Nouvelle Internationale*, réimprimé en 1991, p. 11 à 102.

et d'agir avec confiance et détermination, indépendamment des faiblesses individuelles de l'un ou l'autre de ses membres.

Les révolutionnaires doivent apprendre à voir le présent comme une partie de l'histoire et à vivre et à agir en conséquence. La théorie n'est pas un dogme ni une reconnaissance de dette. C'est la généralisation vivante de la ligne de marche d'une classe et des leçons politiques stratégiques que notre classe a apprises dans la lutte au prix de sacrifices sanglants. Ces leçons sont les biens les plus précieux du mouvement communiste, nos armes les plus précieuses. C'est en assimilant ces leçons dans la pratique politique quotidienne et hebdomadaire d'un mouvement communiste mondial organisé que des millions de communistes sont capables quand arrive le moment crucial de penser et d'agir d'une manière disciplinée pour faire ce qui est requis par les circonstances.

À des moments comme ceux-là, ou bien des millions d'individus ayant déjà intériorisé la même politique, la même stratégie et la même discipline agiront à partir de ce que toute leur expérience politique et de classe les aura préparés à faire, ou bien la lutte se soldera par une défaite. Ou bien les travailleurs communistes vont réagir et diriger d'une manière opposée à celle de tous ceux qui auront prétendu diriger les opprimés et les exploités jusque là, ou bien les capitalistes et leurs lieutenants petit-bourgeois au sein du mouvement ouvrier vont noyer le mouvement révolutionnaire dans le sang. Voilà pourquoi il faut construire un parti communiste.

Tout ce que les communistes font aujourd'hui n'a qu'un seul objectif : préparer un parti capable de faire face à ces défis dans la lutte révolutionnaire pour le pouvoir. Tout ce que nous faisons vise à préparer un parti de travailleurs bolcheviques capable de diriger notre classe et ses alliés vers l'établissement d'un gouvernement des travailleurs et des agriculteurs qui pourra empêcher la catastrophe dans laquelle les capitalistes entraînent l'humanité. Ainsi que l'a expliqué le vétéran dirigeant communiste Joseph Hansen :

> Des questions en apparence lointaines et théoriques ont tendance à s'imposer soudainement sur la scène politique et à exiger de nous des réponses qui peuvent, selon leur caractère, déterminer de manière décisive le sort des groupes et tendances qui aspirent à diriger la classe ouvrière. C'est ainsi que les problèmes liés à la lutte pour le pouvoir ne peuvent être laissés au congélateur et ressortis au « moment voulu ». Ils sont déjà présents parmi nous en tant qu'événements internationaux importants sur lesquels il faut se prononcer (la révolution cubaine, par exemple), mais aussi en tant qu'éléments d'appréciation plus concrète des perspectives des luttes à venir.
>
> D'ailleurs, la lutte pour le pouvoir ainsi que les problèmes et les tâches qui l'accompagnent doivent toujours retenir notre attention. En tant que but, cette phase culminante domine nos décisions dans la sélection des moyens nécessaires pour la réaliser [37].

Un écart sépare toujours ce qui semble être la réalité évidente devant nous, d'un côté, et la conviction qu'ont les communistes qu'il est nécessaire de poursuivre un

---

37. Joseph Hansen, « Une question vitale de stratégie révolutionnaire », dans le premier numéro de *Nouvelle Internationale*, réimprimé en 1991, p. 240.

cours révolutionnaire de l'autre. Il n'est pas vrai que la conduite des communistes et ses résultats apparents à court terme suffisent à eux seuls à convaincre les travailleurs combatifs et les jeunes qui sont attirés par le mouvement ouvrier de la nécessité de former une organisation communiste.

Ce n'est que dans la mesure où les communistes réussissent à présenter l'histoire comme une composante du présent et à intégrer la théorie aux armes pratiques dont les combattants ont besoin que nous réussirons à former un parti communiste et un mouvement mondial. Nous, les travailleurs et les jeunes en lutte, nous devons apprendre la discipline, nous devons apprendre comment étudier, nous devons apprendre à penser par nous-mêmes. Nous devons apprendre à préserver soigneusement les leçons que les générations précédentes de notre classe ont conquises dans la sueur et le sang. Rien dans les traditions politiques du mouvement ouvrier n'a de valeur pour de simples raisons sentimentales ou cérémonielles. Ces traditions font partie de notre arsenal politique révolutionnaire ou nous n'en avons pas besoin.

Si au contraire nous essayons de justifier notre cours communiste à partir de ses résultats quotidiens, nous aurons l'air d'être — et nous deviendrons — les membres psalmodiant d'une secte. On nous prendra à tort pour des gens qui veulent rester à l'écart des luttes pour des revendications immédiates, partielles ou démocratiques et qui ne veulent pas travailler de manière unitaire et large avec d'autres. Les communistes qui ont absorbé cette approche fondamentale jusque dans la moelle de leurs os sont de loin les meilleurs dans le travail de masse. Parce qu'ils sont à l'aise avec l'idée que ce qu'ils font aujourd'hui est nécessaire pour les préparer aux grandes luttes à venir, eux et d'autres combattants au sein de leur classe. Il n'y a pas de conflit entre ces luttes limitées et notre ligne de marche stratégique, même s'il n'existe pas de lien direct entre les succès remportés ou les défaites subies sur un front donné et la réalisation des buts ultimes des travailleurs.

C'est un point important, parce qu'il coulera beaucoup d'eau sous les ponts entre les luttes préparatoires menées aujourd'hui par des sections de notre classe et le développement de situations pré-révolutionnaires. Les bolcheviks utilisent au maximum cette période de temps pour vérifier si l'espace augmente pour mener le travail politique révolutionnaire au sein de notre classe, pour diffuser des journaux, des livres et des brochures révolutionnaires et pour construire une organisation de jeunesse communiste, d'autres organisations auxiliaires du mouvement communiste et un parti ouvrier communiste.

Personne ne devient un communiste avant d'adhérer à un parti communiste. Mais il n'y a aucune garantie non plus qu'en adhérant à un parti communiste, un individu donné deviendra un communiste. Cela exige un travail politique collectif et un effort et une discipline individuels. La véritable discipline dans un parti communiste ne peut jamais s'exercer de l'extérieur ; elle doit venir de l'intérieur de chaque individu. Et elle est volontaire dans le sens le plus complet du mot. Elle est le résultat de l'expérience, de la clarté politique et du dévouement de chacun des êtres humains qui forment le parti, qui contribuent à ses discussions et à ses décisions et qui agissent ensuite collectivement dans la politique et dans la lutte des classes à partir de cette compréhension et de ces décisions.

La plupart du temps et dans la majorité des cas, les militants avec qui on travaille ne peuvent faire la différence entre les communistes et de nombreux centristes, pacifistes et autres radicaux petits-bourgeois. Du point de vue du degré d'activité ou du travail abattu, la différence est souvent mince. La majorité des militants tirent leurs premières conclusions politiques à partir de questions tactiques et de leurs résultats immédiats. En tant qu'individus ou groupe d'individus, les communistes ne sont ni meilleurs, ni pires que d'autres en ce qui concerne de nombreuses questions tactiques. Ces facteurs ne vont jamais aider personne à comprendre qui nous sommes ou ce que nous défendons. Si nous centrons notre participation dans la politique avec d'autres sur ces questions, nous finirons par nous abstenir. Mais si nous n'amenons pas notre politique avec nous dans chacune des luttes auxquelles nous participons, nous ne produirons aucun communiste. Et bon gré mal gré, indépendamment de nos intentions, nous commencerons à nous adapter à ceux que nous serions horrifiés de devenir.

Être politiquement seuls, comme les communistes le sont aujourd'hui et le seront jusqu'à ce que se produisent des changements fondamentaux dans la lutte de classe, n'est pas la même chose que de s'abstenir de participer à la politique. On ne continuera pas de participer avec d'autres aux activités politiques organisées en nous adaptant aux courants petits-bourgeois. C'est la route de l'inefficacité politique absolue.

Le monde que nous avons décrit, le monde que Fidel Castro anticipe à l'approche du nouveau millénaire, est un monde où les maux économiques, sociaux et politiques créés par le fonctionnement du capitalisme se seront multipliés. C'est un monde où un affrontement entre la classe ouvrière et la réaction capitaliste dans sa forme la plus virulente, le fascisme, sera à l'ordre du jour et devra être résolu avant que quoi que ce soit ne puisse être réglé.

Les travailleurs communistes ne doivent jamais prêter foi à l'idée qu'« il n'y a pas de porte de sortie pour la classe capitaliste. » Il existe toujours, toujours, une porte de sortie pour les capitalistes s'ils peuvent détruire suffisamment de capitaux et infliger des défaites suffisamment grandes à la classe ouvrière. Dans ces conditions, certains capitalistes vont sortir gagnants et trouver une façon de faire remonter les taux de profit pour une période prolongée, avant que ces derniers ne recommencent à tomber encore une fois.

M<small>AIS L'HUMANITÉ VA PAYER</small> un prix terrible pour une telle « solution ». On va payer le prix du fascisme et de la guerre mondiale. Mais bien avant que cela n'arrive, la classe ouvrière aura sa chance elle aussi. C'est à cela que nous nous préparons. Cette raison justifie à elle seule les efforts énormes déployés par les travailleurs bolcheviques pour faire partie de la nouvelle génération qui entre aujourd'hui dans la force de travail industrielle. Cette raison justifie à elle seule l'appui sans condition donné par les travailleurs bolcheviques aux efforts tenaces déployés par les jeunes révolutionnaires pour progresser vers la relance d'une organisation nationale de jeunes socialistes avant la fin de l'année.

Voilà la perspective qui offre aux travailleurs, aux petits agriculteurs et aux jeunes communistes à Cuba une issue aux conditions difficiles et aux retraites nécessaires que leur ont imposées les défaites subies par les luttes révolutionnaires en Amérique durant la dernière décennie. C'est la perspective à laquelle on peut gagner des travailleurs et des jeunes, de Toronto à Tokyo, de Shanghai à Soweto, de Stockholm à Séoul et de Moscou à Mexico.

Les travailleurs communistes ne demandent pas à l'histoire de leur faire des promesses. Nous n'avons besoin d'aucun échéancier garanti. Nous ne prétendons pas savoir ce qu'amèneront exactement les hauts et les bas des prochains cycles économiques ou quand auront lieu le prochain krach de la bourse ou le prochain effondrement bancaire important. Nous ne savons pas quand une séquence particulière de confrontations sur la péninsule coréenne, au Moyen-Orient ou dans les Balkans peut éclater en une guerre aux proportions imprévues.

Nous *savons* que la rapidité de certains de ces développements, leur caractère inattendu et leur potentiel encore plus explosif doivent être pris très au sérieux par chaque travailleur révolutionnaire. Parce que nous savons que la crise sociale et les antagonismes de classe vont croître, que la marche bipartite de Washington vers la guerre sera plus aiguë et que les manifestations de ces pressions sous-jacentes ne vont pas seulement continuer, mais s'accélérer.

Nous n'avons aucune promesse facile à faire, mais nous avons confiance dans la capacité de notre classe de devenir ce que nous sommes capables de devenir : des dirigeants de la lutte pour la solidarité humaine, pas les personnes égocentriques, avides d'argent et absorbées par leur seule famille auxquelles les capitalistes tentent de nous assimiler. Ce seul fait donne toute sa valeur au travail requis pour construire un mouvement communiste international.

DE PATHFINDER

Le Manifeste communiste
KARL MARX
ET FRIEDRICH ENGELS

Le communisme, disent les dirigeants qui ont fondé le mouvement ouvrier révolutionnaire, n'est pas un ensemble d'idées ou de principes préconçus. C'est plutôt la marche de la classe ouvrière vers le pouvoir, telle qu'elle surgit d'un « mouvement historique qui s'opère sous nos yeux ». 5 $ US. Aussi en anglais, espagnol, farsi et arabe.

Histoire de la révolution russe
LÉON TROTSKY

Comment, sous la direction de Lénine, le Parti bolchevique a conduit des millions d'ouvriers et d'agriculteurs à renverser le pouvoir d'État des propriétaires terriens et des capitalistes en 1917 et à mettre au pouvoir un gouvernement qui avançait leurs intérêts de classe chez eux et à travers le monde. Le texte intégral en deux volumes. Écrit par l'un des principaux dirigeants de cette révolution socialiste. Deux volumes. 28 $ US chaque volume. Aussi en anglais et en russe.

L'émancipation des femmes et la lutte de libération de l'Afrique
THOMAS SANKARA

« Il n'y a pas de véritable révolution sociale sans la libération des femmes, » explique le dirigeant de la révolution de 1983-1987 au Burkina Faso. 5 $ US. Aussi en anglais, espagnol et farsi.

50 années d'opérations secrètes aux USA
La police politique de Washington et la classe ouvrière américaine

LARRY SEIGLE, FARRELL DOBBS STEVE CLARK

Retrace la lutte menée pendant plusieurs décennies par les travailleurs ayant une conscience de classe contre les efforts d'accroître les pouvoirs présidentiels et de construire un État de « sécurité nationale » essentiel au maintien du régime capitaliste. 10 $ US. En anglais, espagnol et farsi.

Le dernier combat de Lénine
Écrits et discours, 1922-1923

V. I. LÉNINE

En 1922 et 1923, V. I. Lénine, le dirigeant central de la première révolution socialiste dans le monde, a livré ce qui allait être son dernier combat politique. Ce qui était en jeu, c'était de maintenir le cours prolétarien de la révolution, et du mouvement international qu'elle dirigeait, qui avait porté les travailleurs et les paysans au pouvoir en octobre 1917 en Russie. 17 $ US. En anglais, espagnol, farsi et grec.

Rébellion Teamster
FARRELL DOBBS

Les grèves de 1934, qui ont obtenu la reconnaissance du syndicat des camionneurs et des magasiniers à Minneapolis, ont contribué à ouvrir la voie au mouvement ouvrier social qui a construit les syndicats industriels. Le premier de quatre livres d'un dirigeant central de ces batailles. 16 $ US. Aussi en anglais, espagnol, farsi et grec.

WWW.PATHFINDERPRESS.COM

Le désordre mondial du capitalisme

La politique ouvrière au millénaire

JACK BARNES

La dévastation sociale, les paniques financières, le durcissement de la politique, la brutalité policière et les agressions impérialistes : tous proviennent non pas d'un dérèglement du capitalisme, mais plutôt de son fonctionnement régulier et normal. Ce qui peut changer l'avenir, c'est la lutte unitaire des travailleurs et des agriculteurs confiants dans leur capacité de mener des batailles révolutionnaires pour le pouvoir d'État et de transformer le monde. 20 $ US. Aussi en anglais et en espagnol.

L'histoire du trotskysme américain, 1928-1938

Le rapport d'un participant

JAMES P. CANNON

« Le trotskysme n'est pas un nouveau mouvement, une nouvelle doctrine, écrit Cannon, mais la restauration, la renaissance du marxisme véritable tel qu'il a été exposé et appliqué au cours de la révolution russe et des premiers jours de l'Internationale communiste. » 17 $ US. Aussi en anglais et en espagnol.

Les premières salves de la troisième guerre mondiale : La guerre contre l'Irak

JACK BARNES

L'assaut meurtrier de Washington contre l'Irak en 1991 a annoncé des conflits entre les puissances impérialistes, une crise croissante du capitalisme et l'extension de guerres. Les travailleurs et agriculteurs de la région — depuis les Kurdes jusqu'à la Palestine et Israël, à l'Iran, l'Irak et la Syrie — luttent pour obtenir de l'espace pour défendre leurs droits nationaux et leurs intérêts de classe. Dans *Nouvelle Internationale* n° 4. 14 $ US. Aussi en anglais, espagnol et farsi.

INDEX

A

Accord de libre-échange nord-américain (ALÉNA), 229, 366-369 ; campagne contre, 369
Action positive, 241, 246-247, 248-249, 398, 427
Administration nationale des agriculteurs (FmHA), 185, 189
Afghanistan, 386
Afrique, 181, 346 ; conditions sociales, 11-12, 40, 176, 183, 236-238, 362, 378 ; dette étrangère, 140, 152, 180, 183, 346 ; interventions militaires, 8, 23, 218-219, 221-222, 224 ; lutte anticoloniale, 47, 48, 213, 221, 222, 229 ; structure de classe, 231, 373. *Voir aussi par* pays
Afrique du Sud, 304, 373 ; apartheid, 218, 220, 222 ; et direction communiste, 439-440
Agriculteurs, 148-149, 188-189, 238, 262 ; capitalistes, 187-190 ; endettement, 141, 184, 185-186, 189 ; face à la crise, 183-191 ; noirs, 188, 240 ; saisies de terre, 161, 185-186, 187-188, 189, 252, 417 ; et taux d'intérêt, 160-161, 184-185, 188
Agriculture : capitaliste, 261-263, 362 ; à Cuba, 70-78, 82-85, 119-120

Albanie, 211
ALÉNA. *Voir* Accord de libre-échange nord-américain
Algérie, 48, 213
Allemagne, 162, 197, 220, 244-245, 249, 358-359, 409, 416, 436 ; attaques contre classe ouvrière, 355, 357, 358-359, 414-415 ; croissance du capitalisme, 370-371 ; fascisme, 18--19, 91, 396, 402, 403-404, 442 ; forces de droite, 15, 389, 399 ; et impérialisme U.S., 164, 215, 226, 227, 350, 351-352, 353, 354, 355, 356-357, 403, 404, 406-407 ; investissements de capitaux, 160-161, 345, 348-349 ; région orientale, 211, 378-379, 381-382 ; unification, 349
Alliance des jeunes socialistes (YSA), 100, 429-431
Alliance pour le progrès, 263
Amérique latine, 181 ; conditions sociales, 12, 40, 45-46, 198, 236-237 ; dette extérieure, 44-45, 140-141, 162-163, 177-179, 180, 182-183, 263-264, 346 ; femmes, 250 ; industrialisation, 12, 233-234, 346, 347, 372-373 ; interventions U.S., 8, 20, 221, 224 ; mouvement de capitaux vers, 344, 346, 347-348 ; mouvement

455

ouvrier, 41, 43-44, 46, 348 ; structure de classe, 73, 231-233, 372-373. *Voir aussi par* pays
Analphabétisme, 237
ANC. *Voir* Congrès national africain
Angola, 48, 111, 221, 222
Antisémitisme, 397-398
Arabie saoudite, 266-267, 363-364
Argentine, 162-163, 177, 223, 347, 350 ; luttes ouvrières, 46, 365
Armée juvénile du travail (EJT), 113
Asie, 181 ; conditions sociales, 12, 40, 183 ; dette étrangère, 140, 152, 176, 180, 183, 346 ; industrialisation, 12, 234, 346, 347, 372-373 ; interventions militaires U.S., 8, 19-21, 221, 224 ; lutte anticoloniale, 205, 212-214, 221, 229 ; mouvement de capitaux vers, 343, 346, 348, 360, 361-362 ; structure de classe, 231, 372-373
Augmentation des cadences, 10, 11, 89, 166, 167, 169, 191-194, 254, 271, 297
Australie, 197, 244, 249 ; et États-Unis, 218-219, 343, 344, 362
Automatisation, 10, 255, 271-273, 297, 329-330, 422
Automobile, industrie, 158, 163, 164, 194, 233 ; surcapacité, 166, 360 ; travailleurs, 248, 297, 299, 300, 413
Autriche, 15, 402
Avortement, droit à, 380, 398, 424

B

Balladur, Édouard, 304, 404
Bandar bin Sultan, prince, 363
Banque fédérale de réserve, 139, 160, 165, 338

Banque mondiale, 182-183
Barbade, 231
Belgique, 15, 249, 359 ; et Afrique, 23, 222-223 ; chômage, 197, 414
Biélorussie, 387
Bismarck, Otto von, 370-372, 390, 391
Bolcheviks, 24, 31, 200, 431, 436, 441
Bolivie, 162, 231
Bonaparte, Louis-Napoléon, 390
Bonapartisme, 31, 385, 390-393, 402, 408
Bourse, 137-139, 147-148, 151, 172-173 ; compagnies de courtage, 139, 171, 239 ; Engels sur, 144-147 ; glissade de 1994, 333, 336-338, 340-341. *Voir aussi* Spéculation
Bosnie, 23, 409
Brésil, 147, 148, 223, 234, 347 ; industrialisation, 234, 266 ; son oppression par l'impérialisme, 177-178
Brigade Venceremos, 100
Brutalité policière, 303
Buchanan, Patrick, 15, 387, 388, 396, 399, 405-406
Bulgarie, 211, 379
Bush, George H. W. (père), 404
Business Week, 16, 337-338, 420-421

C

Caisse de retraite, 336, 337
Canada, 162, 243, 249, 355, 415 ; chômage, 197, 414 ; et Cuba, 124-125 ; et États-Unis, 229, 343, 404, 405
Capital, Le (Marx), 141, 143, 144-145, 149, 334, 338, 367
Capital fictif, 141-148, 170

Capitalisme, 13-14, 50, 141-142, 143, 256, 427, 449 ; et baisse du taux de profit, 11, 156, 158, 171-172, 254-257, 326, 327, 330, 347, 417 ; F. Castro sur, 49-50, 56 ; courbe de son développement, 12-13, 201-206, 282-288, 295, 341 ; crise d'accumulation du capital, 142, 163 ; et démocratie, 13-16, 155, 390, 391-392, 410-411 ; et dépression mondiale qui vient, 9-12, 148-153, 199-200, 252-253, 295 ; économie et politique sous, 202-206, 279-283, 288-290, 341 ; expansion d'après-guerre, 156-158, 256, 328 ; exploitation du tiers monde, 8, 140-141, 176-183, 230-238, 263-268, 346 ; son idéologie, 14, 217-218 ; investissements en capacité productive, 10, 157-158, 161, 163, 168-170, 176, 198, 199, 239, 255, 271-272, 321, 325-326, 331, 337 ; investissements dans technologies réductrices de main-d'oeuvre, 169, 199, 271-273, 297, 424 ; et spéculation, 9-10, 141-148, 170-173, 199, 333-341 ; et surproduction, 164-168, 198, 262, 325, 362 ; ses valeurs déshumanisantes, 428-429 ; sa vulnérabilité, 3, 12, 140, 151, 225, 235, 335, 342. *Voir aussi* Bourse ; Cycle économique ; Profits, baisse du taux de ; Rivalités interimpérialistes

Castro, Fidel, 6, 45, 65, 67, 109, 154, 439 ; et alliance des travailleurs et des agriculteurs, 72-74, 75 ; capitalisme et socialisme, 8, 49-50, 56, 443, 449 ; et chute des régimes soviétique et d'Europe de l'Est, 42 ; et impôt sur le revenu, 60-61, 118 ; et période spéciale, 51-53, 57

Caterpillar, grève (1994-1995), 96, 98, 329, 354, 418, 419, 423

Charles, prince, 394, 396

Chasse aux sorcières, 20

Che Guevara : l'économie et la politique dans la transition au socialisme (Carlos Tablada), 215

Chiapas, 46, 365-369

Chicanos, 240-241

Chili, 16, 367

Chine, 16, 18, 324, 374-377, 385, 386 ; direction stalinienne, 31-32, 374-376, 442 ; et États-Unis, 58-59, 268-271, 375-376 ; révolution de 1949, 20, 21, 24, 212-213, 214, 221, 374, 440

Chômage, 194-198, 255, 271, 413 ; et crise sociale qui vient, 148-149, 239-240 ; dans pays impérialistes, 11, 160, 167, 414 ; programme ouvrier sur, 414-415, 418 ; dans tiers monde, 197-198, 266, 414

Class, Party, and State and the Eastern European Revolution, 211-212

Classe moyenne, 233, 315-316, 371, 372 ; à Cuba, 34, 54-55, 60, 61-62, 93-94, 104-105, 115-116 ; dans États ouvriers déformés, 17, 324, 376 ; extrême droite et, 315-316, 372, 389, 393, 395-396, 398 ; et marché boursier, 142, 335 ; mouvement communiste et, 442-443 ; sa richesse grandissante, 193, 252, 426 ; dans tiers monde, 45, 183, 265, 348, 372

Classe ouvrière : son aristocratie, 155, 256 ; attaques des capitalistes contre, 10, 11, 162, 191-194, 251-252, 254-255, 256, 273-274, 297-298, 319, 329-330,

350-351, 355-356, 412-414 ; son avant-garde, 152, 153-154, 357, 391, 397-398, 442, 443 ; sa composition aux USA, 238, 240-243, 246-248, 253-254 ; création, 204-205, 251, 366-368, 369-370, 372-373 ; crise de direction, 151, 208-209, 256-257, 298, 314-315, 436, 438-444 ; et crise sociale qui vient, 12, 148-149, 151-153 ; à Cuba, 6-7, 31-35, 54, 60-65, 66, 69-70, 84-87, 95, 105-106, 115-116, 129-130 ; direction communiste, 130-131, 153-156, 296, 398, 444-446 ; divisions en son sein, 252, 426 ; en ex-URSS et Europe de l'Est, 270-271, 380, 381-382, 383, 437 ; et fascisme, 12, 389, 391, 392, 393 ; femmes dans, 245-250, 254 ; immigrés dans, 195, 241-245, 426-427 ; jeunesse et, 297, 314-315, 318-319, 424-425, 434, 435 ; dans monde semi-colonial, 231-235, 236, 250-253, 365-368, 372-373 ; Noirs et, 240-241 ; poids croissant dans le monde, 232-233, 251-253, 373 ; potentiel révolutionnaire, 5, 274, 342-343, 423, 427 ; résistance aux attaques capitalistes, 152-153, 274, 298, 328, 418-424, 435 ; sa sous-estimation par les capitalistes, 421-424 ; et traditions « nationales », 253-254 . *Voir aussi* Grèves

Clinton, Hillary, 394, 396-397
Clinton, William, 353, 363, 376, 394, 396-397, 404, 413
Colonialisme, 147
Commerce : conflits, 181, 262, 353, 358, 362-366, 404-405, 406 ; inégal, 179-180, 181, 232, 235-236 ; « libre-échange », 362-366, 373 ; stagnation, 167
Communauté européenne, 228, 229, 359
Commune de Paris, 444
Communist Continuity and the Fight for Women's Liberation, 250
Congo, 23, 48, 221
Congrès national africain (ANC), 222, 373, 439-440
Continuité communiste, 91-92, 200, 311-312, 318, 430-431, 441, 445 ; brisée par stalinisme, 382, 436-437 ; Cuba et, 91-92, 112, 439 ; SWP et, 37, 96, 99, 111, 112
Coopératives agricoles : à Cuba, 70-78, 82-83, 112-115, 119-120 ; en Union soviétique, 80-81
Córdoba, José de, 55
Corée, guerre, 21, 212-213, 306
Corée, nord, 305-306, 386 ; révolution, 24, 221
Corée, sud, 16, 164, 223, 347 ; classe ouvrière, 234, 305-306 ; développement industriel, 234, 266
Cosmetics, Fashions, and the Exploitation of Women (Hansen, Reed, Waters), 250
Costa Rica, 231
Cuba : agriculture, 70-78, 82-85, 112-115, 119-120 ; alliance des travailleurs et des agriculteurs, 51, 72, 119, 120 ; bureaucratie, 31, 75, 77, 79-80 ; et chute des appareils staliniens, 5-6, 7, 34, 42-43, 51-52, 90 ; classe ouvrière, 6, 7, 32, 34, 35, 53-54, 55, 60-62, 63-64, 65, 66, 69, 70, 84, 85-91, 95, 104, 105-106, 110-111, 115, 116, 129-130 ; et continuité communiste, 91-92, 112, 439 ; couches petites-bourgeoises, 34, 54-55, 60, 61-62, 93-94, 104-

105, 115 ; direction communiste, 6, 31, 57, 214-215, 230 ; éducation, 66, 67-69, 105 ; embargo U.S., 23, 42, 43, 58, 75, 101, 124, 126, 424 ; émigration, 94, 123 ; erreurs, 31, 34-35, 75-76, 90, 105 ; son exemple, 4, 23-24, 129, 130-131, 214, 230, 304 ; impérialisme U.S. et, 5, 7, 42, 43, 58, 101 ; impôt sur le revenu, 59-63, 65, 115-119 ; son internationalisme, 47-48, 89-90, 111, 214 ; jeunesse, 7, 103-104, 122 ; et lutte de classe internationale, 35, 41, 43-48, 110, 126, 130 ; lutte contre la corruption, 64-65, 87, 95, 115, 116, 119-120 ; marché noir, 41, 59, 64, 65, 116, 119-120 ; marchés paysans, 120-121 ; et Nicaragua et Grenade, 7, 41, 44, 298 ; obstacles à la restauration du capitalisme, 8, 89, 102, 105-106, 110-111, 114-115 ; polarisation sociale, 41, 54-55, 56-57, 92-94, 103, 104-105, 115-116, 122-124 ; processus de rectification, 52-53, 76, 78, 90, 120 ; réponse à crise économique, 39-43, 50-51, 65-67, 120-122 ; retraite nécessaire, 34, 50-57, 75, 83, 104, 106, 112-113, 114 ; rôle central dans politique mondiale, 4-5, 9, 31-35, 214-215 ; santé, 67-69, 379 ; stalinisme, 6, 34-35, 75, 79, 90, 92, 105 ; SWP et, 36-38, 95-101, 128 ; système de rationnement, 41, 59, 60-61, 116, 117, 120 ; travailleurs agricoles, 71-72, 73, 74, 75-77, 82, 83-84 ; travail volontaire, 71-72, 77-80 ; UBPC, 70-72, 77, 82-85, 112-115, 119
Cuba Business, 83
Cuito Cuanavale, 48

Curtis, Mark, 97, 98
Courbe du développement capitaliste. *Voir* Capitalisme, courbe de son développement
Cycle économique, 12-13, 158, 160, 171, 296, 300, 332 ; et courbe du développement capitaliste, 202-203, 282-286, 341 ; reprise des années 1990, 296-297, 299-300, 321, 328. *Voir aussi* Récessions

D

Danemark, 228, 414
Déficits budgétaires, 159
Déflation, 10, 12, 322, 331-332, 335, 415, 416-418
de Gaulle, Charles, 392
Démocratie et droits démocratiques : attaques contre, 150, 392-393 ; capitalisme et, 13-16, 155, 390, 391-393, 410-411 ; classe ouvrière et, 150, 393, 398
Dépression : des années 1930, 137, 151, 175-176, 322, 330, 417 ; qui vient, 10-12, 148-153, 199-200, 252-253, 295
Déségrégation des écoles, 398
Deuxième internationale, 442
Développement inégal et combiné, 204-205, 365
Devise, 10, 159. *Voir* Dollar U.S., sa domination internationale
Díaz, Pável, 97-98
Dobbs, Farrell, 100, 438
Dollar U.S., 160-161, 179, 182 ; sa domination internationale, 226-227, 228-229, 351-352
Domínguez, Jorge, 84
Draper, Theodore, 411
Dresde, bombardement incendiaire, 400
Drogue, 428
Dumping, 181

Dynamics of the Cuban Revolution (Hansen), 215

E

Economist, The, 378
Éducation : attaques contre, 11, 150, 177, 239, 379-380, 381, 426 ; à Cuba, 41, 66, 67-69, 105
Égypte, 213
EJT. *Voir* Armée juvénile du travail
Électrification, 237
Eltsine, Boris, 380, 382, 383, 385, 386, 387
Embauche, 299-300, 308, 332, 413
Emplois, temporaires et à temps partiel, 11, 195, 196, 250, 332, 351, 413, 415
Endettement, 140-141, 170-172, 322 ; des agriculteurs, 141, 184-186, 189 ; des entreprises, 170, 198-199 ; comme relation sociale, 142, 177, 263 ; du tiers monde, 140-141, 148, 152, 161, 163, 171, 176-183, 198-199, 263, 268, 345, 346
Engels, Friedrich, 24, 63, 91, 112, 200, 357, 390, 441 ; sur bourse, 144-147, 233, 334 ; jeune, 309-313 ; sur politique et économie, 203, 279-281, 286-287 ; et spéculation financière, 143, 338
Environnement, 149, 236, 303, 424
Équateur, 231
Espagne, 217, 359 ; chômage, 197, 414 ; et Cuba, 124, 125 ; victoire fasciste, 18, 91, 392, 402, 442
Estonie, 379
Éthiopie, 111, 213
Europe, 228-229, 359-360, 399-400 ; attaques contre classe ouvrière, 194, 358-359, 414. *Voir aussi* Rivalités interimpérialistes ; par pays
Europe de l'Est, 16-18, 31, 58, 379-380, 386, 416 ; caste privilégiée, 16, 270-271, 380 ; classe ouvrière, 270-271, 380-383, 437 ; conflits sociaux, 18, 150-151, 155 ; mouvement de capitaux U.S. vers, 268-271, 344, 347, 348-349 ; renversement du capitalisme, 20, 24, 211-212, 221. *Voir aussi* Stalinisme, effondrement des appareils
Extrême droite. *Voir* Fascisme

F

Faillites commerciales, 161, 173, 175-176, 198-199
Faim, dans le monde, 237-238
Fannie Mae, 146
Farmer Mac, 146
Fascisme et extrême droite, 4, 15, 315, 316, 387-393, 405-406, 408, 449-450 ; années 1930, 18-19, 91, 396, 401-402, 403-404 ; capitalistes et, 12, 14-15, 150 ; aux États-Unis, 20-21, 388, 405, 406 ; en Italie, 15, 387-388, 393, 399 ; lutte contre, 389, 392, 393, 397-398 ; et politique bourgeoise, 15, 389, 398-399 ; en Russie, 383-385, 387-388, 406
Femmes, 150, 303 ; à Cuba, 90 ; lutte pour leur émancipation, 247-248, 398 ; offensive idéologique contre, 252 ; dans main-d'oeuvre, 195, 245-250, 254 ; leur surexploitation, 246-250
Financial Times, 10-11
FmHA. *Voir* Administration nationale des agriculteurs
Fonds monétaire international (FMI), 183
France, 15, 18, 20, 217, 249, 392,

403, 404, 415, 442 ; armes et énergie nucléaires, 220, 260 ; chômage, 197, 414 ; immigration, 243, 244-245 ; interventions militaires, 8, 23, 213, 222 ; et Irak, 409, 410 ; luttes ouvrières, 304-305, 359 ; et rivaux impérialistes, 304-305, 350, 355, 362-363, 403, 404, 405, 407
Franco, Francisco, 392
Front sandiniste de libération nationale (FSLN), 44, 298

G

Garza, Laura, 98-99
Gauche, courants, 41, 101, 112, 153-154, 398
Gauchisme, 101, 310, 315
Général de la jungle, Le (Traven), 366
Ginnie Mae, 146
Gorbatchev, Mikhaïl, 349, 380, 382, 385
Gouvernement, Le (Traven), 366
Gouvernement des travailleurs et des agriculteurs : à Cuba, 5, 6, 39, 43, 72, 80 ; dirigé par staliniens, 211, 212-213, 214, 229-230, 440-441 ; lutte pour, 39, 296, 427, 442-443, 445-446 ; au Nicaragua et à Grenade, 44, 47, 126, 298, 430 ; en Russie, 80, 91, 109
Granma international, 57, 85, 89, 110
Grant, James P., 379
Grande Bretagne. *Voir* Royaume-Uni
Grande dépression. *Voir* Dépression, années 1930
Grèce, 400-401
Grenade, 111 ; défaite, 7, 44, 298, 439 ; révolution, 47-48, 213, 264, 439

Grèves, 36, 234, 298, 359, 376 ; agents de bord d'American Airlines (1993), 418 ; Allegheny Ludlum (1994), 418-419 ; Caterpillar (1994-1995), 96, 418, 419 ; contrôleurs aériens (1981), 162 ; mineurs de charbon (1993), 418 ; Staley (1993-1995), 97-98, 419 ; UPS (1994), 419-420 ; vague de 1945-1946, 20, 212
Groote, Jacques de, 55-56
Groupes de solidarité avec Cuba : participation du SWP, 100-101, 128-129 ; leurs perspectives politiques, 41-42, 57, 68, 125, 127-128
Guantánamo, base navale, 23, 101, 123
Guatemala, 162, 231
Guerre froide, 21-22, 385 ; Cuba et, 125-126
« Guerre de culture », 15, 396
Guerre du Golfe (1990-1991), 22, 48, 364, 385, 408-410 ; et conflits interimpérialistes, 295, 399
Guerre impérialiste, 4, 150, 171, 224, 398-399, 401, 404-407 ; intervention U.S., 8, 22-23, 48, 212-213, 221, 408. *Voir aussi* Première guerre mondiale ; Seconde guerre mondiale
Guevara, Ernesto Che, 214, 215, 439 ; son cours communiste, 52, 69, 75, 78, 92

H

Habla Nelson Mandela (Mandela), 37
Haïti, 162, 231, 236 ; occupation U.S., 23, 48, 409
Hansen, Joseph, 100, 446
Fonds spéculatifs, 146

Henri VIII, 394
Hiroshima et Nagasaki, 19-20, 306, 400
Histoire de la révolution russe (Trotsky), 37
Hitler, Adolf, 19, 390
Honduras, 162, 231
Hong Kong, 138, 164, 234, 266 ; souveraineté de la Chine sur, 376
Hongrie, 211, 379

I

Islande, 244
Immigration et immigrants, 195, 241-245, 253, 426-427 ; attaques de l'extrême droite, 15, 388, 389, 399
Immobilier, 171, 199, 345, 352 ; effondrement des prix de, 331-332, 360
Impérialisme. *Voir* Capitalisme ; Impérialisme U.S.
Impérialisme U.S., 44-45 ; commerce extérieur, 181, 268-270, 362-366, 373 ; et Cuba, 5, 7-8, 23, 42, 43, 58, 101, 123-127 ; dernier empire mondial, 5, 207-211, 215-217, 353 ; force militaire, 218-225, 406, 407 ; et guerre froide, 21-22 ; interventions militaires, 8, 22-23, 48, 212-213, 221-222, 400, 408 ; mouvement de capitaux, 343-347, 348, 352-353 ; puissance déclinante, 163-164, 210-213, 215-216, 273, 353 ; et rivalités interimpérialistes, 158-159, 163-164, 215-216, 218, 219, 220, 225-229, 304-305, 347-366, 398-407 ; et Russie, 379-381, 385, 387 ; vainqueur de la seconde guerre mondiale, 19-20, 163, 208, 209, 213, 345. *Voir aussi* Capitalisme

In Defense of Socialism (Castro), 53
Inde, 197-198, 370, 372, 386
Indexation des salaires, 415
Indonésie, 16, 372
Inflation, 159, 160-161, 194, 331, 332-333, 335, 351, 416-418 ; à Cuba, 59, 65-66 ; programme ouvrier contre, 418
Initiative du bassin des Caraïbes, 264
Internationale communiste, 24, 108, 200-201, 230 ; sa déstruction par le stalinisme, 19, 215 ; rapports au troisième congrès, 201-204, 205-206, 284-285, 288-290
Iran, 386, 409 ; révolution, 47, 213, 223, 409
Iran-contra, scandale, 410-411
Irak, 22-23, 409-410. *Voir aussi* Guerre du Golfe
Irlande du Nord, 243
Israël, 218, 220, 222, 409-410
Italie, 197 ; classe ouvrière, 249, 355, 357 ; et fascisme, 15, 387-388, 393, 399

J

Japon, 50, 162, 190, 219, 220, 244, 249-250, 325 ; attaques contre classe ouvrière, 193-194, 196-197, 361 ; crise économique, 156, 334, 360-361 ; deuxième guerre mondiale, 20, 21, 330, 402, 403 ; et États-Unis, 164, 215-216, 218-219, 225, 226-227, 347, 348, 351-353, 354, 355, 357, 362-363, 364, 403, 404-405, 406-407 ; mouvement de capitaux hors de, 160-161, 343-344, 345 ; prix de l'immobilier, 332, 357-358, 360
Jeunesse, 150 ; et classe ouvrière, 297, 299-301, 314-315, 318-319, 424-425, 433, 435-436 ; Marx/

Engels et, 309-312 ; opportunités de recrutement, 302-304, 306-308, 313-314, 316-317, 318-320, 429, 431 ; polarisation parmi, 315-316 ; volonté de lutter, 303-304, 313-316, 318-319, 340-341, 424-425. *Voir aussi* Jeunes socialistes
Jeunes socialistes, 303, 431, 450
Jirinovski, Vladimir, 383-384, 387-388, 406
Juventud Rebelde, 98-99, 110

K
Kantor, Mickey, 364
Kazakhstan, 387
Kennedy, John F., 394, 396
Kohl, Helmut, 404
Kondratiev, Nikolaï D., 285-286
Krach boursier de 1987, 3, 9, 137-142, 148, 151-152, 172, 239 ; signe d'une dépression mondiale qui vient, 148-151, 199-200, 295, 320, 336

L
Labor's Giant Step (Preis), 212
Latinos, 242-243, 253
Lénine, V. I., 31, 70, 80-81, 341, 436 ; et continuité communiste, 91, 200, 441 ; sur impérialisme, 207-208, 230 ; sur NEP, 106-109
Licenciements, 10, 17, 161, 166-167, 168, 169-170, 194, 198, 239, 301, 304, 330, 358, 360
Ligues communistes, 385, 435, 436-437
Ligue des communistes (1847-1852), 311, 312-313, 441
Loi de la valeur, 54, 78, 230, 252
Loyers et hypothèques, système des, 231-232, 251, 332, 357-358

M
MacArthur, gén. Douglas, 361
Macédoine, 400
Malaisie, 16
Malouines, guerre, 222, 350
Manifeste du Parti communiste, (Marx et Engels), 63, 309, 311-313, 431
Marshall, plan, 158, 263, 268
Martínez, Osvaldo, 83
Marx, Karl, 24, 63, 112, 164, 167-168, 260-261, 327, 357, 367 ; sur bonapartisme, 390 ; sur capital fictif, 141, 143, 172, 176, 338 ; sur chômage, 149, 194-195 ; et continuité communiste, 91, 200, 441 ; jeune, 309-313
Marxism and the Working Farmer, 72
Marxisme, 285, 287, 290-291 ; et Cuba, 91-92, 439
McCarthy, Joseph, 21
Médias bourgeois, 366, 388, 427-428 ; couverture sur Cuba, 62, 85-86
Métallurgistes unis d'Amérique (Métallos), 192-193, 418-419
Mexique, 16, 125, 138, 223 ; et ALENA, 229, 365-369 ; classe ouvrière, 234-235, 250 ; croissance industrielle, 162-163, 234, 266 ; dette extérieure, 178, 229 ; mouvement de capitaux vers, 347 ; rébellion du Chiapas, 46, 365-369
Miami Herald, 84
Militant, The/Perspectiva Mundial, 304 ; sur Cuba, 39-40, 59-60, 63, 71, 84, 88, 98, 443
Mineurs unis d'Amérique (UMWA), 299, 418
Mitterand, François, 404
Moncada, attaque (1953), 67, 122

Mortalité infantile, 150, 237, 378, 379
Mouvement communiste, 206 ; affaiblissement de l'obstacle stalinien, 24-25, 437 ; ses cadres disciplinés, 445, 447-448 ; son caractère international, 155-156, 296, 451 ; Cuba et, 214-215, 230, 439 ; et jeunes, 302-304, 307, 309-313, 315, 316-317, 429, 431-432 ; son travail préparatoire, 154-156, 443-447. *Voir aussi* Alliance des jeunes socialistes (YSA) ; Jeunes socialistes ; Ligues communistes ; Parti socialiste des travailleurs (SWP)
Mouvement des pays non alignés, 214
Mouvement du 26 juillet, 6, 439
Mussolini, Benito, 388, 390

N

Nations unies, 400, 409
Nebbia, Selva, 100
NEP. *Voir* Nouvelle politique économique
New Deal, 19
New International, 4, 29
New International n° 4, 72, 189, 251, 316
New International n° 6, 392
New International n° 7, 212
New International n° 8, 35
New International n° 9, 44, 411, 439-440
New York Review of Books, 411
New York Times, 183, 353, 378
Nicaragua, 111, 162, 231 ; chute du gouvernement ouvrier et paysan, 7, 41, 44, 298, 439-440 ; révolution, 47-48, 126, 213, 264, 439-440
Nixon, Richard, 159, 351
Noirs, 427 ; agriculteurs, 188, 240 ; dans classe ouvrière, 240-241, 253 ; discrimination envers, 150, 161, 240-241, 251 ; lutte pour leurs droits, 46, 212 ; polarisation de classe parmi, 315
North, Oliver, 387
Norvège, 249
Notebook of an Agitator (Cannon), 37
Nouvelle Internationale, 9, 20, 137, 279, 367
Nouvelle Internationale n° 1, 288, 440, 444, 446
Nouvelle Internationale n° 2, 72, 251
Nouvelle Internationale n° 3, 44, 53
Nouvelle Internationale n° 4, 22, 44, 72, 220, 349, 399
Nouvelle Internationale n° 5, 3, 8, 23, 25, 164, 173, 175
Nouvelle Internationale n° 6, 374
Nouvelle politique économique (NEP, Russie soviétique), 80, 81, 106-109
Nouvelle-Zélande, 197, 243-244, 249, 355-356 ; et États-Unis, 218, 343-344
« Nouvel ordre mondial », 3, 22, 354
Nucléaire, énergie, 257-261
Nucléaires, armes, 219-221, 385 ; arsenal soviétique/russe, 21, 219, 221, 386-387 ; opposition grandissante contre, 224-225 ; leur utilisation par les États-Unis, 306

O

Obligations de pacotille, 145, 170
Or, 261 ; et dollar U.S., 159, 351
Organisation des contrôleurs

aériens professionnels
(PATCO), 162
Organisation du peuple du Sud-
Ouest africain (SWAPO), 222
Organisation du traité de l'Atlantique Nord (OTAN), 218, 386,
388, 400, 401

P

Pakistan, 386
Palestine, 213
Paraguay, 231
Parti communiste de Cuba, 72, 76, 92, 105, 114, 127, 215
Parti démocrate, 15, 406, 413
Parti républicain, 15, 406, 413
Parti socialiste populaire (Cuba), 6
Parti socialiste des travailleurs (SWP), 298, 299, 438 ; sa continuité, 37, 96, 99, 111-112 ; fractions syndicales, 299, 432-433, 434 ; et guerre du Golfe, 385, 409 ; opportunités d'embauche, 299-302, 308-309, 433-435 ; et révolution cubaine, 34-38, 95-101, 126-130 ; tournant vers les syndicats industriels, 154-155, 432-436. Voir aussi Alliance des jeunes socialistes ; Jeunes socialistes ; Mouvement communiste
PATCO. Voir Organisation des contrôleurs aériens professionnels
Pauvreté, 194, 425-426
Pays-Bas, 20, 197, 217, 245, 339, 345
Pays semi-coloniaux, 161, 162-163, 365-373 ; absence de marché national, 233-235, 264-265, 370, 371 ; classe capitaliste, 16, 183, 232, 233, 264-265, 266-267, 347 ; classe moyenne, 183, 233, 265 ;

classe ouvrière, 176-177, 231-236, 250-251, 252-253, 365-370, 372-373 ; conditions sociales, 11-12, 40, 141, 176-177, 183, 236-238, 251, 266, 362, 378, 414 ; ne deviendront jamais « développés », 230-231, 266-267, 371-372 ; endettement, 140-141, 148, 152, 161, 163, 171, 176-183, 256-257, 263, 267-268, 345-346 ; exploitation impérialiste des, 8, 140-141, 176-183, 230-238, 263-268, 346 ; femmes, 250 ; industrialisation, 12, 233-234, 346-347 ; mouvement de capitaux vers, 343-348 ; « privatisation », 177-178, 346-347, 373 ; revenus pétroliers, 266-267 ; révolution coloniale, 46-47, 212-214, 221, 224
Pearl Harbor, 403
Perot, Ross, 15, 399
Pérou, 148
Perspectiva Mundial. Voir *Militant, The/Perspectiva Mundial*
Philippines, 223
Plus-value, 239, 327-328, 329, 357 ; absolue et relative, 165, 166. Voir aussi Profits
Politique bourgeoise : caractère bipartite, 20, 364, 376, 410, 412, 425, 451 ; et crise sociale qui vient, 150, 154 ; fascisme et, 15, 388-390, 398-399, 402 ; sa pornographication, 393-397
Pologne, 211, 379, 386
Portoricains, 240-241
Portugal, 223, 392
Première guerre mondiale, 207, 402
Privatisation, 46, 304, 346-347, 348, 356, 358, 373, 382 ; Cuba et, 84, 114
Produits dérivés, 9, 145-146, 334, 339

Profits, 10-11, 139, 157, 167-168, 239, 297, 302 ; chute de son taux, 11, 156, 158, 171-172, 194, 254-256, 326, 327, 330, 347, 417. *Voir aussi* Plus-value
Programme d'action pour faire face à la crise qui vient, Un, 342, 414
Proposition 187, 243
Protectionnisme, 181, 262, 353, 358, 362-366
Proudhon, Pierre-Joseph, 312

R

Racisme, 15, 256, 392 ; et capitalisme, 303, 395, 427 ; et crise sociale qui vient, 150, 402 ; et Cuba, 90
Reagan, Ronald, 148, 196
Récessions : de 1974-1975, 159, 160, 161-162, 196, 256, 265, 271 ; de 1981-1982, 140, 148, 161-162, 179, 184, 192, 196, 248, 256, 265, 271 ; de 1990-1991, 296-297, 298
Réduction de personnel, 10, 301, 302, 321, 327, 329, 330, 337, 350, 358, 360, 412
Rente de marque de commerce, 323-324
République dominicaine, 231
République tchèque, 386
Révolte des pendus, La (Traven), 366
Révolution américaine (1775-1783), 14
Révolution russe (1917), 4, 5, 24, 31, 205, 207, 221, 403, 436
Révolutions de 1848, 288, 371, 390, 444
Révolution trahie, La (Trotsky), 37
Rivalités interimpérialistes, 158, 164, 209, 225-229, 347-364 ; qui s'aiguisent, 3, 161, 190, 198,

216 ; et nouvelles guerres impérialistes, 220-221, 398-407. *Voir aussi* Impérialisme U.S., et rivalités interimpérialistes
« Robotisation », 255, 272
Rodríguez, José Luis, 60, 62
Roosevelt, Franklin, 394
Ross, Pedro, 62
Roumanie, 211, 379
Royaume-Uni, 20, 124-125, 156, 162, 220, 243, 249, 376, 403, 404, 407 ; attaques contre classe ouvrière, 194, 350-351, 355, 357 ; chômage, 197, 414 ; et États-Unis, 160-161, 222, 227, 345, 355 ; ses interventions impérialistes, 8, 23, 213, 221, 222, 350 ; et Irak, 409, 410 ; puissance mondiale, 208, 217 ; rivaux impérialistes en Europe, 228, 350, 353
Ruby, Aaron, 98
Russie, 23, 348-349, 402 ; arsenal nucléaire, 386-387 ; conditions sociales, 377-380, 384 ; courants fascistes, 383-385, 387-388, 406 ; et impérialisme U.S., 380-381, 385, 386, 387 ; obstacles à la restauration du capitalisme, 16-18, 268-269, 381-383, 385. *Voir aussi* Union soviétique
Rwanda, 23

S

Salaires, 157, 161 ; baisse, 10, 11, 161, 326, 332, 337, 355-356 ; double échelle, 192, 350-351, 358-359
Salaire social, 11, 348, 351, 413, 426
Salvador, 162, 231
Santé, système : attaques contre, 11, 150, 152, 239, 412-413 ; à

Cuba, 67-69, 379 ; en Europe de l'Est, 378-379, 381
Seconde guerre mondiale, 399-400, 402-404, 442 ; conflit interimpérialiste, 209 ; et défaites de la classe ouvrière, 18-19, 151, 208-209, 401-402, 403-404 ; mouvement « Rapatriez les soldats », 212 ; taux de profits pendant, 157, 330 ; Union soviétique et, 24, 209, 211-212, 213 ; victoire U.S., 19-20, 209-210, 213-214, 345
Sécurité sociale, 11, 426 ; à Cuba, 60-61, 118-119
Sécurité au travail, 169, 191, 271
Semaine de travail, 10-11, 157, 170, 191, 197, 254, 297, 337, 358, 359, 413, 418-419 ; lutte pour sa réduction, 274, 413, 414-415
Serbie, 23
Sidérurgie, 163-164, 166, 233, 248, 354-355, 360, 420-421 ; attaques contre les travailleurs de, 192-193, 418-419 ; main-d'oeuvre de, 297, 301
Singapour, 16, 164, 234, 266
Situation de la classe laborieuse en Angleterre, La (Engels), 357
Slovaquie, 379
Socialisme et l'homme à Cuba, Le (Guevara), 78
Socialism on Trial (Cannon), 37
Somalie, 23, 48, 408-409
Sotsialisticheskoi Akademii, 291
Spéculation financière, 9-10, 141-148, 170-173, 333-341 ; sa psychologie, 338-341. *Voir aussi* Bourse
Staline, Joseph, 36, 436
Stalingrad, bataille, 211
Stalinisme, 36, 91, 101, 154, 438, 439 ; contrefaçon du marxisme, 24-25, 31-32, 90, 437 ; et Cuba, 6, 34-35, 75, 79, 90, 92, 105 ; effondrement des appareils, 5, 7, 13, 23, 24, 34, 39, 42-43, 51-52, 90, 295, 320 ; et Grenade, 44, 298, 439 ; machine à tuer, 19, 382, 437, 442 ; rupture de la continuité communiste, 215, 382, 437 ; trahisons des années 1930, 18-19, 91, 151, 208-209, 403-404, 442
Suède, 249, 356, 414
Surproduction capitaliste, 164-168, 198, 262, 325, 362
Syndicats, 427 ; aile gauche de lutte de classe, 438 ; attaques des capitalistes contre, 162, 192, 256, 273, 298, 319 ; leur bureaucratie, 154, 155, 157, 162, 256, 369, 415-416 ; et crise sociale qui vient, 150, 153-154. *Voir aussi* Classe ouvrière ; Grèves
Système bancaire, 10, 161, 173-174, 331, 332-333 ; vulnérabilité, 12, 139, 142, 146, 173-176, 178, 198-199
SWAPO. *Voir* Organisation du peuple du Sud-Ouest africain
SWP. *Voir* Parti socialiste des travailleurs

T

Taiwan, 16, 164, 234, 266, 347
Tarifs douaniers, 181, 362
Taux d'intérêt, 172, 333 ; chute, 185, 188, 325, 337, 345 ; montée, 140, 160-161, 165, 175, 179, 184
Taxes, 236 ; Cuba et, 59-63, 65, 115-119
Tchécoslovaquie, 211
Tchernobyl, 258, 259
Teamster, série (Dobbs), 438
Teamsters, Fraternité des, 419
Thaïlande, 372

468 Index

« Théorie du plus bête », 339-340
Thèses du complot, 394
Three Mile Island, 258
Tiers monde. *Voir* Pays semi-coloniaux
Todd, James A., 421
Tokyo, bombardement incendiaire, 400
To Speak the Truth (Castro, Guevara), 215
Tourisme, 236
Trabajadores, 85, 110
Travailleurs-bolcheviks, 329, 433, 445, 450
Travailleurs unis de l'alimentation et du commerce (TUAC), 434
Travailleurs unis de l'automobile (TUA), 98, 329, 419
Traven, B., 366
Trotsky, Léon, 279, 436, 441 ; et courbe du développement capitaliste, 13, 201-204, 279-291, 341 ; et perspectives révolutionnaires, 342-343
Truman, Harry, 19
TUA. *Voir* Travailleurs unis de l'automobile
TUAC. *Voir* Travailleurs unis de l'alimentation et du commerce
« Tulipomanie », 339
Turquie, 401, 402

U

UBPC. *Voir* Unités de base de production coopérative
UJC. *Voir* Union des jeunes communistes
Ukraine, 379, 387
UMWA. *Voir* Mineurs unis d'Amérique
Union européenne, 226, 359-360, 388, 400, 414
Union des jeunes communistes (UJC), 99, 103, 105
Union soviétique, 16-17, 58, 268-271 ; alliance des travailleurs et des paysans, 107 ; caste privilégiée, 16, 17, 270-271, 380 ; classe ouvrière, 270-271, 380, 381-382, 383, 437 ; crise sociale et politique, 17-18, 150, 155, 382-383 ; et Cuba, 42-43 ; dégénérescence stalinienne, 24, 31-32, 36, 91 ; effondrement de l'appareil stalinien, 5, 7, 13, 23, 24, 34, 39, 42-43, 52, 90, 295, 320 ; sous Lénine, 80-81, 106-109 ; puissance nucléaire, 21, 219-220, 221 ; dans seconde guerre mondiale, 24, 209. *Voir aussi* Russie ; Stalinisme
Unités de base de production coopérative (UBPC), 70-71, 77, 82-83, 84-85, 112-115, 119
UPS, grève (1994), 419-420
U.S. Hands off the Mideast! Cuba Speaks Out at the United Nations (Alarcón, Castro), 48

V

Varsovie, pacte, 219
Venezuela, 162
Vertientes-Camaguey, compagnie sucrière, 102, 124
Viandes, industrie, 166, 169, 192
Viêt-nam, 14, 18, 48, 58-59 ; guerre, 46, 47, 159, 224, 351 ; mouvement contre guerre, 46 ; victoire contre France et USA, 24, 47, 213, 214, 221, 224, 440
Visage changeant de la politique aux États-Unis, Le (Barnes), 37, 154, 432, 433-434

W

Wall Street Journal, 55-56, 67-68, 377

Walsh, Lawrence, 411
Warren, James, 100
Weinberger, Caspar, 222
What Working People Should Know about the Dangers of Nuclear Power (Halstead), 258
Workers and Farmers Government, The (Hansen), 440
Workers and Farmers Government in the United States, The (Barnes), 440

Y

Yougoslavie : guerre, 23, 383, 385-386, 399-400, 404, 408 ; révolution, 24, 211, 440
YSA. *Voir* Alliance des jeunes socialistes

Z

Zaïre. *Voir* Congo
Zones de libre-échange, 236, 250

LIBÉRATION DES FEMMES ET SOCIALISME

Les femmes à Cuba : La réalisation d'une révolution au sein de la révolution

VILMA ESPÍN
ASELA DE LOS SANTOS
YOLANDA FERRER

La révolution sociale qui a renversé en 1959 la dictature sanglante de Fulgencio Batista a commencé dans les rues de villes comme Santiago de Cuba et dans les zones montagneuses libérées par l'Armée rebelle dans l'est de Cuba. L'intégration sans précédent des femmes dans les rangs et la direction de cette lutte est une mesure de son cours révolutionnaire jusqu'à aujourd'hui. Voici les témoignages de première main de femmes qui ont contribué à sa réalisation. 17 $ US. Aussi en anglais, espagnol, farsi et grec.

Les cosmétiques, la mode et l'exploitation des femmes

JOSEPH HANSEN, EVELYN REED
MARY-ALICE WATERS

Comment le grand patronat soutient le statut de deuxième classe des femmes et l'utilise pour engranger des profits. D'où vient l'oppression des femmes ? Comment l'entrée de millions de femmes dans la vie active a-t-elle renforcé la bataille pour leur émancipation, qui reste à être gagnée ? 12 $ US. En anglais, espagnol, farsi et grec.

La révolution socialiste et la lutte de libération des femmes

Résolution du Parti socialiste des travailleurs (SWP)

Ce document explique la place centrale et le poids de la lutte de libération des femmes dans la ligne de marche de la classe ouvrière vers le socialisme. Le produit d'une discussion et d'un débat international, cette résolution incorpore les expériences de lutte de plusieurs pays. 5 $ US

Nouvelle Internationale
UNE REVUE DE POLITIQUE ET DE THÉORIE MARXISTES

En défense de la terre et du travail

« La production capitaliste ne se développe qu'en ruinant dans le même temps les sources vives de toute richesse : la terre et le travailleur. » — Karl Marx, 1867

TROIS ARTICLES

DANS *NOUVELLE INTERNATIONALE* N° 8
- **Notre politique commence avec le monde**
  JACK BARNES
- **L'agriculture, la science et les classes travailleuses**
  STEVE CLARK

DANS *NOUVELLE INTERNATIONALE* N° 9
- **L'intendance de la nature incombe aussi à la classe ouvrière**
  JACK BARNES, STEVE CLARK, MARY-ALICE WATERS

L'impérialisme U.S. a perdu la guerre froide
JACK BARNES

L'effondrement, il y a un quart de siècle, des régimes qui prétendaient être communistes en Europe de l'Est et en URSS n'a pas voulu dire que les travailleurs et les agriculteurs de ces pays y avaient été écrasés. Dans les conflits et les guerres intercapitalistes qui s'aiguisent aujourd'hui, ces travailleurs deviennent un obstacle insurmontable au progrès du capitalisme et acquièrent dans la lutte une expérience de direction. Dans *Nouvelle Internationale* n° 6. Aussi en anglais, espagnol, farsi et grec.

14 $ US chacun

WWW.PATHFINDERPRESS.COM

NOUVELLE INTERNATIONALE DANS LE MONDE

Nouvelle Internationale est aussi publiée en anglais sous le titre *New International* et en espagnol sous celui de *Nueva Internacional*. Toutes ces revues sont diffusées à travers le monde par les éditions Pathfinder.

ÉTATS-UNIS
(et Amérique latine, Antilles et Asie de l'Est)
> Pathfinder Books, 306 W. 37th St., 13th Floor
> New York, NY 10018

CANADA
> Livres Pathfinder, 7107, rue St-Denis, suite 204
> Montréal, QC H2S 2S5

ROYAUME-UNI
(et Europe, Afrique, Moyen-Orient et Asie du Sud)
> Pathfinder Books, 5 Norman Rd.
> Seven Sisters, Londres N15 4ND

AUSTRALIE
(et Nouvelle-Zélande, Asie du Sud-Est et Pacifique)
> Pathfinder Books, Suite 2, First floor, 275 George St.
> Liverpool, Sydney, NSW 2170
> Adresse postale : P.O. Box 73, Campsie, NSW 2194

JOIGNEZ-VOUS AU CLUB DES LECTEURS DE PATHFINDER ET ENRICHISSEZ VOTRE BIBLIOTHÈQUE

10 $ PAR ANNÉE
RÉDUCTION DE 25 % SUR TOUS LES TITRES
RÉDUCTION DE 30 % SUR LES TITRES DU MOIS

Valide sur pathfinderpress.com et dans les centres de livres Pathfinder locaux

Visitez le www.pathfinderpress.com/products/pathfinder-readers-club